新编21世纪研究生系列教材·工商管理硕士（MBA）

公司治理

主编 / 陈德球

中国人民大学出版社
·北京·

前言

公司治理作为决定现代公司竞争力和企业可持续成长的关键要素，已成为全球关键的热点问题。公司治理体系和治理能力现代化，是我国企业持续高质量发展的制度根基，也是推进国家治理体系和治理能力现代化总目标不可或缺的组成部分。强化公司治理，作为提高上市公司质量的重要途径已经被列入《国务院关于进一步提高上市公司质量的意见》（国发〔2020〕14 号）中。国务院 2024 年 4 月发布的新“国九条”《国务院关于加强监管防范风险推动资本市场高质量发展的若干意见》（国发〔2024〕10 号），作为资本市场指导性文件，指出了在完善资本市场基础制度、提升公司治理能力、健全监管体系、全面深化改革开放等方面需要继续做出的努力和调整的内容。2024 年 7 月党的二十届三中全会发布的《中共中央关于进一步全面深化改革 推进中国式现代化的决定》进一步强调“深化国资国企改革”“支持引导民营企业完善治理结构和管理制度”以及“完善中国特色现代企业制度”。在市场化、法制化改革进程中，公司作为重要的商事主体，在强监管、防风险、促进高质量发展的资本市场制度发展主线中发挥着不可或缺、举足轻重的作用。为了实现公司业务与利润的可持续增长，实现高质量发展，公司治理已经成为事关企业生存与发展的重大战略问题，是企业实现基业长青的制度基础。从理论角度看，公司治理已经成为现代企业理论的重要组成部分，同时它也是一门实践性和艺术性很强的融合多个学科的综合性新兴学科。公司治理作为会计学、金融学和管理学领域的主流研究方向，已成为国内外学术研究的重点领域。关于公司治理的学术研究经历了从公司治理结构到公司治理机制的转变，从内部治理到外部治理的转型，从单一学科向多学科的交叉拓展。国家自然科学基金委员会管理科学部于 2021 年开始将公司治理作为一个单独的学科申请领域。

公司治理课程已经成为全球高校相关学科体系的重要组成部分，相继成为 MBA、EMBA、MPAcc 和 MAud 等专业硕士的核心课程。目前市面上有关公司治理的同类教材主要针对本科生，从本科生的认知逻辑出发对公司治理知识点进行介绍，尚缺乏专门针对有工作经验或资本市场实践经验的专业硕士的相关教材。基于上述理论研究与实践战略的需求，同时为满足研究生专业学位培养体系对公司治理课程教材的需要，我们力求用通俗化的专业语言编写适合专业学位教育的公司治理课程教材。

本教材的特色在于紧密结合现代企业制度的历史演进与实践发展的需求，突出课程思政目标，通过将大案例分析与嵌套小案例思考相结合、科研成果与课堂教学设计相结合，介绍公司治理的理论体系与分析框架、股东权利与股东会、创业企业股权结构设计、董事会治理、管理层激励与公司治理、创业投资与公司治理、家族企业公司治理、国有企业公司治理等内容。本教材重视理论基础，强调实践操作，致力于让学生通过“公司治理”这个看得见、摸得着的有力制度支撑助力公司基业长青。在第 2 次印刷中，部分章节内容结合《中华人民共和国公司法》（2023 年 12 月 29 日修订通过，自 2024 年 7 月 1 日起施行）和中国证券监督管理委员会《上市公司独立董事管理办法》（2023 年 8 月 1 日发布，自 2023 年 9 月 4 日起施行）的内容进行了修改和完善。

本教材旨在帮助企业界人士以及普通高校专业硕士学位研究生（MBA、EMBA、MPAcc、MAud 等）了解公司治理。教材从基本概念到最新理论与实践都有简要而又综合的阐述，具有内容全面、实践性强、易于自学等特点。本教材结构清晰，章节次序逻辑关系明确，各章又都自成体系。每一章都采用了一些近期的真实案例来概括性地描述问题，以帮助读者更好地理解和运用各章内容。在各章开篇均设有学习要点和引例，以引起读者思考，便于其对学到的知识进行自检。每章均设有延伸阅读案例，各章的结尾也提供了基于本章内容的思考题和案例分析题，以加深读者对整章内容的理解。本教材也可供广大对公司治理感兴趣的实务人士参阅。值得一提的是，本教材与同是陈德球教授主编、中国人民大学出版社出版的《公司治理研究重点文献导读》一起构成了研究生层面的公司治理系列课程框架，对公司治理学术研究感兴趣的读者亦可两本教材一起阅读。

在本教材撰写过程中，陈德球教授设计了全书的提纲，对每章的结构安排进行了设计统筹，撰写了第一章“现代企业制度发展与公司治理”，与中央财经大学陈运森教授合作撰写了第三章“创业企业股权结构设计”，并对全书进行统稿、校稿以及最后定稿。对外经济贸易大学国际商学院蔡文婧博士撰写了第二章“股东权利与股东会”，马黎珺副教授撰写了第四章“董事会治理”，王丹副教授撰写了第六章“创业投资与公司治理”和第八章“国有企业公司治理”，赵宜一副教授撰写了第七章“家族企业公司治理”，中央财经大学郑登津副教授撰写了第五章“管理层激励与公司治理”。同时，作者在教材的编写中借鉴了大量的文献、学者研究观点和网络相关资料，在此特向所涉及的论文作者、教材编著者和网络资源提供者表示衷心的感谢！感谢中国人民大学出版社编辑在书稿编辑出版过程中给予的大力支持。

囿于编者水平有限，书中难免有不足之处，敬请读者批评指正。

目录

第1章

现代企业制度发展与公司治理

学习要点

1. 了解现代公司制产生与发展的过程；
2. 掌握公司治理与公司管理之间的区别；
3. 理解公司治理的理论基础；
4. 理解有限公司与股份公司之间的区别；
5. 理解公司治理结构与公司治理机制。

引例

2015年底，由于宝能集团动用巨额资金不断增持地产龙头万科（000002）的股权，超过原第一大股东华润，激起王石等管理层的强烈反应，引爆了万科的控制权之争。山水水泥（00691.HK）、成都路桥（002628）的控制权争夺等都引起了社会的极大关注。A股上市公司ST曙光（600303）中小股东与大股东的战斗，历时一年多后，在2023年4月，终于迎来法院的终审判决。上市公司小股东斗赢大股东，清洗董事会，原董事会全部被踢，大股东换人，原实控人被捕。

康得新在2019年1月承认："发现公司存在被大股东占用资金的情况。"康得新122亿元银行存款不翼而飞，之后康得新立即被ST处理。2019年上市公司康美药业涉入300亿元现金失踪之谜。华锐风电（601588）上市后被曝财务造假，业绩连年巨亏最终退市，导致公司与投资者的信任关系彻底破裂。

近几年来多家上市公司的董事、监事、高管拒签年报；兆新股份（002256）2019年报告居然有12名公司董事、监事、高管表示无法保证年报内容真实、准确、完整或无法发表意见。

2020年4月2日，在美国上市的瑞幸咖啡发布公告称高管可能涉及22亿元财务造假，引起境内外广泛关注。

资本市场上刮起了一股"留置风"，截至2024年5月，短短一个多月内，就有10名

A 股上市公司的董事长被留置带走调查。而近三年来则已有 31 家上市公司的董事长遭遇此类情况。留置，作为监察机关调查职务违法犯罪的一种强制措施，正逐渐成为资本市场上的高频词。2020 年以来，有 54 家 A 股上市公司的董监高被留置，其中近一年内的案例就占到了 74%。

以上这些都是我们平时在媒体上经常看到的企业新闻。这些上市公司发生的问题大多数都是公司治理问题，上市企业的公司治理不规范已经成为制约资本市场长期健康发展的重要原因，改善公司治理水平是提高上市公司质量的必然要求。经过多年发展，上市公司逐步建立起相对健全的现代企业制度，形成了相对完善的法人治理结构，积极探索公司治理最佳实践。但是，当前上市公司治理不科学、不平衡的情况仍然存在，部分上市公司治理实践尚不能满足高质量发展的要求。2020 年 10 月，《国务院关于进一步提高上市公司质量的意见》（国发〔2020〕14 号）明确提出要提高上市公司治理水平。2020 年 12 月 10 日，中国证监会发布《关于开展上市公司治理专项行动的公告》（中国证券监督管理委员会公告〔2020〕69 号），此次专项行动意在通过强化公司治理内生动力、完善公司治理制度规则、构建公司治理良好生态等方式，进一步健全各司其职、各负其责、协调运作、有效制衡的上市公司治理结构，夯实上市公司高质量发展的基础。国务院 2024 年 4 月发布的新“国九条”《国务院关于加强监管防范风险推动资本市场高质量发展的若干意见》（国发〔2024〕10 号），作为资本市场指导性文件，指出了在完善资本市场基础制度、提升公司治理能力、健全监管体系、全面深化改革开放等方面需要继续做出的努力和调整的内容。中国证监会 2023 年 8 月 1 日发布的《上市公司独立董事管理办法》（自 2023 年 9 月 4 日起施行），2024 年 7 月党的二十届三中全会发布的《中共中央关于进一步全面深化改革 推进中国式现代化的决定》进一步强调“深化国资国企改革”“支持引导民营企业完善治理结构和管理制度”以及“完善中国特色现代企业制度”。中国上市公司治理之路任重而道远！

第一节 公司治理：资本市场健康发展的基石

一、公司治理：国家治理体系的微观基础

改革开放 40 多年来，中国企业和资本市场同步快速崛起。到 2023 年，我们在世界 500 强中已经有 142 席。海内外上市的中资公司有 8 000 多家。但是，从入选 500 强企业的行业结构、盈利模式和管理水平上看，我们的企业质量在总体上离世界一流企业还有一些差距，其核心差距是公司治理水平。①

过去 30 年里，日本、美国和欧洲的发达国家等发生了多次危机，许多百年老店式的国际著名公司都遇到了生死存亡的挑战。特别是在最近几年，对陷入困境并为市场和社会带来很大消极影响的金融或非金融企业，人们都能够找出其公司治理

① 郭树清．良好的公司治理与成熟的资本市场互为前提．证券日报，2011-11-20（3）．

方面的严重缺陷。例如，有的银行多年来都是首席执行官（CEO）一个人说了算，董事会和股东大会成了纯粹的摆设；有的公司董事会的非执行董事全是社会名流，几乎从来不过问企业的实际经营与管理；还有这样一些企业，董事与高管之间是亲属连带关系，公司财务报表涉嫌造假。2020 年的瑞幸咖啡财务造假就充分表明，其公司治理责任链缺失、公司治理目标扭曲。如果说企业是国民经济的微观基础，那么公司治理结构就是提升效率和防范风险的最基本和最主要的战线。

中国对公司治理问题的关注始于 20 世纪 80 年代国有企业改革——权力下放和经理授权。与中欧和东欧的快速改革不同，中国采取了渐进策略，旨在促进以市场为基础的经济，逐步形成更有效的劳动力、资本和产品市场。在制度变迁中，旧制度与新的市场导向制度共存共发展，这有助于减少经济发展的不确定性和市场动荡（Peng et al.，2015）。上海证券交易所和深圳证券交易所分别于 1990 年和 1991 年成立，这是市场改革迈出的重要一步，有益于中国现代企业制度的兴起与发展。一方面公开上市的公司要接受更强的外部监督，从而导致其着眼于公司内部的治理结构进一步改革与完善；另一方面公司需要设计有效的激励和约束机制来激励管理层为公司股东的目标服务，补充现有来自国家层面的直接监督。

随着资本市场的发展，企业逐步导入治理理念，积极开展治理实践活动，治理的重要性已为社会和越来越多的组织所认识。公司治理是现代企业制度的核心，完善的公司治理结构是资本市场平稳健康发展的重要支撑，而良好的公司治理与成熟的资本市场互为前提。中国对公司治理问题的关注始于国有企业改革，但公司治理问题不仅存在于国有企业，在民营企业中也日益凸显，例如民营企业代际传承和股权安排、民营企业的家族式治理等。同时，无论是国有企业还是民营企业，都在经历从单个法人治理到集团治理、从国内公司治理到跨国公司治理的拓展以及从行政型治理向经济型治理的转变（李维安，2018）。

中共十八届三中全会提出全面深化改革的总目标包括推进国家治理体系和治理能力现代化，这是首次提出“国家治理体系”和“治理能力”的概念。国家治理体系的宏观布局和顶层设计，为我们践行政府治理与公司治理提供了战略指向和政策支持。完善国家治理必须先治理好作为社会经济细胞的公司。2015 年 2 月，中央巡视组先后反馈中国联通等六家单位的问题，其中五家是上市公司，分别是中国联通（权钱、权色交易）、神华集团（煤炭生产营销谋取“黑金”、煤炭灭火工程存在利益输送“黑洞”、并购重组腐败）、东风汽车（公款吃喝、出国，公车私用）、中船集团（采购腐败、国有资产流失）、华电集团（煤矿并购问题突出）。国家如此尖锐而具体地将知名上市公司的问题摆上桌面，这在公司史上极为罕见。消息公布后，这些被点名的上市公司股价连续下跌。有人担心会“殃及池鱼”，使整个股市受到冲击；也有人害怕公司荣誉受损现象影响企业发展。事实上，企业尤其是大型国有企业反腐败是公司治理的重要内容，而公司治理可以夯实牛市的根基，这对股市是前所未有的利好。①

① 汤亚平．公司治理才是牛市的根基．证券时报，2015-02-13（3）．

中共十九届四中全会提出，坚持和完善中国特色社会主义制度、推进国家治理体系和治理能力现代化，是全党的一项重大战略任务。国家治理体系的构建要注重国家层面的治理问题，而不是仅仅停留在管理问题上。加强和完善企业的公司治理，是国家治理体系和治理能力现代化的重要组成部分，是把我国宏观政治体制落实到微观公司治理的有效方式。

中国证监会前主席易会满曾在中国上市公司协会 2019 年年会上提出，提高上市公司质量要坚持“四个敬畏”和“四条底线”。“四个敬畏”是指敬畏市场、敬畏法治、敬畏专业和敬畏投资者。“四条底线”是指一不披露虚假信息，二不从事内幕交易，三不操纵股票价格，四不损害上市公司利益。

2019 年 7 月 30 日召开的中共中央政治局会议也从顶层设计的更高层面提出要“提高上市公司质量”；《国务院关于进一步提高上市公司质量的意见》（国发〔2020〕14 号）将提高上市公司治理水平作为首条措施。因此，资本市场建设当前的重要任务之一就是提高上市公司质量。2023 年 12 月 29 日，第十四届全国人民代表大会常务委员会第七次会议表决通过新修订的《中华人民共和国公司法》（简称新《公司法》），于 2024 年 7 月 1 日起正式施行。本次新《公司法》的修订是发展中国特色社会主义市场经济的内在要求，是深化国有企业改革、完善中国特色现代企业制度的需要，也开启了中国式现代化公司治理的新时代。新《公司法》赋予了企业对治理机结构更多的自治空间，表现出新经济环境下对公司治理机制创新的包容性，以及新时代对企业家治理企业的尊重和保护。

在建立和完善社会主义市场经济的改革进程中，我国的企业改革和资本市场发展的实践证明，公司治理水平的高低决定了上市公司质量。完善我国上市公司治理架构，切实提升公司治理水准，是促进上市公司质量提升、夯实资本市场健康发展的基石。

二、公司治理与公司管理

“公司治理”与“公司管理”是管理学领域比较接近的两个概念，也是理论界和实务界经常容易混淆的概念。尽管只有一字之别，但这两个词在公司实践中存在层次性差异。我们举一个通俗的例子：一对即将结婚的夫妻，为了让婚后家庭生活过得更融洽、更和谐，他们俩在结婚前决定签份合同，规定以后家庭财产的管理、监督、分配权限和养育孩子的职责。这些职责的分配规则就属于家庭治理机制，属于治理内容；而结婚以后，每天过日子，每个月开销多少，做什么投资，孩子几点起床，去什么幼儿园，这是家庭管理制度，属于管理内容。公司治理涉及公司的顶层设计与规划，而公司管理是在此顶层设计与规划下进行具体的执行活动。

在公司治理与公司管理的概念比较中，治理是管理的基础，治理机制越好，大家的权、责、利就会越清晰，管理的目标也越容易实现。这种分析逻辑可以用于日常的企业经营管理。一个公司的日常经营，如生产、投资、销售、利润分配，需要很多的制度设计以及相对应的监督和执行体系，这属于公司治理。而维持机构经营运行的规则和制度，则是公司管理。

公司在经营管理过程中，难免会牵涉到公司的各方，尤其是股东层、董事会和经理层之间的权利分配和义务承担。在这个过程中，大家就难免会各自为政，争夺话语权，为自己争取最大的利益。这些利益冲突现象，就是我们经常说的公司治理问题。而试图解决这些问题、协同各方利益的权力制衡机制，就是公司治理机制。公司治理与公司管理的终极目标都是实现公司价值创造，两者的结合点是在公司战略层面，而区别是在不同层面发挥作用。公司治理是公司的根，是公司的顶层设计，决定公司的战略。公司管理是输送养分的树干，是在公司的顶层设计的制度框架内去实现公司的战略目标，而表现出来的销售业绩、股价等就是树的花花果果。没有良好的公司治理，即使有较好的公司管理，公司也是一棵根基不牢的大树，随时有倒掉的危险。这就是为什么很多明星企业会变成流星企业，花花果果好看，树干也没问题，但是树根烂了，树很快就会倒下，所以治理问题是公司中最根本的问题。

前些年国内外一些大公司纷纷出现丑闻，如安然、世通、帕玛拉特，以及华尔街金融危机中由于金融风险出现问题的大银行、保险公司等金融机构，导致这些大公司垮台的不仅是管理或金融风险层面的问题，更多的是治理问题。因此，企业不仅需要管理，更需要治理。公司治理是公司利益相关者之间的权力配置与制衡，是对公司进行战略指导、明晰责任、监督与控制的活动。公司管理是公司经营权的执行与实施，是在公司既定的治理框架和战略规划下，为实现公司目标而采取的行动。

第二节　企业制度演进与现代公司发展

一、企业与公司

延伸阅读 1-1

一个很成功的商行老板有一家属于自己的当铺，有一天，他的当铺收了一幅珍贵的画，他看着很喜欢，顺手就把这幅画放到自家门厅了。这个老板经常将当铺里自己喜欢的东西放到家里。

作为真功夫创始人，蔡达标挪用公款3 068万元，被判有期徒刑14年；雷士照明创始人吴长江挪用公司资金9.2亿元，被判有期徒刑14年。同样是老板往家拿东西，为什么蔡达标和吴长江就被抓了呢？真功夫和雷士照明不分别是这两个创始人的吗？怎么拿自家的钱还是挪用呢？在今天，即使这个商行的老板还这么干，也不算犯法，没人会抓他。为什么呢？很简单，因为商行老板的当铺是个人企业，而真功夫和雷士照明是公司。

资料来源：根据公开资料整理.

通过上面的资料比较分析，读者可能会问：企业和公司还不一样吗？实际上，企业在公司产生之前就存在很久了，企业并不等于公司。公司一般是指依法设立的，有独立的法人财产，以营利为目的的企业法人，其主要形式为有限责任公司和股份有限公司。企业一般是指以营利为目的，运用各种生产要素，向市场提供商品或服务，实行自主经营、自负盈亏、独立核算的法人或其他社会经济组织。

企业包括三种类型：业主制企业、合伙制企业和公司制企业。公司只是其中之一，前两种类型的企业也叫古典企业。业主制企业，也叫个人独资企业，是依照《中华人民共和国个人独资企业法》设立，由单个主体出资兴办、经营、管理、收益和承担风险的企业；合伙制企业是依照《中华人民共和国合伙企业法》（简称《合伙企业法》）设立，由两个或者两个以上的出资人共同出资兴办、经营、管理、收益和承担风险的企业；公司制企业是依照《中华人民共和国公司法》设立的企业。

二、企业制度的演进

企业制度经过了两个发展时期——古典企业制度时期和现代企业制度时期。

古典企业制度主要以业主制企业和合伙制企业为代表。现代企业制度主要以公司制企业为代表。企业制度从古典到现代的转变，经历了业主制企业、合伙制企业到公司制企业的发展过程。

（一）业主制企业

业主制企业，也称个人独资企业，是指由一个自然人投资，全部资产为出资人所有并由出资人对企业债务承担无限责任的营利性经济组织。业主制企业产生于人类社会最初的分工和交易过程，是企业制度的最早存在形式，至今仍广泛应用于商业经营。业主制企业并不具有法人资格。

业主制企业与其他企业组织形式相比的不足之处如下：一是业主制企业主需要承担无限连带责任，企业的经营风险很大，一旦经营不当，欠债太多，不仅企业财产须用来偿还债务，还可能累及企业主其他个人财产。二是企业出资人只有一个，企业融资来源有限，企业规模受到很大限制。三是业主制企业与企业主的身份密不可分，因此其存续期限较短，一旦企业主死亡或歇业，企业即告终止。

（二）合伙制企业

合伙制企业是指由两个或两个以上自然人通过订立合伙合同，共同投资设立、共同经营管理的营利性经济组织。

1. 合伙制企业的典型特征

（1）合伙制企业成立的基础是合伙人之间签订的合伙合同。

（2）合伙制企业不具有法人资格，属于自然人企业。这是合伙制企业与公司制企业的基本区别。

（3）合伙制企业强调人的联合，并且是在保持各合伙人独立性前提下的联合，在合伙关系中民事主体是合伙人而不是合伙企业本身。

（4）合伙人对合伙制企业债务承担无限连带责任。

按照合伙人对合伙制企业的责任，合伙制企业可分为普通合伙企业和有限责任合伙企业。普通合伙企业的合伙人均为普通合伙人，对合伙企业的债务承担无限连带责任。有限责任合伙企业由一个或几个普通合伙人和一个或几个责任有限的合伙人组成，即合伙人中至少有一个人要对企业的经营活动承担无限责任，责任有限的合伙人只以其出资额为限对合伙企业债务承担责任，一般不直接参与企业的经营管理活动。

2. 合伙制企业的优缺点

与业主制企业相比，合伙制企业具有以下优点：一是资本来源相对广泛并可以充分发挥企业和合伙人个人的力量，增强经营管理实力，扩大企业规模；二是由于合伙人共同承担合伙企业的经营风险和责任而不是由单一的投资者承担责任，因此相对分散了经济上的风险和责任。其缺点是普通合伙人对企业债务承担无限连带责任，风险较大，合伙人的退出或死亡会影响企业的生存和寿命。

（三）公司制企业

公司制企业（corporation）是企业制度适应经济、社会和技术的进步，不断自我完善的结果，是现代经济生活中主要的企业形式。与传统的自然人企业相比，现代公司制度一般是指由一定人数以上的股东共同出资设立，股东以其出资额为限对公司负责，公司以其资产对外负责的具有法人资格的公司形式。它使企业的创办者和企业家在资本的供给上摆脱了对个人财富、银行和金融机构的依赖。在最简单的公司制企业中，公司由三类不同的利益主体组成：股东、公司管理者（或经营者）、员工。

有限责任是公司制的核心内容。有限责任意味着公司与其所有者和雇员分离，公司所拥有的并不等同于构成公司的个人所拥有的。有限责任有三层含义：一是公司的责任独立，即公司以其全部资产对公司的债务承担独立清偿责任；二是股东的责任有限，即股东以其出资额为限对公司承担责任；三是股东的责任是对公司的责任，不是对公司债权人的责任。有限责任的主要功能体现在减小和分散投资风险，有效地募集社会资本，鼓励投资并促进高风险项目的发展，促使投资和经营相分离从而形成和优化专门的公司治理结构。

1. 公司制企业的类型

（1）有限责任公司。有限责任公司又称有限公司，在我国，它是指根据法律规定的条件成立，由 1 个以上 50 个以下股东共同出资，并以其认缴的出资额对公司经营承担有限责任，公司以其全部资产对公司的债务承担责任的企业法人。

（2）股份有限公司。股份有限公司又称股份公司，应当有 1 人以上 200 人以下发起人，其中应当有半数以上的发起人在中华人民共和国境内有住所。股份有限公司是指其全部资本分为等额股份，股东以其所持股份为限对公司承担责任，公司以其全部资产对公司的债务承担责任的企业法人。股份公司具有三个重要特点：一是股份公司是一个独立于出资者的自然人形式的经济、法律实体，从理论上讲，有连续的生命。二是股份可以自由地转让。三是出资人承担有限责任。

有限责任公司和股份有限公司都是有限公司，不过两者之间的差异非常大。公司注册选择公司类型时先要清楚各个类型的区别，再决定要注册什么类型。

新《公司法》第四十二条规定，有限责任公司由 1 个以上 50 个以下股东出资设立。第九十二条规定，设立股份有限公司，应当有 1 人以上 200 人以下为发起人，其中应当有半数以上的发起人在中华人民共和国境内有住所。即允许 1 个发起人发起设立股份有限公司，这说明股东可以设立一人有限责任公司和一人股份有限公司。①

新《公司法》对一人公司的调整和修改，可以看出国家对于一人公司的态度更加开放，不仅一个自然人以后可以设立多家一人有限公司，也承认了一人股份有限公司的法律地位。这样的变化，有利于健全社会主义市场经济体制，有利于鼓励投资者创业、通过设立一人公司分散投资风险。但同时我们也要看到股东在投资设立一人公司的法律风险。新《公司法》第二十三条第三款规定："只有一个股东的公司，股东不能证明公司财产独立于股东自己的财产的，应当对公司债务承担连带责任。"该条是新《公司法》"第一章 总则"中的规定，也意味着适用于一人有限责任公司和一人股份有限公司。这些公司的股东有明确的法律义务要证明自己的财产独立于公司财产，如果不能证明两者"独立"，就应当用自己的财产对公司的债务承担连带责任。这个证明责任是不简单的，这意味着股东从一开始就应当做好个人和公司之间的财产管理和账务管理，不应该出现类似"公转私"等危险行为，否则就可能无法证明两者之间财产的独立性。如果不能证明两者之间财产的独立性，股东就应当对公司债务承担连带责任。这个连带责任意味着，即使股东已经对这家公司完全实缴出资，股东的"有限责任"的保护伞依然会被打破，股东从"有限责任"变成了"无限责任"，公司欠债多少，股东就要用自己的财产偿还多少。

案例 1－1

一人有限责任公司的"连带责任"风险

一人有限责任公司即只有一个自然人股东或一个法人股东的有限责任公司，若不建立好规范的财务制度股东很容易与公司人格混同，"有限责任"的防火墙将被穿透，股东会承担连带责任。

甲公司是一家建筑工程咨询公司，乙公司是一家一人有限责任公司的房地产企业。张某是乙公司的法定代表人及唯一股东。2024 年，甲公司与乙公司签订了一份房屋质量监测服务合同，由甲公司为乙公司旗下所开发项目的房屋提供质量检查及交付验收服务。合同签订后，甲公司依约为乙公司房地产项目进行了质量检查，工程进度款经双方结算确认应付服务费 52 万元。经催讨，乙公司仅支付了 39 万元，甲公司遂将张某和乙公司诉至法

---

① 原《公司法》第五十八条规定，一个自然人只能投资设立一个一人有限责任公司。该一人有限责任公司不能投资设立新的一人有限责任公司。新《公司法》将该条删除。即新《公司法》生效后，一个自然人可以设立多个一人有限责任公司，并且设立后的一人有限责任公司还可以再继续设立 100%控股的子公司。这使得自然人投资经营更加方便、灵活，有利于增加市场活力，同时也顺应了这类公司设立子公司的发展需要，通过投资子公司来分散经营风险。

院，要求张某对13万元服务费承担连带清偿责任。

法院经审理认为，张某系乙公司的一人股东，张某提交年度审计报告欲证明其个人财产与公司财产相互独立。但张某曾用个人账户向甲公司支付过货款，并多次用本人微信向甲公司转账。乙公司主张上述款项系公司借款，但未提交借款合同，审计报告中也并未体现上述借款明细，且张某曾用个人账户向甲公司支付咨询费，个人与公司之间账户混用，故仅凭审计报告不能证明股东个人财产独立于公司财产。故判令张某对公司债务承担连带责任。

根据新《公司法》的规定，这是一人有限责任公司的法人人格否认制度。一人有限责任公司的法人人格否认的举证责任在于被告，即公司，被告需要就自己不存在法人人格否认的法定情形进行举证。另外，一人有限责任公司的法人人格否认制度不要求被告具有“逃避债务”的主观意图。

那么，作为一人有限公司的股东如何才能避免对公司的债务承担连带清偿责任?

1. 有规范的财务报表及账册

一人有限公司作为有限公司的特殊形式，亦应根据《中华人民共和国会计法》以及《企业会计准则》的要求建立财务管理制度，编制符合要求的财务报表，保留相关财务的原始凭证及账册。若没有规范的财务账册可能要承担相应的不利后果。

2. 坚持年度审计

由于一人有限公司不存在股东会，公司所有的重大事项均由股东决定，没有有效的监督和约束机制，正因为如此，《公司法》(2018年版)第六十二条、第六十三条对一人有限公司作了特别规定，其中第六十二条规定：“一人有限责任公司应当在每一会计年度终了时编制财务会计报告，并经会计师事务所审计。”因此，作为一人有限公司理应根据相关规定坚持聘请有资质的会计师事务所进行年度审计，以便逐年留下公司财务独立的相关证据。

新《公司法》虽然删除了原《公司法》关于一人有限责任公司的专节规定，但在新《公司法》第二十三条、第二百零八条仍然保留了只有一个股东的公司股东举证证明责任、公司编制财务报告的内容。第二十三条规定，公司股东滥用公司法人独立地位和股东有限责任，逃避债务，严重损害公司债权人利益的，应当对公司债务承担连带责任。股东利用其控制的两个以上公司实施前款规定行为的，各公司应当对任一公司的债务承担连带责任。只有一个股东的公司，股东不能证明公司财产独立于股东自己的财产的，应当对公司债务承担连带责任。第二百零八条规定，公司应当在每一会计年度终了时编制财务会计报告，并依法经会计师事务所审计。

3. 分红应依法扣缴税款

根据《中华人民共和国个人所得税法》及《国家税务总局关于印发〈征收个人所得税若干问题的规定〉的通知》(国税发〔1994〕89号)第十八条的规定，在分红时，单位依法扣缴个人所得税，作为一人有限亦不例外。因此，若需证明个人财务与公司财务独立，但公司又存在分红的情形下，作为股东除了应提供满足形式要件的股东分红决定，还应满足依法缴纳个人所得税的实质要件，否则可能被视为个人财产，不能独立于公司财产。

在新《公司法》对一人有限公司有特别规定的情形下，一人有限公司的人格否认之诉中，股东往往都对公司的债务承担连带责任，极少有公司能够证明公司财产独立于股东个人财产，作为股东若要规避经营中的风险，应当依法经营，并建立符合规则的财务管理制度，避免股东与公司、公司与公司之间人格混同。这样股东才能避免承担连带责任，将经营风险控制在“有限责任”范围内。

资料来源：根据网络公开资料整理.

第三节 公司制与现代公司治理问题的产生

一、公司制与两权分离

随着现代公司制企业的形成，现代公司呈现出股权结构分散化、所有权和经营权分离等重要特征。伴随着企业规模的扩大，产品出现多样化趋势，产品线不断延长或增多，企业分工越来越明确，企业的组织形式因此逐渐层级化，演变为分权结构。在这种情况下，公司不得不引入职业管理层，将相当一部分经营管理权力由公司创业者转移给职业管理者，形成了所有权和经营权“两权分离”的局面。

创业者（股东）拥有所有权、职业管理者（经理人）拥有经营权，这就形成了委托代理关系。作为委托人的股东与作为代理人的经理人，二者的利益和目标存在不一致的地方。在两权分离的前提下，信息不对称、机会主义等因素的存在，有可能导致代理人出现“道德风险”，形成损害股东利益的代理问题，即管理层不按股东利益行事而带来的各种代理成本，包括经理层片面追求个人收入、片面追求公司的经营规模、为追求短期效益而牺牲公司长远发展规划以及存在不当的在职消费等行为。

伯利（Berle）和米恩斯（Means）在 1932 年出版的《现代公司与私有财产》一书中，对美国 200 家大公司进行了分析，发现在这些大公司中有相当比例由并不拥有公司股权的高级管理人员控制，现代公司已经发生了“所有权与控制权的分离”。钱德勒认为，股权分散的加剧和管理的专业化，使得拥有专门管理知识并垄断了专门经营管理信息的经理层实际上掌握了对企业的控制权，形成了“内部人控制”现象。

二、两权分离与委托代理关系

在所有权与经营权分离的情况下，现代公司制企业享受着职业经理人经营专长的同时，也面临着严重的代理问题。在古典企业里，所有者与经营管理者合二为一，因此，不会产生所有者与经营者的利益分歧，在这里，只有一种声音、一种意志、一个目标。而在现代公司制企业中，所有权和经营权在两个利益主体之间分割，由此产生了公司行为目标的冲突，产生了两种权力、两种利益之间的竞争。亚当·斯密（1776）认为，作为其他人所有的资金的经营者，不要期望他会像对待自己所有的资金一样去悉心照顾。所有权与经营权的分离不可避免地产生了代理问题。

在现代公司制企业中，所有者直接控制公司不是主流，尤其是公司规模大的企业，所有者更是远离企业，而且所有权相当分散，这在客观上为经营者背离所有者的利益提供了可能。由于所有权与经营权的分离，在理论上出现了以委托代理关系为核心的委托代理理论。

委托代理关系在企业实践中普遍存在。比如，你购买了一家公司的股票，或者购买了一只基金，就相当于把自己的钱委托给了公司管理层或者说基金经理去管理。在这种关系中，你就是委托人（principal），对这笔资金拥有所有权，而这些管理层、基金经理是你的代理人（agent），对资金拥有经营权。你们之间就构成了委托代理关系（principal-agent relationship）。

现代公司的委托代理关系中，委托人一般是指股东，代理人指董事和经理。这类企业中的代理问题自科斯（Coase，1937）提出企业性质理论以来，一直是经济学家关注的重要课题。代理理论认为，代理人和委托人是两种不同的利益群体，他们之间存在两个方面的不对称：一是利益的不对称，股东追求的是公司利润和股东权益最大化，而经理作为代理人追求的是个人收入最大化、社会地位和声誉的提高、权力的扩大以及舒适的工作环境等；二是信息的不对称，委托人对公司的经营信息了解有限，而代理人在经营管理方面存在明显信息优势。

所有权与经营权分离之后，股东面临的最大问题就是怎样使管理层和股东之间“同心同德”，尤其是股东和管理层之间利益不一致时，怎样使管理层在为公司做决策时从股东的利益出发，保证股东利益的最大化。这些问题就是公司治理需要解决的问题。

委托代理理论把企业看作委托人和代理人之间围绕风险分配所作的一种契约安排。由于利己的动机和信息的不对称，代理人经常出现道德风险和逆向选择问题。因此，公司治理问题的关键就是，委托人如何设计有激励和监督意义的机制和合约，以控制代理人的道德风险和逆向选择，从而增强代理效果和减少代理费用（Jensen and Meckling，1976）。从这个理论角度来看，公司治理就是因委托代理问题而产生、为解决企业内部委托代理问题而服务的契约制衡机制，它规定着企业内部不同要素所有者之间的关系，通过契约对所有权和控制权进行分配，从而影响经营者和所有者的关系。公司治理需要恰当处理不同权利主体之间的监督、激励和风险分配问题，促使经营者与所有者的利益相一致，督促经营者为所有者的利益最大化服务。

三、不完全契约与公司治理

在存在代理问题的情况下，如果股东和经理层签订一份完整的契约，规定经理层在各种情况下应如何去做，资金只能用于什么用途，收益如何进行分配，等等，代理问题就能迎刃而解。但由于现实经济中充满了不确定性，不可能预测到所有将要发生的事情，并在合约中对交易各方在各种可能情况下的责、权、利作出明确界定，而且这样做的交易费用将相当高。因此，实际上很难做到签订这样一份完整的契约。

格罗斯曼和哈特（Grossman and Hart，1986）、哈特和莫尔（Hart and Moore，1998）等共同创立了不完全契约理论（incomplete contracting theory）。该理论认为，人们的有限理性、信息的不完全性以及交易事项的不确定性等特征，使得明晰所有特殊权力的成本过高，拟定完全契约是不可能的，因此，不完全契约是必然和经常存在的。不完全契约理论主要包括交易成本理论和产权理论两个部分。不完全契约理论认为，有限理性、现实的不确定性及契约的不可证实性（第三方的有限理性）导致了契约的不完全，现实中并不存在阿罗（Kenneth Arrow）与德布鲁（Gerard Debreu）提出的在均衡中假定完全契约的条件，因此，需要设计不同的机制以解决契约条款的不完全性，并处理由不确定性事件引发的有关契约条款所带来的问题。而公司治理就是解决企业不完全契约情况下各种问题的制度或机制安排。哈特（Hart，1995）在GHM模型（格罗斯曼-哈特-莫尔理论）基础上提出了公司治理理论的分析框架。他认为，只要以下两个条件存在，公司治理问题就必然在企业中产生。第一个条件是代理问题，确切地说是企业成员之间存在利益冲突；第二个条件是交易成本之大使代理问题不可能通过契约完全解决。在没有代理问题的情况下，公司中所有的个人都可以被要求或激励去追求利润或企业市场价值的最大化，或者去追求成本最小化。每个人的努力和其他各种成本都可以直接得到补偿，因此不需要激励机制调动人们的积极性，也不需要治理结构来解决争端，因为没有争端可言。

如果出现代理问题并且契约不完全，则公司治理至关重要。在标准的委托代理模型中，假定签订一份完全契约是没有成本的，然而，实际签订契约的成本可能很高，以至于所有的当事人不能签订完全契约，而只能签订不完全契约。当新的情况发生时，契约就必须重新谈判，否则就会引起法律争端。因此，哈特（Hart，1995）指出，在契约不完全的情况下（代理问题也将出现），治理结构确实有它的作用。治理结构被看作一个决策机制，而这个决策机制在初始契约下没有明确地设定，更确切地说，治理结构分配公司非人力资本的剩余控制权即资产使用权。如果没有在初始契约中详细设定，则治理结构将决定公司的剩余控制权如何配置，以及剩余收益权如何进行分配。由此可以看出，哈特是将代理问题和合约的不完全性作为公司治理存在的条件和理论基础。

四、委托代理关系与多重代理问题

所有权与经营权分离所带来的最直接问题，是失去控制权的所有者如何监督并制约拥有控制权的经营者，使其以实现所有者利益最大化为目标去进行经营决策，而不是滥用经营决策权，这同时也是委托代理理论所要解决的核心问题。委托代理理论是公司治理理论的重要组成部分，该理论将两权分离的公司制度下所有者（委托人）和经营者（代理人）双方关系的特点归结为：经济利益不完全一致，承担的风险大小不对等，公司经营状况和资金运用的信息不对称。经营者负责公司的日常经营，拥有绝对的信息优势，为追求自身利益的最大化，其行为很可能与所有者和公司的利益不一致，甚至会损害所有者和公司的利益，从而诱发风险。为了规避这一风险，确保资本安全和最大的投资回报，就要引入公司治理这一机制，实现对经营者的激励和监督。

西方传统委托代理理论本质上是一种单委托代理理论，主要针对以股权分散为主要特征的上市公司构建，不适合作为以股权相对集中或高度集中为主要特征的上市公司治理问题的分析框架。在股权分散或两权高度分离的情况下，上市公司面临的最突出问题就是全体股东与经营者之间的利益冲突。更具体地讲，上市公司面临的最突出问题就是投资者如何让经营者在经营决策中保护他们的利益，如何保证经营者不侵占公司股东的投资利益或将他们的资金投在一个很差的项目上，如何保证投资者能够有效地控制经营者。西方传统委托代理理论就是为了解决上述问题和矛盾而建立的。西方传统委托代理理论的核心就是，委托人（全体股东）如何设计最优的治理结构与治理机制，以保证代理人（经营者）按照委托人（全体股东）的利益行事。如果我们把上述公司全体股东看作单个委托人，把公司经营者看作单个代理人，那么西方传统委托代理理论本质上是一种研究单委托代理关系问题的理论。这种委托代理理论主要应用于英、美等国家股权分散的上市公司，然而，包括中国在内的许多国家和地区的多数上市公司的股权结构的主要特征不是股权分散，而是相对集中或高度集中。① 中国上市公司协会发布 2023 年 12 月统计月报显示，截至 2023 年 12 月 31 日，境内股票市场共有上市公司 5 346 家，沪、深、北证券交易所分别为 2 263 家、2 844 家、239 家。第一大股东持股比例均值约为 32.06%，第一大股东持股比例超过均值的上市公司占总数的 43.5%，第一大股东持股比例超过 50%的上市公司占总数的 13.3%。

上市公司股权的分散与集中程度，决定了公司治理所要解决的突出问题。由于包括中国在内的许多国家和地区的上市公司股权结构的主要特征与英、美等国不同，即不是股权分散，而是股权相对集中或高度集中，因此，这些国家和地区的上市公司治理所要解决的突出问题与英、美等国家存在显著差异，即不仅要解决全体股东与经营者之间的利益冲突，而且要解决大股东与中小股东之间的矛盾。

以股权相对集中或高度集中为主要特征的上市公司与以股权分散为主要特征的上市公司有一个显著的区别，就是前者的股东利益取向既有共同点，又有差异性。在以股权分散为主要特征的上市公司中，由于任何一位股东都没有掌握足以控制公司的投票权，因而谁也不可能侵占其他股东的利益，所以股东之间基本上没有什么利益冲突。由于这类上市公司的控制权实际上往往为经营者所操纵，这类公司的主要代理问题表现为全体股东与经营者之间的代理问题。而在以股权相对集中或高度集中为主要特征的上市公司，控股股东或大股东与中小股东的利益价值观是一致的，即他们都希望在公司的投资获取最大的回报。然而，由于控股股东或大股东掌

---

① 冯根福．双重委托代理理论：上市公司治理的另一种分析框架：兼论进一步完善中国上市公司治理的新思路．经济研究，2004，39（12）：16-25.

握着公司的实际控制权，其自利天性与机会主义行为可能导致其寻机运用公司控制权损害中小股东的利益，于是就产生了控股股东或大股东与中小股东之间的利益冲突。由此可见，在以股权相对集中或高度集中为主要特征的上市公司，实际上存在双重委托代理的问题：一种是控股股东或大股东与经营者之间的委托代理问题；另一种是公司大股东与公司小股东之间的委托代理问题。

第四节　公司治理理论：股东至上与利益相关者至上

一、股东利益至上的单边治理理论

公司治理理论产生的思想渊源可以追溯到200多年前亚当·斯密在《国富论》中对代理问题的论述，他认为在股份制公司中由于所有权和经营权的分离，产生了一系列的问题，从而应当建立一套行之有效的制度来解决所有者和经营者之间的利益冲突。伯利和米恩斯的《现代公司与私有财产》成为公司治理理论文献的开山之作，他们在对大量实证材料进行分析的基础上，发现现代公司的所有权和控制权发生了分离，控制权从所有者手中转移到管理者手中，而公司的管理者常常追求个人利益的最大化，而非股东利益的最大化，所以应该强调股东的利益，实现股东对经营者的监督制衡。

自此，特别是20世纪80年代以来公司治理问题受到理论界越来越多的关注和重视。在公司治理理论的发展过程中，逐渐产生了以股东利益至上为基础的单边治理和以利益相关者为核心的共同治理两种代表性治理理论。

股东利益至上理论认为，企业是股东的企业，股东拥有企业的全部所有权，企业的目的是股东利益最大化，从而主张“资本雇佣劳动”，即物质资本主导治理模式的稳定性和合理性。其代表人物主要有Shleifer、Vishny和Tirole等。例如，Shleifer et al.(1986)认为公司治理的问题是如何保证公司资金的供给者能够从他们的投资中获得收益；Tirole(2001)把公司治理定义为对股东利益的保护。单边治理的理论依据是现代企业理论和委托代理理论，由科斯(Coase，1937)开创的企业理论回答了为什么企业必须按照股东利益最大化目标经营的问题。

在著名的1917年道奇兄弟诉福特一案中，密歇根州高等法院对此给予了明确的回答：“一个商业公司设立和运行的主要目的是为股东创造利润。董事被赋予权力也是为了服务于这个目的。董事可以行使自由判断权，但这只能是为了实现这个目的，不能自作主张地去改变这个目的，或者削减利润，或者为了将利润用于其他目的而不将之分给股东。”该案所确立的公司目的是股东财富最大化理论被美国各州法院普遍接受，成为商事公司的一个基础法则。1989年美国公司的主要注册所在地特拉华州的州法院在一项判决中重申，“董事的义务便是在法律允许的范围内使股东的长期利益最大化”。

案例1－2

道奇兄弟诉福特公司案

早年福特公司的运营非常成功，一直派发高额的分红给股东，但是到了1916年福特公司宣布停止分红。道奇兄弟拥有福特公司10%的股份，对没了这笔分红非常不满，就提起了诉讼。福特公司停止支付这笔分红的理由也很充分，就是福特公司认为，公司需要资金建造一家工厂，这样可以扩大规模，降低汽车的价格。福特公司甚至认为一味地追求利润并不光彩，让更多的工人就业，让更多的消费者买得起车，为社会公众创造更美好的生活是更有价值的事情。现在，如果你是法官，你会怎么来判这个案子呢？

当年的法官是这么判的：福特公司被判应该支付1 930万美元的特别分红。法官的意见是：公司的主要目的是为股东创造利润，公司的管理者追求社会目标只能用自己的钱，不能用别人的钱。这个案例在法律上奠定了美国公司治理以股东为中心的基础，替股东赚钱被认为是经理人天经地义的职责，股东至上成为资本主义社会的铁律。

资料来源：赵旭东．公司法．北京：高等教育出版社，2003：412.

二、利益相关者共同治理理论

"利益相关者"一词最早被提出可以追溯到1984年，弗里曼（Freeman）出版了《战略管理：利益相关者管理的分析方法》一书，明确提出了利益相关者管理理论（stakeholder theory）。利益相关者管理理论是指企业的经营管理者为综合平衡各个利益相关者的利益要求而进行的管理活动。与传统的股东利益至上理论相比较，该理论认为任何一个公司的发展都离不开各利益相关者的投入或参与，企业追求的是利益相关者的整体利益，而不仅仅是某些主体的利益。20世纪90年代，美国学者布莱尔（Blair）又把利益相关者定义为：所有向企业贡献专用性资产，并处于风险投资状况的人或集团。利益相关者是企业专用性资产的投入者，他们对其专用性资产拥有完整的产权，由他们共同签约组成企业。专用性资产的多少以及资产所承担风险的大小是各利益相关者控制权的决定依据。显然，资产越多，承担的风险越大，他们所得到的企业剩余索取权和剩余控制权就应该越大。

延伸阅读1－2

剩余索取权和剩余控制权

按照现代企业理论，企业是一系列契约的组合。而且，作为契约，企业是一种不完备的契约。于是，这就产生了剩余索取权和剩余控制权。在治理结构层次上，剩余索取权主要表现为在收益分配优先序列上"最后的索取权"；控制权主要表现为"投票权"，即契约中没有说明的事情的决策权。企业控制权可以理解为排他性利用企业资产，特别是利用企业资产从事投资和市场运营的决策权。那么，企业中谁应拥有剩余索取权和剩余控制权呢？在所有者同时又是经营者的古典企业中，情况比较简单，所有者同时拥有剩余索取权和剩余控制权。但在现代企业比如股份制企业中，情况就要复杂得多了。在典型的公司治理结构中，股东是剩余索取者。他们的收益来自企业扣除了所有固定的合同支付之后的余额（利润），是不确定的，带有很大的风险性，因而，他们拥有控制权，掌握着契约中没能明确规定的公司决策权。但是，在现代企业中，为了使企业能更迅速地适应外界环境的变化，增强企业的竞争能力，加快企业的发展，作为企业所有者的股东，除保留可以通过投票来选举董事会等少量决策权外，将其余的大部分决策权交给了董事会，而董事会又将大部分经营管理决策权交给了由其选择和聘用的总经理。也就是说，事实上，在现代企业里，并不拥有充分剩余索取权的企业家拥有了充分的企业控制权。这不仅对公司的治理结构产生了重大影响，而且使得作为经营者的经理人员的收益构成发生了很大的变化，“控制权收益”成了经营者最主要的收益来源。这种情况不仅在华尔街，在我国国有企业中也表现得十分突出，所以也就不难解释“内部人控制”产生的根源了。

资料来源：谢德仁．企业剩余索取权：分享安排与剩余计量．上海：上海人民出版社，2001：296.

与传统的股东利益至上理论不同，利益相关者共同治理理论认为公司是一个责任主体，在一定程度上还必须承担社会的责任，企业的追求不能仅限于股东利益最大化，也要考虑社会价值的实现。任何一个企业的发展都离不开各种利益相关者的投入或参与，当这些利益相关者在企业中注入了一定的专用性投资，形成专用性资产后，他们或是分担了一定的企业经营风险，或是为企业的经营活动付出了代价，就应该参与治理并分享公司控制权和剩余索取权。

延伸阅读 1-3

专用性资产

专用性资产（specific assets）的概念由 Benjamin Klein 等于 1978 年在 *Journal of Law and Economics* 上发表的 Vertical Integration，Appropriable Rents，and the Competitive Contracting Process 一文中首次提出。专用性资产是指只有当某种资产和某项特殊用途结合在一起时，这种资产才是有价值的，否则它的价值基本上体现不出来，或者即使有价值，与为了获得这项资产所进行的投入相比，资产的所有者也是受损失的。资产的专用性越强，其所有者在和别人进行谈判时“筹码”也就越少。专用性资产有两个显著特征：

（1）由特定的经济主体拥有或控制。

（2）只能用于特定的用途，如果转到其他用途或由他人使用，则其创造的价值可能降低。例如，现有甲企业和乙企业，假定甲企业的 A 产品是乙企业 B 产品的重要原料。乙企业对 A 产品的需求扩大，甲企业需要进行专用性资产投资以扩大其 A 产品的产量，但是当甲企业的专用性资产投资到位，开始正常运营不久，乙企业的 B 产品在市场上的销量却逐渐下滑，造成对 A 产品需求降低，使得 A 产品的生产无法实现专用性资产运营的规模效益，因而甲企业对该项专用性资产的投资蒙受了重大损失。如果需要对甲企业的这项专用性资产进行评估，评估师就应该考虑这种损失造成的资产贬值。

资料来源：根据公开资料整理．

2019 年 8 月，181 家美国顶级公司 CEO 在“商业圆桌会议”上签署《公司宗旨宣言书》（以下简称《宣言》），《宣言》重新定义了公司运营的宗旨，宣称：股东利益不再是一个公司最重要的目标，公司的首要任务是创造一个更美好的社会。该组织自 1978 年以来定期发布有关公司治理原则的声明，1997 年起发布的每份声明文件都赞同股东至上的原则，凸显公司的首要任务就是让股东受益，并实现利润的最大化。而 2019 年的这份《宣言》历史性地终结了以股东利益最大化为信条的经营理念时代，为在创造经济价值的同时，力图创造社会和环境多重共享价值打开了通途。从全球来看，ESG（环境、社会、公司治理）兴起，责任投资规模巨大。而中国经济转入高质量发展阶段以来，ESG 日益受到重视，中国证监会 2018 年修订的《上市公司治理准则》确立了 ESG 信息披露基本框架；MSCI 对纳入 MSCI 中国指数①的 A 股公司进行 ESG 研究和评级。这些充分说明企业在 ESG 等多领域创造价值是时代的要求。

在公司治理层面，持续了上百年的一场争论就是：公司经营的目的到底是股东的利益，还是利益相关者的利益？经理层到底是为谁服务的？争论的这两派观点就分别是股东至上理论（shareholder primacy theory）和利益相关者理论（stakeholder theory）。

新《公司法》第二十条规定，公司从事经营活动，应当考虑公司职工、消费者等利益相关者的利益以及生态环境保护等社会公共利益，承担社会责任。国家鼓励公司参与社会公益活动，公布社会责任报告。新《公司法》比较完整地写入了公司的社会责任，除此之外还强调了公司应该充分考虑公司职工、加强对中小股东的保护以及对董监高信义义务的强化等 ESG 相关治理内容。

延伸阅读 1-4

兴业银行获选中上协“上市公司 ESG 最佳实践案例”

2023 年 11 月 16 日，在中国上市公司协会举办的 2023 年中国上市公司可持续发展大会上，兴业银行成功入选“上市公司 ESG 最佳实践案例”。

作为 ESG 领域先行者，兴业银行全面贯彻落实新发展理念，通过强化自身环境、社会、治理（ESG）管理建设，探索实现银行经济效益、社会效益与环境效益的共赢，为构建新发展格局、推动高质量发展提供有力的金融支撑。

在治理（G）维度，兴业银行优化顶层设计，将 ESG 理念与集团发展战略规划相融合，全面推进 ESG 管理体系建设，于 2022 年正式将董事会“战略委员会”更名为“战略与 ESG 委员会”，并将女性董事与具有 ESG 专业背景的董事纳入董事会，建立了具有行业领先水平的 ESG 管理决策机制，引导、鼓励管理层积极探索多渠道、全方位履行环境与社会责任。2023 年，兴业银行制定了 ESG 政策，作为全行可持续发展的纲领性文件，打造具有兴业特色的 ESG 管理体系。

---

① MSCI 中国指数（MSCI China Index）是由摩根士丹利国际资本公司（MSCI）编制的跟踪中国概念股票表现的指数。

在环境（E）维度，兴业银行将“绿色银行”作为重点打造的“三张名片”之首，聚焦减污降碳，加快推动集团“全绿”转型，切实将绿色金融优势转化为推动高质量发展的新动能，助力“美丽中国”建设。截至2023年三季度末，该行绿色融资余额1.86万亿元，较上年末增长2 501亿元，其中绿色贷款余额达到7 724亿元，较上年末新增1 353亿元，新增量占企金贷款新增量的比重超30%；“降碳”领域绿色金融融资规模1.04万亿元，占绿色融资比重较2022年末提升7个百分点至56%，走出了一条兼顾商业可持续和环境可持续的发展之路。

在社会（S）维度，兴业银行坚守金融工作政治性、人民性，持续提升金融服务的可得性、覆盖面、满意度。2023年以来，该行围绕促进经济恢复向好，聚焦重点领域和薄弱环节，加大金融支持力度，信贷增量和增幅保持在股份制银行前列，特别是积极发挥金融科技优势，在服务小微企业、支持乡村振兴、助力共同富裕等方面，探索数字化服务新模式，走出了一条差异化的普惠金融发展之路。截至2023年9月末，兴业银行普惠金融贷款余额近5 000亿元，贷款客户数超22万。

2023年召开的中央金融工作会议提出，“要加快建设金融强国，坚定不移走中国特色金融发展之路，推动我国金融高质量发展”，为我国银行业走出一条具有中国特色的ESG发展之路指明了方向。兴业银行将认真贯彻落实中央金融工作会议精神，持续完善中国特色现代金融企业制度，不断提升治理体系和治理能力现代化水平，切实当好服务实体经济的主力军和金融稳定的压舱石，为构建中国特色ESG管理体系探路子，为加快建设金融强国做贡献。

资料来源：根据网络公开资料整理.

第五节　公司治理的概念、结构和机制

一、公司治理的概念

治理结构（governance structure）的概念是奥利弗·威廉姆森教授（Oliver E. Williamson）① 于1975年首先提出的，而公司治理（corporate governance）的概念最早出现在经济文献中的时间是20世纪80年代中期。自公司治理这一概念提出以来，西方学者就对其存在不同的理解。

在股东利益至上理论方面，伯利和米恩斯（Berle and Means，1932）以及詹森和梅克林（Jensen and Meckling，1976）认为，公司治理应致力于解决所有者与经营者之间的关系，公司治理的焦点在于使所有者与经营者的利益相一致。法马和詹

① 加利福尼亚州大学伯克利分校教授奥利弗·威廉姆森因对经济治理的分析，特别是对公司经济治理边界的分析，于2009年获得诺贝尔经济学奖。威廉姆森继承了芝加哥经济学派代表人物罗纳德·科斯的理论，并将后者提出的交易成本理论具体化，使之成为制度经济学的一个重要分析工具，从而使描述性的制度经济学转变成可预测、可验证的新制度经济学。

森（Fama and Jensen，1983）进一步提出，公司治理研究的是所有权与经营权分离情况下的代理问题，其中心问题是如何降低代理成本。施莱佛和维什尼（Shleifer and Vishny，1986）认为公司治理要处理的是公司的资本供给者如何确保自己可以得到投资回报的问题，公司治理的核心是保证资本供给者（包括股东和债权人）的利益。上述学者对公司治理内涵的界定偏重于所有者（一般情况下即为股东）的利益，他们信奉的是股东治理模式。

在利益相关者共同治理理论方面，科克伦和沃提克（Cochran and Wartick，1988）认为，公司治理要解决的是高级管理人员、股东、董事会和公司的其他相关利益者相互作用产生的诸多特定问题。布莱尔在1995年的研究中认为公司治理是指有关公司控制权或剩余索取权分配的一整套法律、文化和制度性安排，这些安排决定公司的目标，谁拥有公司，如何控制公司，风险和收益如何在公司内外的一系列成员，包括股东、债权人、职工、用户、供应商以及公司所在的社区之间分配等一系列问题。以上学者对公司治理的阐述把利益相关者放在与股东相同的位置上，他们提倡利益相关者治理模式。中国学者钱颖一在《企业的治理结构改革和融资结构改革》一文中也指出，在经济学家看来，公司治理结构是一套制度安排，用于支配若干在企业中有重大利害关系的团体——投资者、经理人员和职工之间的关系，并从这种联盟中实现经济利益。

中国著名的公司治理专家李维安认为，要准确地把握公司治理的内涵，必须实现以下两个方面的观念转变。一是从相互制衡转向科学决策。公司治理的目的不是相互制衡，至少最终目的不是相互制衡，而是保证公司决策科学化。科学的公司决策不仅是公司治理的核心，也是公司的核心。二是从公司治理结构转向公司治理机制。公司治理不仅需要一套完备有效的公司治理结构，更需要若干超越结构的治理机制。

综合上述国内外学者的观点，公司治理是指通过一套包括正式或非正式的、内部或外部的制度或机制来协调公司与所有利益相关者之间的利益关系，以保证公司决策的科学化，从而最终维护公司各方面利益的一种制度安排。

二、公司治理结构

公司治理结构是指为实现资源配置的有效性，所有者（股东）对公司的经营管理和绩效进行监督、激励、控制和协调的一整套制度安排，它反映了决定公司发展方向和业绩的各参与方之间的关系。典型的公司治理结构是由股东会、董事会和经理层等形成的一定的相互关系框架。① 根据国际惯例，规模较大的公司，其内部治理结构通常由股东会、董事会、经理层和监事会组成，它们依据法律赋予的权利、责任、利益进行分工，并相互制衡。

（一）股东会

股东会由全体股东组成，是公司的最高权力机构和最高决策机构。公司内设机

① 股东会是公司的权力机构，由全体股东组成。新《公司法》删除了“股东大会”的表述，统一为“股东会”。

构由董事会、监事会和经理层组成，分别履行公司战略决策职能、纪律监督职能和经营管理职能，在遵照职权相互制衡的前提下，客观、公正、专业地开展公司治理，对股东会负责，以维护和争取最佳的经营业绩。

股东会为公司法定必设机构，但只有一个股东的有限责任公司或股份有限公司不设股东会，由该股东采用书面形式，并通过签名或者盖章后置备于公司的形式行使新《公司法》第五十九条第一款规定的股东会的职权。国有独资公司不设股东会，由履行出资人职责的机构行使股东会职权。

与原《公司法》相比，新《公司法》删除了股东会“决定公司的经营方针和投资计划”“审议批准公司的年度财务预算方案、决算方案”两项职权。同时新增“股东会可以授权董事会对发行公司债权作出决议”等职权。

股东会是公司治理的重要基础。无论理论界还是实务界，都认同股东会是公司治理体系的逻辑起点。股东会选举产生董事会，董事会选聘、监督高级管理人员团队，在此基础上构建一系列内外治理制度。近年来，中国上市公司股东会屡现“庶民的胜利”，即中小投资者在会议上成功影响了上市公司的重大决策，这在很大程度上要归因于日益完善的股东会相关法律法规。在中国公司控制权市场并不发达的环境下，完善股东会制度也许是推动中小投资者积极“用手投票”、缓解二类代理冲突更为现实的路径。

延伸阅读 1－5

中国上市公司股东大会屡现“庶民的胜利”

2012 年格力电器（000651）高管人事变动，实际控制人珠海市人民政府国有资产监督管理委员会希望空降一名核心管理人员与董明珠共同负责经营管理，并有意将其培养为公司下一代掌门人。该空降高管有多年在国有资产监督管理委员会工作的背景，但没有企业实际管理经验，这在一定程度上招致公司中小投资者的不满。在当年 5 月的年度股东大会上，股东对公司董事会的换届议案进行了表决。投票结果显示，空降高管的支持率仅为 36.6%，选举其为格力电器董事的议案未获通过，而董明珠和由两家机构投资者提名的候选人得票率均超过了 95%，成功当选。事实上，中小投资者正是利用了累积投票制度，成功地将自己的提名人送入公司董事会，同时也否决了大股东提名的候选人。类似情况也发生在深康佳 A（000016）。2015 年，在康佳集团股份有限公司年度股东大会召开之前，合计持有公司 3%股份的中小股东 Nam Ngai、夏锐、孙祯祥、蔡国新依据监管条例规定联合提交文件，对公司董事会非独立董事、独立董事及监事会候选人提出人选提案。之后，正是凭借累积投票制度，中小投资者联合提名的四名董事候选人顺利进驻公司董事会，占据了董事会七个席位中的四席。康佳集团股份有限公司由此成为中国资本市场第一家中小股东击败控股股东并成功“夺权”的上市公司。正是这些“庶民的胜利”，引发了学术界对中国上市公司股东大会及相应投票制度的关注。

资料来源：蔡宁，吴国强．上市公司股东大会治理作用：研究回顾与中国实践．当代会计评论，2019，12（3）：17-43.

（二）董事会

董事会是股东会闭会期间的办事机构，是公司经营决策机构。董事会是由董事组成的对内掌管公司事务、对外代表公司的经营决策和业务执行机构，由股东会选举产生。

有限责任公司、股份有限公司及国有独资公司均需设董事会。规模较小或者股东人数较少的有限责任公司或股份有限公司，可以不设董事会，设一名董事，行使董事会的职权，该董事可以兼任公司经理。有限责任公司董事会成员为 3 人以上，其成员中可以有公司职工代表。职工人数 300 人以上的有限责任公司，除依法设监事会并有公司职工代表的外，其董事会成员中应当有公司职工代表。董事会中的职工代表由公司职工通过职工代表大会、职工大会或者其他形式民主选举产生。股份有限公司董事会成员为 3 人以上，无人数上限限制。董事会设董事长 1 人，可以设副董事长。董事长、副董事长的产生办法由公司章程规定。规模较小或者股东人数较少的有限责任公司，可以不设董事会，设 1 名董事，行使本法规定的董事会的职权。该董事可以兼任公司经理。

与原《公司法》相比，新《公司法》删除了董事会“制订公司的年度财务预算方案、决算方案”的职权，同时新增股东会可以授予董事会其他职权，明确公司章程对董事会职权的限制不得对抗善意相对人。

董事一般分为执行董事（常务董事）和非执行董事。一般来说，执行董事是指那些全职负责公司管理的人。而非执行董事是那些从外部引入的有丰富经验的专家，他们能够使公司的决策基于更加客观的判断。非执行董事进一步分为非独立董事（简称外部董事）和独立董事。自 2001 年起，我国要求上市公司董事会成员中至少有 1/3 的董事为独立董事。独立董事可以从两方面帮助提升公司绩效：首先，独立董事可以为决策带来多样性和客观性，更好地代表股东利益；其次，独立董事有动机去监督 CEO，因为他们可能对董事的个人声誉和在劳动力市场上的信誉具有更高的敏感度。因此，独立董事是良好公司治理的原则之一，与更好的公司绩效相关（Ma and Khanna，2016）。

上市公司董事会可以按照股东大会的有关决议，设立战略、审计、提名、薪酬与考核等专门委员会。2018 年中国证监会修订发布的《上市公司治理准则》第三十八条规定，上市公司董事会应当设立审计委员会，并可以根据需要设立战略、提名、薪酬与考核等专门委员会。专门委员会成员全部由董事组成，其中审计委员会、提名委员会、薪酬与考核委员会中独立董事应占多数并担任召集人，审计委员会的召集人应当为会计专业人士。

延伸阅读 1-6

2023 上市公司董事会最佳实践创建活动结果发布

为进一步促进上市公司董事会合规有效运作，推动提高上市公司治理效能和发展质量，中国上市公司协会组织开展了“2023 上市公司董事会最佳实践创建活动”。各上市公司踊跃参与，协会共筛选出 616 家上市公司入围董事会实践案例。协会组织专家组对申报材料及案例进行了评审，综合考量上市公司董事会构成、董事会运作及董事会创新特色等情况，最终选出 100 个最佳实践案例，200 个优秀实践案例，200 个典型实践案例。

近年来，基础制度的改革推动着证券市场法治化水平持续提升，对上市公司的治理规范提出了新的要求。上市公司董事会运作机制更加高效、规范，在董事聘任及履职机制、董事会运作机制、数字化建设、信息披露事务管理、投资者关系管理及践行 ESG 理念等推动上市公司治理规范方面取得了长足进步。主要表现在以下八个方面：

一是立足于公司发展需求，构建多元化董事结构。上市公司聘任董事时，从不同维度考虑了多元化安排，通过中介机构公开选任，专业背景覆盖投资、审计、法律、科技等领域，能够在充分了解公司经营情况的基础上，独立审慎地做出决策，充分发挥保护中小投资者、监督制衡管理层的积极作用。董事会成员的多元化聘任帮助上市公司建立了专业胜任能力强大、市场视野开阔、决策思考平衡的董事会结构，为公司发展提供了有效助力。

二是充分保障董事履职机制健全、高效、顺畅。上市公司为外部董事履职设置专门的支撑服务保障部门能够显著提升董事们的履职效率，充分保证信息沟通的及时、对称、有效。在独立董事履职方面，很多上市公司也已具备了丰富的实践经验。有的公司为独立董事配备专门对接人员，支撑独立董事的履职需求，为独立董事履职工作给予第一时间的积极支持和响应，确保独立董事履职通畅。

三是构建权责分明的管理体系，推动董事会规范运作。作为“承上启下”的重要角色，董事会需要形成清晰、流程化的管理体系。上市公司结合自身实践创新董事会运行机制，制定了定期沟通的保障机制。对于重大投资项目，如生产基地建设等，公司管理层不仅会定期汇报项目进度情况，还会在建设完成后，积极邀请外部董事会进行参观，充分发挥外部董事的监督职能。

四是发挥专门委员会的作用，提升决策专业性。近年来越来越多的上市公司注重董事会下设专门委员会的作用，不仅在专门委员会设置方面结合了公司业务发展诉求，在专门委员会成员选择方面也综合考虑履职时间、专业背景、实践经验等各方面因素。有的公司将财会部、法律部、战略部、风险部等部门确定为相应专门委员会对口支持部门，强化履职支持。

五是提升数字化建设，提供便捷履职方式。上市公司董事会将公司最新的技术成果应用于履职实践，通过将公司国际领先的智能语音、自然语言处理、图像识别等 AI 技术与财务内控相结合，来支撑报销、费控等核心业务应用层，满足公司财务管理刚需，数字化财务使公司财务审单差错率下降，财务审核效率显著提升，年节约成本超过千万。技术赋能数字化财务、AI 内控，提升了公司财务会计信息的真实性、准确性和完整性，提升了内部控制、合规管理和内部审计的有效性，履职方式的新升级为公司规范运作奠定了良好基础。

六是强化自愿披露，提升信息披露有效性。为增强信息披露透明度，上市公司董事会围绕公司新战略、新定位，主动优化自愿信息披露指标体系，力求让所披露信息对投资者更有价值、更具效用，更好展现公司拥抱数字经济发展的广阔前景。在构建信息披露工作管理体系上，有的上市公司设立了信披 AB 角机制也为提升信息披露准确性提供了保障。

在披露内容方面，公司董事会除在定期报告中披露详细情况，积极利用“外脑”支持，聘请中介机构为公司提供专业的证券事务综合咨询服务，有力保障公司在日常信披、三会运作、公司治理、内部控制等方面保持依法合规、规范有序。

七是持续优化投资者沟通，注重传递公司价值。上市公司都非常注重通过业绩发布会、股东会、路演、线上e互动等多平台与投资者开展充分沟通，有的董事长亲自带领管理层出席年度和半年度业绩发布会，真诚直面投资者提问。除此之外，有的公司还通过央视等媒体渠道的专访等方式深入解读公司情况，与财经媒体建立良好合作关系，定期在主流财经平台更新公司业务经营动态，与中小投资者互动交流，积极、有效地宣传了公司投资价值。

八是从公司战略层面制订ESG计划，自上而下贯彻执行。随着ESG理念的兴起与发展，越来越多的上市公司开始将ESG理念作为公司战略融入企业治理体系中。上市公司持续完善ESG治理结构，有的公司专门设立“可持续发展委员会”，由董事长亲自统筹推进核心议题的实践管理，建立起从公司董事会与执行委员会、投资者关系和可持续发展委员会、公司ESG办公室，再到职能单元和业务公司的四层ESG治理体系，明确各层级权责，从上至下落实ESG理念和战略，提升公司ESG管理水平。

资料来源：中国上市公司协会，2023年11月18日.

（三）管理层

管理层由公司高级管理人员组成，受公司董事会委托，负责由公司董事会层面制定的公司战略的具体执行。管理层是企业运营的核心环节，是实现董事会目标的执行者。

新《公司法》第二百六十五条规定，高级管理人员，是指公司的经理、副经理、财务负责人，上市公司董事会秘书和公司章程规定的其他人员。总经理由董事会决定聘任或者解聘，对董事会负责；副总经理由总经理提请董事会决定聘任或者解聘。财务负责人是指由总经理提请董事会决定聘任或者解聘的财务负责人员。上市公司董事会秘书是新《公司法》第一百三十八条规定的上市公司必设的职位，负责上市公司股东会和董事会会议的筹备、文件保管以及公司股东资料的管理，办理信息披露等事宜。至于“公司章程规定的其他人员”，则是为了赋予公司自治的权利，允许公司自己选择管理方式，聘任高级管理人员，但是，这些人员（职位）必须在公司章程中明文加以规定。一个优秀的高层管理者不仅要有出色的业务能力，而且需要具备一定的财务水平。只有懂得施展财务管理的魅力，通过数字管理企业，才能称得上是一位具有现代管理水平的职业经理人。股东会、董事会皆以形成决议的方式履行职能，总经理则以行政决定和执行力履行职能。

延伸阅读1-7

董事长与总经理关系怎么摆？

在所有权与经营权、所有者与经营者相分离的企业制度下，股东不直接参与公司的决策与经营，而是通过权力的配置和有效的控制手段影响董事会，从而实现对公司的控制，而董事会拥有对经理人授权和进行行为监控的权力。在这一套治理框架中，代表公司行使其法人财产权的会议机关董事会，是由股东、公司等方面提名推荐，股东会选举产生的董事组成的，居于核心和枢纽地位，承上启下。董事长与总经理的关系体现了董事会与经理层的关系，反映了公司治理相关方为了实现共同目标而进行的协调互动、有效制衡的体制设计和制度安排。

首先，股东和董事会之间是信任托管关系。董事会以贯彻股东会决议、维护股东权益为宗旨，对内管理公司事务，对外代表公司行使职权。其次，经理层受聘于董事会，在其授权范围内以公司的名义实施经营指挥权，这就构成了我国《民法通则》（自 2021 年 1 月 1 日起开始施行《民法典》——引者注）规定的直接代理关系，因而与董事会形成典型的委托代理关系。“董事会领导下的总经理负责制”这种流行的说法不完全符合我国的委托代理制度，董事会与总经理不是领导与被领导关系，而是委托人与代理人的关系。再次，董事会与总经理，即委托人与代理人，是一种内部授权关系。因此，总经理的代理权来自委托人董事会的授权，否则无权代理。董事会、董事长同总经理的职权应通过内部委托授权进行正确划分。董事会与经理层签订的聘任书实际上就是委托授权合同。当前，一些总经理认为自己是上级任命的，自己的权力来自上级，他与董事长是“平级干部”的“合伙关系”，从根本上扭曲了经理层代理权来自董事会授权委托的法律本质。新加坡的专家和企业家把董事长和总经理的关系看成是“教练员和运动员的关系”，教练员和运动员的目的是一致的，都是让运动员拿到冠军，获得好成绩，但是二者分工不同，如果教练员下场比赛就错位了，教练员的成就、价值和声誉是通过运动员的成绩来体现的。

资料来源：秦永法．董事长与总经理关系怎么摆？．董事会，2017（1）：92-94.

三、公司治理机制

公司治理机制分为公司控制权市场治理机制、产品竞争市场治理机制、声誉市场治理机制和媒体治理机制等。

（一）公司控制权市场治理机制

公司控制权市场（market for corporate control），又称接管市场或者收购市场（takeover market），是指确定公司资源管理的权利，即通过收购股权或投票代理权取得对企业的控制，达到接管和更换公司管理层的目的。这种收购可以是从市场上逐步买入小股东的股票，也可以是从大股东手中批量购入股票。当某收购公司收购目标公司时，目标公司的控制权将转移给该收购公司，该收购公司的最高管理者获得管理目标公司资源的权利。

公司控制权市场可以看作经理人竞争管理公司资源特权的市场（Fama，1980；Jensen and Ruback，1983）。活跃的控制权市场可能引发管理层的职业忧虑并减少管理层的懈怠，从而限制主要管理人员偏离股东财富最大化。Manne（1965）最早提出控制权市场可以解决内部控制机制失灵问题。内部控制失灵的本质原因就是

Jensen and Meckling（1976）提出的代理问题。随后，Jensen and Ruback（1983）对控制权市场专门撰文，指出最好将控制权市场看作管理团队竞争公司资源管理权的一个竞技场（arena）。当现有的管理团队未能为股东创造最大价值时，现有的股东可以替换管理团队，或者新的股东竞争公司的股权，获得股权后用新的管理团队替换现有的管理团队。如果这种控制权市场机制能很好地发挥作用，则管理团队会面临控制权市场的威胁而勤恳地工作，从而降低代理成本。这说明控制权市场能起到外部治理的作用。Mikkelson and Partch（1997）发现并购活动下降的年份，绩效差的 CEO 被解雇的可能性也降低了。Hirshleifer and Thakor（1998）发现积极的控制权市场的存在确实能严格约束管理层，一旦管理层的无能被其他公司看到，其他公司就可能通过收购的方式来替换管理层。Koke（2004）检验了控制权市场是否能作为一种治理机制。他发现绩效差的公司更可能变更控制权，这说明控制权市场对公司有约束作用。Bertrand and Mullainathan（2001）研究发现，在第二版反收购法通过后，工人的工资上涨，企业规模和资本支出保持不变，利润率和生产率却下降了。他们认为这与安逸的生活偏好是一致的，在这种生活中，经理人没有被收购的威胁，不愿意执行困难的任务，例如关闭旧工厂，启动新工厂，或与供应商和工会讨价还价。Giroud and Mueller（2008）认为，管理层的懈怠使其无法在竞争激烈的市场中幸存，行业竞争可以减轻甚至消除管理层对安逸生活的偏爱。他们还发现在非竞争行业中，较弱的公司控制权市场会导致较高的投入成本、工资和间接成本。

公司控制权市场可以成为有效的治理机制，以约束管理人员并降低公司内部的代理成本（Shleifer and Vishny，1997）。但是，公司章程中的反收购条款和反收购法律的存在会削弱这一重要的公司外部治理机制的有效性。Gompers et al.（2003）的研究也表明，公司章程中具有大量反收购规定的企业与较低的股本回报率相关，这表明较弱的公司控制权市场可能会损害股东的权益。公司控制权市场是管理劳动力市场的关键组成部分，也是一种有效的外部公司治理机制，对管理者具有一定的约束作用，对促进公司的良性发展具有重要的促进作用。控制权之争是资本市场走向规范和成熟的表现。从本质来看，控制权之争属于公司自治的市场行为；从实践发展角度看，控制权之争是资本市场基础制度建设日趋完善并发展到一定阶段的必然现象。

延伸阅读 1-8

我国控制权市场制度变革与发展现状

2006 年 5 月，中国证监会对《上市公司收购管理办法》进行修订，将强制全面要约制度调整为由收购人选择要约方式，收购人既可以采用全面要约，也可以采用部分要约。该修订管理办法于 2006 年 9 月 1 日正式施行。股权分置改革使得上市公司的大部分股份都能够流通，从而更可能被其他公司收购，而《上市公司收购管理办法》的修订又使得收购方的成本降低，这为收购方获得上市公司的控制权创造了更好的条件。

从图 1-1 来看，股权转让事件在 2007 年后大幅增加，从 2007 年的 1 201 次跃升至

2019 年的 10 132 次，增幅达到 743.6%，且 2007—2019 年一直保持在 1 200 次以上。这说明控制权市场得到了激活。

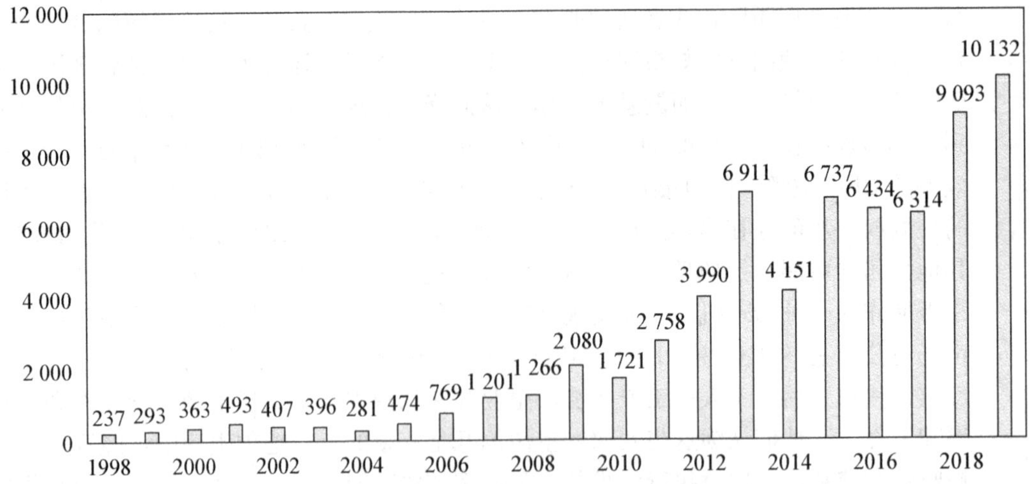

图 1-1　1998—2019 年股权转让事件数量

表 1-1 中的数据显示，从控股股东和实际控制人的更换来看，控股股东更换的样本公司在变革后的掏空程度比控股股东没有更换的样本公司下降更多，实际控制人更换的样本公司掏空程度也比实际控制人没有更换的样本公司下降更多。这说明控制权的更替有利于减少掏空行为。

表 1-1　样本公司控制人更换前后的掏空情况

样本公司被收购前后的掏空指标	$Tunnel_{t-3}$	$Tunnel_{t-2}$	$Tunnel_{t-1}$	$Tunnel_{t}$	$Tunnel_{t+1}$	$Tunnel_{t+2}$
变革前均值	0.09	0.10	0.11	0.72	0.14	0.08
N	397	418	431	431	426	422
变革后均值	0.14	0.09	0.07	0.04	0.03	0.05
N	1 119	1 139	1 157	1 152	1 132	1 134
变革前后均值差异	−0.05***	0.01	0.04*	0.68	0.11***	0.03
t 值	−3.20	0.39	1.89	1.22	2.62	1.38

注：Tunnel=其他应收款/总资产（Jiang，Lee and Yue，2010），*、**、*** 分别代表在 10%、5%、1%的程度上显著。

从图 1-2 也可以看到，控股股东和控制人没有更换的样本，其并购业绩呈下滑趋势，而控股股东和控制人被更换了的样本，其并购业绩呈上升趋势。变革后，控制权市场得到激活，收购公司得以通过直接或间接收购的方式成为目标公司的控股股东或实际控制人，并通过主导公司的经营决策改变公司的经营状态，从而提升公司的未来业绩。

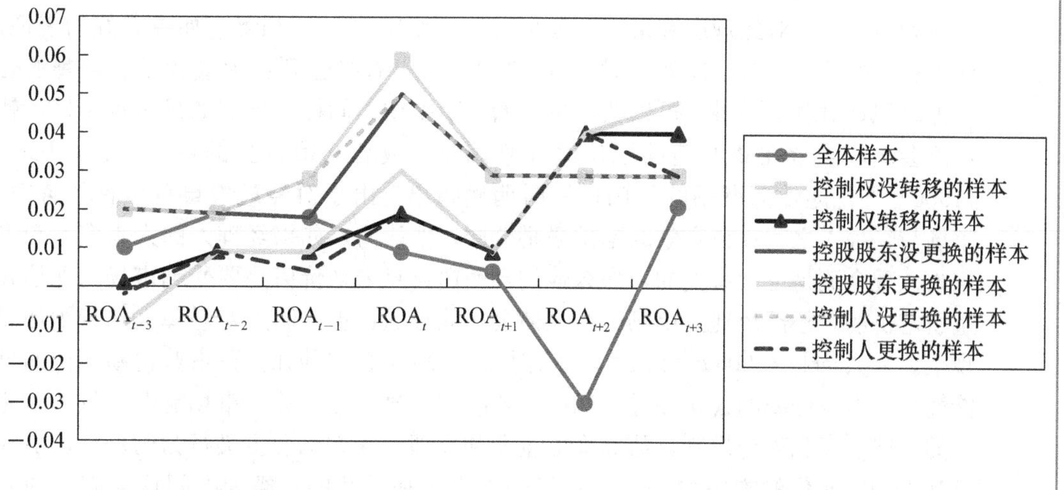

图 1-2　各类样本被收购前后的业绩变化趋势

注：纵坐标表示企业资产回报率（ROA）；横坐标（ROA_t）表示第 t 年的 ROA，也就是企业发生控制权转移那一年的 ROA，其余依此类推。

资料来源：陈玉罡，陈文婷，林静容．控制权市场制度变革与公司治理和并购绩效研究．证券市场导报，2017（2）.

（二）产品竞争市场治理机制

产品市场竞争是指通过产品市场的约束来解决股东和管理者之间的委托代理问题的一种机制。竞争性的产品市场是外部治理机制的重要组成部分。如果产品市场竞争足够激烈，公司的经理层就可能受到更大的约束，这是解决股东与经理之间代理问题的一种强大力量（Hart，1995）。

产品市场竞争对经理层的约束主要来自两个方面。一方面，在充分竞争的市场上，只有最有效率的公司才能生存，只有好的产品才能被消费者接受从而占有市场，作为公司的经理层自然也就面临更大的压力（Machlup，1967）。另一方面，产品市场竞争可以提供有关经理行为的更有价值的信息，可以让企业选择最佳的管理团队（Allen and Gale，2000）。有学者认为，激烈的市场竞争对管理层激励有两个相反的影响：由于“清算威胁”，所有者会为管理层提供更强的金钱激励，减少其管理上的懈怠，但是企业所有者也可能会倾向于为管理者提供较弱的货币激励，从而导致经理减少努力。Karuna（2007）的研究表明，竞争性行业中的公司具有更好的公司治理质量，而且对在不断变化的产品市场环境中运营的公司而言，标准治理机制的重要性并不高（Allen and Gale，2000），治理结构薄弱的公司更有动机创造出更强的激励机制，从而加快调整为最优资本结构的速度，以使股东财富最大化。

（三）声誉市场治理机制

Holmstrom（1982）建立了代理人-声誉模型，直接证明了声誉可以作为显性激励契约的替代物，从而为声誉对企业经营者激励效应问题的研究开了先河。公司董事会成员、经理层成员可能面临他们所在的劳动力市场的声誉竞争。劳动力市场力量和声誉关注对经理层和董事会成员有约束作用。CEO 和董事如果有好的表现，就有更多的发展机会。比如，对 CEO 来讲，可以有机会到更大或者更有声誉的公司去就职；对董事来讲，可以获得更多的董事席位。同样，他们如果表现不好，就可能会离职或者在获取新的职位时面临困难，或者获得较少的董事席位。Fama（1980）在论述外部市场的作用机制时明确指出，出于对经理人自身声誉的考虑，市场与经理人之间存在有效的隐性激励合同。他认为，如果经理人的人力资本和未来收入现金流是可以买卖的，那么他们会明白自身未来价值是要受到市场的评估和重新定价的。外部经理人市场的存在使公司能够通过正式制度对经理人的行为加以规范。Yermack（2004）研究发现，《财富》500 强公司的独立董事获得新职位的可能性与其本身任职的公司在过去两年的业绩表现显著正相关。市场能够提供相对完善的法律制度和声誉机制，从而降低企业和经理人双方机会主义行为的动机，引导经理人朝职业化的方向发展。如果经理人市场是活跃的，经理人间形成有效的制约，通过相互竞争和比较，经理人会努力工作以证明自身人力资本的价值，从而获得更多的人力资本回报，降低被解聘的概率，避免高额的机会成本。

（四）媒体治理机制

随着市场信息透明度的提升，媒体在高度信息化的社会中起着愈发重要且不可替代的作用。媒体作为信息的传播者和监督者，在资本市场中扮演着非常重要的角色，影响着市场各方参与者的行为。媒体治理（media governance）是指媒体通过信息采集、传播、影响、协调来影响公司治理中各个利益相关者及其相互关系的作用。随着互联网的普及和新闻媒体的发展，媒体在资本市场中的作用愈加得到重视。媒体，即信息传播的媒介、载体或平台。主流传统媒体的四大类别分别是报纸、杂志、电视、广播。随着信息化浪潮的演进，信息传播和大众对信息的获取并不必然以传统的报纸杂志等为媒介。互联网技术日新月异，搜索引擎、论坛、以微博和微信为代表的社交媒体等互联网平台已融入大众生活。新媒体以其信息生产和传播的便利性、快捷性、低成本、广泛性优势，成为人们获取信息的另一手段。

媒体发挥公司治理机制的作用主要是通过公司内部治理结构和外部治理机制两种途径：内部治理结构的作用途径主要是通过影响股东会、董事会和管理层，从而影响公司治理；外部治理机制的作用则主要体现在法律法规和其他市场参与者，尤其是外部审计师行为方面。媒体舆论对上市公司的监督是证券市场监督体系一个颇为重要的组成部分。沪深交易所其实间接规定上市公司要接受媒体监督。比如上交所《股票上市规则》第 2.8 条规定，上市公司和相关信息披露义务人应当关注公共媒体（包括主要网站）关于本公司的报道，在规定期限内如实回复本所就上述事项提出的问询等。这其实也等于是认可媒体的监督权。

迄今为止，媒体治理方面的研究比较有限。但最近的许多研究表明，媒体对舆论的影响可能有效地补充了内部公司治理。特别是在资本市场信息高度不对称时，媒体可充当信息中介（Zavyalova et al.，2012）。通过收集和传播信息，媒体可以建立有效的信息环境，并减少公司与外部投资者之间的不对称性。Fuduric and

Mandelli（2014）采用内容分析法探究了20多家跨国公司如何通过社交媒体进行员工治理，社交媒体治理可为员工提供既定的角色和脚本，以规范其社交媒体行为。Mutchler et al.（1997）以存在破产风险的公司为研究对象发现，媒体在审计报告日前发布有关公司的负面报道，增大了审计师发表非标准意见的可能性，媒体报道导致审计师更倾向于发表非标准意见。

越来越多的社会现象强调了企业进行媒体治理的必要性。特别是在内部治理或正式系统的有效性降低时，外部监督和非正式制度环境将起到重要的补充作用。媒体作为一项非正式制度，重要性可与法律媲美，在新兴资本市场中能够有效弥补法律保护的不足，在资产定价和定价效率、公司治理中发挥不可替代的作用。

延伸阅读1-9

上市公司业绩变差岂能怪罪媒体监督

2020年2月28日科迪乳业发布业绩快报，由上年盈利转为亏损4962万元，其中列出业绩变差的一条理由是："报告期内，某媒体记者连续恶意报道，影响公司正常生产经营。"笔者认为，上市公司业绩变差不能随便"甩锅"，更应从自身找原因。

2019年有媒体报道称：科迪乳业自2017年12月开始拖欠奶农奶款，涉及上千户奶农，金额大约1.4亿元；7月31日，奶农代表向公司集中追讨欠款，公司实控人与董事长失联。稍后又有媒体报道称：科迪乳业与科迪速冻均存在工厂停工、拖欠员工工资和社保的情况，科迪乳业与科迪集团、科迪速冻均被法院列为失信被执行人，公司在2016年非公开发行股份事项中存在"兜底协议"。由此科迪乳业前后收到深交所两份关注函。

科迪乳业在2019年8月16日回复关注函的两份公告中，承认拖欠奶农奶款，科迪速冻拖欠工资，科迪集团、科迪速冻、科迪乳业被法院列为失信被执行人，对其他报道内容则予以否认。应该说，媒体报道的内容多数还是符合事实的，当然，有些情况或与事实稍有偏离。比如当时称董事长失联，但目前在岗，或许只是当时短暂"联系不上"。正是媒体的报道引起了监管部门的关注，不仅交易所连续下发关注函，要求公司就媒体报道内容进行核查，而且中国证监会在2019年8月16日向科迪乳业下发了《立案调查通知书》。

当然，从科迪乳业的角度，既然认为媒体"恶意"报道影响了上市公司正常经营，完全可将媒体告上法院，追究媒体损害商业信誉等方面的法律责任，还公司一个清白，这是公司的权利。但法院的判决或许并非科迪乳业想要的结果，因为媒体的报道很难认定"恶意"。媒体的立场，不可能站在个别上市公司的角度，而是要站在整个社会与公众利益的角度。本着上述公义立场去做报道，如实反映客观事实，反映奶农的利益诉求，何谈恶意？

既然企业已经上市，站在交易所这个平台上，就如同站在聚光灯下，不仅要接受交易所、证监会的监督，还要主动接受公众和媒体的监督；上市公司认为各种监督影响了上市公司发展，这纯属"甩锅"、找借口。假若证监会真的查出上市公司存在媒体所质疑的违法违规行为，那么此前报道的媒体不就是给社会和公众及时提醒的"吹哨人"吗？有了媒体的报道和监督，才有利于发现证券市场及上市公司的更多问题和隐患，让市场和投资者可以减少损失。科迪乳业的业绩不佳，其实更需反思自身：上市公司是否与大股东真正保持了独立性？资金是否被挪用？为什么会被法院列为失信被执行人？公司是否真正做到了诚信为本？只要上市公司把自身内部问题解决，健全公司治理制度，树立诚实信用的市场形象，何愁业绩不会翻转、突飞猛进，此时媒体又如何凭空捏造负面新闻呢？

资料来源：熊锦秋．上市公司业绩变差岂能怪罪媒体监督．证券时报，2020-03-02（3）.

延伸阅读 1-10

2013 年 4 月 11 日，新浪证券官方微博称，量子高科将向每位股东赠送龟苓膏产品，并提及南方食品之前的芝麻乳实物股利。股民热烈讨论，并对各公司可能的实物股利展开畅想。人福医药董事长王学海微博回复网民留言。

2013 年 4 月 12 日，王学海发布微博称，本来是句玩笑话，但鉴于大家都当了真，人福医药将于下周二公告具体方案。

资料来源：根据公开资料整理．

思考题

1. 如何理解公司治理在国家治理体系和治理能力现代化中扮演的角色？
2. 公司治理机制中的媒体治理机制如何影响上市公司管理层行为？
3. 如何减少和防止公司治理中委托代理问题所导致的公司财务舞弊等现象的出现？

案例分析题

欣泰电气：公司治理几重“暗伤”

2020 年 9 月，最高人民法院公布七件 2017 年以来人民法院审结的证券、期货犯罪典型案例，其中包括丹东欣泰电气股份有限公司（简称欣泰电气）欺诈发行股票、违规披露重要信息案。为符合创业板上市公司持续盈利能力的要求，2011—2013 年欣泰电气董事长温德乙、总会计师刘明胜采取多种财务造假手段，虚减应收账款、少计提坏账准备，首次公开发行股票上市申请文件中存在大量重大虚假财务信息，最终 2014 年获准上市。上市后，公司继续财务造假，直到 2015 年辽宁证监局现场检查发现问题，东窗事发。2016 年 7 月，中国证监会对欣泰电气、温德乙等时任全体董事、监事、高管及财务部经理、销售部经理共 18 人分别处以警告、罚款，温德乙、刘明胜终身证券市场禁入。2017 年，欣泰电气成首家因欺诈发行被强制退市企业。2019 年，丹东市中级人民法院判决欣泰电气犯欺诈发行股票罪，处罚金 832 万元，温德乙、刘明胜犯欺诈发行股票罪和违规披露重要信息罪，分别判刑三年、两年，并处罚金。

一家有审核未通过“前科”的公司，能通过中国证监会发行部、发审委等专家审核瞒天过海登陆 A 股，能在兴业证券、会计师事务所、律师事务所一众专业机构的眼皮底下完成募集文件、定期报告的编制和披露，除了公司董事长、财务负责人等精心谋划的系统性造假之外，就在于欣泰电气在公司治理方面的问题不是直观的合规问题，而是具有典型意义的实质性“暗伤”。

欣泰电气的财务造假始于 2011 年第二次冲关 IPO（公开上市）时，当时公司放松了对客户回款的管控，当年将出现经营性现金流为负、应收账款大增，对于 IPO 审核极为不利，总会计师刘明胜建议温德乙虚增收回应收款项。温德乙、刘明胜组织财务、销售相关人员，2011—2014 年持续 4 年，由温德乙向欣泰电气借款、向第三方公司和朋友借款，以现金收支虚假记账、银行汇票虚假盖章、银行流水单据造假等多种手段，在 6 期财务报告中每期虚构收回 7 000 多万元至近 2 亿元的应收账款，实现了 IPO 冲关和上市后的业绩稳定。这一长期的系统性财务造假，必然会涉及相关的内部审批流程，必然会产生很大的资金成本，此造假离不开董事长、总会计师这两个关键人物，特别是决策者和组织实施者——实际控制人、董事长温德乙。中国上市公司治理的很多问题其实就出在公司一两个关键人物身上，如康得新、康美药业的财务造假都是由实际控制人兼董事长策划与组织实施的：关键人物在公司治理中最具杀伤力。对此监管机构已有清醒认识，中国证监会前主席易会满在向全国人大常委会所做的关于推进注册制的报告中指出，加强上市公司持续监管的下一步改革中，包括完善公司治理规则体系，盯住控股股东、实际控制人等“关键少数”，督促上市公司规范运作。欣泰电气案件中，温德乙作为实际控制人因造假上市直接受益，作为董事长可以直接参与造假，这种双重身份对违法犯罪的完成极为重要。温德乙实际同时控制股东层、董事会、执行层三个层面，这种对公司具有巨大影响力、控制力的实际控制人，在法律责任轻、外部约束弱的环境下，可以通过公司治理规则虚化、管理流程形式化、关键岗位同谋化等手段，让一家公众公司成为替自己谋私利的工具。监管机构看到的是表象的规范，投资者看到的是虚假的繁荣，直到谎言被拆穿。欣泰电气治理结构形式健全而实质瘫痪，内控机制表面完善而实际无效，这在事发之前同样是暗伤。

其董事会由 9 名董事组成，其中独立董事、非执行董事的占比均符合监管规定，但董事会成员多为实际控制人本乡故旧。承担审核财务信息、审查内控等监督职责的审计委员会，三名成员包括宋丽萍（辽东学院会计学副教授）、蔡虹（其配偶与温德乙配偶系姐妹关系）、赵春年（和温德乙都曾供职丹东电业局）。董事会和审计委员会是否具备实质上的独立性，对公司治理与内控的有效性有着极大的影响。实际控制人在事业上找信任的亲朋故旧合作本很自然，但作为公众公司，守法规范、维护全体股东利益是至上原则，民营企业为了效率罔顾公平是其积习，必须依法依规建立公众公司的规则体系并贯彻执行，否则就难以在资本市场立足，难以得到投资者的信任与认同。

资料来源：王志刚．欣泰电气：公司治理几重“暗伤”．董事会，2020（10）：36-37.

请根据上述材料，结合本章公司治理的知识点分析造成欣泰电气财务造假事件的根源。

第 2 章

股东权利与股东会

学习要点

1. 了解股东权利与股东义务；
2. 了解股权结构特征和不同股权结构下的行权方式；
3. 熟悉股东会运行体系和表决机制；
4. 熟悉公司章程如何影响公司治理和股东权益保护。

引例

ST 曙光股东大会决议效力之争

ST 曙光（原“曙光股份”）于 2000 年上市，在 2017 年之前，其第一大股东是辽宁曙光集团有限责任公司（简称“曙光集团”），持股超过 21%。2016 年，公司非公开增发新股，引入深圳市中能绿色启航壹号投资企业（有限合伙）（简称“深圳中能”）成为持股 7.2%的第二大股东。其后，ST 曙光原大股东曙光集团开始撤退，2017 年至 2018 年，将 19.77%股份卖给华泰汽车集团有限公司（简称“华泰汽车”），曙光集团自己保留 1.5%股份，并把投票权委托给新股东华泰汽车。2018 年，华泰汽车成为 ST 曙光的新任大股东，持股 19.77%。

2021 年 9 月 24 日，公司董事会表决通过了购买资产的关联交易议案，同意上市公司以 1.323 亿元的价格向控股股东的关联方天津美亚收购资产开发纯电动汽车，以发展公司的新能源乘用车业务。由于交易金额低于公司最近一期净资产的 5%，按照规定，无须经过股东大会表决。董事会表决通过两天后签定了协议，并在签协议第二天支付了 50%的预付款。

公司部分中小股东对该关联交易提出了异议。他们认为，上市公司花 1.323 亿元向大股东关联方购买的两款车型已属于行业淘汰资产，停产时间较长，定价也完全不合理，涉嫌利益输送。中小股东在通过多种途径表达反对意见未果的情况下，深圳中能等 7 名中小股东决定自行召集、召开临时股东大会，来终止此次关联交易。

2022 年 5 月 5 日，1 351 名中小股东通过线上和线下投票表决的方式，参加了此次由深圳中能等 7 名股东自行召集、召开的 ST 曙光 2022 年第一次临时股东大会，并表决通过了共计 22 项议案。这 22 项议案主要涉及两个重要议题：一个是罢免了 ST 曙光 8 名时任董事 2 名时任监事，并选举产生了 9 名新任董事和 2 名新任监事，即对公司董事会、监事会人员构成进行了更迭；另一个是审议通过了终止购买资产的议案，也就是要终止前述提到的向控股股东实控方购买资产的关联交易。

由于 2022 年正值疫情期间，此次临时股东大会在召集、召开程序及决议效力等方面存有争议。此后，相关方也就此提起了多起诉讼。2023 年 5 月 5 日，ST 曙光披露了有关此次临时股东大会决议效力之争的诉讼进展，称已收到法院一审判决书，判决 ST 曙光股东自行召集的 2022 年第一次临时股东大会决议有效；被告 ST 曙光于判决生效之日起 30 日内办理上述决议通过的董事、监事的工商变更登记。不过，ST 曙光也在公告中明确表示，公司将提起上诉。

2023 年 8 月 5 日，ST 曙光发布公告称，公司于 8 月 4 日收到辽宁省丹东市中级人民法院（简称“丹东中院”）的判决书，判决驳回上诉，维持原判。此判决也是终审判决。生效判决对 ST 曙光 2022 年第一次临时股东大会决议效力的正式认定，也意味着此次临时股东大会选举产生的董事、监事在被选举一年多以后，将实质性走马上任，组成 ST 曙光新任董事会，并对 ST 曙光行使管理权。

自从 2018 年 9 月末，华泰汽车通过协议转让的方式成为 ST 曙光的控股股东以来，ST 曙光的经营业绩每况愈下，营业收入已由 2018 年的 29.15 亿元下降至 2022 年的 16.72 亿元，自 2021 年以来，公司净利润已经连续两年亏损。公司治理方面，据上交所披露的监管信息，2020 年以来，ST 曙光及公司相关责任人曾 6 次被交易所出具监管工作函，4 次被给予监管警示，2 次被通报批评，1 次被公开谴责；因规范运作和信息披露等方面存在问题，ST 曙光还曾 2 次被辽宁证监局采取责令改正的监管措施，1 次被辽宁证监局出具警示函。

近年来 ST 曙光业绩不佳，治理问题突出，既与市场竞争环境日益激烈有关，也与 ST 曙光管理层的经营管理决策有关，新管理团队上任后当务之急应该是进一步规范公司治理，尽快将公司经营业绩恢复至正常水平。

历时 15 个月，迎来生效判决对 ST 曙光 2022 年第一次临时股东大会决议效力的认定，不仅是此次临时股东大会几个召集股东的胜利，更是 1 351 名参与线上线下投票表决的中小股东的胜利。

ST 曙光这次资产收购的关联交易引发的种种矛盾和问题，反映了大股东、中小股东与管理层之间多方面的摩擦。随着我国资本市场发展的深化，在企业管理过程中，股东之间、股东和管理层之间的矛盾和问题日益普遍且日趋复杂。如何通过合理的制度安排缓解上述问题，以保障企业的有效管理和运营，是维持资本市场有效性的当务之急，更是促进国民经济持续快速健康发展的重中之重。

资料来源：根据公开资料整理.

第一节 股东权利与义务

股东是公司资本的来源，也是公司权利的来源，是对公司出资或者持有公司股份，并对公司享有权利和承担义务的人，是公司资本或股份的所有者。

一、股东类型

无论公司的股东具有怎样的一般性特征，在现实的公司治理实践中，不同性质的股东有不同的行为。根据不同的标准，股东可以分为以下类型。

（一）控股股东与非控股股东

按照股东持股的数量与影响力，股东可分为控股股东与非控股股东。控股股东是指满足以下任一条件的股东：出资额占有限责任公司资本总额50%以上；持有的股份占股份有限公司股本总额50%以上；出资额或者持有股份的比例虽然不足50%，但依其出资额或者持有的股份所享有的表决权已足以对股东会、股东大会的决议产生重大影响。除控股股东外，其他股东都可划入非控股股东的范畴。

控股股东又可进一步分为绝对控股股东和相对控股股东。绝对控股股东（absolute holding stockholders）是指拥有50%以上有表决权的股份，能绝对保证对控股子公司高管的任命和公司经营决策的控股股东。相对控股股东（relative holding stockholders）则是指拥有的股份不足50%，但仍能决定子公司的高管任命和公司经营的控股股东。一般情况下，相对控股股东为持有股份不足50%的第一大股东，或受其他股东委托、合计具有最多投票权的股东。相对控股股东的控制力根据股东持股比例范围而定，并不是一种确定状态。影响相对控股股东控制力强弱的因素取决于其持股比例和股权在其他大股东中的分布状态两个方面。在后一因素既定的情况下，股东持股比例越高，控制力度越强，反之则越弱；在前一因素既定的条件下，股权在其他大股东中的集中程度越高，控股股东的控制力度就越弱，反之则越强。

这里需指出，还有一类特殊类型的股东，既不同于处于控股地位的第一大股东，也不同于没有控制权的小股东，这类股东称为“次大股东”。次大股东是在第一大股东之后、持股比例较高、对公司决策有明显影响的股东。严格地讲，次大股东并不仅仅指第二大股东，只要其有代表进入董事会，公司在作出重大决策时需要考虑其意见，这样的股东就属于次大股东的范畴。次大股东有可能是公司的“小种子股东”，也有可能是在公司上市时以战略投资者身份新加入的股东。这类股东多以机构投资者为主，通常会与公司第一大股东形成制衡。不过，当次大股东与第一大股东合作串谋时，广大的小股东将会遭受更大的权益损害。

此外，还存在联合控股股东的情况。从联合控股股东中的单个股东看，其是非控股股东，但在股东会投票时这些股东会统一行动，即将各自持有的股份联合起来，像一个股东那样行使一致的股东权利。如果临时联合起来的持股量达到控股程度，就会出现所谓的联合控股股东。

与控股股东相对应，非控股股东是指尽管持有公司一定比例的股份，但单独无法对公司股东大会和董事会的决议产生任何决定性影响的股东。因此，非控股股东与公司的利害关系相对较小。由于不具备公司经营的相关知识且存在“搭便车”（free rider）的动机，非控股股东往往并不通过“用手投票”的方式行使其权利，而是通过委托投票或借助资本市场“用脚投票”的方式表达对公司管理层经营状态满意或不满的态度。一般情况下，非控股股东多为自然人股东。

尽管控股股东与非控股股东在许多国家普遍存在，但是，在英国和美国这样市场经济高度发达的国家，多数上市公司股权较为分散，很少出现控股股东。

案例 2-1

控股股东占用ST长康逾36亿元，公司股票上市交易被终止

ST长康主要从事医药产品研发、生产和销售，提供妇产科专科医疗服务，以及电梯导轨等机械产品的销售。公司旗下各产业由下属子公司独立运营，生产经营主要分布于张家港、海口、上海、郑州、山东等地。

ST长康2023年年报显示，公司实现营业收入32.38亿元，同比下降6.67%；实现归属于上市公司股东的净利润—7.67亿元，较上年同期由盈转亏。对于业绩亏损，ST长康解释，基于谨慎性原则，公司对收购的海南海灵化学制药有限公司计提商誉减值准备超6亿元。同时，公司主营的电梯配件制造业务受市场供需变化等原因影响，2023年度主营业务毛利率较上年同期大幅下降，致使公司主营业务利润大幅下降。另外，2023年为应对加剧的市场竞争，公司加大了新品研发投入，导致相关研发费用同比有所增加。

然而，2024年一季报显示，ST长康仍处于亏损状态。报告期内，公司实现营业收入6.6亿元，同比下降24.42%；归属于上市公司股东的净利润为—1 006.73万元，较上年同期由盈转亏。

2024年4月29日当晚，ST长康曝出控股股东长江润发集团有限公司（以下简称“长江润发集团”）及其关联方巨额资金占用问题。2024年年报显示，2023年度公司控股股东长江润发集团及其关联方通过资金划转、融资租赁业务、贴现商业承兑汇票等形成非经营性资金占用，截至公司2023年年度审计报告出具日（2024年4月30日），占资余额为36.25亿元。

随后，江苏证监局对ST长康下发责令改正措施决定。深交所也在5月10日对ST长康下发关注函。深交所表示，根据相关规定，上市公司被控股股东或控股股东关联人非经营性占用资金余额达到2亿元以上或者占公司最近一期经审计净资产绝对值的30%以上，被证监会责令改正但未在6个月内完成整改的，交易所对公司股票实施停牌；停牌后两个月内仍未完成整改的，交易所对公司股票交易实施退市风险警示；此后两个月内仍未完成整改的，交易所将决定终止公司股票上市交易。

根据2024年6月12日ST长康对深交所年报问询函的回复，控股股东资金占用问题仍未解决。截至问询函回复日，公司控股股东仅归还了1.4亿元，控股股东及其关联方资

金占用余额为34.85亿元，占上市公司最近一期经审计净资产的比例为93.44%。

同时，公司在对深交所年报问询函的回复公告中披露了控股股东及其关联方占用资金的具体用途。公告显示，长江润发集团及其关联方占用资金、取得违规担保的银行承兑汇票后，资金的主要用途是对外投资和偿还银行借款本金及利息，其中对外投资7.28亿元，偿还银行借款本金及利息28.24亿元。

ST长康于2024年8月2日发布公告，称公司已于2024年7月3日收到深交所下发的《事先告知书》，因公司股票在2024年6月3日至2024年7月1日，通过深交所交易系统连续二十个交易日的每日收盘价均低于1元，触及《深圳证券交易所股票上市规则（2024年修订）》第9.2.1条第一款第四项规定的股票终止上市情形，深交所拟决定终止公司股票上市交易。

资料来源：根据公开资料整理.

（二）大股东与中小股东

按照公司支配权与持有表决权资本数量，可将股东分为大股东和中小股东。根据《深圳证券交易所上市公司规范运作指引》作出的解释，“中小投资者是指除公司董事、监事、高级管理人员以及单独或者合计持有公司5%以上股份的股东以外的其他股东”。中小投资者和中小股东的概念基本是一致的。不符合中小投资者定义的股东就是大股东。虽然大股东通常会处于拥有公司支配权的地位，但是其与控股股东的概念不完全一致。比如，可能存在没有支配权的大股东，也可能存在并不拥有多数股份的控股股东。

（三）普通股股东和优先股股东

按照持有公司股份形式的不同，可以将股东分为普通股股东和优先股股东。普通股是享有普通权利、承担普通义务的股份，是公司股份的最基本形式。优先股是享有优先权的股票。优先股股东对公司资产、利润分配等享有优先权，其承担的风险较小，能够凭借所持有的股份获得稳定的分红收益。但是，优先股股东对公司事务没有表决权，没有选举及被选举权，一般来说对公司经营没有参与权。优先股股东不能退股，其所持有的股份只能通过优先股的赎回条款被公司赎回。

二、股东权利

股东权利（shareholders rights）是股东基于出资而享有的权利，是股东基于股东身份和地位而享有从公司获得经济利益并参与公司治理的权利。股东权利是由法律规定的，所以在不同的国家，股东权利可能会有所差别。即使在同一个国家，不同类型公司的股东权利也不一样。股东权利的核心内容是资产受益权、重大决策和选择管理者权利，此外，为了确保更好地行使股东权利，新《公司法》还规定了股东知情权和提起诉讼的权利等。

（一）股东知情权

尽管股东将公司的经营权授予了董事会和管理层，但股东仍享有了解公司基本经营状况的权利，即股东知情权。当然，股东应在不影响公司正常运营的条件下行使知情权。我国新《公司法》对股东行使知情权的方式和范围作了具体的界定。具体而言，有限责任公司的股东有权查阅、复制公司章程、股东名册、董事会会议决议、监事会会议决议和财务会计报告。股东要求查阅公司会计账簿、会计凭证时，应当向公司提出书面请求，说明目的。如果公司有合理根据认为股东查阅会计账簿、会计凭证有不正当目的，可能损害公司合法利益，可以拒绝提供查阅，并从股东提出书面请求之日起15日内书面答复股东并说明理由。若公司拒绝了向股东提供查阅的要求，股东可以向人民法院提起诉讼。

股份有限公司的股东有权查阅、复制公司章程、股东名册、股东会会议记录、董事会会议决议、监事会会议决议、财务会计报告，对公司的经营提出建议或者质询。

案例2-2

应强化对股东知情权的有效保护

乐视影业被股东北京思伟告上了法庭，原告要求被告提供会计账簿和会计凭证，供原告及其委托的注册会计师查阅，要求被告提供公司章程、财务会计报告等，供原告查阅、复制。笔者认为，股东知情权是股东固有权利，应强化保护措施。

北京思伟称曾于2017年6月9日向被告法人等寄送函件，要求被告提供2015年6月11日以来的会计账簿等，而被告拒不回应，亦不允许查阅，时至今日已超过《公司法》①第三十三条规定的15日期限，原告认为侵害了其知情权，故诉至法院。不过乐视网发布公告称，“因公司处于重大资产重组期间，基于对内幕信息披露的管理要求，我们已于2017年5月应北京思伟要求及时向其提供了必要资料”。目前该案已经立案，还没有最终判决。

《公司法》第三十三条规定了有限责任公司的股东知情权，即股东有权查阅、复制公司章程、财务会计报告等。股东可要求查阅公司会计账簿，当然需为此向公司提出书面请求，说明目的；如果公司有合理根据认为股东查阅会计账簿有不正当目的，可以拒绝，并自股东提出书面请求之日起15日内书面答复股东并说明理由；公司拒绝提供查阅的，股东可请求人民法院要求公司提供查阅。另外，《公司法》第九十七条规定了股份有限公司的股东知情权。

对照《公司法》，如果乐视影业有根据认为股东北京思伟查阅会计账簿有不正当目的，是可以拒绝为股东提供查阅服务的，但应及时答复股东并说明理由；乐视影业对股东的查阅请求拒不回应或未完全回应，北京思伟诉诸法院维权，符合法律规定。

对于股东查阅会计账簿何为“不正当目的”，最高人民法院在2017年9月1日开始施行的《最高人民法院关于适用〈中华人民共和国公司法〉若干问题的规定（四）》（以下简称《规定》）第八条中有明确规定，包括四种情形：一是股东自营或为他人经营与公司主

① 案例事件发生期间适用的《公司法》是《中华人民共和国公司法》（2013年修正）。

营业务有实质性竞争关系业务的，但公司章程另有规定或者全体股东另有约定的除外；二是股东为了向他人通报有关信息查阅公司会计账簿，可能损害公司合法利益的；三是股东在向公司提出查阅请求之日前的3年内，曾通过查阅公司会计账簿，向他人通报有关信息损害公司合法利益的；四是股东有不正当目的的其他情形。其中第二种情形最难认定，因为股东查阅会计账簿的主观意图是不是为了向他人通报信息，公司对此很难提前认定。

对股东查阅会计账簿的主观意图究竟为何，笔者认为法律法规不宜赋予公司太过宽松的认定权，否则，无论何种情形，公司都可以股东查阅会计账簿存在恶意为由，拒绝股东的查阅请求，股东的知情权将被虚置。建议删除上述第二种情形。

目前上市公司、新三板挂牌公司由于有较为系统的信息披露制度，股东知情权一般能够得到保护，现在主要是有限责任公司等存在股东知情权被侵害的情况。当然，过度强调股东知情权，股东动不动、时不时就查阅会计账簿，这也可能干扰公司正常运作，因此，在股东知情权与公司运行效率之间同样也要有平衡机制，主要是引入检查人制度。

多数股东不是专业财会人员，难以看懂会计账簿，上述《规定》第十条规定，股东依据人民法院生效判决查阅公司文件材料的，在该股东在场的情况下，可由负有保密义务的中介机构执业人员辅助进行。但会计账簿只能查阅不能复制，即使专业人员仓促之间也可能难以找出猫腻或问题，且《规定》对中介人员到底向谁负责也没有明确。

日本《商法典》第294条规定，当股东怀疑公司在业务往来中存在不正当的行为或其他违反法令、章程的重大事实，持有公司全部表决权总数3%以上的股东有权请求法院选任检查员，对公司的经营状况出具报告。笔者建议借鉴引入检查人制度，在股东请求下，检查人由法院指定，立场更为公正，且由其系统审阅公司资料，甚至包括原始会计凭证，并出具报告，能够发现公司存在的相关问题，对维护股东等的权益具有重大现实意义。

资料来源：熊锦秋．应强化对股东知情权的有效保护．证券时报，2017-10-16 (3).

（二）资产收益权

根据新《公司法》第二百一十条规定，有限责任公司按照股东实缴的出资比例或者全体股东约定的其他方式分配利润；股份有限公司按照股东所持有的股份比例分配利润。在公司新增资本时，有限责任公司的股东在同等条件下有权优先按照实缴的出资比例认缴出资，但全体股东约定不按照出资比例优先认缴出资的除外；股份有限公司的股东不享有优先认购权，公司章程另有规定或者股东会决议决定股东享有优先认购权的除外。

此外，在公司解散清算后，公司财产在分别支付清算费用、职工的工资、社会保险费用和法定补偿金，以及缴纳所欠税款、清偿公司债务后，对于剩余财产，有限责任公司按照股东的出资比例分配，股份有限公司按照股东持有的股份比例分配。

很多公司的股东在是否分红问题上存在较大分歧。对此，新《公司法》第八十九条和第一百六十一条规定，如果公司连续5年不向股东分配利润，而公司该5年连续盈利，并且符合新《公司法》规定的分配利润条件，对股东会不分红决议投反对票的股东可以请求公司按照合理的价格收购其股权或股份。

自股东会决议作出之日起60日内，股东与公司不能达成股权（股份）收购协议的，股东可以自股东会决议作出之日起90日内向人民法院提起诉讼。

案例2-3

庆阳市太一热力有限公司盈余分配纠纷

甘肃居立门业有限责任公司（以下简称居立门业）持有太一热力有限公司（以下简称太一热力）40%股权。作为太一热力第二大股东，居立门业就太一热力的盈余分配问题向法院提起诉讼。居立门业认为，太一热力有巨额盈余，法定代表人恶意不召开股东会、转移公司资产，严重损害居立门业的股东利益，法院应判令强制进行盈余分配。一审判决后，太一热力及其法定代表人李昕军不服甘肃省高级人民法院判决，再次上诉。太一热力和李昕军主张，由于没有股东会决议，公司不应进行盈余分配。

最高人民法院认为，公司在经营中存在可分配的税后利润时，是否进行盈余分配原则上属于公司自治范畴，应当由股东会作出盈余分配具体方案。但是，当部分股东变相分配利润、隐瞒或转移公司利润时，会损害其他股东利益，已非公司自治所能解决，此时若司法不加以适度干预，则不能制止权利滥用，有违司法正义。首先，太一热力清算净收益为7 597万元，具备盈余分配基础；其次，李昕军同为太一热力及其控股股东太一工贸公司法定代表人，未经公司另一股东居立门业同意，在没有合理事由的情况下将5 600万余元公司资产转让款转入兴盛建安公司账户，转移公司利润，给居立门业造成损失，属于太一工贸公司滥用股东权利。

因此，法院判令太一热力对盈余的7 000余万元现金和盈余的32.7亩土地（从政府受让取得时的地价款为330万元），按照法律规定向居立门业进行分配。

资料来源：根据公开资料整理．

（三）股份转让权

依据我国新《公司法》的相关规定，公司的股东有权按照自己的意愿转让自己的股权或手中的股票，以获得资本收益或转移风险。在我国，股份有限公司的股东，特别是持有流通股的股东可以依法自由转让其股份。有限责任公司的股东向股东以外的人转让其出资，原股东享有优先受让权。

根据新《公司法》第八十四条的规定，有限责任公司的股东之间可以相互转让其全部或者部分股权。股东向股东以外的人转让股权，应当将股权转让的数量、价格、支付方式和期限等事项书面通知其他股东，其他股东在同等条件下有优先购买权。股东自接到书面通知之日起30日内未答复的，视为放弃优先购买权。两个以上股东行使优先购买权的，协商确定各自的购买比例；协商不成的，按照转让时各自的出资比例行使优先购买权。公司章程对股权转让另有规定的，从其规定。

人民法院依照法律规定的强制执行程序转让股东的股权时，应当通知公司及全体股东，其他股东在同等条件下有优先购买权。其他股东自人民法院通知之日起满20日不行使优先购买权的，视为放弃优先购买权。

案例 2-4

格力电器15%股权转让获批 高瓴赋能实体经济受期待

历时8个多月，格力电器（000651）混改终获认可。2019年12月15日晚，格力电器发布公告，控股股东协议转让格力电器15%股份获批复。市场方面，格力电器最新收盘价为62.99元，自4月首次提出本次协议转让以来累计涨幅达37.31%。

12月15日晚间，格力电器公告显示，格力集团与珠海明骏投资合伙企业协议转让格力电器15%股份的交易事项获批，截至发函之日，本次股份转让尚未完成股份过户手续。公告显示，本次股份转让系珠海市国资委稳妥有序推进国有企业混合所有制改革，进一步激发企业活力、优化治理结构，推动格力电器稳定快速发展而提出的战略安排。

珠海市国资委曾表示，考虑到格力电器的行业地位、市值规模和市场影响，本次控股权转让有望为国有企业混合所有制改革探索一条新的路径。随着格力电器15%股份正式得到确认，国有企业混合所有制改革将打开新局面。而高瓴作为创新型投资机构的代表，将再次赋能实体经济——中国制造业的明星企业格力电器。此公告的发布，标志着历时8个多月的格力电器混改方案终获认可。

自2019年4月首次发布征集公告以来，格力电器本次股权转让已历时8个多月，中间经历了确定受让方、延期签署协议、正式签署协议等过程。

4月9日，格力集团公告，拟通过公开征集受让方的方式协议转让格力集团持有的格力电器总股本15%的股票。8月13日，格力电器发布公告，确定了格力集团关于公开征集转让15%格力电器股权的具体条件与流程，公开征集期为15个交易日，需在9月2日之前提交全套受让申请材料，并需向格力集团缴纳63亿元保证金。9月2日，格力电器公告称，有两家意向受让方向格力集团提交了受让申请材料，分别为珠海明骏投资合伙企业和格物厚德股权投资（珠海）合伙企业（有限合伙）与GENESIS FINANCIAL INVESTMENT COMPANY LIMITED组成的联合体，分别代表高瓴资本和厚朴投资参与竞标。10月28日，格力电器公告称，确定珠海明骏投资合伙企业为最终受让方。11月11日，格力电器突发公告，珠海明骏投资合伙企业和控股股东格力集团拟延期签署股份转让协议。12月2日，格力电器公告，公司控股股东格力集团与珠海明骏投资合伙企业签署股份转让协议，约定珠海明骏投资合伙企业以46.17元/股的价格受让格力集团持有的格力电器9.02亿股股份（占格力电器总股本的15%），合计转让价款为416.62亿元。本次权益变动后，上市公司将变更为无控股股东和实际控制人。

12月15日晚，格力电器公告，格力集团于12月13日收到珠海市国资委下达的批复，珠海市人民政府和珠海市国资委已批复同意格力集团与珠海明骏投资合伙企业协议转让格力电器15%股份的交易事项。

资料来源：陈静．格力电器15%股权转让获批 高瓴赋能实体经济受期待．证券时报，2019-12-16（5）.

（四）诉讼权和代位诉讼权

我国新《公司法》规定，董事、高级管理人员违反法律、行政法规或者公司章程的规定，损害股东利益的，股东可以向人民法院提起诉讼。一般情况下，当公司权益受到侵害时，公司可以提起诉讼。而在某些特定情况下，公司却不会或者不可能提起诉讼。比如，当公司董事、监事、高级管理人员侵害公司权益时，由于他们直接控制着公司，不可能代表公司提起诉讼。由于公司权益受到侵害最终损害的是股东权益，因此法律赋予股东在特定情形下，经过一定的程序，以自己的名义直接向人民法院提起诉讼的权利。

新《公司法》第一百八十九条规定，公司董事、高级管理人员侵害公司权益时，股东可以书面请求监事会向人民法院提起诉讼；监事侵害公司权益时，股东可以书面请求董事会向人民法院提起诉讼。监事会或者董事会收到股东书面请求后拒绝提起诉讼，或者自收到请求之日起 30 日内未提起诉讼，或者情况紧急、不立即提起诉讼将会使公司利益受到难以弥补的损害的，股东有权为公司利益以自己的名义直接向人民法院提起诉讼。他人侵犯公司合法权益，给公司造成损失时，股东也可以依照上述规定向人民法院提起诉讼。

案例 2－5

合亿公司高管侵权纠纷

润林公司是合亿公司持股 10%的小股东，其拿到合亿公司财务审计报告后感到非常震惊。润林公司发现，占合亿公司股权 70%的控股股东厦森公司及合亿公司谢某等高管倚仗自己对合亿公司的绝对控制权，隐瞒小股东做出许多不符合公司章程和法律规定的举动，如擅自出借 30 多亿元资金给大股东的关联企业、违反董事会决议擅自压低对外房屋销售折扣率、将公司 3 000 万元资金用于给大股东及其关联企业人员发奖金、擅自挪用公司巨额资金归高管个人使用等。这些行为严重侵害了合亿公司的利益以及小股东润林公司的利益。

润林公司通过多种方式试图与合亿公司大股东及高管联系，要求对审计暴露的问题进行解释说明，并提出合理解决方案，均协商未果。最终润林公司提起诉讼。2014 年 11 月 5 日，法院作出判决，支持润林公司绝大部分诉讼请求，判决合亿公司高管谢某、郑某、李某、陈某赔偿合亿公司损失共计 5 000 余万元。

资料来源：根据公开资料整理.

（五）参与重大决策权

根据新《公司法》第五十八、五十九条规定，有限责任公司股东会由全体股东组成，股东会是公司的权力机构，有权选举和更换董事、监事并决定有关董事和监事的报酬事项，审议批准董事会和监事会的报告、公司的利润分配方案和弥补亏损方案，对公司增加或者减少注册资本作出决议，对发行公司债券作出决议，对公司合并、分立、解散、清算或者变更公司形式作出决议，修改公司章程等。

公司章程还可以规定股东会享有的其他职权，比如就公司向其他企业投资或者为他人提供担保，特别是公司为公司股东或者实际控制人提供担保作出决议等。

案例 2-6

上海氯碱化工股份有限公司召开股东大会

2019 年 5 月 20 日下午，上海氯碱化工股份有限公司在青松城召开 2018 年年度股东大会。公司董事长黄岱列主持了会议。公司董事、监事、董事会秘书出席了会议，公司高管及相关人员列席了会议。

此次股东大会由董事会依法召集，会议的召开符合《公司法》和《公司章程》规定的相关程序。会议以记名投票方式完成了各项议程。会议审议通过了《2018 年度报告及其摘要》《2018 年度董事会工作报告》《2018 年度监事会工作报告》《关于 2018 年度利润分配的预案》《关于 2018 年度财务决算与 2019 年度财务预算的议案》《关于 2019 年度申请融资授信额度的议案》等决策事项。股东通过投票表决的方式，表达了对公司上述决策的意见。

资料来源：根据公开资料整理.

（六）选择、监督管理者权

在现代企业制度下，公司的所有权和经营权是适度分离的。与此相适应，公司法确立了公司治理结构，即股东会是公司的权力机构，决定公司的重大事项；经营权则授予董事会和董事会聘任的经理。董事会须对股东会负责，而经理须对董事会负责。

根据新《公司法》第五十九条的规定，股东会有权选举和更换董事、监事，决定有关董事、监事的报酬事项，审议批准董事会和监事会的报告。

案例 2-7

开南系选举新董事 *ST 新梅“双头董事会”形成

通过结成一致行动人成为 *ST 新梅（600732）第一大股东的上海开南投资发展有限公司等六家公司（以下简称开南账户组）昨日自行召开了临时股东大会，会上表决通过了七项议案。

不过，对于会议形成的决议，*ST 新梅董秘何婧表示，公司不会认可。

《证券时报》记者在昨日现场看到，此次股东大会聚集了约 50 位投资者或其代表前来参与投票，其中有不少投资者是参加过 2015 年 6 月 23 日年度股东大会的“老面孔”。而 *ST 新梅原第一大股东上海兴盛实业发展（集团）有限公司没有派代表前来现场投票。

在 6 月 23 日举行的年度股东大会上，开南账户组被拒绝进入现场投票，引出其昨日自行召开股东大会一事。开南账户组在此次股东大会上提出七项议案，其中有六项议案是围绕罢免＊ST新梅现任董事、选举新董事展开的。

开南账户组在议案中表示，罗炜岚、曾志峰、林燕在担任＊ST新梅董事期间未勤勉尽责，不能正常履行董事职务，三人均不适合再担任公司董事职务，希望选举庄友才、朱联为董事，崔皓丹为独立董事。资料显示，庄友才现任上海瑞南企业发展集团有限公司董事长、总经理，上海开南投资董事；朱联现任上海瑞南企业发展集团有限公司副总裁。

＊ST新梅董秘何婧在接受《证券时报》记者采访时表示，公司不会认同这次股东大会形成的决议。“因为召集人的身份是违法的，召集的程序是违法违规的，因此产生的会议决议没有效力。”

对于目前事态是否会发展成“双头董事会”，何婧表示，这取决于监管层的态度。不过，何婧坦承，一旦出现“双头董事会”，将进一步扰乱公司治理，对公司转型造成更多困难。

值得一提的是，尽管新旧股东目前矛盾激化，但在此次股东大会上，开南账户组并未提出罢免现任董事长张静静，这在不少与会股东看来，是开南账户组在为今后双方能够和谈埋下伏笔。

据《证券时报》记者了解，昨日前来参加股东大会的投资者，有不少都是持有上百万股＊ST新梅股票的“大户”，有的股东持有数量甚至达到千万股，实力不容小觑。一位股东表示，在6月23日的年度股东大会结束后，他曾为开南账户组和上海兴盛实业发展（集团）有限公司牵过线，但双方最后仍没有坐下来谈一谈。

另一位参加过6月23日年度股东大会的股东对记者表示，此次前来参加开南账户组自行召开的股东大会，是出于对现任董事会的失望。在他看来，现任董事会迟迟拿不出转型的解决方案，而公司已经连续两年亏损，余留的时间已然不多。

资料来源：张昊昱．开南系选举新董事 ＊ST新梅“双头董事会”形成．证券时报，2015-08-11(10).

三、股东义务

权利和义务是相对的，股东享有权利，也应该承担相应的义务。股东义务主要有以下几项。

（一）遵守公司章程

公司章程是公司赖以存在的基础，没有公司章程，公司就无法存在。因此，股东负有遵守公司章程的义务。

公司章程是公司的根本制度，规定了股东的权利义务、公司组织架构及职权责界限、公司治理与经营的基本原则等重要内容，是公司稳健经营以及化解公司僵局和股东矛盾的基石。然而现实中，公司和股东对公司章程的制定并未给予应有的重视，这也是造成公司僵局和股东矛盾难以化解的最主要原因。

（二）及时足额缴纳出资、不得抽逃出资的义务

新《公司法》规定，及时、足额缴纳出资是股东的基本义务，是公司取得财产权的经济基础。股东不得虚假、抽逃出资，否则应当承担补缴出资及对公司、其他股东的违约责任，严重的可能还要承担刑事责任。

（三）其他约定义务

通常，公司应当在公司章程中明确补充约定以下义务：

（1）不得损害公司利益的义务。包括不得利用股东身份便利从事有损公司利益的行为，如利益输送、竞争性业务、泄露公司秘密等。

（2）未经许可，不得从事可能有损公司股本结构的事宜，如转让股权、质押股权等。

第二节 股权结构类型

股权结构是公司治理的基础，公司治理则是股权结构的具体运行形式。股权结构决定了公司的股东构成、股权集中度以及大股东身份。不同的股权结构形成了不同的企业组织结构，进而决定了不同的企业治理结构，对公司治理模式的形成、运作产生影响，最终影响企业的财务决策和公司绩效。

一、股权结构特征

股权结构是企业组织的顶层设计。只有股权结构设计合理，企业才能持续运营，并获得好的发展。股权结构特征可以从以下几个维度进行分析。

（一）股权集中度

股权集中度是指全部股东因持股比例的不同所表现出来的股权集中还是股权分散的量化指标，即各股东所持有的股份占公司总股份的比例是多少。一般情况下，公司的股权集中度存在三种情况：

第一种情况是股权高度集中，绝对控股股东一般拥有公司股份的50%以上，对公司拥有绝对控制权；

第二种情况是股权高度分散，公司没有大股东，所有权与经营权基本完全分离，单个股东所持股份的比例在10%以下；

第三种情况介于上述两种情况之间，公司拥有较大的相对控股股东，同时还拥有其他大股东，所持股份比例在10%～50%。

在我国沪深股市中，截至2019年12月，拥有绝对控股股东的上市公司数量约占总数的15%，绝对控股股东平均持股比例约为59%；股权高度分散的上市公司数量约占总数的2%，第一大股东平均持股比例为8%；拥有相对控股股东的上市公司数量约占总数的83%，相对控股股东平均持股比例为30%。由此可见，我国上市公司的股权集中度较高。

（二）股权比例与股东权利——“四大线”和“四小线”

股东持股比例的多少代表着其所能行使的权利的大小，由此延伸出股权的八条生命线，即“四大线”和“四小线”。公司在进行股权结构设计时必须明晰这八条线的意义，只有这样才能更好地实现股权层面的控制权。

1. “四大线”

股权的“四大线”是指要约收购线、安全控制线、相对控制线和绝对控制线，对应的持股比例分别为30%、33.3%（1/3）、50%（1/2）和66.7%（2/3）。下面分别详述“四大线”界定的控制权范畴。

（1）要约收购线（30%）。要约收购线界定的是可能涉及公司控制权变更的股份增持行为。根据《上市公司收购管理办法》，当股东拥有权益的股份达到该公司已发行股份的30%时，如果有继续增持股份的意向，将可能涉及公司控制权的变化。此时，该股东应当依法向该上市公司的其他股东发出全面要约收购或者部分要约收购，以确保其他股东对此全面知晓。

（2）安全控制线（1/3）。安全控制线明确了股东避免其他大股东对公司重大事项形成控制的最低持股比例。在有关公司重大事项决策的公司特别决议中，如果其中一个股东持有超过公司1/3的股权，那么没有该股东的同意，其他股东就无法达到2/3以上表决权。这种情况下，一些涉及公司生死存亡的决策可能就无法通过。这样，该持有1/3以上股权的股东就对这些重大事项形成了安全控制权。

（3）相对控制线（1/2）。相对控制线是1/2，它代表了对公司一般性事项形成控制所需要的最低持股比例。具体来说，首先，股东会作出决议，必须经出席会议的股东所持表决权过半数通过。其次，公司若为公司股东或者实际控制人提供担保，必须由股东会决议，且上述股东或者受实际控制人支配的股东不得参加此项表决。该项表决也需要由出席会议的其他股东所持表决权的过半数通过。最后，股份有限公司的成立大会应有持有表决权过半数的认股人出席方可举行。由于上述公司事项的通过均需持股比例1/2以上的股东同意，因此1/2即代表了公司的相对控制线。

（4）绝对控制线（2/3）。绝对控制线是2/3，它是指对公司重大事项形成控制所需要的最低持股比例。具体来说，一方面，股东会会议作出修改公司章程、增加或者减少注册资本的决议，以及公司合并、分立、解散或者变更公司形式的决议，必须经代表2/3以上表决权的股东通过；另一方面，上市公司在一年内购买、出售重大资产或者担保金额超过公司资产总额30%的，应当由股东会作出决议，并经出席会议的股东所持表决权的2/3以上通过。由于上述公司重大事项的通过均需持股比例2/3以上的股东同意，因此2/3即代表了公司的绝对控制线。

2. “四小线”

股权的“四小线”是指代为诉讼权线、临时提案权线、重大股权变动警示线和临时会议权线，对应的持股比例分别为1%、1%、5%和10%。下面分别详述“四小线”界定的权利范畴。

(1) 代为诉讼权线(1%)。代为诉讼权线界定了在股东利益受到公司管理层侵害时，股东行使代为诉讼权利所需要的最低持股比例。董事、监事、高级管理人员执行公司职务时违反法律、法规或者公司章程的规定，给公司造成损失的，有限责任公司股东、股份有限公司连续 180 日以上单独或者合计持有公司 1%以上股份的股东，可以书面请求监事会向人民法院提起诉讼。

(2) 临时提案权线(1%)。临时提案权线界定了股东提出临时提案所需的最低持股比例。单独或者合计持有公司 1%以上股份的股东，可以在股东会会议召开 10 日前提出临时提案并书面提交董事会。

(3) 重大股权变动警示线(5%)。重大股权变动警示线明确了在哪个范畴的大股东持股行为变化可能给公司其他投资者带来较大影响。持有公司 5%以上股份的股东或者实际控制人，其持有股份或者控制公司的情况发生较大变化，投资者尚未得知时，上市公司应当立即将有关该重大事件的情况向国务院证券监督管理机构和证券交易所报送临时报告，并予公告。

(4) 临时会议权线(10%)。临时会议权线界定了股东提议召开临时会议所需的最低持股比例。对于有限责任公司来说，首先，其股东会会议由董事会召集，董事长主持；董事会不能履行或者不履行召集股东会会议职责的，由监事会召集和主持；监事会不召集和主持的，代表 1/10 以上表决权的股东可以自行召集和主持。其次，有限责任公司股东会临时会议可以由代表 1/10 以上表决权的股东、1/3 以上的董事或监事会提议召开。

对于股份有限公司来说，首先，其股东会会议由董事会召集，董事长主持；董事会不能履行或者不履行召集股东会会议职责的，监事会应当及时召集和主持；监事会不召集和主持的，连续 90 日以上单独或者合计持有公司 10%以上股份的股东可以自行召集和主持。其次，单独或者合计持有公司 10%以上股份的股东请求召开临时股东会会议的，董事会、监事会应当在收到请求之日起 10 日内作出是否召开临时股东会会议的决定，并书面答复股东。

二、股权结构实现方式

(一) 金字塔式结构控制

1. 金字塔式结构简介

金字塔式股权结构是由 La Porta et al. (1999) 提出的，是指公司实际控制人通过间接持股形成一条金字塔式的控制链，从而实现对该公司的控制。在这种股权结构下，公司的实际控制人控制第一层级的公司，第一层级的公司再控制第二层级的公司，依此类推。实际控制人通过多个层级的控制链条，掌握对目标公司的最终控制权。金字塔式结构是一种形象的说法，实质上是指多层级、多链条的集团控制结构，如图 2-1 和图 2-2 所示。

与金字塔式股权结构相对应的是平行股权结构。它是指一家公司持有一家或多家公司的股份，而这些公司不再持有其他公司的股份。

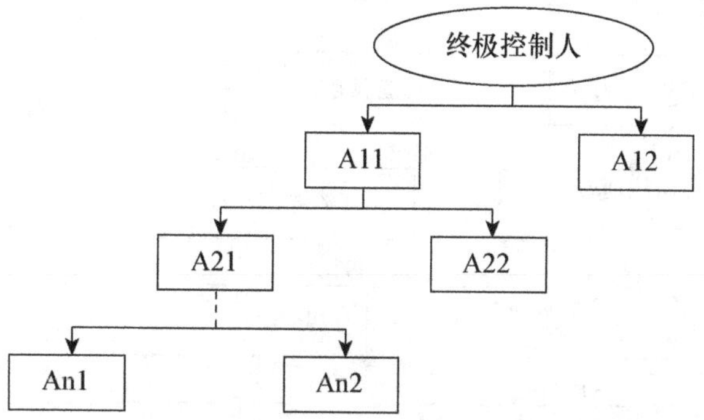

图 2-1　金字塔式股权结构示例一

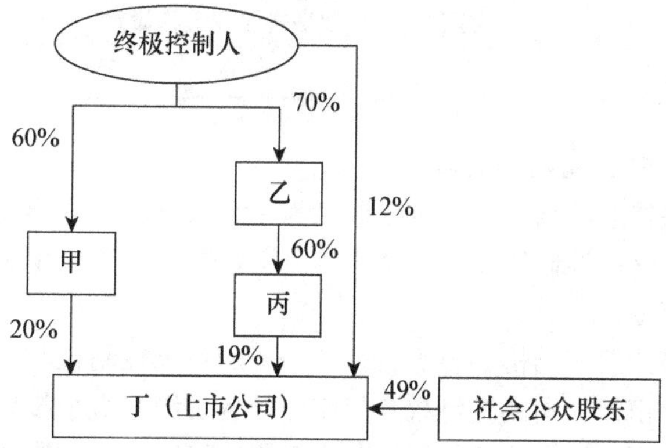

图 2-2　金字塔式股权结构示例二

La Porta et al.（1997）、Claessens et al.（2000）以及 Faccio and Lang（2002）对世界范围内 50 多个国家和地区近万家上市公司的研究发现，上市公司中普遍存在实际控制人，构建金字塔式股权结构是其控制上市公司的主要方式。由于这种控制形式的特殊性，金字塔式股权结构底端的上市公司会不可避免地产生所有权与控制权的分离，进一步导致了与“一股一票”原则的背离。多数相关研究认为，在金字塔式股权结构下，所有权和控制权的分离程度将在很大程度上影响实际控制人的治理行为选择，进而对投资者利益和公司价值产生重要影响。

延伸阅读 2-1

金字塔式股权结构下所有权和控制权的分离

李明想注册成立一家文娱公司，注册资本 2 000 万元。如果李明想拥有这家文娱公司 51%的控制权，他需出资多少？

一般人的回答是出资 1 020 万元。但如果采用金字塔式结构纵向间接控股，李明仅需出资 135.3 万元，便可以获得这家公司 51%的控制权。具体设计如图 2－3 所示。

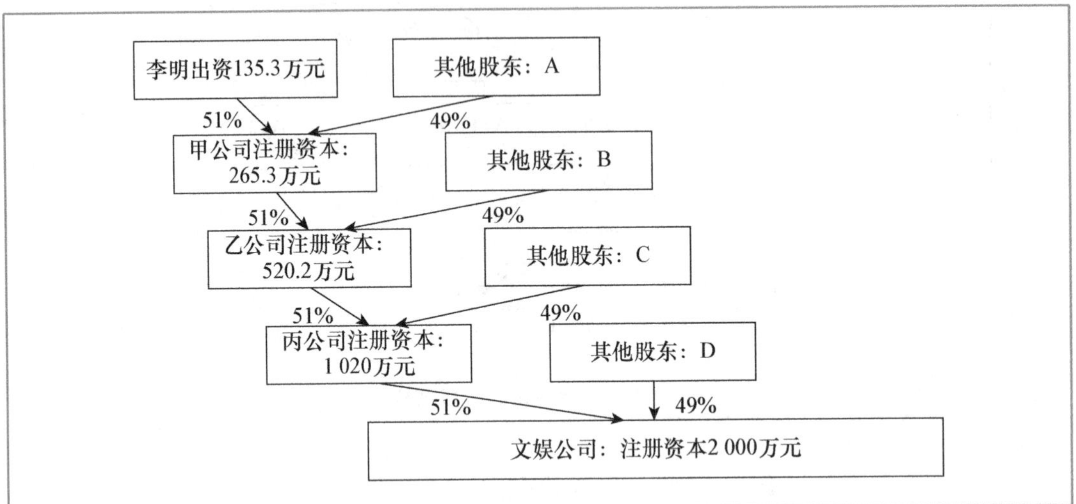

图 2－3　金字塔式股权结构设计

2. 金字塔式结构的特征

金字塔持股的结构特征可以概括为一个顶点、三个维度。一个顶点是指在金字塔顶端存在终极控制股东，三个维度分别指层级、终极现金流权、终极控制权与现金流权分离度。

金字塔式股权结构的显著特征是公司的终极控制权与现金流权分离，控股股东对底层（上市）公司的控制权是控制链条各层级中最小投票权与终极股东直接投票权之和，而现金流权等于控制链条中各层级持股比例的乘积。因此，只要金字塔股权链条中终极控制股东不是 100%持股，控制权就会大于现金流权。在法律制度和公司监管不完善的情况下，当公司的控制权大于现金流量权时，股东将有极强的动机和足够的能力进行掏空。在现实的企业实践中，控股股东是否实施这种侵占行为，则由其通过掏空实现的控制权私利与掏空所需的成本孰大孰小来决定。此外，金字塔式股权结构是上市公司实际控制人经常采用的架构方式。利用金字塔式结构能够实现只用少量现金流权控制上市公司，从而方便资本运作。

案例 2－8

江苏常发制冷股份有限公司金字塔式股权结构

江苏常发制冷股份有限公司（以下简称常发股份）是目前国内最大的与制冷相关的仪器生产商，主要面向国内市场。其市场占有率高达 50%以上，持续多年位居行业第一。其股权结构如图 2－4 所示。

常发股份实际控制人黄小平的终极控制权为 56.14%（6.61%＋49.53%），其现金流权为 38.80%（73.45%×66.50%×75.00%×6.61%＋73.45%×49.53%）。因此，实际

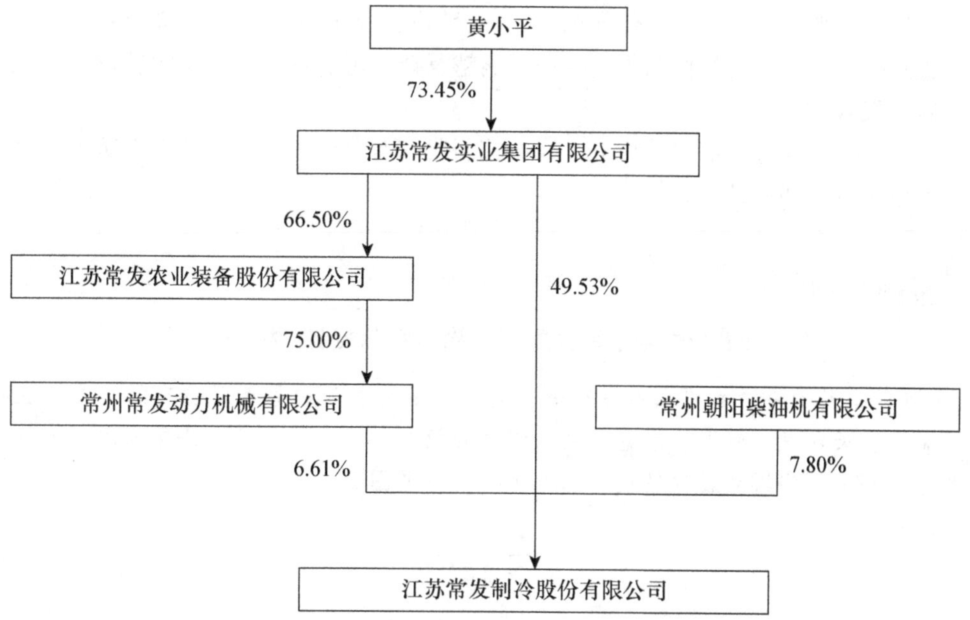

图 2-4 常发股份股权结构

资料来源：根据该公司年报整理.

控制人的控制权与现金流权偏离幅度的绝对值（两权差值）为 17.34%（56.14%－38.80%），控制杠杆为 1.45（56.14%÷38.80%），其中控制层级为 3 级。

下面根据金字塔式结构“一个顶点、三个维度”的基本特征，分别详述这四个要素的概念和特点。

（1）终极控制股东。终极控制股东即上市公司的终极所有者。终极控制股东类型不同，构建金字塔式结构的动机也可能存在差异，从而导致金字塔式结构其他特征的差异。学者们采用不同标准对终极控制股东进行了分类。

La Porta et al.（1999）开创了终极控制权研究的先河。他们通过层层追溯控制权关系链发现，除英、美等少数国家的公司股权分散外，大多数国家的公司都存在终极控制者。我国上市公司的持股主体主要有国有股、法人股和流通股。这种把法人股同国有股和流通股并列起来视为一个独立持股主体的分类方法，一个重要缺陷是不能清楚地表明法人股本身的所有权属性。作为具有法人地位的企业或经济实体，其股东究竟是国有还是非国有并不清晰。如果继续往上追溯就会发现，这些法人是由国家或私人最终控制的企业或机构。既然国家或私人控制着法人，法人股实际上就具有国家或私人的特性，而不是一个独立的持股主体。

（2）层级。层级是指终极控制股东到上市公司之间的控制链条所包含的控股层次数，须满足“控股层次数≥2”的条件。金字塔式结构通过层级的设置实现了所有权结构的纵向延伸，层级是金字塔持股模式区别于单层持股模式的重要特征。层级还是重要的权力和利益传导机制。一般情况下，层级越多，终极控制股东的隐蔽性越强，上市公司的控制集团结构可能越复杂，可能发生的利益输送行为也就越不容易发现。

通常，在金字塔式结构下，终极控制股东对公司进行实质性控制所需资金会随着层级的增加而减少。

案例 2-9

ST 贤成金字塔式层级结构与实际控制人掏空

ST 贤成全称青海贤成矿业股份有限公司，原名为青海白唇鹿股份有限公司，主要经营矿产资源、天然气、水泥、水电、火电资源的投资、开发等业务。公司实际控制人黄贤优采用了典型的金字塔式股权结构控制上市公司（见图 2-5）。

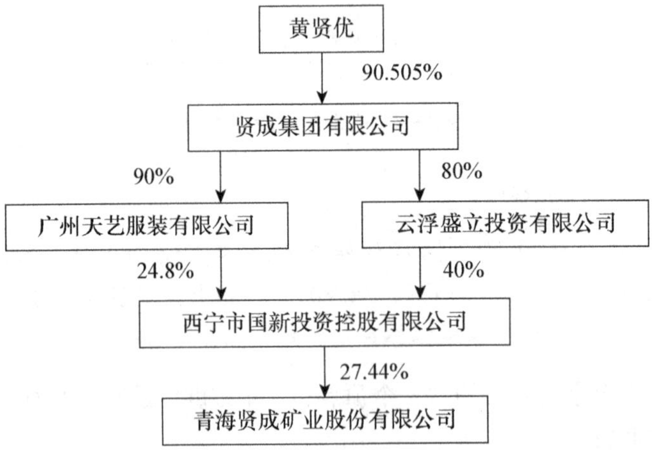

图 2-5　2012 年 ST 贤成股权结构

ST 贤成的实际控制人黄贤优掏空公司于 2012 年 5 月首次曝光。2012 年，会计师事务所出具了审计非标意见，并指出 ST 贤成实际控制人黄贤优存在多起违规担保。

ST 贤成的这个五层级、双链条的复杂金字塔式股权结构，具有极强的操作隐蔽性。黄贤优可以在其中任何一个链条中腾挪资金，每个公司又有数个关联方。事实上，黄贤优正是利用金字塔式股权结构的隐蔽性、复杂性，将从 ST 贤成转移的资金通过其中的关联公司转移至自己的银行账户的。

此外，ST 贤成的金字塔式股权结构也为其他一系列掏空行为提供了理想的温床。ST 贤成被关联方及实际控制人占用了大量资金；在 2011 年的两次定向增发中，黄贤优也涉嫌利用定向增发为自己输送利益；同时，黄贤优操控 ST 贤成低价卖出优质资产。

金字塔式股权结构带来的两权分离和融资优势，以及在监管缺失和该结构的隐蔽性条件下“掏空”上市公司需要付出的法律成本偏低，使得黄贤优有充分的动机掏空 ST 贤成。

2013年6月，因实际控制人黄贤优的种种掏空行为，ST贤成被粤海化工以不能清偿到期债务为由申请破产重整。同月，ST贤成开始破产重整，并于2014年6月25日进行缩股。2014年7月25日，ST贤成终结破产重整程序。2015年6月12日，ST贤成被一家医药公司借壳上市，ST贤成正式更名为“青海春天”。

资料来源：根据相关资料整理.

(3) 终极现金流权。现金流权是指所有者所持有的股票所代表的收益权。在金字塔式结构下，终极控制股东作为终极所有者，拥有上市公司的终极现金流权。按照终极现金流权比例获取剩余收益是终极所有权的核心和本质，也是终极控制股东的利益所在。根据Bebchuk (1999) 的计算方法，终极现金流权等于控制链条中各个层级现金流权比例的乘积之和。

(4) 终极控制权与现金流权分离度。按照一股一票原则，终极控制权与现金流权应一一对应。但终极控制股东借助金字塔式股权结构，以少量现金流权获取了更大的控制权，背离了一股一票原则。理论上，只要层级足够多，终极控制股东为能够控制处于底端的上市公司所需持有的终极现金流权比例可以降至足够小。这种情况下，终极控制权与现金流权分离度也就非常大。Claessen et al. (2000) 采用终极控制权与现金流权之比衡量二者的分离度大小。

案例2-10

康得新金字塔式股权结构与利益侵占

康得新复合材料集团股份有限公司（以下简称康得新）于2001年8月21日在江苏登记成立，2019年前法定代表人为钟玉。其主要从事高分子复合材料、功能膜材料、预涂膜、光学膜、光电新材料、化工产品（不含危险化学品）、印刷器材和包装器材的研发，并提供相关技术咨询和技术服务；电子产品的研发、销售及委托区外企业加工；自有房屋、机械设备租赁；自营和代理各类商品及技术的进出口业务。其股东及实际控制人构建的金字塔式股权结构如图2-6所示。

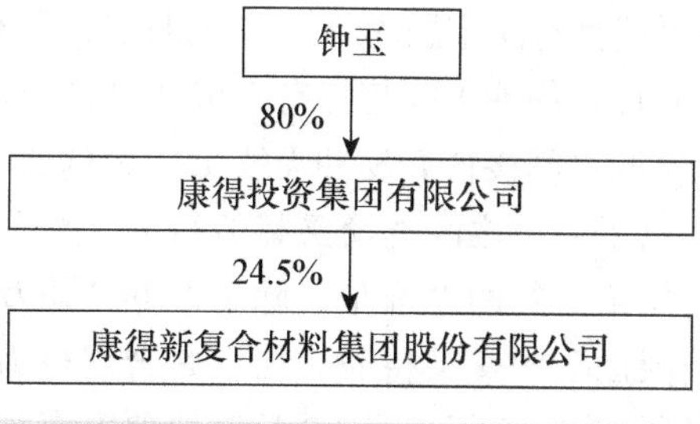

图2-6 康得新金字塔式股权结构

2019年7月，中国证监会对康得新下发行政处罚事先告知书，揭下“白马股”康得新的虚假面纱，认定2015—2018年，康得新通过虚构采购、生产等研发费用等方式，虚增营业成本和研发、销售费用，虚增利润119亿元，2015—2018年连续4年净利润实际为负，触及重大违法强制退市情形，公司股票可能被实施重大违法强制退市。因此，拟对康得新及主要责任人员在《中华人民共和国证券法》（简称《证券法》）规定的范围内顶格处罚，并采取终身市场禁入措施。

除了虚增利润外，康得新还存在与大股东之间的关联交易问题。一方面，康得新为控股股东违规提供关联担保；另一方面，控股股东将康得新的存款归集到自己名下，使得其账上原有的122亿元存款数字变为了零。有意思的是，这两项行为都利用了银行、信托等"证监会管不到的机构"。由此可见，金字塔式股权结构对利益侵占行为的隐蔽作用，加之监管上的漏洞，助长了控股股东对康得新的掏空动机。

资料来源：根据公司年报整理.

（二）交叉持股控制

交叉持股是指在不同的企业之间互相参股，以达到某种特殊目的的现象。交叉持股最早开始于日本的阳和房地产公司事件。1952年该公司被恶意收购，从而引发了三菱集团内部结构调整。1953年，日本《反垄断法》修改后，为防止被二级市场收购，三菱集团下属子公司开始交叉持股。从此以后，交叉持股在日本作为一种防止被收购的策略而大行其道。在20世纪50年代，日本企业还把交叉持股作为跟银行保持密切关系以获取资本的一种策略。交叉持股现象在资本市场上出现常常是以双方加强联系及合作关系为目的。① 以下具体案例能够使读者更直观地了解交叉持股的表现形式。

例1：2019年1月23日，上市公司长荣股份公告称，拟以2.68欧元/股的价格，以现金形式认购德交所上市公司海德堡增发的股票2 574.38万股，涉及金额约5.5亿元。本次交易完成后，长荣股份全资子公司将成为海德堡第一大股东，持有海德堡8.46%的股份。公告还表示，海德堡考虑"在长荣股份中建立不超过长荣股份股本21%的交叉持股，以加强两家公司之间的战略伙伴关系"。

例2：2018年7月，上市公司星徽精密公告称，拟以15.3亿元收购跨境电商泽宝股份。收购完成后，公司将持有泽宝股份100%的股权，泽宝股份持有易冲无线1.03%的股权，易冲无线持有泽宝股份0.37%的股权。在不考虑募集配套资金实施的情况下，交易方案实施后，易冲无线将持有上市公司39.4万股，持股比例为0.12%，而上市公司将通过泽宝股份间接持有易冲无线1.03%的股权，存在交叉持股情形。

以上两个案例都属于公司之间的交叉持股行为。对此，交易所都曾发问询函询问公司是否合规，公司给予的回复都是，除了证券公司及其子公司外，目前法律法规并没有明确禁止或限制公司交叉持股，所以是合规行为。

对此，沪深交易所在2019年4月30日对股票上市规则的修改中首次对上市公司交叉持股行为作出了相应的规定和限制。深交所《上市规则》第11.8.4条和

① 朱开悉．公司交叉持股的会计问题研究．审计与经济研究，2011，26（2）：73-80.

《创业板上市规则》第 11.8.5 条在原内容基础上分别增加了一款，作为第二款：“上市公司控股子公司不得取得该上市公司发行的股份。确因特殊原因持有股份的，应当在一年内消除该情形，在消除前，上市公司控股子公司不得对其持有的股份行使表决权。”深交所表示，“明确上市公司不得形成交叉持股，是鉴于交叉持股可能会引致资产虚增、股权结构不清晰等问题。”

（三）代理投票控制

代理投票制度是指召开股东会会议时，股东本人因故不能参加，可以委托他人代表自己参加股东会会议并行使表决权的投票制度。我国新《公司法》第一百一十八条规定，股东委托代理人出席股东会会议的，应当明确代理人代理的事项、权限和期限；代理人应当向公司提交股东授权委托书，并在授权范围内行使表决权。委托书通常载明授权范围、委托代理人、出席股东大会行使表决权是否合法等。某股东即使只有少量股份，也可利用征集代理股票的方式，实现控制公司的可能性。

（四）一致行动人联合投票控制

英国《伦敦城市并购法典》最早将一致行动人界定为根据正式或非正式的协议或默契，积极地进行合作，通过其中任何人取得目标公司股份以获得或巩固对目标公司控制权的人。美国 1934 年《证券交易法》规定：2 个或 2 个以上的人或实体作为一个合伙、有限合伙、辛迪加或其他团体获取、持有或者处理目标公司的股份时，该集团或团体应被视为一个人，受信息公开制度的约束。根据这一规定，当某团体的成员采取一致行动，达到《证券交易法》报告要求即共同持有目标公司股份 5%或以上时，必须提供相应表格予以报告。

我国的《上市公司收购管理办法》第八十三条第二款规定：“在上市公司的收购及相关股份权益变动活动中有一致行动情形的投资者，互为一致行动人。”据此规定，构成一致行动人的逻辑前提为存在一致行动。该条第一款规定对一致行动作了界定：“本办法所称一致行动，是指投资者通过协议、其他安排，与其他投资者共同扩大其所能够支配的一个上市公司股份表决权数量的行为或者事实。”同时，该条文还列举了 12 种在无相反证据时推定构成一致行动人的情形，如投资者之间有股权控制关系，投资者受同一主体控制，投资者具有法定亲属关系、合作关系等。由此可见，《上市公司收购管理办法》对一致行动人的界定没有脱离国外相关立法的框架，即一致行动人的形成只能发生在实现共同扩大对上市公司表决权目的的一致行动之中，其中涵盖了一致行动人共同收购上市公司的意思表示与行为。

案例 2-11

康达尔股权争夺战

深圳市康达尔（集团）股份有限公司（以下简称康达尔）创办于 1979 年，是集公用事业、房地产、现代农业等多种产业于一体的多元化集团公司。

在康达尔的股权争夺战中，主要进攻方为京基集团有限公司（以下简称京基集团）及其一致行动人林志等；防守方是深圳市华超投资控股集团有限公司（以下简称华超投资）

及其控制的康达尔董事会、监事会及管理层。截至2018年9月30日，京基集团持有康达尔31.65%股份，华超投资及其一致行动人持有康达尔31.66%股份。

2013年9月5日至2013年12月11日期间，林志通过其控制的13个账户，开始在二级市场“爬行收购”康达尔，持股比例达到15.81%。截至2015年8月，林志的持股比例已高达19.8%。2015年7—8月，京基集团在二级市场收购了康达尔4.84%股份；另外，京基集团副总裁王东河也买入康达尔0.09%股份。

2015年9月7日，林志、京基集团、王东河披露，三方已于2015年8月31日签署《一致行动人协议》，三方合计持有康达尔股份达到24.74%，一跃成为康达尔第二大股东，“野蛮人”的真实身份浮出水面。

2015年12月29日至2016年2月24日，京基集团先后通过股份转让协议、大宗交易等方式，将林志和王东河手中的股票收入囊中。此后，京基集团还多次通过深圳证券交易所大宗交易系统及集中竞价交易系统增持康达尔股票，使得京基集团持有的康达尔股份比例达30%，成为康达尔第一大股东，较此时拥有康达尔31.66%股权的华超投资及其一致行动人只有1个多百分点的差距。2016年5月4日，康达尔发布的《收购报告书摘要》显示，京基集团计划自2016年4月28日起6个月内通过深圳证券交易所交易系统允许的方式或通过证券公司、基金管理公司定向资产管理计划等方式适时增持不超过康达尔总股本2%的股份，并承诺在增持期间及法定期限内不减持其所持有的康达尔股份；收购完成后，收购人持有的康达尔股份占其总股本的比例为32%。根据《收购报告书摘要》，2016年4月28—29日，京基集团已通过深圳证券交易所集中竞价交易系统累计增持康达尔股份390.78万股，占康达尔总股本的1%。

2016年6月3日，康达尔发布了《深圳市康达尔（集团）股份有限公司关于对京基集团有限公司及其一致行动人相关事项进行公开问询的公告》。该公告称，华超投资向本公司董事会提交了林志、陈木兰等存在一致行动的12人的社保信息和银行征信信息。这些相关信息显示，林志在2003—2007年为京基集团有限公司员工，其他11人在其买卖康达尔股票期间均为京基集团及其下属企业员工。京基集团原高管及现任高管在林志等人购买康达尔股票前后，也多次出现在康达尔股东名册中，且获利巨大，涉嫌操纵股价。

根据《证券法》第四十四条规定，除法定例外情况外，持有上市公司股份5%以上的股东、董事、监事、高管，将其持有的该公司的股票在买入后6个月内卖出，或者在卖出后6个月内又买入，由此所得收益归该公司所有，公司董事会应当收回其所得收益。《深圳市康达尔（集团）股份有限公司简式权益变动报告书》显示，林志所控制的13个账户于2013年10月期间买入康达尔2 884.67万股股票，卖出141.03万股；又于2013年11月期间买入康达尔1 194.54万股股票，卖出38.27万股；之后，再于2013年12月期间买入康达尔669.83万股股票，卖出35.64万股。显然，林志涉嫌短线交易。

假设未来“野蛮人”均采用“用散户隐秘囤积股票—缔结一致行动人—股权转让”的手法收购上市公司股权，那么恶意收购随时都有可能发生。只要实际控制人持有上市公司的股权比例未达到绝对控股，其都有可能倒在“野蛮人”的枪口之下。

资料来源：根据公开资料整理.

一致行动人一般包含四个要素：

（1）采取一致行动的法律依据是协议、协定、合同、默契、安排、关系或其他方式；

（2）采取一致行动的手段是取得一家目标公司的投票权或表决权；

（3）采取一致行动的方式是积极地进行合作，或者进行共同行为的合意；

（4）采取一致行动的目的是获得或巩固对目标公司的控制权。

签订《一致行动人协议》的股东不一定是企业的大股东，其他小股东如果想获取企业的控制权，也可以签订《一致行动人协议》。小股东签订《一致行动人协议》能够缓解初创企业的创始人可能面临的保证控制权和出售股权获取资金之间的矛盾。创始人为了企业发展，有时需要通过稀释手中股权获得资金。然而，创始人手中股权变少就无法保证对企业的控制权，与其他股东签署《一致行动人协议》可解决这种困境。

案例 2-12

本协网宿科技《一致行动人协议》

在处理有关企业经营发展、需要写进企业股东大会审议批准的重大事项时，应采取一致行动。

采取一致行动的方式，能够在就有关企业经营发展的重大事项向股东大会行使提案权和在相关股东大会上行使表决权时，保持充分一致。

如果一致行动人中的任意一方就有关企业经营发展的重大事项向股东大会提出议案，需事先与另一方进行沟通协商，在取得一致意见后，以双方名义共同向股东大会提出议案。

一致行动人在企业召开股东大会审议有关企业经营发展的重大事项前，需充分沟通协商，双方达成一致意见，并按照该一致意见在股东大会上对该事项行使表决权。如果协议双方进行充分沟通协商后，对有关企业经营发展的重大事项行使何种表决权达不成一致意见，双方在股东大会上对该重大事项共同投弃权票。

资料来源：根据相关资料整理.

三、股权结构行权特征

（一）同股同权

经济合作与发展组织制定的《公司治理原则（2004）》强调“同股同权”，即不同股东之间，享有的权利是相同的，没有优劣、多少和高低之别，股东职权的权利平等。在实际操作中，“同股同权”主要指“一股一权”“一股一票”，强调股东在公司决策权方面的平等性。

（二）同股不同权

同股不同权主要指持有相同股份的股东，其享有的对公司事务的决策权、监督权或资产收益权是不同的。在实际操作中，主要是从公司控制的角度，指股东之间表决权的不对等。在同一家公司中，有些股东的表决权是一股对应一份投票权，而另一些股东则一股对应多份投票权。比如，一个股东只拥有公司10%的股权，但拥有51%的表决权，这就是“同股不同权”。通常，此类公司一般将股东分为两类，比如A类股东和B类股东。A类股东一股享有一份投票权，B类股东一股则享有多份投票权，如5份或10份或20份投票权。在上市公司的治理实践中，一般B类股东为创始股东或管理层股东，A类股东则为一般股东或员工股东。在同股不同权的行权结构下，公司的控制权与公司的所有权是相分离的。[①]

（三）上述两种行权方式在我国资本市场中的实践情况

在我国资本市场，同股同权是原则，同股不同权是例外。而且，我国《公司法》只允许有限责任公司设置同股不同权的股权架构，股份有限公司不能设置同股不同权的股权架构，也不允许同股不同权的公司上市（科创板除外）。其法理和逻辑体现在：有限责任公司是人合性为主、资合性为辅的公司，在股权架构问题上，赋予股东意思自治的权利和自由，允许股东通过公司章程对股东权利另作规定和安排。新《公司法》第六十五条规定，股东会会议由股东按照出资比例行使表决权；但是，公司章程另有规定的除外。新《公司法》第六十六条规定，股东会的议事方式和表决程序，除新《公司法》有规定的外，由公司章程规定。相反，股份有限公司是资合性为主、人合性为辅的公司，只能同股同权，不允许同股不同权（科创板除外）。我国新《公司法》第一百一十六条规定，股东出席股东会会议，所持每一股份有一表决权。但是，公司持有的本公司股份没有表决权。

对于科创板公司，上海证券交易所发布的《上海证券交易所科创板股票上市规则》规定，允许股份公司设置同股不同权的股权结构。其中2.1.4条规定：“本规则所称表决权差异安排，是指发行人依照《公司法》第一百三十一条的规定，在一般规定的普通股份之外，发行拥有特别表决权的股份（以下简称特别表决权股份）。每一特别表决权股份拥有的表决权数量大于每一普通股份拥有的表决权数量，其他股东权利与普通股份相同。”

上海证券交易所科创板上市委于2019年9月27日召开第27次审议会议，审议通过了金山办公、优刻得、卓易信息三家企业的科创板首发上市申请。其中，优刻得是科创板受理的首家同股不同权企业，也是科创板首家过会的同股不同权企业。优刻得也因设置特别表决权而备受市场关注。

延伸阅读2-2

中国资本市场上公司上市条件及股票行权方式的差异

A股主板、中小板、创业板的上市条件有相同之处，也存在诸多不同。三者均要求主体资格为依法设立且合法存续的股份有限公司，经营年限持续3年以上，股权结构必须为同股同权。在盈利要求上，主板、中小板要求：(1) 最近3个会计年度净利润均为正数且

---

① 希律法考．“同股同权”VS“同股不同权”．(2018-05-03)[2022-09-01]. https://www.sohu.com/a/230230946_100127851.

累计超过人民币3 000万元；(2) 最近3个会计年度经营活动产生的现金流量净额累计超过人民币5 000万元，或者最近3个会计年度营业收入累计超过人民币3亿元；(3) 最近一期不存在未弥补亏损。在盈利要求上，创业板要求满足以下一条即可：(1) 最近2年连续盈利，最近2年净利润累计不少于人民币1 000万元；(2) 最近1年盈利，最近一年营业收入不少于人民币5 000万元。净利润以扣除非经常性损益前后孰低者为计算依据。

科创板与以上三者最大的不同就在于其允许股权结构中的表决权差异安排。针对同股不同权的企业上市，科创板上市规则还额外设置了两套标准：预计市值不低于人民币100亿元；预计市值不低于人民币50亿元，且最近一年营业收入不低于人民币5亿元。冲刺科创板IPO的优刻得就选择了第二套上市标准进行申报。

优刻得成立于2012年3月16日，是一家第三方云计算服务商。自成立以来，该公司自主研发并提供计算、网络、存储等基础资源，构建在这些基础资源之上的基础IT架构产品，以及大数据、人工智能等产品。

在优刻得的特别表决权设置安排中，其共同实际控制人季昕华、莫显峰及华琨持有的A类股份每股拥有的表决权数量为其他股东所持有的B类股份的5倍。按照本次可能发行的最多股数（不含采用超额配售选择权发行的股票数量）计算，三位实际控制人在本次发行完成后将合计持有优刻得20.12%的股份及55.75%的表决权。该模式保证了实际控制人对公司的经营管理以及对需要股东大会决议的事项的绝对控制权。

资料来源：根据相关资料整理.

第三节　股东会运行与表决机制设计

一、股东会会议制度

(一) 普通股东会议

普通股东会议每一个日历年度举行一次，又称为股东年会，其通常是在每一会计年度终结的6个月内召开。股东年会的间隔期虽然以一个日历年度为单位，但也有一定的弹性，不过通常不得超过15个月。公司在上述期限内不能召开股东会的，应当报告公司所在地中国证监会派出机构和公司股票挂牌交易的证券交易所，说明原因并公告。上市公司召开股东年会，应当聘请律师出具法律意见并公告。

股东年会会议由董事会依照新《公司法》规定负责召集，由董事长主持。董事长因特殊原因不能履行职务或不履行职务时，由副董事长主持，副董事长不能履行或不履行职务的，由半数以上董事共同推举一名董事主持。董事会不能履行或者不履行召集股东会会议职责的，监事会应及时召集和主持；监事会不召集和主持的，连续90日以上单独或者合计持有公司10%以上股份的股东可以自行召集和主持。

股东年会会议应将会议召开的时间、地点和审议的事项于会议召开20日前通知各股东；股东年会所要议定的议题，一要取决于章程中所规定的股东会会议的权限，二要取决于股东会会议应履行的这些权限在多大程度上是以一个日历年度为单位周而复始地循环发生。股东年会所要议定的议题主要有：公司的年度财务预算、决算；公布股息；听取和审议董事、监事的年度报告；重新任命监事，讨论决定监事的年薪；补充或罢免董事等。

股东年会是股东会会议或股东行使权力的具体空间形式，能够真正体现出股东会会议是公司的权力机构。只有在股东年会上，股东才有机会与董事见面，听取董事的报告，向董事咨询他们所关心的问题，请董事介绍公司当前的运营态势以及发展远景规划等。由于每过一段时期就有一些董事离任退休而需要增补，也有一些董事因为履职不得力而遭罢免，股东年会是股东通过重新选举董事控制董事会，进而真正实现对公司的终极控制的具体方式。此外，股东年会也为股东对公司发展提出建议提供了一个良好的机会。尽管股东也可以通过临时股东会会议的形式来提出妙计良策，但中小股东由于受股权数量的限制，其召开临时股东会会议的请求往往难以实现。股东年会是一种法定会议，不管董事和管理者是否愿意都必须如期召开，因而对股东尤其是中小股东来说，这是一次体现股东自身权利的机会。

应当指出的是，股东年会议定的议题并非仅仅局限于以上陈述的几方面。股东年会是股东会会议的一种表现形式，任何在股东会会议上可以讨论的问题都可以在股东年会上讨论。

（二）临时股东会会议

临时股东会会议是在两次年度大会之间因出现法定事由而召开的股东会会议。根据新《公司法》第一百一十三条的规定，有下列情形之一的，股份有限公司应当在两个月内召开临时股东会会议：

（1）董事人数不足新《公司法》规定人数或者公司章程所定人数的 2/3 时；

（2）公司未弥补的亏损达股本总额 1/3 时；

（3）单独或者合计持有公司 10%以上股份的股东请求时；

（4）董事会认为必要时；

（5）监事会提议召开时；

（6）公司章程规定的其他情形。

二、公众公司对小股东特别权利保护

（一）累积投票制度

累积投票制度是指在股东大会选举董事会的董事时，将股东所持有的每一股份赋予与拟选举的董事总人数相等的投票权，股东所拥有的投票权只能一次性使用，这就使得少数股东可以把他们持有的投票权集中于特定的候选人以使其当选。

我国新《公司法》关于累积投票制度的规定是倡导性条款。2018 年修订的《上市公司治理准则》中要求对于单一股东及其一致行动人拥有权益的股份比例在 30%及以上的上市公司，应当采取累积投票制。

案例 2-13

累积投票制度对中小股东行使表决权的作用

A股份公司要选举7名公司董事，其中股东B持有公司40%股份，股东C持有公司60%股份，如果采用直接投票法，股东C永远能够把其所选的代表推选为董事会成员，而股东B所选的董事可能一个都不能通过，这样对股东B是非常不利的。

采用累积投票制度，股东B持有40%股份选举7名公司董事，其就相当于拥有280票投票权（40×7=280），但股东B的策略就是想让4名最信任的董事当选而放弃对另外3名董事的选举权，B可以对这4名人选一人投70票；而股东C虽然总共有420票投票权（60×7=420），但若平均投票，则其推荐的7名董事每人只能获得60票。这样，股东B所选4名公司董事每人70票，而股东C所选7名公司董事每人60票，股东B所选4名公司董事都可以顺利当选。代表股东B权益的董事有4名，可以保护小股东的利益。

资料来源：根据相关资料整理.

累积投票制度与法定表决制度既有相同之处，也有不同之处。相同之处在于，二者都规定：一股股票享有一票表决权，选举董事的有效表决总票数等于持股数目与法定董事人选的乘积。不同之处在于，在累积投票制度下，股东可以将有效表决总票数以任何组合方式投向他所同意或否决的议案。累积投票制度是股份有限公司选举董事的方式，股东人数较多的有限责任公司也可以借鉴。采用累积投票制度的公司，应当在公司章程或股东会议事规则中规定董事提名的方式和程序以及累积投票制度的相关事宜。

仍以在法定表决制度中选举董事的数据为例，在累积投票制度下，某股东的有效表决总票数也是500，但他可以用任何组合方式将有效表决总票数投向他所选定的董事，例如，将500票一并投在一个董事的名下，以400票和100票的组合方式投在两个董事的名下，以300、50、50、50、50票的组合方式投在五个董事的名下，等等。与法定表决制度相比，累积投票制度既可以充分调动中小股东行使投票表决权的积极性，使其在董事会中谋得一个或几个董事席位，借以提高自己在公司决策过程中的参与度和影响力，提高公司决策民主化的程度，也可以降低大股东的控股位势，弱化其在股东会议决策过程中的控制和干预作用。

在欧洲，法定表决制度占主导地位。在北美，法定表决制度和累积投票制度并存，但大公司多半采取累积投票制度。累积投票制度呈渐次流行的趋势。有些股票交易所甚至规定，采用法定表决制度公司的股票不得公开上市交易。我国股份公司的股东会议应采用累积投票制度，原因主要有两方面：一方面，累积投票制度确有许多长处，代表着股东会议表决制度未来的发展方向；另一方面，在我国的股份公司中个人股所占比重低、股本比较分散，而国有股持股比例高，呈绝对控股的位势。

案例 2-14

累积投票制度对中小股东表决权的保护作用

假如公司共有100股，大股东A持有51股，小股东B、C、D三人共持有49股。股东大会要推选两名董事。如果是一股一票制度，那么A可以选自己心仪的两人进董事会，B、C、D三人加起来的票数也比不过A的票数。但是如果采用累积投票制度，是要把所有候选人放在一起投票，A有102票，B、C、D总计98票。股东可以把票集中起来投在一人身上，也可以把票分散投。这样，无论A如何分配投票，B、C、D的98票选出的人都可以进董事会。

资料来源：根据相关资料整理.

（二）类别股东表决制度

所谓类别股，是指在公司的股权结构中，存在两个以上不同种类、不同权利或不同利害关系的股份。如普通股与优先股之分，表决权股与非表决权股之分，流通股与非流通股之分等，此类别股的持有人即为类别股东。目前而言，我国的类别股东主要是指流通股股东和非流通股股东。

类别股东表决制度是指涉及不同类别股东权益的议案，需经各类别股东及其他类别股东分别审议，并获得各自的绝对多数同意才能通过的制度。进行股东类别的区分，其实质是限制优势股东的优势地位，保护弱势股东的利益。

在我国，多数公司的股权结构高度集中，国有非流通股“一股独大”，流通股股东合法权益难以保障。由于持股比例较低，流通股股东在股东大会上无法对大股东作出的决策施加实质性的影响，这沉重打击了流通股股东参与公司治理的积极性，影响了整个证券市场的健康发展。类别股东表决制度即是为了解决这种持股比例不平衡而进行的公司治理制度创新。在类别股东表决制度下，公司的重要决策事项需要征得流通股股东的多数同意方可生效，这就给流通股股东保护自身权益指明了道路。①

2004年，国务院在《关于推进资本市场改革开放和稳定发展的若干意见》中指出要“积极稳妥解决股权分置问题”。流通股股东与非流通股股东在股份发行、股利分配等方面存在严重的权利不对称，应逐步缓解流通股股东与非流通股股东的矛盾，最大限度地保护流通股股东的权利，促进证券市场稳定健康地发展。随后，中国证监会发布《关于加强社会公众股股东权益保护的若干规定（征求意见稿）》，向社会公开征求意见，正式规定也于2004年12月出台。该规定是针对我国上市公司股权结构的特点和运作中所出现的一些问题，为切实保护社会公众股股东利益而作出的，重点在于建立社会公众股股东对公司重大事项的类别表决制度。该规定指出，在股权分置情形下，作为一项过渡性措施，上市公司要建立和完善社会公众股

① 陈云英．论类别股东表决制度与中小股东表决权的行使．特区经济，2007，216（1）：105-107.

股东对公司重大事项的表决制度。上市公司再融资、重大资产重组、以股抵债、境外上市及对社会公众股股东利益有重大影响的其他事项，需按照法律、行政法规和公司章程规定，经全体股东大会表决通过，并经参加表决的社会公众股股东所持表决权的半数以上通过，方可实施或提出申请。

类别股东表决制度自2004年实施以来，逐步发挥了保护劣势投资者的作用。2004年底，重庆百货由于流通股股东的反对，公司增发议案未获通过。这是实施社会公众股股东分类表决制度以来，第一个因流通股股东否决而造成上市公司提案流产的案例。

案例2-15

受益分类表决制度：黔源电力小股东掀翻大股东

2019年12月12日是网购的狂欢日，也是黔源电力小股东的胜利日。在这一天，黔源电力大股东提出的定向增发方案被小股东否决了。

11月21日，黔源电力发布公告，公布了拟非公开发行A股股票的预案。该预案具体内容是，黔源电力拟向大股东中国华电非公开发行股票不超过4 300万股（占发行前总股本的14.08%），募资不超过6.8亿元，用途为偿还金融机构贷款。由于黔源电力旗下水电站现金流强劲，完全没有必要通过募集资金偿还金融机构贷款，这一方案被小股东质疑是大股东想在桃子成熟时摘桃。

根据黔源电力公告的投票情况，由于投票所针对的《关于公司符合非公开发行股票条件的议案》内容涉及关联交易，公司关联股东中国华电集团有限公司、贵州乌江水电开发有限责任公司回避表决（合计持有公司股票的数量为79 354 056股）。最终总表决情况是：同意138 195 306股，占出席会议所有股东所持股份的66.09%；反对55 114 644股，占出席会议所有股东所持股份的26.36%；弃权15 783 961股，占出席会议所有股东所持股份的7.55%。

中小股东分类表决的结果是：同意58 841 250股，占出席会议中小股东所持股份的45.35%；反对55 114 644股，占出席会议中小股东所持股份的42.48%；弃权15 783 961股，占出席会议中小股东所持股份的12.17%。最终，中小股东用投票方式否决了大股东的非公开增发方案。在上述黔源电力定向增发议案的决议中，分类表决制度有效维护了中小投资者利益。

资料来源：根据该公司公告整理.

（三）民事赔偿责任

上市公司及其他信息披露义务人违反信息披露义务时，需要对中小股东承担相应的证券民事赔偿责任。2022年1月21日，最高人民法院发布《最高人民法院关于审理证券市场虚假陈述侵权民事赔偿案件的若干规定》（法释〔2022〕2号），明确规定了上市公司信息披露义务人因违反法律规定虚假陈述给投资人造成经济利益损害的，需要向投资人承担赔偿责任。可能承担责任的信息披露义务人包括：

(1) 发起人的控股股东、实际控制人；(2) 发行人或者上市公司；(3) 证券承销商；(4) 证券上市推荐人；(5) 会计师事务所、律师事务所、资产评估机构等专业中介服务机构；(6) 上述 (1) (3) (4) 项所涉单位中负有责任的董事、监事和经理等高级管理人员以及 (5) 项中直接责任人；(7) 其他作出虚假陈述的机构或者自然人。

延伸阅读 2-3

上市公司因违反信息披露义务而承担的民事赔偿责任

2018 年 5 月 3 日，亿晶光电在收到中国证监会宁波监管局行政处罚决定书后陆续受到投资者起诉。2019 年 11 月 28 日，其发布公告称，截至目前，公司累计收到多名投资者对公司提起的合计 1 052 起民事诉讼案件材料，诉讼金额累计人民币 114 831 268.52 元。公司累计与 821 名投资者的代理律师或本人签署和解协议或调解协议，其中 629 起已由南京市中级人民法院出具调解书；其余 231 起案件中，83 起已撤诉，剩余的 148 起案件（诉讼金额合计人民币 20 077 795.03 元）中 49 起已开庭审理。

首批创业板公司金亚科技（300028）因虚假陈述被投资者起诉后，在 2018 年元旦前后陆续迎来了法院判决，投资者不出意料纷纷获胜。2018 年 1 月 5 日，金亚科技公告称，成都市中级人民法院已对 47 名原告诉公司证券虚假陈述责任纠纷一案审理终结，一审判决赔偿给原告造成的损失合计 184.3 万元，案件受理费合计 24.5 万元，由金亚科技承担。

资料来源：根据相关资料整理.

(四) 网络投票表决

网络投票表决是指股东通过互联网或证券交易系统等网络媒介来行使表决权的一种方式和制度。网络投票表决是自 20 世纪 70 年代以来伴随互联网技术的发展而出现的一种新型表决权行使方式，世界上最早允许采用网络方式行使股东表决权的国家是美国。1996 年，美国 Bell & Howell 公司允许经纪商为客户代理进行股东大会的网络投票表决，成为美国第一家直接在互联网上进行股东大会表决的上市公司。由于股东大会网络投票表决制度具有非常突出的优点，其一出现就受到各个国家和地区证券监管部门的重视，并在一些经济比较发达的国家和地区得到迅速发展。日本与英国分别于 2001 年的 11 月 21 日和 12 月 22 日通过相关法案，使股东大会网络投票表决制度的实施获得了相应的法律依据。新加坡也已修改公司法，允许上市公司通过国际互联网召开股东大会，并规定董、监事选举可以通过网络投票表决方式来实现。①

我国新《公司法》虽然没有规定网络投票表决方式，但中国证监会基于上市公司管理的现实需要，并为配合我国上市公司股权分置改革工作的推进，在其发布的部门规章中已预先确立网络投票表决方式。2004 年 12 月，中国证监会发布《关于

---

① 李芬芬. 上市公司股东大会网络通讯表决制度研究. 成都：西南财经大学，2008.

加强社会公众股股东权益保护的若干规定》，首次明确规定我国上市公司可以采用网络投票表决方式。同时，除了要求讨论向社会公众增发新股、发行可转换债券、向原有股东配售新股事项必须采用网络投票表决外，该规定还积极鼓励上市公司在召开股东大会进行其他事项表决时，除现场会议外，可向股东提供网络形式的投票平台。但该规定并未对上市公司如何实施网络投票表决方式进行规定。为此，同年12月8日，中国证监会又专门发布《上市公司股东大会网络投票工作指引（试行）》，对上市公司实施网络投票表决的方式进行了集中统一规定。这实际上扩大了上市公司网络投票表决方式的强制适用范围，即股东大会议案按照有关规定需要同时征得社会公众股股东单独表决通过的，上市公司都应当向股东提供股东大会网络投票系统。

延伸阅读2-4

中国建设银行股份有限公司关于召开2022年度股东大会的通知

1. 股东大会类型和届次：2022年度股东大会

2. 会议召集人：董事会

3. 投票方式：本次股东大会所采用的表决方式是现场投票和网络投票相结合的方式

4. 现场会议召开的日期、时间和地点

日期时间：2023年6月29日14：00

地点：香港九龙尖沙咀梳士巴利道18号香港丽晶酒店、北京市西城区金融大街25号

5. 网络投票的系统、起止日期和投票时间

网络投票系统：上海证券交易所股东大会网络投票系统

网络投票起止时间：自2023年6月29日至2023年6月29日

采用上海证券交易所网络投票系统，通过交易系统投票平台的投票时间为股东大会召开当日的交易时间段，即9：15—9：25，9：30—11：30，13：00—15：00；通过互联网投票平台的投票时间为股东大会召开当日的9：15—15：00。

资料来源：中国建设银行股份有限公司关于召开2022年度股东大会的通知．

（五）代理投票制度

代理投票制度是指不能出席股东大会进行投票的股东，可以委托代理人出席股东大会，由代理人向公司提交授权委托书，并在授权范围内行使表决权。代理投票制是现代股份公司会议表决的一个重要组成部分，由股东委托代理人代为投票，长期以来在全世界范围内一直是各公司所认定和遵从的投票表决习惯。早期的代理投票大多是股东间相互委托，而且许多公司在章程中都规定，这种委托只能发生在本公司的股东间，就是说代理人也必须是本公司的股东。

代理投票制度隐含了一个重要的假设，那就是股权分散。在美国资本市场上，这是争夺公司控制权、对无效率或不尽职的经理或董事会成员进行约束和威胁的重要机制。美国的上市公司中，第一大股东的持股比例往往为5%～10%，任何一个

股东只要征集到超过第一大股东的投票权，就会取得公司的相对控制权，便可以按照自己的意愿改组董事会、经理层。美国通用汽车的创始人杜兰特在 1915 年就是被小股东通过委托投票权赶下台的。

在我国的上市公司中，第一大股东往往持股比例较高，小股东想通过代理投票制度争取到公司控制权是非常困难的。但是，这并不意味着存在大股东的情况下，代理投票制度就无法发挥作用。在公司几个大股东争夺控制权的时候，他们最后要争取的恰恰是小股东手里的投票权。尤其是在双方投票权比较接近的时候，小股东手里看上去为数不多的投票权能成为左右胜负的关键力量。

案例 2－16

刘强东不失公司控制权的秘密

2011 年 3 月，京东商城宣布完成 C 轮融资，融资金额为 15 亿美元，其中 11 亿美元已经到账，4 亿美元将随后到账。C 轮融资由 DST、老虎等共六家基金和一些社会知名人士投资，其中 DST 为该轮融资投资最多的基金，投入了 5 亿美元。

这是当时中国互联网市场单笔金额最大的一笔融资，为京东商城 2013 年启动的上市计划铺平了道路。不过，也有人担心过度融资会使创始人刘强东失去公司的控制权，沦为一个为投资人打工的职业经理人。

对于业界担心京东商城巨额融资会导致刘强东失去公司控制权一事，他通过微博作出回应："很多朋友和媒体都关心京东的控制权问题，大家放心！我对京东拥有绝对的控制权，投资人超过 8 家，都是经过精挑细选的，每家股份都不多。关键这些投资人历史上从未有过控制权之争的行为！我拥有董事会一半以上席位，且没有我同意，董事会结构无法更改！"

那么在经历巨额融资以后，刘强东是如何把控控制权的呢？一位了解京东的投资界人士透露，刘强东通过股权激励和代理投票权相结合的制度安排，拥有京东一半以上的投票权。

具体做法是，京东在股权融资的同时，向员工配发了大量的股票。配发股票的同时，员工要签署一份股东投票权代理协议，协议的主要内容就是员工股东的投票权、代理权委托给京东商城 CEO 刘强东。这样刘强东虽然本人并不拥有一半以上的股权，但是通过代理的方式照样可以实现对京东商城的控制。

资料来源：李松伟．京东商城确认完成总额 15 亿美元的 C 轮融资．(2011-04-01) [2022-09-01]．http://tech.qq.com/a/20110401/000345.htm.

三、股东会决策事项

(一) 股东会中心主义和董事会中心主义

股东是公司成立的发起人，股东会是权力机构和最高决策机构，决定公司战略、主营业务及其发展方向。因此，直接影响股东权益的事项都需要由股东决策。

股东会是公司权力的来源，董事会、经理层关于公司重大事项的决策权都来自股东授权，如无明确授权，则自然仍归股东会决定。

股东会与董事会的博弈一直是公司治理的关键环节。因此，在现有的法律体系中存在股东会中心主义和董事会中心主义两种公司治理模式。英国作为现代公司制度的发源地，对于普通法世界的公司治理理论与实践持续发挥着重要的样板作用。包括英国在内的英美法系国家的公司治理以股权分散（dispersed ownership）的所有权结构为基础，形成了与大陆法系以及转型国家风格迥异的公司治理发展道路。然而，股权分散模式下，高昂的代理成本（agency costs）使小股东利益的保护成为英国现代公司治理中的难题与法制改革的核心议题。自2006年英国议会颁布新公司法以来，英国公司法逐步形成了以股东积极主义为基础、以小股东保护为核心价值、以股东会中心主义为特征的公司治理模式。

股东会中心主义指将股东会规定为公司最高决策机关，它有权决定公司的一切事务，可以随时就有关公司经营的任何行为向董事会发号施令。董事会仅仅是股东会决议消极的、机械的执行者。简单地说，它是一种以股东会为中心，董事会完全依附于股东会的公司权力分配格局。这种公司权力结构于十七八世纪形成雏形，19世纪发达国家在确立公司设立准则时，股东会作为公司最高权力机构也被确定下来。

到了19世纪末直至进入20世纪，由于公司规模扩大以及股权高度分散，公司治理在现实中偏离了股东会中心主义的控制权结构这一公司法的最初设计。董事会在客观上存在侵蚀股东会权限的现象。就公司机关而言，公司的经营应该从被营利动机驱使、不惜损害企业效率及社会职能实现的股东之手，尽可能地移向独立于股东之外，并能自由和客观地衡量企业要求的营利机关之手。

因此，与股东会中心主义不同，董事会中心主义指将董事会置于公司运营的核心，使其不仅作为独立的组织存在，还拥有业务执行权、经营决策权和公司的对外代表权等多项独立的权力。在这种治理模式下，董事会仍由股东会选举产生，并对股东会负责，但董事会的组织独立性和职权广泛性得以由立法确立并不断强化。除法律和公司章程明确规定属于股东会的权力之外，公司内外事务的决策及执行的权力均集中于董事会。董事会不仅是业务执行机关，更为重要的是作为领导和管理公司的经营决策机构而存在。可以说，在董事会中心主义框架内，公司维持组织稳定性和可持续发展的核心动力均来自董事会。

延伸阅读2-5

典型国家的公司治理模式

我国新《公司法》第一百一十一条规定，股份有限公司股东会由全体股东组成。股东会是公司的权力机构，依照本法行使职权。根据该条规定，股东会有权决定公司的一切事务，董事会仅仅是任务执行者。因此，我国属于股东会中心主义。与之相反，美国《标准公司法》在第八章中对董事会的职权作了如下规定：除本法令或公司章程另有规定外，公司的一切权力都应该由董事会行使，公司的一切业务活动和事务都应该在董事会的指导下进行。日本1950年修改《商法》时，也特意规定，股东大会可作出限于本法或章程规定的事项的决议。美日的这些做法都显示了股东大会权力的受限和董事会权力的扩大，是董事会中心主义的体现。

资料来源：根据相关资料整理.

（二）股东会议表决机制

关于股东会审议事项表决权，我国新《公司法》规定，有限责任公司和股份有限公司表决权计算的基数是不一样的，有限责任公司是以全体股东享有的表决权为基数，股份有限公司则是以参加股东大会的股东持有的表决权为基数。

1. 股东会法定职权——特别决议事项（2/3以上多数通过）

股东会对于特别决议事项，必须经股东所持表决权2/3以上通过。特别决议事项至少包括增加、减少注册资本，合并、分立、解散、清算、变更公司形式，修改公司章程，一年内资产购买、出售、担保金额超过公司资产总额30%的事项（适用于上市公司）等。

关于公司重大事项认定标准，私人公司有充分的意思自治。公众公司由于所有权与经营权分离，建立健全了董事会以及完善的董事会工作制度，可以根据自己业务、财务的基本情况以及董事会成员的构成和决策能力，将部分重大事项授权董事会决定。在此前提下，新《公司法》第一百三十五条强制性规定“上市公司在一年内购买、出售重大资产或者担保金额超过公司资产总额百分之三十的，应当由股东会作出决议，并经出席会议的股东所持表决权的三分之二以上通过”，即无论公司实际情况如何，交易总额超过公司资产总额30%的交易均对公司构成重要性，且不得授权董事会决策。

对于资产处置的特殊要求，《最新美国标准公司法》（2006年，沈四宝教授编译）第12.02节“股东批准的特定资产处置”也作了类似规定。美国与我国上述规定不一致的地方有两处：一是我国公司法规定的重大事项包括资产处置，也包括购买和对外担保两种情形；美国公司法仅限于资产处置，资产处置的情形包括出售、出租、交换或其他方式。二是重大事项认定的标准不同，我国公司法是以资产总额的30%作为认定标准，美国法律量化标准为“如果公司保持的商业活动，代表最近结束的财务年度末总资产的至少25%，且代表该财务年度持续经营税前收入的25%或者持续经营毛收入的25%”。

2. 股东会法定职权——普通决议事项（过半数通过）

根据《公司法》的规定，股东会对于普通决议事项，必须经股东所持表决权半数以上通过。普通决议事项包括选举或解聘非职工董事和监事并决定其报酬；审议批准董事会的工作报告；审议批准监事会的工作报告；审议批准公司利润分配方案和亏损弥补方案；对公司发行债券作出决议等。

3. 其他决议事项

对于法律没有明确规定、公司章程也没有明确约定的应当由股东会审议的事项，应经股东所持表决权过半数通过、2/3以上通过还是全体通过，是企业实践中经常遇到的问题。最近一段时间以来，新三板挂牌公司申请独立IPO或者与上市公司合作、并购需要摘牌，如果公司章程没有约定股东会审议的具体情况，都要求全体股东同意，致使许多公司长期停牌。因此，对于不属于上述特别决议事项和普通决议事项范畴的事项，确定合理的表决通过标准，对于公司运营和发展至关重要。对于特定事项，公司确定股东会议表决通过的标准应遵循以下原则。

首先，在权利时代，任何事项要求全体成员一致同意是非常困难的，公司作为社团法人也不例外。所以全体股东一致通过的事项一定限于特别情形，如我国《合伙企业法》规定新增合伙人需要经过全体一致通过。这种规定的根本原因是合伙人之间需要互相承担无限连带责任。即使在这种情况下，法律也允许约定除外。

其次，股份多数决定是一种程序正义，即公司的重大事项需要遵从多数股东的意见，不能因为个别股东不同意而导致多数股东的意见无法实施，也就是说对于公司设立和运营中的大事来讲，股东会决议以1/2以上通过为原则、2/3以上为例外。因此，新《公司法》规定2/3以上通过的事项为强制性规定，除非章程中增加了需要2/3以上通过的事项，否则需要股东会作出决议的事项只要1/2以上通过即可。

延伸阅读2-6

对特定事项表决的通过标准

我们通过一个案例可以看到法院对特定事项表决通过标准问题的态度。根据《最高人民法院关于海南海钢集团有限公司与中国冶金矿业总公司损害股东利益责任纠纷申请再审民事裁定书》(〔2014〕民申字第1116号)，法院认为，本案中度假村公司与海韵公司的合作开发项目属于该公司一般性经营活动，无须经过代表2/3表决权的股东通过，公司股东会决议过半数通过的做法并无不妥。

由此可见，一般情况下，除《公司法》规定的特殊决议事项和公司章程规定的可能给股东利益带来较大影响的事项外，需要股东会作出决议的事项只要半数以上通过即可。

资料来源：根据相关资料整理.

四、股东会表决权分设控制——同样的股份享受不同的表决权利

(一) 优先股

优先股是享有优先权的股票。优先股的股东对公司资产、利润分配等享有优先权，其风险较小，且能够获得稳定的分红收益。但是优先股股东对公司事务没有表决权，没有选举及被选举权，一般来说对公司的经营没有参与权，且优先股股东不能退股，所持有的优先股只能通过优先股的赎回条款被公司赎回。

根据中国证监会《上市公司章程指引》(2022年修订)第十六条规定中的注释，发行优先股的公司，应当在章程中明确以下事项：优先股股息率采用固定股息率或浮动股息率，并相应明确固定股息率水平或浮动股息率的计算方法；公司在有

可分配税后利润的情况下是否必须分配利润；如果公司因本会计年度可分配利润不足而未向优先股股东足额派发股息，差额部分是否累积到下一会计年度；优先股股东按照约定的股息率分配股息后，是否有权同普通股股东一起参加剩余利润分配，以及参与剩余利润分配的比例、条件等事项；其他涉及优先股股东参与公司利润分配的事项；除利润分配和剩余财产分配外，优先股是否在其他条款上具有不同的设置；优先股表决权恢复时，每股优先股股份享有表决权的具体计算方法。

（二）双层股权结构

双层股权结构是指公司在股权比例、表决权或投票权、分红权之间作出不等比例的安排，对股东的权利进行分离设计，从而使公司创始人及其他大股东在公司上市后仍能保留足够的表决权来控制公司。与风险投资者在投资的企业上市后很快卖出股份兑现不同，创始人一般情况下不愿意卖掉自己辛辛苦苦创立的企业。在双层股权结构下，企业可发行具有不同程度表决权的两类股票，创始人和管理层可以获得比未采用这种股权结构下更多的表决权。例如，为设置双层股权制，可将股票分为 A、B 两类，向外部投资人公开发行的 A 类股，每股只有 1 票的投票权，管理层手上的 B 类股每股却能投 10 票。如果公司出售，这两类股票将享有同等的派息和出售所得分配权。B 类股不公开交易，但可以按照 1∶1 的比例转换成 A 类股。这种股权结构下，如果 A、B 两类股份的比例差距不是太大，那么即使持有 B 类股的创办人或者重要内部人在企业上市后失去多数股权，也能留有足够的表决权控制公司。因此，双层股权结构可以让管理层放心大胆地出击，不用担心会被辞退或面临敌意收购。

案例 2 - 17

京东的双层股权结构

京东商城在上市前夕，将自身股票分为 A、B 两类。公司向外部投资人公开发行的 A 类股每股只有 1 票的投票权，管理层手上的 B 类股每股有 20 票投票权。京东商城董事长兼 CEO 刘强东仅仅持有该公司 21%的股权，但是根据双层股权结构的设计，其依靠所持有的特殊股（1 股拥有 20 票投票权）便控制了这家公司 83.7%的投票权。这种双层股权设计使得刘强东有足够的表决权来控制公司。

资料来源：根据京东年报整理.

第四节　公司章程与股东权益保护

一、公司章程的重要性

公司章程，是指公司依法制定的，规定公司名称、住所、经营范围、经营管理制度等重大事项的基本文件，也是公司必备的规定公司组织及活动基本规则的书面文件。

公司章程是股东共同一致的意思表示，是公司的宪章，其中关于董事会决议程序的规定对重大事项决策具有重要影响。公司章程具有法定性、真实性、自治性和公开性的基本特征。公司章程与公司法一样，共同肩负着调整公司活动的责任，对公司的成立及运营具有十分重要的意义。它既是公司成立的基础，也是公司赖以生存的灵魂。

（一）公司章程是公司设立的最主要条件和最重要的文件

公司的设立程序以订立公司章程开始，以设立登记结束。我国新《公司法》明确规定，订立公司章程是设立公司的条件之一。审批机关和登记机关要对公司章程进行审查，以决定是否予以批准或者予以登记。公司没有公司章程，不能获得批准，也不能获得登记。

（二）公司章程是确定公司权利、义务关系的基本法律文件

公司章程一经有关部门批准，并经公司登记机关核准，即对外产生法律效力。公司依公司章程，享有各项权利，并承担各项义务。符合公司章程的行为受国家法律的保护。违反章程的行为，有关机关有权对其进行干预和处罚。

（三）公司章程是公司对外进行经营交往的基本法律依据

公司章程规定了公司的组织和活动原则及其细则，包括经营目的、财产状况、权利与义务关系等，这为投资者、债权人和第三人与该公司进行经济交往提供了条件和资信依据。凡依公司章程而与公司进行经济交往的人，可以依法得到有效的保护。

（四）公司章程是公司的自治规范

公司章程作为公司的自治规范，具有以下特点。其一，公司章程作为一种行为规范，不是由国家，而是由公司股东依据公司法自行制定的。公司法是公司章程制定的依据。公司法只能规定公司的普遍性问题，不可能顾及各个公司的特殊性。每个公司依照公司法制定的公司章程，能够反映本公司的个性，为公司提供行为规范。其二，公司章程是一种法律外的行为规范，由公司自己来执行，无须国家强制力保障实施。当出现违反公司章程的行为时，只要该行为不违反法律、法规，就由公司自行解决。其三，公司章程作为公司内部的行为规范，其效力仅及于公司和相关当事人，而不具有普遍的效力。

鉴于公司章程的上述作用，必须强化公司章程的法律效力。这不仅是公司活动本身的需要，也是市场经济健康发展的需要。这就要求公司的股东和发起人在制定公司章程时，必须考虑周全，规定得明确详细，不能做各种各样的理解。公司登记机关必须严格把关，使公司章程做到规范化，从国家管理的角度，对公司的设立进行监督，保证公司设立以后能够正常运行。

案例 2－18

万科与宝能大战中的"董事会决议"是否有效之争

2015 年 7 月起，万科先后经历了宝能成为第一大股东、华润增持夺回第一大股东、安邦入股万科等事件。万科在 2015 年年报中表示，公司原第一大股东华润承诺一如既往地支持万科。但是，统一阵营突然“后院起火”——2016 年 6 月 17 日下午，万科召开董事会审议发行股份购买深圳地铁资产的预案。在万科的 11 名董事中，独立董事张利平认为自身存在潜在的关联与利益冲突，申请不对所有相关议案行使表决权。因此，相关议案由无关联关系的 10 名董事进行表决。董事会表决结果是，华润 3 位董事表示反对，另外 7 位董事赞成，1 位董事回避表决。万科宣称，最终董事会以超过 2/3 的票数通过此次预案。但是，华润明确质疑万科董事会通过的重组方案。双方在本次交易的董事会表决通过率计算基础究竟应该是 10 名还是 11 名董事的问题上争执不下。

《公司法》① 第一百二十四条规定，上市公司董事与董事会会议决议事项所涉及的企业有关联关系的，不得对该项决议行使表决权，也不得代理其他董事行使表决权。该董事会会议由过半数的无关联关系董事出席即可举行，董事会会议所作决议须经无关联关系董事过半数通过。万科公司章程规定，公司在拟定公司重大收购、收购本公司股票或者合并、分立、解散和变更公司形式方案等问题上，需要由董事会 2/3 以上的董事表决同意。争议焦点在于，万科方面认为，独立董事张利平以自身存在潜在的关联与利益冲突为由，申请不对所有相关议案行使表决权，因此相关议案由无关联关系的 10 名董事进行表决，7 张赞成票在进行投票的 10 名董事中占比超过 2/3，决议获得通过。而华润方面认为，独立董事张利平不应视为关联董事，董事会表决的表决人数基础仍应按照 11 名董事计算，董事会 7 张赞成票在 11 名董事中占比不足 2/3，所以决议并未通过。1 名独立董事的“回避票”是否该计入董事会决议应参与表决人数的基础在本案例中十分关键。由此可见，公司章程中有关董事会出席人员要求，以及关联交易、重大收购事项等的董事会表决程序，对公司的重大事项决策结果会产生至关重要的影响。

资料来源：根据公开资料整理.

二、公司章程和投资协议的区别

公司章程受公司法调整，由股东或发起人依法制定。公司章程生效后，即是规范公司的组织和行为、公司与股东、股东与股东之间权利义务关系的具有约束力的法律文件。公司章程对公司、股东、董事、监事、高级管理人员具有法律约束力，内容包括公司法规定必须记载的内容和章程可以自由约定的内容。公司章程需在市场监管部门登记或备案，已备案的公司章程具有公示效力。第三方例如债权人得以善意依赖公司备案的章程要求股东承担按时出资等责任。除公司章程有不同约定，公司章程的修改需经过代表公司 2/3 以上表决权的股东同意。

投资协议受合同法调整，由股东在设立公司时共同签署，或者股东与后来投资者签订。投资协议只对参与订立协议的股东、投资者有约束力。投资协议内容广泛，可以包括公司章程的内容，也可以包括不便写入公司章程的内容。与公司章程不同，投资协议无须公示，且在公司章程制定后仍有效。修改投资协议需要协议各方一致同意。如一方违约，则其需承担违约责任。

① 案例事件发生期间适用的《公司法》是《中华人民共和国公司法》（2013 年修正）。

在涉及股东之间的约定事项时，如果投资协议和公司章程出现冲突，在无特别约定的情况下，法院会探究股东的真实意思表示而确定按哪份文件的约定执行。

股东与善意第三人发生争议时，公司备案的公司章程才对第三人具有公信力。因此，无论股东内部的投资协议文件有什么约定，都无法对抗第三人，均应以登记机关备案的公司章程约定为准。

三、有限责任公司的章程制定

（一）章程必要记载事项

（1）公司名称和住所；

（2）公司经营范围；

（3）公司注册资本；

（4）股东的姓名或名称；

（5）股东的出资额、出资方式和出资日期；

（6）公司的机构及其产生办法、职权、议事规则；

（7）公司法定代表人的产生、变更方法；

（8）股东会认为需要规定的其他事项。

延伸阅读 2-7

××××××××公司章程（参考格式）

第一章　总　则

第一条　依据《中华人民共和国公司法》（以下简称《公司法》）及有关法律、法规的规定，特制定本章程。

第二条　本章程中的各项条款与法律、法规、规章不符的，以法律、法规、规章的规定为准。

第二章　公司名称和住所

第三条　公司名称：

第四条　住所：

第三章　公司经营范围

第五条　公司经营范围：

以上经营范围以市场监管管理机关核准登记为准。

第四章　公司注册资本及股东的姓名、出资额、出资方式、出资时间

第六条　公司注册资本：××××万元人民币。

第七条　股东的姓名、出资额、出资方式、出资时间如下：

股东姓名	持股比例（%）	出资额（万元）	出资方式	出资时间
合计				

第五章 公司的机构及其产生办法、职权、议事规则

第八条 股东会由全体股东组成，是公司的权力机构，行使下列职权：

（一）选举和更换董事、监事，决定有关董事、监事的报酬事项；

（二）审议批准董事会的报告；

（三）审议批准监事会的报告；

（四）审议批准公司的利润分配方案和弥补亏损方案；

（五）对公司增加或者减少注册资本作出决议；

（六）对发行公司债券作出决议；

（七）对公司合并、分立、解散、清算或者变更公司形式作出决议；

（八）修改公司章程。

对上述事项股东以书面形式一致表示同意的，可以不召开股东会会议，直接作出决定，并由全体股东在决定文件上签名、盖章。

第九条 首次股东会会议由出资最多的股东召集和主持。

股东会会议由股东按照出资比例行使表决权。

第十条 股东会会议分为定期会议和临时会议。

召开股东会会议，应当于会议召开十五日以前通知全体股东，但经全体股东一致表示同意，股东会会议通知时间可不受此规定限制。

股东会对所议事项的决定作成会议记录，并由出席会议的股东在会议记录上签名。

定期会议每年定时召开一次。代表十分之一以上表决权的股东、三分之一以上的董事或者监事会提议召开临时会议的，应当召开临时会议。

第十一条 股东会会议由董事会召集，董事长主持；董事长不能履行职务或者不履行职务的，由副董事长主持；副董事长不能履行职务或者不履行职务的，由过半数的董事共同推举一名董事主持。董事会不能履行或者不履行召集董事会会议职责的，由监事会召集和主持；监事会不召集和主持的，代表十分之一以上表决权的股东可以自行召集和主持。

第十二条 股东会会议作出修改公司章程、增加或者减少注册资本的决议，以及公司合并、分立、解散或者变更公司形式的决议，必须经代表三分之二以上表决权的股东通过。对其他事项作出决议，必须经代表二分之一以上表决权的股东通过。

第十三条 公司设董事会，行使下列职权：

（一）召集股东会会议，并向股东会报告工作；

（二）执行股东会的决议；

（三）决定公司的经营计划和投资方案；

（四）制订公司的利润分配方案和弥补亏损方案；

（五）制订公司增加或者减少注册资本以及发行公司债券的方案；

（六）制订公司合并、分立、解散或者变更公司形式的方案；

（七）决定公司内部管理机构的设置；

（八）决定聘任或者解聘公司经理及其报酬事项，并根据经理的提名决定聘任或者解聘公司副经理、财务负责人及其报酬事项；

（九）制定公司的基本管理制度；

（十）股东会授予的其他职权。

第十四条 公司设经理一名，由董事会决定聘任或者解聘。经理对董事会负责，行使下列职权：

（一）主持公司的生产经营管理工作，组织实施股东会决议；

（二）组织实施公司年度经营计划和投资方案；

（三）拟定公司内部管理机构设置方案；

（四）拟定公司的基本管理制度；

（五）制定公司的具体规章；

（六）提请聘任或者解聘公司财务负责人；

（七）决定聘任或者解聘除应由股东会、董事会决定聘任或者解聘以外的负责管理人员；

（八）董事会授予的其他职权。

经理列席股东会会议。

第十五条 公司不设监事会，设监事一人。监事由股东会选举产生。监事的任期每届为三年，任期届满可连选连任。

第十六条 监事会行使下列职权：

（一）检查公司财务；

（二）对董事、高级管理人员执行公司职务的行为进行监督，对违反法律、行政法规、公司章程或者股东会决议的董事、高级管理人员提出解任的建议；

（三）当董事、高级管理人员的行为损害公司的利益时，要求董事、高级管理人员予以纠正；

（四）提议召开临时股东会会议，在董事会不履行召集和主持股东会会议职责时召集和主持股东会会议；

（五）向股东会会议提出提案；

（六）依照新《公司法》第一百八十九条的规定，对董事、高级管理人员提起诉讼。

监事可以列席股东会会议。

第六章 公司的法定代表人

第十七条 代表公司执行公司事务的董事为公司的法定代表人。

第七章 公司的营业期限

第十八条 公司的营业期限××年，自公司成立之日起计算。

第八章 公司的对外投资和担保

第十九条 公司向其他企业投资或者为他人提供担保，由股东会决议。公司为公司股东或者实际控制人提供担保的，该股东或者实际控制人不得参加此项的表决。该项表决由出席会议的其他股东所持表决权的过半数通过。

第九章 财务会计

第二十条 公司应当依照法律、行政法规和国务院财政主管部门的规定建立本公司的财务、会计制度，并应在每一会计年度终了时制作财务会计报告，于第二年3月31日前送交各股东。

第二十一条 公司聘用、解聘承办公司审计业务的会计师事务所，由股东会决定。

第十章　公告

第二十二条　公司作出下列决议时，依照法律、行政法规和国务院决定在报纸上向社会公告。

(1) 公司应当自作出减少注册资本决议之日起三十日内在报纸上公告；

(2) 公司应当自作出合并、分立决议之日起三十日内在报纸上公告；

(3) 公司应当在清算组成立之日起六十日内在报纸上公告。

第十一章　股东会会议认为需要规定的其他事项

第二十三条　股东之间可以相互转让其部分或全部出资。

第二十四条　股东向股东以外的人转让股权，应当经其他股东过半数同意。股东应就其股权转让事项书面通知其他股东征求同意，其他股东自接到书面通知之日起满三十日未答复的，视为同意转让。其他股东半数以上不同意转让的，不同意的股东应当购买该转让的股权；不购买的，视为同意转让。

经股东同意转让的股权，在同等条件下，其他股东有优先购买权。两个以上股东主张行使优先购买权的，协商确定各自的购买比例；协商不成的，按照转让时各自的出资比例行使优先购买权。

第二十五条　自然人股东死亡后，其合法继承人可以依法继承股东资格，并依法办理变更登记手续。

第二十六条　有下列情形之一的，公司应当解散：

(一) 公司章程规定的营业期限届满或者公司章程规定的其他解散事由出现，但公司通过修改公司章程而存续的除外；

(二) 股东会决议解散；

(三) 因公司合并或者分立需要解散；

(四) 依法被吊销营业执照、责令关闭或者被撤销；

(五) 人民法院依法予以解散；

(六) 公司被依法宣告破产；

(七) 法律、行政法规规定的其他解散情形。

出现除第三项外的解散事由时，公司应当依法成立清算组进行清算，并自公司清算结束之日起三十日内向原公司登记机关申请注销登记。

第十二章　附　则

第二十七条　公司登记事项以公司登记机关核定的为准。

第二十八条　本章程一式××份，报公司登记机关一份。

全体股东签署：

(注：股东为自然人的由本人签字，法人股东加盖公章并由该公司法定代表人在公章内签字)

××××年××月××日

资料来源：根据相关资料整理.

（二）股东出资与表决权、优先认购权、分红权

1. 股东出资

认缴制下的股东出资，只登记认缴的注册资本总额，不需要验资。实缴制下的股东出资则需要实缴，缴纳注册资本需要验资。除特殊的行业要求实缴注册资本外，一般情况下有限公司的股东可以认缴注册资本，所以现金暂时不足的股东也可以采用认缴制投资设立公司或向公司增资。

认缴制下，并非注册资本越大越好，需要量力而行。因为：（1）认缴制≠不缴，认缴只是暂缓缴纳，不是永久免除股东的出资义务；认缴股东需要在认缴的注册资本额度范围内对公司债务承担责任；公司不能偿还债务时，债务人可以请求未按期认缴出资的股东在其应出资范围内对公司的债务承担补充赔偿责任。（2）根据《最高人民法院关于适用〈中华人民共和国公司法〉若干问题的规定（三）》第十八条的规定，股东在未履行出资义务条件下即使转让股权，也不一定能免除其出资义务。（3）减资要遵循相应的减资程序，包括编制资产负债表、通知债务人、应债务人要求清偿或者提供担保。

认缴时间并非越长越好，因为当公司缺钱却无法向股东追缴出资、股东未能按比例同时实缴出资或公司因债务无法履行被债权人提起诉讼（或者破产清算）时，会使未出资股东的出资义务加速到期，其他股东还要承担连带清偿责任。

2. 股东出资与表决权、分红权、优先认购权的关系

对于股东出资和表决权的关系，我国新《公司法》规定，除公司章程另有规定外，股东会会议由股东按照出资比例行使表决权，即除公司章程另有规定外，一般默认按照认缴出资行使表决权。

对于股东出资和分红权、优先认购权之间的关系，我国新《公司法》规定，除公司章程另有规定外，股东按照实缴的出资比例分取红利，并且在公司新增注册资本时，股东有权优先按照实缴的出资比例认缴出资。但是，全体股东约定不按照出资比例分红或者不按照出资比例优先认缴出资的除外。

（三）股东会职权及议事规则

1. 股东会的职权

（1）选举和更换董事、监事，决定有关董事、监事的报酬事项；

（2）审议批准董事会的报告；

（3）审议批准监事会的报告；

（4）审议批准公司的利润分配方案和弥补亏损方案；

（5）对公司增加或者减少注册资本作出决议；

（6）对发行公司债券作出决议；

（7）对公司合并、分立、解散、清算或者变更公司形式作出决议；

（8）修改公司章程；

（9）公司章程规定的其他职权。

公司章程规定的其他职权包括：决定公司超过一定金额的对外投资项目；决定公司超过一定金额的与股东及其相关方的关联交易；决定公司对外提供担保；决定公司的董事长、法定代表人；公司超过一定金额的合同签订等重要事项。将这些事项纳入股东会职权的范畴，能够加强股东会对公司的决策权。

2. 股东会的议事规则

对于公司涉及的一般事项，可以由公司章程自行约定议事规则。对于特别事项，包括修改公司章程，增加或者减少注册资本，公司合并、分立、解散或者变更公司形式等，需要代表 2/3 以上表决权的股东通过。公司可以增加约定需要 2/3 以上表决权审议通过的特别事项，也可以约定以上特别事项需要高于 2/3 比例的表决权通过，还可以约定 2/3 以上且必须取得某一个股东的同意。

（四）董事会的设立及董事的产生

有限责任公司的董事会成员为 3 人以上，其成员中可以有公司职工代表。职工人数在 300 人以上的有限责任公司，除依法设监事会并有公司职工代表的外，其董事会成员中应当有公司职工代表。

1. 非职工董事

有限责任公司的非职工董事任期不得超过 3 年，具体由公司章程规定，可以连选连任。普通董事由股东会选举产生，董事长和副董事长的产生由公司章程规定。

2. 职工董事

职工董事的任期与非职工董事一致。职工董事由公司职工通过职工代表大会、职工大会或其他民主选举的方式产生。

（五）股权转让规则

股东之间可以任意转让股权，如果股东向公司股东以外的人转让股权，应当将股权转让的数量、价格、支付方式和期限等事项书面通知其他股东，其他股东在同等条件下有优先购买权。其他股东自接到书面通知之日起满 30 日未答复，视为放弃优先购买权。

公司章程可以对优先购买权作另外规定。例如，公司章程可以规定，将股权优先转让给其中某一位特定的股东，其他股东放弃优先受让权；只有当这位股东不受让时，其他股东才按照认缴比例受让股权。

案例 2－19

股东对外转让股权需经全体股东一致同意条款是否有效

甲是 A 公司股东并已全部实缴出资金额。A 公司章程规定，股东已缴纳的出资允许转让，股东对外转让出资须经全体股东同意。2015 年，甲向 A 公司原股东以外的 B 公司转让其股权，B 公司支付了全部款项。A 公司以甲的转让未经全体股东同意、不得对外转让为由，拒绝承认 B 公司股东身份。B 公司向法院提起诉讼，要求确认其股东身份。

法院认为：我国《公司法》① 肯定和鼓励股权资本的流动，对向股东以外的第三人转让股权作出了过半数股东同意的限制性规定。公司章程在《公司法》规定之外设定的对股权转让的禁止性、限制性条件不应和《公司法》的规定发生根本性冲突。A公司章程对股权转让的禁止性、限制性条件的规定，违反了《公司法》的规定，该条款无效。因此，不同意转让股权又不购买的股东，按照《公司法》的规定，依法应视为同意转让股权。

资料来源：根据相关资料整理.

四、股份有限公司的章程制定

（一）章程必要记载事项

（1）公司的名称和住所；

（2）公司经营范围；

（3）公司设立方式；

（4）公司注册资本，已发行的股份数和设立时发行的股份数，面额股的每股金额；

（5）发行类别股的，每一类别股的股份数及其权利和义务；

（6）发起人的姓名或者名称、认购的股份数、出资方式；

（7）董事会的组成、职权和议事规则；

（8）公司法定代表人的产生、变更方法；

（9）监事会的组成、职权和议事规则；

（10）公司利润分配办法；

（11）公司的解散事由与清算办法；

（12）公司的通知和公告办法；

（13）股东会认为需要规定的其他事项。

（二）股份发行原则

根据新《公司法》第一百四十三条的规定，股份有限公司的股份发行应坚持公平公正、同股同权（科创板除外）的原则。具体体现在：（1）同种类的每一股份应当具有同等权利，每一股份有一份表决权。（2）同次发行的同种类股票，每股的发行条件和价格应当相同。（3）任何单位或者个人所认购的股份，每股应当支付相同价额。

（三）股东会相关事项

股份有限公司发起人的人数应在1～200人。股东会职权与有限责任公司的规定（新《公司法》第五十九条）相同。

（四）董事会相关事项

股份有限公司应设置董事会，关于董事会成员结构、产生办法、任期和解聘的

① 案例事件发生期间适用的《公司法》是《中华人民共和国公司法》（2013年修正）。

规定与有限责任公司的规定（新《公司法》第六十八条、第七十条、第七十一条规定）相同。

独立董事和非独立董事的提名条件存在差异。对于独立董事，根据中国证监会《上市公司独立董事管理办法》第九条的规定，上市公司董事会、监事会、单独或者合计持有上市公司已发行股份 1%以上的股东可以提出独立董事候选人，并经股东大会选举决定。对于非独立董事，法律没有明确规定。

（五）股份转让原则

股份有限公司在公开发行股份前已发行的股份，自公司股票在证券交易所上市交易之日起一年内不得转让。对于董事、监事和高级管理人员，其在任职期间每年转让的股份不得超过其所持有本公司股份总数的 25%；所持有本公司的股份自公司股票上市交易之日起一年内不得转让；离职后半年内不得转让所持有的本公司股份。此外，公司章程可以作出其他股份转让的限制性规定。

五、公司章程的制定和修订程序

（一）公司章程制定程序

有限责任公司需要股东共同制定公司章程。设立股份有限公司，应当由发起人共同制定公司章程。

（二）公司章程修订程序

公司章程一般按照以下程序进行修订：

（1）公司董事会向股东会提出修改公司章程的议案。有限责任公司可由拥有 1/10以上表决权的股东、1/3 以上的董事、监事会提议召开临时股东会会议修订；股份有限公司可由单独或者合计持有 10%以上股份的股东、监事会提议召开临时股东会会议修订。

（2）召集并通知全体股东修改公司章程的提议。有限责任公司应提前 15 天通知；股份有限公司应提前 20 天通知，临时股东会会议应于召开前 15 天通知，发行无记名股票的，需在会议前 30 天公告。

（3）召开股东会会议，讨论通过修改公司章程的议案。有限责任公司需经代表 2/3 以上表决权的股东通过；股份有限公司需经出席会议的股东所持表决权 2/3 以上通过。

（4）事先审批事项。如果章程变更需经主管机关审批的，股东会决议通过章程变更事项还要经过主管机关审批。

（5）向市场监督管理机关申请公司章程的登记或备案。涉及公司登记事项时，应申请登记；不涉及公司登记事项时，将公司章程备案即可。

（6）对于上市公司，属于法律、法规要求披露的公司章程变更事项，应当按规定予以公告披露。

六、公司章程与控制权

在股东会层面把握公司控制权或表决权的关键已在第二节第一部分“股权结构

特征”中讲到，此处主要从董事会层面和经营管理、利润分配、股权转让层面介绍如何把握公司控制权。

在董事会层面，可以从以下几方面做出努力：(1) 创始股东应争取多数董事席位；(2) 在公司章程和投资协议中规定，董事任期届满前，股东会不得无故解除董事职务；(3) 根据董事会的人员构成，合理设定董事会表决权比例。

在经营管理、利润分配、股权转让层面，应合理设置董事会对总经理、财务负责人、副经理的聘任规则；设定合理的利润分配方式；有限责任公司在不违反公司法的情况下，股东可以约定特别的股权转让限制条款。

七、中小股东通过公司章程和投资协议保护投资者权益

在公司章程和投资协议中，可以考虑约定以下条款，以保护中小股东的权益：

(1) 股东会投票权和董事会席位条款。

(2) 公司增资时的优先认购权条款。优先认购权指目标公司未来新增注册资本或者发行新的股份（或者可转换债券）时，投资方有权按照其持股比例获得同等条件下的优先认购权利。公司可以通过约定优先认购权的同等条件的具体内容、优先认购权的次序、优先认购权的行使比例和金额，维护中小股东的利益。

(3) 其他股东对外转让股权的优先购买权条款。优先购买权指股东向公司以外的第三方出售其股权时，其他股东或投资人在同等条件（包括受让股权的数量和价格、支付方式及期限等条件）下，有优先受让的权利。

(4) 其他股东对外转让股权的随售权或共同出售权。共同出售权指股东向公司以外的第三方转让其股权时，某位股东或投资人有权以其持股比例为基础，按照同等交易条件与股权转让方一起出售股权。小股东在信任大股东的情况下投资公司，共同出售权可以防止大股东以“金蝉脱壳”方式转让公司股权损害小股东的“信赖利益”情况的出现。

(5) 财务知情权、董事会观察员权条款。

(6) 股权转让限制条款。该条款仅适用于有限责任公司。若股份有限公司约定股东对外转让股权必须经另外一个股东同意，可能被认定为无效。

(7) 特定事项决定权保护性条款。该条款通常适合投资者或创始股东变为小股东的情况，可以约定某股东只要持有一定比例股权，就对特定事项具有决定权。该条款只适用于有限责任公司，因为股份有限公司更多强调公平公正、同股同权。

(8) 累积投票制。对该制度的具体内涵前面已经做了详细介绍，其仅适用于股份有限公司。

中小股东除了可以通过章程中的上述几种权利或制度安排保护自己的权益以外，还可以将一些重要事项规定在公司章程和投资协议的保护性条款当中。例如，可以在章程中约定，公司及其所控制的子公司从事以下事项，在由公司股东按照投资协议或公司章程的约定行使表决权后，还须取得投资者或中小股东同意：(1) 公司新增注册资本或者减少注册资本；(2) 变更投资者持股数量及（或）股东权利；(3) 修改公司章程；(4) 股东分红；(5) 进行股权融资；(6) 发行股份，购买、赎

回公司股份等可能导致投资者股权稀释的情况；（7）改变公司董事会人数和组成方式；（8）合并、分立、解散、变更公司形式；（9）公司重组和（或）其他导致公司及公司控股公司大部分资产转移，或使得公司和（或）其控股公司发生控制权变化的交易等；（10）批准公司发行债券、重组、挂牌、上市等重大事项；（11）改变公司员工持股计划；（12）审批并通过公司年度预算方案及后续修改；等等。

思考题

1. 在不同股权结构下，股东的权利和义务有何异同？
2. 当股东发现公司权益受到侵害时，股东的救济途径有哪些？
3. 股权集中度的差异是否会对公司经营效率产生影响？作用机理如何？
4. 在股东会中心主义和董事会中心主义下，中小股东如何保护自身的权益？
5. 在公司治理实践中，如何平衡好公司章程中条款制定的普遍性和特殊性问题，从而更好地表达股东的意志？

案例分析题

从 Zynga 到 Snap 的股权结构设计创新

2012 年 4 月 13 日，谷歌曾经推出无表决权的股票（non-voting share），旨在缓解股票或期权补偿导致的创业团队控制力下降的问题。CEO 拉里·佩奇和联合创始人谢尔盖·布林表示："我们已经为谷歌奋斗了很多年，还希望能为它奋斗更长的时间。因此，我们希望公司的架构可以确保我们实现改变世界的愿望。"需要说明的是，谷歌这里和接下来介绍的 Snap 发行的没有投票权的股票，不是大家已经熟悉的本来就没有表决权的优先股，而是普通股。这种无表决权的普通股发行代表了实践中投票权向创业团队配置权重倾斜的一种更为激进的尝试。

从目前的资料看，首次发行三重股权结构股票的是一家名叫 Zynga 的社交游戏公司。成立于 2007 年 6 月的 Zynga 一度创造了社交游戏的奇迹。在 2011 年上市时，Zynga 发行的股票分为三类，从而形成了所谓的 ABC 三重股权结构。在由 CEO 马克·平克斯设计的三重股权结构中，平克斯拥有的 A 类股票每股有高达 70 份投票权，控制公司投票权的 36.2%，IPO 前进入公司的私募投资人持有的 B 类股票每股拥有 7 份投票权，而普通股东持有的 C 类股票每股仅拥有 1 份投票权。到 2012 年，Zynga 的股价暴跌了 3/4，公司因此流失了大量人才。CEO 马克·平克斯一度上榜"2012 年度最差 CEO"。Zynga 对于股权结构设计创新的尝试可以说以失败告终。

另一家尝试发行 ABC 三重股权结构股票的例子来自著名的摄影类手机应用软件公司 Snap。Snap 在 2011 年由当年仍然在校的两名斯坦福大学学生埃文·斯皮格尔（Evan

Spiegel）和鲍比·墨菲（Bobby Murphy）注册成立。由于他们所创造的“阅后即焚”模式很好地使用户在隐私权的保护和观点分享的愿望满足之间找到了一种平衡，Snap 在 App 商店上架之后受到 18～34 岁的年轻群体的热烈欢迎。投资银行 Piper Jaffray 在 Snap 于 2017 年在美国上市前完成的一项调查显示，当年每天有平均 1.58 亿人使用 Snap，每天有超过 25 亿个“Snap”被创造出来；Snap 已经超越 Instagram、Twitter 和 Facebook，成为最受美国青少年欢迎的网络社交平台之一。2017 年 3 月 2 日，Snap 在美国纽交所上市。在其所设计的 ABC 三重股权结构中，A 类股票每股 10 份投票权（类似于双重股权结构中的 B 类股票）；B 类股票每股 1 份投票权（类似于双重股权结构中的 A 类股票）；而 C 类股票则没有投票权。A 类股票由两位联合创始人分享，此外，两位联合创始人还持有为数不少的 C 类股票，用于必要时流通变现。通过上述股权结构设计，投入资金合计占投资规模 43.6%的两位创始人合计拥有该公司 88.6%的投票权，Snap 由此被牢牢掌控在两位联合创始人手中。Snap 所推出的上述 ABC 三重股权结构，一个积极的方面在于两位联合创始人向资本市场传递了极为明确和强烈的信号：我们对公司未来业务模式创新和公司发展前景如此充满信心，以至于不愿为“野蛮人入侵”留下任何可乘之机。利兰（Leland）和派欧（Pyle）的研究表明，看似作为激励手段的管理层持股事实上向投资者传递了对公司发展前景充满信心的信号。管理层持股比例越高，未来所承担的经营风险越高，表明管理层对公司的发展前景越有自信，从而向投资者传递的信息含量越大。然而，Snap 在成功 IPO 后不久，股价一路下跌，很快跌破 IPO 当日开盘价，长期在低位徘徊。

资料来源：郑志刚．Snap 三重股权结构设计的启示．董事会，2020（10）：83-86.

请根据上述材料中 Zynga 和 Snap 三重股权结构设计的创新实践，结合本章公司股权结构的知识点，分析两家公司的多重股权结构设计没有获得成功的原因。

第3章

创业企业股权结构设计

学习要点

1. 了解创业企业发展现状；
2. 掌握创业企业股权结构设计目标；
3. 理解创业企业股权结构设计多维特征；
4. 理解创业企业控制权实现方式；
5. 理解创业企业股权退出方式。

引例

股权：企业发展的根系

股权，是合伙或股份企业的根系所在。许多创业团队都非常重视股权的分配与使用，希望能以此激发企业最大的生命潜力。然而，股权究竟为企业埋下了福根还是祸根?

原土豆网CEO王某和妻子杨某曾共同创业，为公司倾注心血。他们所创立公司的股权结构是：王某95%，杨某5%。

虽然公司发展很好，但他们的婚姻却很短暂。2010年3月，双方着手离婚。而仅8个月之后，土豆网赴美上市前，其CEO王某被杨某起诉，被要求分割土豆网38%的股权。

在王某方看来，土豆网是其婚前注册成立的，婚姻关系又只维持了两年多，王某的股权应该属于婚前财产。但在杨某方看来，土豆网在两人婚后多次接受注资，在王某95%的股权中，有76%涉及夫妻的共有财产。

由于这起诉讼，法院冻结了土豆网95%的股份，土豆网的海外上市之路暂时中断。此时，土豆网最大的竞争对手优酷网率先上市，并受到资本市场的热捧。直到9个月后，王某和杨某的离婚官司终结，土豆网才开始重新筹备上市，但市场却发生了重大变化，土豆网错过了高速发展的机会。

餐饮企业真功夫也出现过类似情况。由于该企业创始人属于家族团队，牵涉到多个家庭、多对夫妻。结果，当创始人之间由于股权问题出现纷争时，这个中式快餐企业的上市也就遥遥无期了。

通过上述案例，企业家应该看清，即便是亲密无间的夫妻或家人，在合伙经营公司时，也应该努力优化股权结构，这样才能避免陷入难以上市的困境。

股权结构的设计，归根结底是对企业内部利益的制度性分配。只有将适当的利益以正确的方式交到正确的人手中，这样的股权结构才能推动企业发展。

为了让股权成为企业的福根而非祸根，必须通过良好的设计和谨慎的操作解决两个根本问题：

第一，如何通过股权的分配，争取到更多内外部资源；

第二，如何确保在股权分配之后，企业的控制权依然在主要股东的掌控之下。

正因为如此，企业必须正确设计股权结构，从而将风险降到最小。

资料来源：劳佳迪．与知名企业高管天价离婚案相比，王宝强弱爆了．中国经济周刊，2016（35）：52-55.

第一节 股权设计：股东控制公司的“定海神针”

一、股权设计：企业发展的基石

企业家在创业过程中经常会面临企业发展融资需求与控制权丧失的两难困境。每一个创始人都会竭尽所能来发展壮大自己创办的企业，其中也包括借助外力——股权融资。但是，企业在进行股权融资时，创始人的股权会稀释，当创始人的股权稀释到一定程度时，若无其他协议的特别规定，创始人对该公司的控制权就会受到威胁。

延伸阅读3-1

赢在股权设计

近年来的“商战大片”中，让王石心力交瘁的宝万之争、让董明珠惊心的收购事件，一度轰轰烈烈。“真功夫”的闹剧、“雷士照明”吴长江的出局、“1号店”的于刚黯然离场、“国美电器”的股权之争等，更像是一部《中国合伙人》的影片，让更多的人知道了股权这个名词。管理层与股东之间的纠纷由来已久，而这一系列事件也使得人们开始重新审视创业公司的股权设计以及创始人、联合创始人、天使投资人等一系列利益相关者的股权关系。

电视剧《人民的名义》中所描写的“大风厂股权争夺战”让我们意识到，股权被越来越多的人关注，本来无辜的股权被蒙上了“魔鬼”的外衣。从估值上亿元随后一夜分家的明星初创公司“泡面吧”，到因为股权纠纷散伙的“西少爷”，有多少创业公司“死”在股权分配问题上！狂热的创业潮催生了众多优秀的创业者，但是，公众人物的光环也遮掩了创始团队对股权这种关键问题的观念和意识的严重缺失。

无论是引进合伙人还是与资本方博弈，科学的股权架构设置、有效的股权融资模式以及灵活的股权退出机制，是一门技术，更是一门艺术。在创业时活下来、在成长时站起来、在强大时成熟起来才是王道！

阿里巴巴成功上市告诉了我们：通过股权激励可以吸引人才（蔡崇信），通过股权众筹可以留住人才（“十八罗汉”），通过股权融资可以吸纳资金（孙正义的投资），通过股权合作可以打开市场（与雅虎的合作），同时通过股权设计还可以掌握控股大权（马云拥有不到10%的股份可以控制整个公司）。

资料来源：王雅静．纠纷频发 公司股权设计应避开“十大坑”．中国企业报，2017-09-05（12）.

在“大众创业、万众创新”的双创时代，日均新设企业由5 000多户增加到1.6万多户；我国科技创新由跟跑为主转向更多领域并跑、领跑，成为全球瞩目的创新创业热土。[①] 在创业型企业的成长历程中，公司治理如果不解决好，企业说倒就倒。如何合理设置股权结构，这是创业公司面临的首要公司治理问题。合理的股权结构是公司最重要的商业模式（郭勤贵、耿小武，2017）。股权结构设计不仅涉及创业者、合伙人、投资者与员工之间的顶层设计，而且影响公司供应链上的资源整合。

股权问题从创业开始直到公司倒闭一直存在。为什么公司股份都没有超过10%的股东，却依然能够保证对公司的绝对控制？为什么在公司占股超过50%的股东却失去了公司的控制权？这背后的因素跟股权结构设计息息相关。如何通过股权布局设计保证创始人对公司的绝对控制是公司治理问题，也是公司的战略规划。因此，股权结构设计不仅是公司治理问题，也是公司战略问题，还是一个系统的、动态的工程，没有一个标准的答案。

延伸阅读3-2

梁山泊的股权设计

梁山泊本是山东的一个小山寨，有湖有山，易守难攻。一群受难于社会的落魄人聚集于此，发现了梁山泊这个“地利”，这相当于发现了非常好的“商机”，加上聚集了一群能打敢闹的“人才”，于是便开始创业。梁山泊最开始的老板是王伦，下辖杜迁和宋万左膀右臂。刚开始的股权，王伦占50%，另两位各占25%，结构稳定、股权合理。未料想来了个“刺头”林冲，他干掉了王伦，取而代之成为大股东。后来林冲又主动让贤给新来的晁盖。总而言之，在不同的时日就有不同的江湖，没有稳定的股权结构所带来的影响就是一团乱，这个乱局直到读书人宋江入伙才改变。书读得多，谋略自然也就多了，“莫论功劳高下，待日后出力多寡再行定夺”，宋江把他手下队伍的股份全都代持了。代持后，弟兄们都变成了股东，可以好好干活了。再后来，梁山泊的事业不断发展壮大，108将的座次排定，这就相当于“上市”了，108人的股权都得以体现，因此，大家都很开心。但好

① 李克强．我国科技创新由跟跑为主转向更多领域并跑、领跑．（2018-03-05）［2022-09-01］．https://baijiahao.baidu.com/s?id=1594062902057635441&wfr=spider&for=pc.

景不长，朝廷后来出面来“招安”，这也可以视为现代版的“收购”。收购之后，一些新人来担任股东和董事会成员，权力的分配发生了变化，于是产生了一些问题。梁山好汉的比喻故事体现了股权的复杂性。一般来说，股权确定后并不会频繁变动，但是在公司创设和发展的过程中，最初设计的看似完美的股权结构，到后面还是会发生很多变化。好的股权结构会激发全体股东共同努力的合力，助力公司基业长青，1+1成了龙；坏的股权结构会让股东心生间隙，使人性中的自私不断滋生出来并且腐蚀公司股东的团结，1+1成了虫。

资料来源：根据公开资料整理.

股东投资公司的目的就是要获取投资收益，要确保这个目标实现就要在某种程度上控制或影响公司，进而影响公司的决策。股东控制公司最重要的手段就是股权。公司的权力机构是股东会，股东要控制公司就要控制股东会，股东在股东会上进行表决时，表决权的大小取决于股权比例（特殊情况不予讨论）。所以，股权就是股东控制公司的“定海神针”。

股东需要根据自己的地位、在公司中投入的资源、利益诉求等综合决定公司的股权结构，因此，股权布局是一种战略层面的安排和手段，是综合考虑企业未来各方面后所作出的安排。

传统企业互联网转型，战略和商业模式解决“做什么、怎么做”的问题，而股权结构设计是公司组织的顶层设计，旨在解决“谁投资、谁来做、谁受益”的问题。首先，在股权结构设计时，需要界定和明晰股东之间的权、责、利，科学体现各股东对企业的贡献、利益和权利；其次，要充分考虑股权结构的动态调整，特别是在企业发展过程中，股东之间对公司的贡献度会发生变化，要素禀赋结构、资源禀赋结构与股权比例之间可能不匹配；最后，在企业发展过程中，特别是在引入外部资本的过程中，股权会稀释，在此背景下，如何确保原始创业团队对公司的控制权，这是股权结构设计所面临的一个核心问题。

延伸阅读3-3

股权与财富

2017年热播电视连续剧《人民的名义》中，大风厂以公司股权（员工持股为40%）作质押向山水集团借款6 000万元。后因大风厂无力偿还借款，山水集团受让了全部的股权，此时股权的市值高达10亿元，而根据合同的约定山水集团不必给大风厂员工任何补偿。

在这种情况下，山水集团组织强拆，而大风厂员工护厂引发了大火。大风厂员工舍命也不言放弃的股权到底是什么呢？这就是通常所说的原始股，即大风厂一旦上市，员工手中的股权可以置换成几十倍的财富。所以在他们眼中，人无股权不富。

资料来源：根据公开资料整理.

二、股权结构设计与企业可持续发展

股权结构是指企业中不同类型的股东所占的股权比例及其相互关系。股权结构包括股份结构、股东结构和投票权结构三种类型，其中，股份结构主要是指股份出资比例决定了对公司未来决策事项的表决权。股东结构是指人力资本决定了对公司决策事项表决权的质量。投票权结构主要是指货币资本和人力资本的融合机制创新让有能力的股东决定公司的未来（马连福，2020）。因此，股权结构设计首先能明晰股东之间的权利义务关系，调解创始股东和投资人之间的控制权竞争，在很大程度上决定着公司未来收益的分配关系以及股东之间的利益分配关系，同时，也会影响企业的组织形式、治理结构与未来发展方向。股权结构设计不合理，则会导致企业股东之间发生矛盾冲突、创业者或企业家丧失企业控制权、公司管理团队和技术团队核心人才流失、企业发展陷入僵局等严重后果（李桂平，2019）。股权结构设计没有一个统一的标准，只有结合公司自身的具体情况而定。但股权结构并非一成不变，而是根据公司的战略调整进行动态的设计（马连福，2020）。因此，对于创业企业家而言，如何利用合理的股权结构为企业可持续健康发展提供良好的制度支持显得尤为重要。

延伸阅读 3-4

股权设计需要有以终为始的思维

未来十年是股权投资的十年，一方面股权投资会造就众多明星企业和创业新贵；另一方面也会有更多的企业因为股权不合理或纷争而相继倒下。

北京市信之源律师事务所、北京市信凯律师事务所股权落地实战专家崔荣喜讲述了这样一个例子：有一家公司咨询股权架构设计。公司创办 2 年多来，已实现年营业额过亿元的业绩。但公司因为当初创业时是依托一家集团公司的延伸业务，由集团公司全额投资成立，所以没有给公司 CEO 及创始团队任何股份。随着公司业务模式越来越清晰，销售收入连续翻番，创始团队日夜拼搏，同时公司也面临 A 轮融资。经过几轮的投资人谈判，当投资方有投资意向并进行尽职调查时，发现该公司的股权结构不合理，只有一个股东，最后融资只能暂时搁浅。这时，创始团队才开始思考股权的问题，并几次向集团公司提及股权的事宜，而集团公司大股东都以应先发展公司为由拒绝了。现在，该公司运营出现了进退两难的尴尬局面。

纵观现在各个互联网创业公司的成长历程不难发现，上市前引入机构投资者是比较普遍的现象。由于创立初期很难获得债权融资和银行贷款，互联网企业不得不采用股权融资。但是融资次数的增加也意味着创始人对公司控制权的削弱。

股权纠纷的发生源自股权早期设计留下的漏洞。大家知道如果足球运动员不懂得球场规则，就会被黄牌或红牌罚下，但现在很多创业者不懂得股权规则，却匆忙合伙创业了，经营过程中特别是需要融资的时候，才发现当初的股权设计不合理，不得不重新思考股权的设计问题。

资料来源：王雅静．纠纷频发 公司股权设计应避开“十大坑”．中国企业报，2017-09-05（12）．

三、股权结构设计类型与特征

（一）股份比例结构与权利

公司的控制权离不开股权的控制权。控制好手中的股权，企业创始人才能对自己创办的企业有真正的控制权。在企业的日常经营管理过程中，企业创始人还需要充分认识到不同持股比例在作用上存在显著差异。公司在日常运作中主要是遵循资本多数决的表决原则，持股多少直接影响到股东表决权的大小，以及股东本人对公司的控制权。而股东表决权又是股东权利实现与保护的重要手段和工具，是股东最基本的权利。我国《公司法》将公司的主要控制权赋予了股东会，股东会作为公司的权力机构集中全体股东的意志选举产生董事会，原则上有权决定公司资产运营的一切方面，特别是有权对有关公司的重大问题作出决策。

股权是对企业的终极控制，企业的重大事项能否得到执行，都是由基于股权的股东会决定的。其重大事项包括公司章程修改、董事的任命、融资、企业重大战略发展等。不同持股比例的股权结构临界点及其相对应的股东权利如下：

一是绝对控股。这种持股结构下，企业创始人持股比例达到67%，即2/3，公司层面的决策权基本可以完全掌握在自己手中。其对企业修改公司章程、合并、变更主营项目等重大决策有绝对控制权。

二是相对控股。在相对控股的情形下，企业创始人至少应持有公司51%的股权。在相对控股的股权结构下，企业创始人也是公司持股比例最高的股东。

三是安全控股。持股比例达到34%，对于公司的重大事项就拥有一票否决权。我国《公司法》规定，企业的重大决策需要2/3以上表决权通过。如果有一个股东拥有超过1/3的股权，另一方的表决权就无法达到2/3以上，那么该企业的重大决策就无法通过。因此，创始人只要拥有34%的股权，就拥有了控制企业的生命线，即安全控制权。

四是要约收购线，持股比例达到30%。对于上市公司而言，已经有30%股份的股东如果要收购该企业，需要向所有股东发出通知，表明自己的收购意图。

五是同业竞争线，持股比例为20%。这是重大同业竞争警戒线。同业竞争是指上市企业所从事的业务与其控股股东或实际控制人所控制的其他企业所从事的业务相同或相近，双方构成直接或者间接的竞争关系。一般认为关联企业特指一个股份公司通过20%以上的股权关系或重大债权关系所能控制或者对其经营决策施加重大影响的任何企业。

六是临时会议线，持股比例为10%。股东如果拥有10%的股份，就可以拥有提议召开临时会议的权利，并拥有临时提出质疑、调查、起诉、清算、解散公司的诉求。

七是重大股权变动警示线，持股比例为5%。上市企业如果有超过5%的股权要转让或者变更，就需要进行公示与披露。

八是临时提案线，持股比例为1%。企业股东拥有1%的股份，就拥有临时提案的权利。

九是代为诉讼线。连续 180 天以上单独或者合计持有公司 1%以上股份的股东，可以书面请求监事会或者不设监事会的有限责任公司的监事向人民法院提起诉讼。

由 2023 年中国上市公司第一大股东持股分布状况统计可知，股份比例达到 67%及以上的绝对控股的公司有 109 家，占上市公司总数的 2.37%；股份比例在 51%～67%的相对控股的公司有 462 家，占上市公司总数的 10.06%；股份比例在 34%～51%的公司有 1 339 家，占上市公司总数的 29.16%；股份比例低于 34%的公司有 2 682 家，占上市公司总数的 58.41%，占比是最高的。进一步分析股份比例不足 34%的公司可以发现，其中民营企业占比 74%，国有企业占比 23%，无实际控制人企业占比 3%；市场化程度高的地区占比 38%，市场化程度低的地区占比 62%。①

（二）股东要素类型

创业合伙人之间最容易起争端的问题之一就是股权分配，比如劳燕分飞的“西少爷”、一夜散伙的“罗辑思维”、微信互斗的“首席娱乐官”、团队决裂的“泡面吧”……无数初创公司在发展过程中都因股权分配问题而失败。公司创业过程中通常会需要资金、技术、管理、资源和运营等要素，这些不同的股东要素对公司的发展与贡献存在差异，因此，如何平衡和协调好不同的股东要素对公司的贡献以及对公司的持股比例对创业企业而言显得尤为重要。

第一，资金。资金要素是企业股权基因中最重要的，也是最大比例的一个要素。企业要发展，必然要引进资金，但不是有资金就能引进，需要提供资金的投资者与公司创业者之间存在共同的经营理念。首先，要清楚投资者不能是奔着控制权来的。投资者与创业者的价值观与文化要一致；其次，要确认投资者能否提供其他支持，投资者的业务资源和人脉能否给自己带来帮助，或者投资者能否在管理、财务、法务、行政、人力资源方面提供更好的服务建议。再次，投资者能相信自己，投资者对自己应充分信任，惩罚协议应针对企业是否合法合规经营、是否有竞业限制等行为以及对投资人是否有欺骗行为。最后，投资者不要求投票权，企业创始人要看对方是否要求投票权，或者能否把投票权委托给自己。通过引入合理的外部资金，让企业活力更充足。

第二，管理。对于一些有着长远目标并期望将来能够上市或成名的企业来说，引入好的管理经验显得尤为重要。特别是在企业创业成长过程中，吸引优秀的管理人员，激励优秀的员工，特别是管理层，保证公司的智囊团良好运转，是公司健康发展的关键。良好的管理要素能够对公司的资源进行有效的整合，形成强有力的合力和开创新的创业团队，因此，公司股权设计就必须考虑到管理这一无形的价值要素，为作出管理贡献的这一部分人分配相应股权。

第三，技术。在人工智能时代，以技术为载体的要素在创业企业发展中的地位越来越重要。特别是对以技术为核心要素的企业如独角兽类高新技术企业来说，创

① 市场化程度高的地区是指该公司所在的省份 2022 年樊纲市场化指数大于等于该年所有公司所在省份该指数的中位数。

业技术团队可以通过给企业提供专利、技术研发或创意获得部分股份而成为企业的核心股权要素。要从公司层面认可技术要素的价值，提高提供技术员工的归属感和忠诚度，从员工变成股东，增强合作的创业认可度。

第四，资源。大多数创业者在创业早期希望借助外部资源为企业的成立提供助力，因此，也会给早期的资源承诺者许诺股权，把资源承诺者当成公司合伙人，向他们分配股权。在资源要素进入股权设计的维度时，需要考虑资源是不是企业所急需的，资源对公司产生的价值是不是长期的，要根据资源对企业发展的重要性程度合理配置股权比例。

第五，运营。在企业的发展过程中，除了要有资金、技术、管理、资源等要素外，更要有懂得运营的人才。具有运营管理的人力资本能够帮助企业整合资源，开拓业务，开发新的商业模式，为企业发展提供新的增长点。

因此，在企业股权结构设计过程中，需要考虑支撑企业发展所需的股权要素，根据影响股权的要素性质及其贡献程度，合理地平衡与设计股东要素类型，充分认识到其在企业中所占的比重，才能设计出符合企业发展需要的股权结构。

第二节　创业企业股权结构设计目标与多维特征

一、创业企业特征

新经济的快速发展催生了新的商业模式和生态环境，信息技术革命带来的创业机会增长迅猛，每天都有大量的创业企业成立，但同时也有很多的创业萌芽在枯萎消失。很多企业广泛进行投融资和扩张活动，看似蒸蒸日上，其实也面临着生存问题。随着企业的发展壮大，倘若忽视创业公司中创始人与投资人之间对于控制权的恰当配置和合理安排，则可能会导致后期出现争权夺利的情况。创业企业家和风险投资者之间的规则、关系、制度、程序的协商和安排已成为公司治理的重要组成部分。创业企业的公司治理在很大程度上决定了创业企业的未来发展方向。

创业企业在发展过程中一般由创业者（企业家）、合伙人、投资人与核心管理团队四类治理主体构成。其中，创业者或企业家掌控着企业未来的发展方向，拥有对创业公司的实际控制权；合伙人则凝聚着合伙人团队，拥有对企业的话语权和经营权；投资人能吸引外部投资者的进入，保证对公司权益获取的优先权；核心管理团队激发周围同事的活力与创造力，保证分利权。

创业企业，特别是一些中小型创业公司的成立和发展，离不开金融体系和创业投资的支持。投资方的引入有力地促进了创业企业的技术和管理水平的提升与发展。创业企业在发展过程中也具有阶段性特征，其发展一般分为种子期、初建期、成长期、扩张期和成熟期五个阶段。不同阶段的创业企业有着不同的融资需求。在创立初期，企业以内部原始资本积累为主，而到了成长阶段，则需要从外部引入资金，缓解企业在成长过程中所面临的融资约束问题。然而，创业企业在融资发展过程中通常会面临两难困境。一是随着企业的逐步发展，公司规模不断扩大，需要引入外部资金，缓解企业扩大再生产所面临的融资约束；而创业企业由于资产规模和行业特征等因素，在传统的融资能力上存在不足，难以在信贷市场上公开募集资金，大部分企业只能通过在创业资本市场上引入创业投资机构来缓解融资约束。二是一旦从创业资本市场引入创业投资基金，就会稀释创业者的股权，创业者的控制权就会面临威胁。

近年来，随着创业投资机构的成熟与资本市场的发展，我国有大量的创业企业利用创业投资和资本市场实现了快速发展，典型的有阿里巴巴、京东和小米等企业，起到了很好的示范效应。然而，也存在诸如雷士照明、1号店、真功夫、西少爷等这样一些企业，创业合伙人在创业过程中彼此缺乏了解、草率合作，导致项目中途流产；股权均分，没有一个股东在公司决策中具有绝对的话语权，使企业发展受阻；公司股权激励空间不足，内耗不断，股东之间缺乏信任；股权高度分散，企业在融资过程中易主，创始人辛苦打拼却是为他人作嫁衣；公司战略不断调整，股权设计却持续不变，缺乏动态的战略调整等。因此，创业型企业如何在筹资的过程中保持创业者对企业的控制权，是创业者和创业企业必须慎重考虑的重要问题。在创业企业快速发展的过程中，企业需要筹集大量股权资金，不可避免地会稀释创业者的所有权比例。因此，创业企业在设计股权结构时需要考虑这种两难困境。

二、创业企业股权结构现状

创业企业在培育和催生经济社会发展新动力、扩大就业等方面意义重大。由经济日报社组织的“中国创业企业调查（二期）”[①] 数据显示，逾六成创业企业的员工人数呈现显著的增长态势，其中信息技术、文化创意、金融服务等行业有超过五成企业员工增长率超过50%。然而，由于创业创新本身具有一定的复杂性和风险性，创业企业在创业创新过程中因股权结构设计问题面临的诸多制约因素亟待有效破解。

（一）股权比例均分

在公司创业之初，创始股东之间是通过信任关系的维系来组建有限责任公司的，他们在股权安排上很容易陷入平分股权比例的误区，埋下未来公司矛盾冲突的种子。首先，由于股权平分，股东会决议可能无法达到半数或者2/3以上通过，这将会导致公司经营陷入僵局，即当企业决策出现争议的时候没有大股东作出最终决策，导致企业错失发展良机；其次，在企业实际的经营过程中，尽管股东之间的股权比例是平均分配的，但他们对公司的投入程度以及贡献是很难均等的，这很容易导致为公司作出更大贡献、投入更多精力的股东获得的收益与回报跟其他股东一样，引发股东之间的矛盾和纠纷，这也会成为阻碍公司正常经营和

① 《创业企业调查报告》由经济日报社中国经济趋势研究院、中国社科院数量经济与技术经济研究所共同编制，全面聚焦我国创业企业的成长现状及存在的问题。

发展的一个因素。因此，在设计股权结构时，企业创始团队绝对不能平分股权，必须有取得足够优势的股权核心，才能确保未来企业发展的稳定。如果依照传统习惯，创业合伙人按数量将股权平分，则很容易让每个人都看到成为领导者的可能性，公司即便能在短期内发展壮大，最终也会四分五裂。因此，在股权的设置过程中，要明确大股东的地位，使其在承担更多经营风险和经营责任的同时也能分享到更多的投资收益。

（二）股权要素贡献与股权比例不相匹配

一个合理、完整的公司股权安排，就需要由资金、技术、管理、资源、运营等多种股权要素组成。因此，在设计股权比例时要充分考虑这些股权要素在企业成长过程中的贡献程度，基于这些要素在公司成长中的权重合理设计股权。

然而，在创业企业的股权比例分配实践中，大部分是按照股东投入企业中的资金比例进行分配，没有考虑股东在人力资本和社会资源等方面的价值，进而导致对公司发展起到核心作用的股东出现心理不平衡，引发股东之间的矛盾与分歧。根据我国新《公司法》第六十五条规定，公司章程可以约定股东是否按照股东出资比例行使表决权。有限责任公司的创始人在设计股权的时候可以根据公司自身需要配置表决权，而不是必须按照出资比例设置表决权。《公司法》对有限责任公司在股权比例分配方面的立法宗旨体现了促进公司内部自治原则，鼓励创业企业根据股权要素的贡献程度确定合理的股权比例。

因此，企业需要根据自身经营特征和商业模式匹配合理的股权结构。股权结构是一个动态的调整过程。在人工智能时代，传统的资金占公司资源主导地位的情况会发生变化，技术和知识资源要素在公司创立与发展过程中越来越重要，因此，技术与知识资源在股权结构中的比例也会越来越大。

（三）股权激励空间不足

企业的发展离不开人才和资金这两大要素。作为创业企业，无论创立初期还是企业发展期和成熟期，均应该预留部分股权，为股权调整预留空间以吸引人才，通过长效的股权激励机制保证新老员工的更替。另外，企业需要对外融资，吸引投资人入股时，预留的股权池能够保证创始股东的股权比例不被稀释，从而有效把握企业的控制权。否则，未来企业进行股权激励或者引入投资人需要股东释放股权时，可能由于股东对股权的来源无法达成一致意见，从而无法实施股权激励和股权融资。在公司初创时，不建议将股权一次性分配干净，可以在创始人之间进行合约约定，如果后期需要用股份进行激励或者分配给新的股东，可以同比例稀释。或者将未分配完的股份由创始人代持，约定股份的收益权可以同比例分配给现有股东或者返还给公司，表决权同比例分配或者由创始人使用，待后期公司需要股权激励时，可以使用未分配的股份进行激励。

三、创业企业股权设计的目标

科学合理的股权结构一般是由创始人、合伙人、投资者以及核心管理团队构成的，因此，创业企业在设计股权结构时要从公司战略方向、资金、管理、运营、资源等方面充分考虑企业创始人、合伙人、投资者和管理团队在公司发展过程中所起到的作用，尽可能确保创始人保持对公司的控制权，同时确保公司价值最大化目标的实现。

（一）维护创始人的控制权

创始人控制的企业，因创始人在组织内部的独特地位、角色、所拥有的特定的知识与技能、行业精神以及创业精神，而成为市场中的佼佼者。随着企业的发展，为了满足企业规模扩大的需要，股权融资成为创业企业的一种选择。然而，股权融资必将伴随着创始人的股权稀释，创始人失去企业控制权的风险随之增加，创业企业的优势也将丧失，例如俏江南、雷士照明等。企业创始人掌控公司的控制权对公司而言是积极的，目的是保证公司有最终的决策者，能够满足创业企业决策效率的要求。同时，维护创始人的控制权，有利于树立创始人在团队内部的影响力和话语权，更好地发挥企业家精神，彰显创业者快速捕捉商业机会、敢于创新、勇于冒险的特质。

（二）凝聚合伙人团队

现在，随着创业竞争的加剧、节奏的加快，联合创业的成功率远高于个人创业。特别是在竞争白热化，智商、情商、财商价值化的时代，股权结构的设计要能够凝聚好合伙人，让团队更有竞争力。

合伙创业是一件激动人心的事情。每位合伙人呕心沥血是为了取得更大的利益，获得更广的发展，是把大家的梦想凝聚到创业这个共同的目标上，通过不断的努力，让梦想实现。创业企业的打工者与合伙人不仅仅是劳动关系上的差异，更多的是职业观、对待工作的态度及心态上的差异。打工者考虑的是工资薪酬和劳动付出，而不考虑企业是否盈利、成本是否增加。而创业企业合伙人则不一样，合伙人可以获得公司的股权，能够站在公司的层面去思考问题，公司的发展与合伙人自身发展息息相关。当创业企业将合伙人团队凝聚起来，将会更大程度地发挥合伙人的能力，使得创业企业有更好的发展前景。

延伸阅读3－5

合伙人类型

电影《天下无贼》里有一句台词：“21世纪什么最贵？人才！”这句话同样适用于当代的中国企业，尤其是各种新兴行业，如互联网与电商行业、新零售行业等的中国企业。但值得注意的是，与行业迅猛发展形成鲜明对比的，是人才的紧缺。于是，某企业高管高薪被挖、某企业领导带团队集体跳槽、某业内大腕高调加盟等新闻频频见于朋友圈。然而，企业领导想要提升企业竞争力，做法只能如此简单粗暴吗？雇佣制时代的企业正在被逼走向裂变，但企业的裂变方向又是什么呢？2013年，阿里巴巴正式公布合伙人制度，同年，万科有1 000多位中高层经理成为首批“万科事业合伙人”。万科董事局主席郁亮更是强调：“职业经理人已死，事业合伙人时代诞生。”中国正在进入合伙人时代的变局，那么，企业家们纷纷推荐的“合作制”究竟是什么？

合伙人类型分为股东合伙人、事业合伙人和生态链合伙人。

股东合伙人是指在相关部门登记注册的股东，其是企业的最终所有者，也是实股股东或注册股东。这是合伙人的最高阶段，也是最紧密的合伙形式。

股东合伙人是合伙企业的创立基础，也是传统意义上的“领导”，掌握企业的所有权和经营权。一般而言，股东合伙人主要包括创始发起人、联合创始合伙人、股东合伙人。但在合伙企业的发展过程中，企业也可能为了融入资金或其他资源，而吸纳新的股东合伙人。

事业合伙人是指在本企业内，掌握自己的命运、事业共创、利润共享和责任共担的那些人。对于同样采用“事业合伙人”称谓，不同企业所采取的组织结构、授权程度、激励力度等可能存在较大的差异。

事业合伙人可以分为两类：一类是企业拿出一项业务、产品、项目、区域（单店）等可独立核算的经营体，同参与该经营体运营的员工共同投资、共享利润、共担投资风险，如万科的项目跟投、连锁企业的单店员工入股。

另一类是企业不区分不同业务、项目、区域，其虚拟股份对应整体经营盈利情况，全体合伙人出资认购公司整体的虚拟股份，并根据企业整体盈利状况进行分红、承担风险，如华为的内部员工持股计划。

生态链合伙人主要指外部合伙人，例如企业的供应商、经销商、客户、投资人、离职员工及拥有一定资源的资源提供者。企业用股权来进行产业上下游的收购与整合时，其实总有些经销商不愿意被别人整合，但是自身又达不到整合别人的规模，于是相互间展开合作，例如白酒行业掀起的经销商联盟抱团模式，但这种组织仍然是松散的。如果引入合伙人制度，只有做好前期评估并制定好游戏规则，这种联盟对于中小渠道商的资源整合才有价值。

例如，著名的泸州老窖外部合伙人制度，将上游品牌资源、下游渠道商资源、供应链资源以及营销团队整合成一个有机整体，成立了与每个个体都相关的合伙人平台公司，从而打通了整个产业链资源，共同铸就了一个生态型的平台企业，改变了原来上游只想压货品、压利润，下游渠道商只想要政策支持的博弈局面。如今，上下游以及营销团队整合后，自然而然地减少了上下游的博弈。

与之相对应，股东合伙人与事业合伙人主要是指企业内部合伙人。

2015 年 9 月，美道家（中国互联网＋上门美容模式的先驱）进行了外部合伙人的现场选拔。美道家首次开放 100 个城市合伙人名额，一个城市竞选一个合伙人，成功者就能获得美道家当地城市的运营权，坐拥当地所有客户资源。

那么，美道家是如何与外部合伙人合作的呢？首先，成立省级直营公司，美道家控股 51%，省级公司合伙人最多占股 49%。另外，省级公司合伙人必须多倍溢价出资，即美道家出资按 1 元/股，而外部合伙人则需要按高于 1 元/股出资。

然后，美道家举行了外部合伙人现场签约大会。在美道家这次外部合伙人“占山为王”的现场签约大会上，美道家“圈地运动”再次升级，现场引发众多企业家的追捧。第二次会议当天，二十几个省级最大合作股东（49%以内）全部确定，美道家当天实现吸资上亿元。美道家就是通过外部合伙人的方式完成快速扩张的典范。

资料来源：郑指梁，吕永丰．合伙人制度：有效激励而不失控制权是怎样实现的．北京：清华大学出版社，2017：216.

（三）让管理团队分享公司财富效应

有创始人和合伙人，对一个快速发展的创业企业来说还不够，还需要有积极努力的管理团队和员工，才能完成创业的使命。财富效应可以帮企业在社会上聚集一批追随者，在企业内部聚集一批人才。财富效应的形成，关键在于分享，让员工成为公司价值创造的主角。企业通过让管理团队分享公司的业绩，让他们的个人价值得到相应的尊重和回报，同时，也能够增强他们的归属感，从而凝聚员工力量，维系管理团队与组织之间的稳定关系，培育并保持员工的忠诚度，为企业的发展提供稳定的人力资本。

（四）吸引投资者进入

创业公司在成立之初普遍存在注册资本较少、资产规模小的情况，这类公司对吸引创业投资、引入外部资金普遍存在比较高的需求。吸引外部投资者进入，引入外部资金，一是能够优化创业企业股东结构与公司治理，利用投资人的关系网络、市场运作经验与战略资源帮助公司更快地成长，提高公司的核心竞争力；二是能够获得投资人的资金，缓解企业在发展过程中的融资约束，扩大公司规模，加快发展速度。

四、创业企业股权设计多维特征

创业企业在股权设计时要充分考虑创始人、合伙人和投资者的多重视角，综合权衡各利益相关方在创业企业发展过程中的责、权、利，公平合理地设置股权结构，调动各方的积极性，为企业的发展提供人力资本与物质资本。

（一）从创始人角度设置股权结构

从创始人角度设置股权结构，一是要强化创始人对企业的控制权；二是要根据资源匹配程度设置相应的股权比例。

首先，可以采取类别股东制度，在公司章程中约定不按照股权比例行使表决权。要让创始人拥有更多高表决权的股票，而让其他对公司贡献度比较小的股东获得低表决权的股票。创始股东的股权虽然低于50%，但是在公司章程中可约定创始人的每一股股权拥有多份表决权，这样能够大大地增加创始股东在股东会的表决权利。这是一种积极主动地增强创始人在公司控制权的方式和策略。在双重股权结构中，股份通常被划分为高、低两种投票权。高投票权的股票拥有更多的决策权。

其次，创始人还可以通过归集表决权的方式来实现对企业的控制权，具体包括以下三个方面。其一，委托投票权。这是最简单的一种方式，即让其他小股东签署授权委托书，将其在公司所持有的表决权授予创始股东。一般来讲，所委托的表决权是不可撤销的，或者可以约定一个比较长的授权期限。其二，签署一致行动协议。创始人跟创始团队的其他小股东一起签署一份协议，规定就公司的事项进行表决时依照统一的意志去表决，当其他股东与创始人意见不一致时，按照创始人的意志进行表决。其三，设置一个持股实体来持有小股东的股权。小股东都是通过持股实体间接地去持有公司的股权，同时持股实体所对应的表决权由创始人来控制。创始人除了能行使自己持有的股权所对应的表决权之外，还可以行使持股实体持有的公司股权所代表的表决权。

最后，可以通过授予创始人对一些重大事项的一票否决权来实现其对企业的控制权，特别是当创始人的股权低于50%时，如合并、分立、解散、融资、上市、年度预算结算、重大资产出售、审计、重要人事任免、董事会变更等事项。创始人一票否决权是一种消极防御性策略，创始人可以要求对于公司重大事项，没有他的同意表决不通过。

延伸阅读3-6

罗辑思维资源分配不合理导致团队解散

2012年4月，申音和罗振宇联合创立了“罗辑思维”，申音持股82.35%，罗振宇持股17.65%，注册资本200万元。2012年12月，“罗辑思维”开始运营，由吴声策划、申音运营、罗振宇主持，产品涵盖微信公众订阅号、知识类脱口秀视频及音频产品。

半年间，“罗辑思维”便成长为全新的互联网社群品牌，在自媒体圈影响日增。罗振宇是台前明星，申音是幕后英雄。粉丝是冲着罗振宇去的，更是受到“罗辑思维”内容的吸引。但从两人在公司的股权比例上看，申音占82.35%，是绝对大股东，而罗振宇仅占17.65%，却是自媒体明星IP。

在“罗辑思维”的持续成长中，罗振宇的贡献大于申音。公司挣的钱多了，可罗振宇的分红比例还是按公司设立初期17.65%的持股比例来确定的，这不像合伙，更像是打工，其心理失衡在所难免，最终导致团队散伙。

资料来源：根据公开资料整理.

（二）从合伙人角度设置股权结构

从合伙人的角度来设置股权架构，首先，需要明确初创企业合伙人的标准。企业合伙人要有助于初创企业实现资源互补，短期的资源提供者、投资者、兼职人员、早期的普通员工都不适合作为企业的合伙人。其次，设置股权成熟机制。挑选出合伙人之后，为了保证合伙人能倾尽自己的资源为企业作贡献，需要设置一个机制，让合伙人通过资源付出获得企业股权。最后，要设置合伙人的股权兑现回购机制。合伙人股权战争最大的导火索之一是完全没有退出机制。股权退出机制在创始人引进合伙人时就应该约定，这相当于婚前财产约定。合伙人因自身原因无法履行职责，比如身体、能力、个人操守、理念不一致等合伙人不能继续履职，或者在重大岗位上故意或出现重大过失损害公司利益被解职，这种情况合伙人必须让出股份。项目推进的过程中会遇到合伙人离婚、犯罪、去世的情况，这些都可能导致合伙人退出，因此创业团队应提前设计出法律解决方案，以减少对项目的影响。

延伸阅读3-7

合伙人股权分期成熟机制

三个青年一起创业，甲出资80万元，在三个人中是最有威信的，负责管理；乙向朋友借了20万元投入公司，负责营销；丙没钱投资，只是负责技术。由于资金不足，于是三个人找到投资人丁，希望能拿到100万元的启动资金。丁对甲很了解和欣赏，也看好这个项目，因此有一定的投资意向，但是他又不清楚其他两个人的能力，同时也担心三个人中途退出项目。经过谈判，丁说可以考虑投资这个项目，但条件为出资100万元占20%的股份，且丁希望甲能成为这个项目的带头人。那么该如何设计股权才能够平衡好各方的权益，并打消丁的顾虑呢?

首先，本项目中既有资金投入又有人力投入，因此我们可以先把股份类别分为资金股和人力股，并设定不同的权重。其次，丁希望出资100万元占股20%，且由甲成为本项目的带头人，对这两点甲、乙、丙都是没有意见的，经过讨论，大家决定将丙的表决权委托给甲行使，以此来保障本项目由甲来主导。最后，丁还担心三个人中途退出项目，对此，可以设定一个人力股的分期成熟机制来解决这个问题。

资金股和人力股的占比根据企业的发展依靠资金和人力的重要性而定。本案例中，甲、乙、丙、丁四人认为资金股和人力股的比例设计为4∶6较为合理。因此，本项目中资金股占比为40%，人力股占比为60%。

根据甲、乙、丁三人的出资占比，甲出资80万元，乙出资20万元，丁出资100万元，加权后可得，甲持有资金股16%（40%×80÷200)，乙持有资金股4%（40%×20÷200)，丁持有资金股20%（40%×100÷200)，丙没有投资，不持有资金股。

根据股东对公司的人力贡献不同，计算股东持有的人力股占比。本项目中，经过甲、乙、丙、丁四人协商，认为甲、乙、丙人力股占比为5∶4∶3较为合理，也就是甲占5/12，乙占4/12，丙占3/12，丁不持有人力股。加权后可得，甲持有人力股25%（60%×5÷12)，乙持有人力股20%（60%×4÷12)，丙持有人力股15%（60%×3÷12)，丁不出力，没有人力股。

为激励甲、乙、丙三人长期为本项目服务，可以规定每人的人力股分四期成熟，甲每期成熟6.25%，乙每期成熟5%，丙每期成熟3.75%，每期为一年。

资料来源：张昆．创业股权分配案例分析：人力股的分期成熟机制．(2018-08-17) [2022-09-01]. http://blog.sina.com.cn/s/blog_1862fa71c0102xv8d.html.

（三）从投资者角度设置股权结构

初创企业的股权结构不能高度分散，也不能高度制衡，任何时候都要有核心股东掌握企业的控制权。当股东人数很多时，可参考的原则是第一大股东股权大于第二、第三大股东股权的总和，同时第一大股东股权又要小于第二、第三、第四股东股权的总和，这样不仅会使大股东感到安全，也会使小股东感到安全，相互约束更为合理。同时，股权不宜均分，应为股权调整预留空间。例如，腾讯遵循 $2+3+4+5>1>2+3+4$ 的股权分配黄金法则，即马化腾作为核心创始人，持有 47.5% 的股权。创业团队老二、老三、老四三个人联合起来的股权为 42.5%（20%+12.5%+10%），低于马化腾的股权 47.5%。但同时，马化腾自愿把股权降至一半以下，马化腾说："要他们的总和比我多一点点，不要形成一种垄断、独裁的局面。"也就是说，马化腾的任何决策至少要得到另一名股东的同意和支持，否则无法实施。一般而言，投资者之所以让其核心人物一股独大，其原因在于核心人物如果对企业拥有绝对或相对控制权，那么企业的决策就不会被外在因素左右，从而使企业实现快速增长，降低投资者的风险。但是企业随着自身的发展，需要引进更多的人才与资金。如果没有预留足够的股权调整空间，那么就要稀释早期投资者的股权，这是多数投资者都不愿意看到的。

第三节　创业企业控制权实现与退出机制

一、创业企业控制权实现机制

（一）表决权委托

我国新《公司法》第一百一十八条规定，股东委托代理人出席股东会会议的，应当明确代理人代理的事项、权限和期限；代理人应当向公司提交股东授权委托书，并在授权范围内行使表决权。新《公司法》对行使表决权的代理人资格并未作出明确规定，一般认为，凡是具备民事行为能力的自然人都可以作为代表人。由于企业自己不享有表决权，因此企业自身不得担任本企业股东的代理人。同时由于企业互相持有股份不享有表决权，因此企业也不能把被排除表决权的股份作为可由代理人代理行使表决权的股份。为了避免出现数个代理人扰乱股东大会的程序，不少国家的法律都将股东委托的代理人人数限定为一人，一个代理人可以接受多个股东的委托，代表多个股东行使表决权，如果股东委托的代理人发生重复，应以企业最先收到的股东授权委托书决定代理人，但需建立在股东未发布撤销委托书的基础上。因此，创始人如果想获得股东的表决权委托，就要注意时间性，不能被他人抢先。

案例 3-1

蓝色光标表决权委托

于 2010 年上市的蓝色光标，五位股东于 2016 年 3 月 15 日签订了《委托投票协议》，许志平、陈良华、吴铁、孙陶然四人将持有蓝色光标股份对应的投票表决权委托赵文权行使，由赵文权在公司相关会议中代为行使表决权，包括提出提案并表决、提出董事或监事候选人并投票选举或作出其他意思表示，委托期限为无固定期限，且不附加条件。但四人可在每年1月1日至1月31日期间单方通知终止《委托投票协议》及委托投票。

通过签署《委托投票协议》，公司的实际控制人由五人共同控制变更为董事长赵文权一人控制。至2017年9月30日，赵文权为公司第一大股东，直接持股比例为6.56%，通过四人的投票权委托后共拥有19.42%的投票权，通过投票权委托获得超过3倍以上的投票权。

资料来源：根据公开资料整理.

（二）一致行动人协议

一致行动人协议是指公司几个股东之间通过签订协议等方式，约定各方在某事项上的投票与对方保持一致，以增强对公司的控制权。在创始股东之间、创始股东和投资人之间，可以通过签署一致行动人协议加大创始股东的投票权重。一致行动人协议又有“小股东会”之称，每次在股东会表决或者协议约定某个事项时，有关各方可以在“小股东会”中先决议出一个对外的唯一结果，再在股东会上提出这个决议结果。如果有人没有按照协议约定一致行动，其就会受到一致行动人协议中约定的违约惩罚。股东之间通过签署一致行动人协议这种方式，进而采取一致行动的目的是扩大其对目标企业股份的控制比例，或是巩固其对目标企业的控制地位。创始人签订一致行动协议，一般是为了确保公司的大股东能够在提案权、表决权等股东权利的行使上，作出和自己相同的表决。这样，就能将创始人自己的意见作为一致行动的整体意见，从而巩固自己在公司中的控制地位。

一致行动人越多，一致行动人意见不一致的问题就越容易出现，因此，在一致行动协议中对一致行动人意见产生分歧时的矛盾解决方式进行约定是非常必要的，可以约定在无法达成共识的情况下以某位特定股东的意见为准，也可以约定详细的议事规则，就意见不能达成一致时的处理原则进行明确且详细的约定（包括但不限于持股多数决、人数多数决等）。现实中存在着以下几种分歧解决机制：（1）一方意思决，指当出现意见不一致时，以一致行动人中所持股份最多的股东意见为准。（2）持股多数决，如果协议各方一直无法或者经过三次协商仍然无法就股东会将要审议的事项达成一致意见的，则由协议各方以各自直接及间接合计持有的公司出资额/股份数行使表决，并按照少数服从多数原则确定表决结果，以达成一致意见。（3）人数多数决，如果不能达成一致意见，则按照少数服从多数原则，以甲、乙、丙三方中的任意两方相同意见为一致意见，如出现三方意见各不相同等情形而无法形成多数意见的，则各方同意以甲方意见为一致意见。各方在行使表决权时，均不得投弃权票。（4）一致反对决，即对于第三方提出的议案，各方均应该在公司股东会或董事会上对未形成一致意见的议案投弃权或者反对票。（5）一方同意决，即一方拟对议案投同意票，而另一方拟对议案投反对票或弃权票，则双方在正式会议上均应对该议案投同意票。如果一方拟对议案投反对票，而另一方拟对议案投弃权票，则双方在正式会议上均应当对该议案投反对票。

延伸阅读3-8

创业团队通过一致行动人协议加强公司控制

我国资本市场从2015年开始，进入上市公司第一大股东平均持股比例低于1/3的分散股权时代，如何加强公司控制、防范控制权纷争和潜在的“野蛮人入侵”成为创业企业需要首先思考的问题之一。在过去十年间，越来越多的非国有上市公司创业团队倾向于在IPO前签署一致行动人协议。而当第一大股东持股比例较低时，加强公司控制权的动机使主要股东更倾向于在IPO时与其他创业团队签署一致行动人协议。一致行动人协议的一大特征是其分布具有十分典型的行业特征。在高科技企业中，创业团队在IPO时更可能签订一致行动人协议（郑志刚，2021）。2011年通信信息领域公司佳讯飞鸿在中国A股上市，作为主要股东和创业团队的林菁、郑贵祥、王翊、刘文红、韩江春等签署了《一致行动人协议书》，约定在行使召集权、提案权及表决权时，采取一致行动共同行使公司股东权利。通过签署上述一致行动人协议，持股仅20.7%的第一大股东、兼任董事长和总经理的林菁获得了全体协议参与人合计持有的66.1%的表决权，这就使林菁在股东大会相关表决中的影响力变得举足轻重（郑志刚等，2021）。公司在IPO前签订一致行动人协议将在一定程度上避免在成为公众公司后，一些机构通过二级市场染指公司控制权，甚至以极端的“野蛮人”方式入侵的可能性。

资料来源：郑志刚．一致行动协议：资本市场的“专利制度”．(2021-11-14) [2022-09-01]. https:www.fx361.com/page/2021/1114/9105059.shtml.

延伸阅读3-9

海兰信《一致行动人协议》

2001年2月，申万秋设立海兰信，邀请魏法军加入企业，并担任总经理。2001年4月，两人签署《关于共同创业的约定书》。2001年5月15日，经申万秋介绍，魏法军自其他股东处受让海兰信的股权，成为海兰信股东。

至2006年8月16日，经过历次股权变化，申万秋持有海兰信股权19.95%，魏法军持有海兰信股权7.45%，两人共持有海兰信27.4%的股权，超过当时的第一大股东北京首钢冶金机械厂（持股比例为24.8%）。当时，海兰信的其他股东之间未签署《一致行动人协议》。因此，申万秋与魏法军自2006年8月起，取得了海兰信股东会表决权，形成了对海兰信的共同控制。

2007年12月28日，双方重新签署了有效期为5年的《合作协议》，其中包含一致行动的约定。约定如下：第一，凡涉及海兰信重大经营决策事项，双方须先行协商统一意见，再行在企业各级会议上按协商结果发表意见。第二，双方共同提名企业董事、监事候选人，共同向股东大会提出提案；在表决时，双方应根据事先协商的一致意见进行投票，或将所持有的表决权不作投票指示委托给协议对方进行投票。第三，双方在对其所持有的海兰信股份进行任何卖出、质押等处分行为或新增买入海兰信的股份时，应通过相互协商以保持一致意见和行动。第四，如海兰信未来实现公开发行股票并上市，双方均应按对实际控制人的相关要求承诺在规定期限内不转让所持有的海兰信的相应股份。第五，协议有效期为 5 年，经双方协商一致，可以延长有效期。

资料来源：郭勤贵，耿小武．股权设计：互联网＋时代创业公司股份架构．北京：机械工业出版社，2017：96.

（三）有限合伙企业持股平台

持股平台是企业创始人间接控制公司的一种手段，其主要实现方式是在主体公司之外，新成立一家或多家持股平台。这种平台可以是一家公司或者有限合伙企业，将持有最底层公司股东的股份集合在持股平台里，放置在一个主体之内，然后由持股平台作为持股主体控制公司股份，通过这个主体集中行使表决权，最终实现控制公司的目的。常用的持股平台架构有有限合伙企业持股平台、有限公司持股平台和信托计划持股平台等，这里重点介绍有限合伙持股平台。

有限合伙企业由普通合伙人（general partner，GP）和有限合伙人（limited partner，LP）组成，普通合伙人对合伙企业债务承担无限连带责任，有限合伙人以其认缴的出资额为限对合伙企业债务承担责任。普通合伙人执行合伙事务，并对外代表有限合伙企业。因此，无论是股权激励还是融资安排，都会设定创始人担任有限合伙企业的普通合伙人，以保障创始人的控制权。有限合伙人按照合伙协议的约定履行出资义务，不参与合伙企业除《合伙企业法》第六十八条第二款规定情形以外的实际经营和决策。

至于有限合伙企业中，普通合伙人和有限合伙人的股权占比如何确定，可以根据搭建平台的目的进行设置。如果有限合伙企业是为了做股权激励的持股平台，那么普通合伙人可以只占很小的比例，甚至约定不参与分红，只要确保创始人普通合伙人的身份即可。这种方式可以让创始人控制有限合伙企业所持有的目标企业的表决权。因此，在有限合伙企业的持股平台下，所有股东都能够间接持有公司股权，创始人虽然只持有很少股份，但是可以凭借普通合伙人的身份，控制有限合伙企业，进而实现对公司的控制权，具有较强的杠杆撬动效应。有限合伙企业持股平台一方面能够保持主体公司股权的稳定性，在主体公司股东人数较多的情况下，将部分股东放置到持股平台中，未来这部分股东股权发生变动时，是持股平台股东发生变化，主体公司股东不受影响，可以减少主体公司股东变动的频率，有利于保持主体公司股权的稳定性；另一方面能转移并降低税费，很多公司在搭建持股平台的时候，将平台公司注册在有税收优惠的地方，如西藏、新疆等省区的部分地区，计划境外上市的公司还可以考虑将平台公司注册在境外，例如开曼群岛等。

对设有员工持股平台的企业而言，员工个人是不能直接持有母公司股份的，而是通过持股平台来间接持股。作为持股平台的持股员工，必须是本企业的正式员工。员工所持有的这个平台的股份是不能继承也不能转让交易的。如果员工提出辞职或者违反公司规章制度被公司辞退，那么他所持有的股份必须全部回收到持股平台，再重新分配给新来的被激励员工。

非上市企业员工持股平台主要有三种：一是员工以自然人身份直接持股，二是通过公司形式间接持股，三是通过合伙企业持股。

延伸阅读3-10

有限合伙企业成立条件（见表3-1）

表3-1 有限合伙企业成立条件

条件一	有限合伙企业由2个以上50个以下合伙人设立，法律另有规定的除外；普通合伙企业没有人数规定
条件二	有限合伙企业至少应当有一个普通合伙人；普通合伙企业中只有普通合伙人，没有有限合伙人
条件三	有限合伙企业名称中应当标明“有限合伙”字样
条件四	有限合伙人可以用货币、实物、知识产权、土地使用权或者其他财产权作价出资
条件五	有限合伙人不得以劳务出资
条件六	有限合伙人应当按照合伙协议的约定按期足额缴纳出资；未按期足额缴纳的，应当承担补缴义务，并对其他合伙人承担违约责任
条件七	有限合伙企业登记事项中应当载明有限合伙人的姓名或者名称及认缴的出资数额
条件八	有限合伙企业由普通合伙人执行合伙事务，执行事务的普通合伙人可以要求在合伙协议中确定执行事务的报酬及报酬的提取方式；普通合伙企业不得将全部利润分配给部分合伙人或由部分合伙人承担全部亏损，但有限合伙企业可自行约定
条件九	有限合伙人不执行合伙事务，不得对外代表有限合伙企业

资料来源：蔡聪．创业公司的动态股权分配机制．北京：机械工业出版社，2017：175.

延伸阅读3-11

创始人担任“有限合伙”的GP，如何隔离无限连带责任的法律风险？

GP要对合伙企业的债务承担无限连带责任，这对创始人来说风险过大。为了隔离风险，可以作为GP单独设立一个D有限责任公司，创始人一人持股或控股这个壳公司。这样D有限责任公司作为C有限合伙企业的GP，只需要在有限范围内承担无限连带责任。D有限责任公司好似创始人K先生的一道防火墙，隔离了K先生对有限合伙企业的无限连带责任。当然，D有限责任公司作为GP时，基于分红或者代持的考虑，也可以同时安排K先生为LP（见图3-1）。

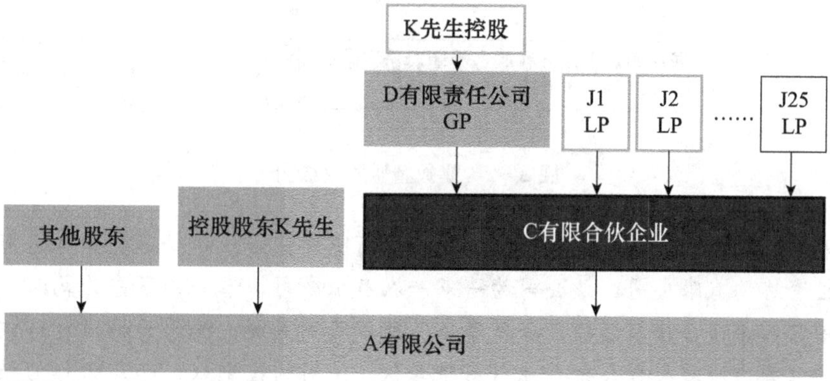

图3-1

案例 3-2

蚂蚁金服的有限合伙持股平台

在利用有限合伙企业这种持股平台的优势进行股权设计的实际案例中，蚂蚁金服堪称经典，蚂蚁金服通过多级股权架构及有限合伙企业特殊的议事规则，使马云最大限度地撬动了多级股权架构实现控制权的杠杆，实现了对蚂蚁金服及其旗下公司的绝对控制权。

蚂蚁金服是如今国内互联网金融最大的独角兽之一，估值高达 1 500 亿美元。包含支付宝在内，我们所熟悉的网商银行、蚂蚁聚宝、芝麻信用等都属于蚂蚁金服旗下品牌，蚂蚁金服主要由浙江蚂蚁小微金融服务集团股份有限公司及控股公司负责开发和运营。浙江蚂蚁小微金融服务集团股份有限公司主要由 23 个股东组成，其中浙江君澳股权投资合伙企业（有限合伙）及杭州君瀚股权投资合伙企业（有限合伙）占了该公司约 76%的股权，属于持股 2/3 以上的绝对控股（见图 3-2）。

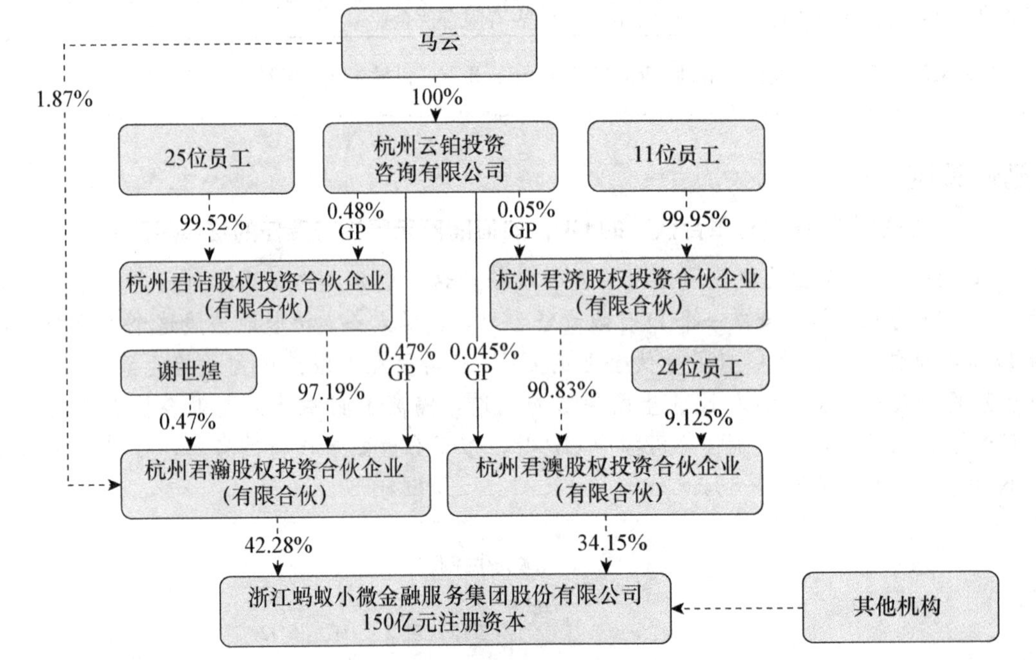

图 3-2 蚂蚁金服股权结构

浙江君澳股权投资合伙企业（有限合伙）为有限合伙企业，普通合伙人只有一个，即杭州云铂投资咨询有限公司，该公司为一家一人有限公司，唯一的股东为马云。因为在合伙企业当中只有普通合伙人能执行合伙事务，所以毋庸置疑，杭州云铂投资咨询有限公司掌握了对浙江君澳股权投资合伙企业（有限合伙）绝对的控制权，而马云作为该公司唯一的股东自然也实际控制浙江君澳股权投资合伙企业（有限合伙）。

杭州君瀚股权投资合伙企业（有限合伙）亦是如此，而且在其上又增加了一级持股平台——杭州君洁股权投资合伙企业（有限合伙）。

这样的设计主要有以下几点优势：第一，实现控制权的成本较低。唯一的普通合伙人——杭州云铂投资咨询有限公司，哪怕只占了该合伙企业不到0.5%的合伙财产份额，也能实现对该企业的控制权。第二，实现了控制人自身风险的有效隔离。基于普通合伙人无限连带责任的承担方式，马云并未直接以自然人身份进入合伙企业成为普通合伙人，而是成立了一家一人有限公司，以该一人有限公司作为普通合伙人，这样的好处就在于公司法人的人格拟制和股东的有限责任。第三，将员工放在持股平台内，能有效隔离对主体公司带来的干扰。

资料来源：根据相关资料整理.

（四）双重股权结构

双重股权结构是一种通过控制权和现金流权对公司实行有效控制的手段，俗称AB股计划。区别于同股同权的制度，在双重股权结构中，股份通常被划分为高、低两种投票权，但收益权相同。高投票权的股票拥有更多的决策权。双重股权结构的重点在于将公司股票区分为A类普通股与B类普通股。其中，A类普通股由机构投资人与公众股东持有，B类普通股由创业团队持有，两者设立不同的投票权，以此确保创业团队的经营管理权。高投票权的股票（B类普通股）每股具有数倍于低投票权股票的投票权，主要由公司创始人团队成员或者公司核心管理团队持有。低投票权的股票（A类普通股）的投票权可能只占高投票权股票的10%或1%，有的甚至没有投票权，由一般股东持有。B类普通股可随时转化为A类普通股，但A类普通股在任何情况下均不能转化为B类普通股。此外，如果B类普通股的持有人将股票转让，被转让的B类普通股将自动转化为相应的A类普通股。

延伸阅读3-12

AB股的实践

京东在美国上市之后，将公司股票分为A类普通股和B类普通股。刘强东作为创始人，持有B类普通股，其他所有股东的股份为A类普通股。B类普通股的投票权为A类普通股投票权的20倍。由此，出资只占20%的创始人刘强东通过持有B类股票，获得83.7%的投票权，实现了对京东的绝对控制。

在美国上市的不少高科技公司都采用这种股权结构，以维持公司创始团队的日常经营控制权。例如，脸书、谷歌和百度等企业都将其A序列普通股与B序列普通股的投票权比设为1∶10。而近年来不少赴美上市的中国企业，如京东、聚美优品、陌陌等，也采用了这种AB股计划。

百度是我国第一家推出双重股权结构的公司。上市后的百度股份分为A类和B类股票，其将在美国股市新发行股票称作A类股票，在表决权上，A类股票每股为1票，而创始人股份为B类股票，其表决权为每股10票。

谷歌是采用双重股权结构的典型，通过这种结构模式，谷歌的创始人与管理层有效掌握了企业的控制权。2004 年，谷歌在上市时实行了牛卡计划。其中 A 种股票每股 1 份投票权，B 种股票每股 10 份投票权。B 种股票的持有者只有创始人谢尔盖·布林、拉里·佩奇与 CEO 埃里克·施密特三人。实行双重股权结构让他们三个人对谷歌的控制权超过了 50%。两位创始人表示，双重股权结构是新生代技术企业的一种发展趋势，更符合新生代企业在上市时的经营理念。因为它可以保护企业不受短期压力的干扰，能给企业的长远发展带来更多的灵活性。

采用双重股权结构，对表决权作出限制，并不代表对收益权也进行了限制。收益权与表决权是分离的。派发股息、分红等财产收益权应当按照一种股票对应一份收益的原则。如有必要，还需对高表决权股票的具体表决事项进行限制。

如脸书就对表决权进行了限制。2009 年 11 月 25 日，脸书宣布把股份分为 A、B 两类，如果上市，持有 B 类股票的股东选择出售股票，其将自动转化为 A 类股票，以此确保现有股东的表决权不会受到影响。根据其招股书，截至 2011 年 12 月 31 日，脸书在上市前共发行 A 类股 1.17 亿股，B 类股 17.59 亿股。创始人扎克伯格持有 B 类股 5.34 亿股，占 B 类股的 28.4%，但这个比例并不能确保扎克伯格对脸书有绝对控制权。

因此，扎克伯格在设计双层股权结构时还加入了一个代理协议，对表决权作出了限制。协议的内容是：前十轮融资中的所有投资者都需要签订表决权代理协议，同意在某些特定场合，授权扎克伯格代表他们进行投票，该协议在上市后仍有效力。这部分代理投票权为 30.5%，加上其本人所持有的投票权，扎克伯格总计拥有 58.9%的投票权，对脸书有绝对控制权。

我国 2018 年修正的《公司法》中仅有“同股同权”的原则性规定，并以“国务院另有规定”作为除外情形。新《公司法》在第一百四十四条至第一百四十六条新创设了股份有限公司的类别股机制，本次修订后，新《公司法》于股份公司相关章节正式引入了类别股制度，允许股份公司按照自身章程的规定发行与普通股权利不同的类别股。上交所科创板上市委于 2019 年 9 月 27 日召开了第 27 次审议会议，审议通过了金山办公、优刻得、卓易信息三家企业的科创板首发上市申请。其中，优刻得是科创板受理的首家同股不同权企业，也是科创板首家过会的同股不同权企业。

资料来源：蔡聪．创业公司的动态股权分配机制．北京：机械工业出版社，2017：178；王美江．合伙人裂变与股权密码．北京：人民邮电出版社，2019：236.

在双重股权结构下，企业可以发行具有不同表决权的两类股票，从而让创始人与管理层获得更多的表决权，有效遏制其他投资者对创始人控制权的冲击。具体而言，企业实行双重股权结构可以起到以下三点积极作用：

（1）避免因股权稀释失去控制权。一些成长性和创新性企业，资产比例较低，特别是固定资产比例较低，难以从债券市场获取融资，但是它们又急需资金来帮助自己发展，同时投资者又看好这个行业。因此，创始人只能通过稀释自己的股权来获取企业发展资金。而股权过度稀释的结果是创始人失去对企业的控制权。双层股权结构可以让企业的股权与投票权分离，使创始人保持对企业的控制权。

（2）保护中小股东利益。在双重股权结构下，A、B 类两种股票的差别在于表决权大小以及可转让性。企业创始人、执行董事与管理层持有的有超额投票权的B类股不能转让，如果要转让就需转成A类股。通过这样的方式，可以保证企业的创始人以及管理层对企业决策的谨慎性，从而保护中小股东的利益。

（3）有效反击敌意收购。由于经营范围与生产情况的不同，一些企业的创始人与管理层股东更需要牢牢地掌握控制权。面对敌意收购行为，双重股权结构可以保障企业的控制权牢牢掌握在创始人与管理层手中。其对于传媒业、娱乐业、投资基金行业、科技类企业都是有效反击敌意收购的手段。

（五）董事席位控制

董事会是连接公司股东大会和管理层的枢纽，是公司重要战略的决策制定和监督执行机构。董事会是良好公司治理实践的重要组成部分，对于公司成功经营和可持续发展至关重要。因此，围绕董事会中董事席位的投票权设计，创始人应通过有效的股权结构设计去积极影响投资方、合伙人以及高管，确保他们始终站在创始人的利益立场。

董事会席位控制经常是企业创始人与其他股东之间的争夺点。在现实中，当公司在对外进行融资时，公司的投资人往往会以增加选定的董事作为投资条件，甚至直接要求董事的任免权。此时，创始人就要注意控制董事会的人数，保持“自己人”的比例。一般而言，创始团队在公司发展初期，至少要控制2/3的董事人数；在公司成熟期，也要控制一半以上的董事人数。

中国证监会2022年修订的《上市公司章程指引》第一百零七条第一款指出，董事会的重要职权之一是“决定公司的经营计划和投资方案”。董事会是企业投资的决策机构，决定公司的投资方案。根据议案表决规则，投资议案能否通过主要取决于董事会的投票表决结果，而投票表决结果与董事会的席位结构密切相关。因此，董事席位分配是公司股权设计中需要考虑的一个重要因素，只有占据更多的董事席位，才能拥有真正的三权，即话语权、投票权、决策权。根据新《公司法》第七十三条规定，董事会会议应当有过半数的董事出席方可举行。董事会作出决议，应当经全体董事的过半数通过。在企业融资过程中，创始人对董事会成员比例的设置也应给予重视。一般而言，在第一轮融资时，可以设置7名董事，第一轮投资人可以委派1名董事，创始人团队委派6名董事。按照这样的比例，到第三轮融资时，创始团队还能够占据4个董事会席位。同时，在融资过程中，公司应尽量将外部董事席位提供给对公司发展具有重要意义的投资者，并随着外部董事的增加来增加整个董事会的人数，以便保持创始股东控制董事人数的总体比例。

案例3-3

董事席位争夺

2014年3月，腾讯向京东注资2.15亿美元获得15%的股份。而在董事会层面上，腾讯委派刘炽平为京东的董事。2014年5月，京东在美国纳斯达克证券交易所正式挂牌上市。京东上市前的董事会构成如下：京东的董事会为9人，老虎基金、Best Alliance、

Strong Desire 以及 DCM 分别有权任命 1 名董事，而刘强东及管理团队则有权任命 5 名董事，并且有权任命董事会主席。从董事会席位来看，刘强东及其管理团队与其他股东在董事会的投票权为 5：4，刘强东在董事会的投票权超过半数，在董事会重大问题的决策上刘强东团队拥有主导权。这样刘强东团队在董事会与股东会都有绝对的发言权，从而牢牢把握着公司的控制权。当面临公司发展中的重大问题时，刘强东团队可以牢固把控主导权，从而确保京东的前进方向在自己的控制之中。

已历经两个多世纪的美国第三大化工巨头杜邦公司（DuPont Co），正面临一场史上最为头痛的董事席位争夺战。华尔街赫赫有名的激进投资者纳尔逊·佩尔茨（Nelson Peltz）通过旗下的特里安基金管理公司（Trian Fund Management LP，以下简称特里安）于 2015 年 1 月 8 日向杜邦开战，要求在杜邦董事会中为特里安增添 4 个董事席位，其中包括佩尔茨本人。

据报道，特里安是全球最大的激进投资基金之一，当时持有杜邦约 2.7%的股权，价值 18 亿美元，是杜邦的第六大股东。因杜邦市值高达 675 亿美元，此次挑战也得以成为维权投资者发起的有史以来最大规模的"战争"之一。杜邦董事会共有 13 个席位，特里安想要占有其中 4 席。除了他自己，佩尔茨还提名了美国通用电气资产管理部门前首席执行官约翰·梅尔斯（John H. Myers）、亨氏（Heinz）前首席财务官亚瑟·温克布莱克（Arthur B. Winkleblack），以及洛克伍德公司（Rockwood Holdings）代理首席执行官罗伯特·扎达（Robert J. Zatta）。增添董事席位，无疑是要加强对杜邦决策的话语权。特里安表示，选举特里安提名的董事，将加强董事会的对话与管理，使全体股东获益。

华西药业为西藏药业第一大股东，但二股东新凤凰城却控制了董事会。两大股东度过 7 年的合作蜜月期后，自 2014 年 8 月开始爆发内斗。在 2014 年 9 月 30 日召开的临时股东大会上，由第一大股东推荐的两名独立董事当选，而二股东推荐的独董人选则落选。新凤凰城随即发出《股东声明函》，认为此次临时股东大会程序违反相关规定，决议内容无效，而增选的独董同样无效。针对西藏药业两大股东的争斗，有中小股民提议，筹集 10%的股份从而单独提起召开临时股东大会，结束股权争斗。

资料来源：郑指梁，吕永丰．合伙人制度：有效激励而不失控制权是怎样实现的．北京：清华大学出版社，2017：89；苏墨，毕蕾．股权博弈六连环．经理人，2015（2）：54-57.

（六）创始人一票否决权

公司章程作为一种行为规范，不是由国家而是由公司依法自行制定的。公司章程的自治性正体现了各个公司治理策略的差异。在不违反法律、行政法规的前提下，各个公司根据其情况的不同通过公司章程制定具体的公司治理制度，如股东大会的权限、职工参与的方式、小股东利益保护方式（投票方式）等。这既有利于国家主张的公司治理规则的推行，也有利于企业根据自身的特点制定相关公司治理政策。公司的运行体系都需要受到公司章程的约束，公司的经营活动以及公司股东的行为都需要在公司章程的指导下开展。法律赋予股东通过公司章程自主决定公司诸多事项的权利。现代公司从股东构成到治理架构及人员组成越来越复杂，运用法律赋予的章程自治权自主约定公司事项，是股东实现公司治理目标的重要方式。

新《公司法》第六十五条规定，股东会会议由股东按照出资比例行使表决权；但是，公司章程另有规定的除外。这说明，股东的各项权利根据股权比例确定是《公司法》的基本原则，行使表决权是股东参与公司经营决策的重要途径。调整表决权比例甚至是某些小股东“控制”公司的重要途径，这点对财务投资者尤为重要，其可以通过设置在某些事项上的一票否决权达到控制公司的目的。这一条文实际赋予了公司章程两项自由规定的权利：同股不同投票权和一票否决权。

创始人的一票否决权是一种防御性条款策略。当创始人股权低于50%的时候，可以通过修改章程，给创始人在公司股东会层面作出决定时保留一票否决权。这些否决权应该针对公司的重大事项，包括合并、分设、解散、上市、年度预算决算、出售重大资产、对外投融资、公司审计、董事会变更、高管任免等。在这种情况下，即使创始人股权低于50%，无法控制股东会和董事会，也至少对公司重大事项的决定有推翻的权利，属于防御性的权利设置。

延伸阅读3-13

一票否决权的实践

在国美电器内部斗争中，黄光裕虽然身陷牢狱，却依然能够保留对公司的控制权。这正是得益于该公司董事会内独特的一票否决制度。当时，黄光裕由于突然被关押，临时将公司交给陈晓负责，但陈晓意图引入贝恩资本，稀释黄光裕家族的持股比例。黄光裕正是由于在公司章程中保留了关于重大事项的一票否决权，以此否决了陈晓的决议，才保住了自己的控制权。

资料来源：王美江．合伙人裂变与股权密码．北京：人民邮电出版社，2019：56.

延伸阅读3-14

公司章程的自治

对我国《公司法》，我们如果稍加注意就会发现在大量条款中有“符合公司章程规定”“依照公司章程的规定”“公司章程另有规定的除外”的字样。公司章程是股东协商一致的意思表示，是公司的最高法律效力文件。作为公司组织与行为的基本准则，公司章程对公司的成立及运营具有十分重要的意义。公司自治是现代法治的一项原则，法律赋予股东通过公司章程自主决定公司的诸多事项的权利。现代公司从股东构成到治理架构及人员组成越来越复杂，运用法律赋予的章程自治权自主约定事项，是股东实现公司治理目标的重要方式。

资料来源：根据相关资料整理．

二、创业企业股权退出机制

对面临较大风险与变数的创业公司而言，其不仅需要一个合理的股权架构来保障公司的良好治理，还需要一个完善的股权退出机制来应对创业团队的变更、解散，以最大限度地减少成员退出给公司带来的“内耗”，避免相关的法律纠纷。合伙人退出机制一定要明确，合伙人退出的成本越高，创始团队黏性就越大，越不容易退出。所以设计好退出规则对于股权设计来说尤为重要。

那么创业公司可采取什么样的股权退出机制呢？如何尽可能地减少法律风险，实现退出股东与公司利益的平衡呢？

（一）创业股权退出原因

1. 创业团队离职

创业团队中的股东离职后股权怎么处理是其他创始人的难题。比如，离职的创始人可能不同意把股权拿出来，或是需要付出相当高的代价才愿意将股权归还给公司。面对这种问题，公司如果处在初始阶段，可以选择另外注册一家公司来处理这项业务。这对持有这家公司股份的创始人来说其实没有任何价值。如果为了长远发展，创业公司就应该在初始阶段设置好退出安排，比如规定回购价格等。还有其他一些处理方式，比较常见的有公司停摆、贬值，迫使离职创始人急于脱手，也可以采用引入外部投资的方式，稀释某位创始人的股权。

2. 婚姻制度

有时如果出现股东婚姻问题，则会涉及股权退出机制问题。比如，土豆网的创始人创立了土豆公司，然而在公司即将赴美上市之际，创始人的妻子提出离婚要求，而且要求分割财产。这时，企业的风险骤然增大，对于美国资本市场的投资者来说，公司控股股东因为离婚失去控制权，这是非常大的变动和风险。其导致的结果是后来提交申请的优酷网反而先上市，一前一后的变化直接改变了两家视频网站在中国的命运。

我国的婚姻法规定，只有夫妻关系存续期间的财产是共同财产。夫妻在创业期间的财产，包括公司的股权，原则上是共同财产，但是双方可以对这一财产另外约定，不按照共同财产来处理，只要一方自愿，双方签协议即可，所以就出现了投资界的“土豆条款”。

延伸阅读 3-15

从“土豆条款”看创始人股东婚姻状况的重要性

中国创始人股东的平均年龄为 34.5 岁，其中 62.7%的创始人股东婚姻状态为已婚，一旦创始人股东的婚姻状况发生变化，便会涉及夫妻共同财产——股权的分割问题。股权背后的巨大经济利益引发了一系列的创始人股东夫妻股权纠纷。

此类案件不胜枚举，赶集网创始人杨浩然与其妻因离婚诉讼导致股权纠纷，后果是赶集网多名高管离职，给赶集网的正常发展带来了毁灭性打击。此次股权纠纷也成为赶集网上市路上的绊脚石。真功夫创始人蔡达标与其妻的天价离婚案对于真功夫的长远发展可以说是一次重创。土豆网 CEO 王微也曾遭遇因婚变影响公司上市的“滑铁卢”，正是此案催生出“土豆条款”。

虽然投资人并不能直接决定创始人股东的婚姻状况，但是我国婚姻法允许夫妻对其名下的财产进行约定，实行夫妻财产分别所有、部分分别所有、部分共同所有的制度。

对于已婚的股东，可以在股东协议中加入创始人股东配偶条款，即创始人股东配偶同意股权的财产性权益属于夫妻共同财产，股权的管理性权益归创始人股东，同时创始人股东配偶承诺不因夫妻关系的变化要求股东资格或者同意获得股东资格的前提是其他所有公司股东认可。

对于夫妻二人均为股东的情况，夫妻二人的股权可以通过股东协议作出明确约定，即公司股权作为夫妻共同财产已经作出分配，将来婚姻关系的变化不引致公司股权的重新分割。

对于未婚的创始人股东，股权属于创始人婚前个人财产，即使创始人股东日后发生婚变情况，一般也不影响公司控制权。

在创始人股东的婚姻问题上，事前通过条款进行清晰的说明和分割不是不近人情的体现，而是代表了公司董事会的合理诉求。创始人股东在公司中不仅可以享受权益，也需要承担相应的责任。幸福的家庭是相似的，因为它们有感性和理性两把锁来维系，不幸的家庭各有各的不幸，它们不是只有理性，就是只有感性，抑或是两者皆无。

资料来源：根据网络资料整理.

3. 股东去世

若公司某股东因为意外事件去世，对公司股权会有哪些影响？如果其中一个股东去世了且没有制度设计，就按照我国继承法来处理。我国继承法规定，某人去世后，夫妻婚姻期间的财产一半是属于配偶的，这就相当于创业企业新增一个股东。配偶一方分完财产后，第一继承人，包括其父亲、母亲、儿子、女儿等又对剩余财产进行平分，这又等同于一部分股东进人。因此，公司如果对股权制度没有针对性设计的话，就会面临这些问题。

对于这一点，根据《公司法》的规定，如果公司股东在公司章程中明确约定，股东去世以后，其家人可以不按照继承法来继承。去世以后，这部分股权不发生继承，公司可以给他的配偶以及继承人一定的现金补偿。比如，按照当时公司实际估值，或者当年净利润一定的溢价补偿这名股东的配偶或者其他继承人。

延伸阅读3-16

股权/股东资格继承

新《公司法》第九十条规定，自然人股东死亡后，其合法继承人可以继承股东资格；但是，公司章程另有规定的除外。

该规定首次在法律上将股权继承和股东资格继承作了区分，之前的法律及实务均未将股权和股东资格的继承分离。由于股权具有财产和人身的双重属性，如果不将股权的财产属性和人身属性区分，在发生继承时，继承人（可能是一个人，也可能是很多人，可能包括限制民事行为能力人甚至无民事行为能力人）自然成为股东，很容易打破原先股东的平衡，破坏公司的治理结构，这与有限公司人合性的特征不符。

本条规定将股权财产性权利的继承和股东资格的继承作了区分，自然人股东的合法继承人可以继承股权和股东资格，但允许公司章程另作规定，即公司章程可以规定继承人不能取得股东资格。

资料来源：根据网络资料整理.

（二）股权退出机制

1. 事先制定机制，管理合伙人预期

企业如果事先设计好股权退出机制，那么当合伙人退出时，就可以按照既定的规则进行股权回购。具体的价格可以参考当时企业发展的情况进行估值，并适当溢价。有的合伙人虽然退出了企业，但是因看好企业发展，可能存在不退回股权的情况。企业如果想避免这种情况，不妨在签订股东协议时制定相关条款，规定一旦违约就要付出高额违约金。

2. 设计退出的“成熟机制”

公司可以设置限制性股权。限制性股权首先是股权，其次是权利限制。权利限制是指合伙人掌握的股权与其服务期相关，即到什么时间退出，企业才能以何种价格进行股权回购。具体可采用以下机制：

（1）锁定年限（在几年之内），约定股权由创始人代持。

（2）锁定业绩，股权分期成熟（比如 3 年），约定合伙人的股权与服务年限和业绩挂钩。

（3）股东中途退出，股权溢价回购。退出的合伙人的股权回购方式需按事前约定的方式进行，合伙人退出时公司可以按照当时公司的估值对合伙人手里的股权进行回购，回购的价格可以按照当时公司估值的价格适当溢价。

（4）设定高额违约金条款。

为了防止合伙人退出公司却不同意公司回购股权，可以在股东协议中设定高额的违约金条款。

3. 额外签订股东协议

虽然新《公司法》赋予非上市有限责任公司一定的自治权，但是当地的市场监管机构通常要求企业用指定的章程模板，股权的分期成熟与离职回购这些退出机制就很难直接写进公司章程。但是合伙人或股东之间可以另外签订股东协议，约定股权的退出机制。公司章程与股东协议尽量不冲突，在股东协议中约定，如果公司章程与股东协议相冲突，以股东协议为准。

（三）股权退出方式

创业企业股权退出主要有股权退出、合伙金退出和 IPO 退出三种方式。

（1）股权退出。这里特指股东合伙人的退出，因此其已持有的股权由公司回购。这里要明确的是股东与员工身份是不同的，例如有些具有股东身份的员工因为劳动合同到期不再续签，此时员工身份自然终止，公司没有必须发放薪酬的义务，但其股东身份还在，其权利与义务受公司法保护，仍然能享受公司的分红。

在这种情形下，公司要免除退出人股东的身份就会涉及回购价格问题，双方谈妥后公司才能办理相应的登记变更手续。对于离职不交出股权的行为，公司可在章程中约定高额违约金。

（2）合伙金退出。它是指非股东合伙人的退出，对此种退出，公司可以当初缴纳的合伙金按照溢价或折价方式回购。此时的合伙人本质上说还是公司的员工，而非股东，操作时不受公司法的约束，属于公司内部治理的范畴。

案例3-4

某公司合伙金退出的规定

1. 过错导致的回购

在退出事件发生之前，任何一方出现下述过错行为之一的，经公司董事会决议通过，公司有权以1元/股的价格回购该合伙人的全部出资款。该类过错行为包括：

（1）严重违反公司的规章制度；

（2）严重失职，营私舞弊，给公司造成重大损害；

（3）泄露公司商业秘密；

（4）被依法追究刑事责任，并对公司造成严重损失；

（5）违反竞业禁止义务；

（6）捏造事实严重损害公司声誉。

2. 终止劳动关系导致的回购

（1）在退出事件发生之前，合伙人与公司终止劳动关系的，包括但不限于合伙人主动离职，或与公司协商终止劳动关系，或因自身原因不能履行职务，则至劳动关系终止之日提出回购，除非公司董事会另行决定。

（2）回购价格为其出资额的3～5倍，具体由公司董事会根据其过往贡献、绩效等确定，并且按银行同期定期存款利率核算原合伙金的利息。

3. 自愿退出的回购

（1）这里是指合伙人劳动合同期未满而退出的情形。

（2）回购价格为其出资额的0.8～2.5倍，具体由公司董事会根据其过往贡献、绩效等确定，并且按银行同期定期存款利率核算原合伙金的利息。此举是为了预防合伙人中途离职而给公司带来损失。

对以上三种类型的回购，公司承诺在收到合伙人的回购书面通知当日起，3个月内付清全部金额。其中前一个月付清50%，后两个月分别付清30%和20%。

资料来源：郑指梁，吕永丰．合伙人制度：有效激励而不失控制权是怎样实现的．北京：清华大学出版社，2017：267.

（3）IPO退出。对于创业企业的股东合伙人来说，能通过IPO退出是最理想的状态，投资回报率也是最大的。当然，这也考验着股东合伙人的耐心，毕竟IPO需要较长的等待期，而且并不是每个合规的企业都能够上市。

主板、中小板、创业板和科创板股东退出比较容易，在禁售期结束后就可以出售或者转让其持有的股份。我国法律规定如下：

1）主板上市公司的控股股东及实际控制人所持股票在公司上市之日起，至少锁定36个月；对于公司其他股东而言，主板上市公司股票在公司上市之日起至少锁定12个月。

2）新三板市场则规定控股股东及实际控制人所持有股票在挂牌之日、挂牌满1年以及挂牌满2年等三个时点可分别转让所持股票的1/3。而新三板公司的董事、监事、高级管理人员所持新增股份在任职期间每年转让不得超过其所持股份的25%，所持本公司股份自公司股票上市交易之日起1年内不得转让。上述人员离职后半年内，不得转让其所持本公司股份。

3）科创板市场，公司上市时未盈利的，在公司实现盈利前，高管团队锁定期为36个月。核心技术人员除了前述限制，其减持本公司首发前股份的，还应遵守以下规定：第一，自公司股票上市之日起12个月内和离职后6个月内不得转让本公司首发前股份。第二，每年转让的首发前股份不得超过上市时所持公司首发前股份总数的25%，减持比例可累积使用。公司上市时未盈利的，在公司实现盈利前，控股股东、实际控制人自股票上市之日起3个完整会计年度内，不得减持首发前股份；自公司股票上市之日起第4个会计年度和第5个会计年度内，每年减持的首发前股份不得超过公司股份总数的2%，并且应当符合减持细则关于减持股份的相关规定。

思考题

1. 创业企业股权要素与设计比例应如何进行匹配？
2. 创业企业股权结构设计需要考虑哪些利益相关者要素？
3. 比较双重股权结构与有限合伙企业持股平台两种控制权实现方式之间的联系与区别。
4. 分析比较投票权委托与一致行动人协议之间的联系与区别。
5. 创业企业在成长过程中如何实现其可持续发展，避免创始人控制权旁落他人？

案例分析题

“西少爷”拆伙记

2014年11月13日，西少爷肉夹馍中餐连锁品牌的创始人之一宋鑫在知乎上发布一篇名为《西少爷赖账，众筹的钱怎么还》的文章，指责CEO孟兵将其逼走，并拖欠早期众筹股东的钱迟迟不还。11月14日晚间，“西少爷”官方以另外两位创始人罗高景、袁泽陆的身份发布公开信指责宋鑫，称其全文污蔑。主要当事人孟兵则以“新品研发”为由，表示不再对此事作进一步的解释说明。

从2013年的4月8日开业，到6月中旬宋鑫离开，在短短两个月的时间里，这家由4

名合伙人创办的明星创业公司开始分崩离析。“西少爷”拆伙事件归根到底，是“不成熟的合伙人（团队）”与“不成熟的管理机制”相互叠加、相互作用后的必然结果。

4位创始人依靠他们之前在大公司建立起的人脉资源，建立了40多人的众筹团队，由外援智囊团出谋划策，这些人包括大公司中层、小公司的CEO，还有得过奖的编剧……都是优秀的人脉资源，这使得西少爷在策划上拥有充足的资源储备，而与时俱进的营销方式也让西少爷一炮走红。那篇火遍微信朋友圈的文章《我为什么要辞职去卖肉夹馍》就出自一个天才编剧之手，而“1. 开业免费吃。2. 互联网公司人免费吃。3. 分享点赞免费送。”的营销策略背后不仅有他们团队的讨论决策，更有各路有经验的高人为其指点。公司开业不到一周，便有投资机构慕名而来，并给出了高达4 000万元的估值。

4位创始人认为这时需要引入投资来扩大业务，但就在引入投资、协商股权架构的过程中，孟兵、宋鑫之间的矛盾彻底激化。打造一个成功的创始人团队固然需要具备诸多要素，但其中一个底线要素必不可少，那就是“成熟”，即成功的创始人团队必须由“成熟的个体成员”组成。成熟的个体，才会有成熟的行为，才能建设性地解决分歧和冲突，推动共同目标的实现。而在“西少爷”拆伙事件中，我们看到的则是比比皆是的不成熟行为。先来看孟兵一方，当他看到“西少爷”开始盈利，并且可能马上引入巨额融资、前景一片大好的时候，却在不与其他任何创始人商量的情况下，偷偷跑到天津，以隐瞒关键信息的方式劝退了西少爷母公司的一位原始投资人，并把此人退出的股权纳为己有。这一行为直接破坏了创始人之间最宝贵的互信。而他在清退与之发生分歧的合伙人宋鑫时，又在该创始股东不在场的情况下，推动形成股东决议并且以微信方式通知对方“已被清退”。这种试图回避正面冲突的做法实际上反而更加激化了矛盾冲突，最终导致宋鑫以公开发表文章自曝家丑的极端方式作出回应。

再看宋鑫一方，在孟兵就其个人投票权倍数作出让步，并且另两位合伙人也都同意的情况下，其依然没有表现出任何解决问题的诚意和行为，而是选择了坚持己见，绝不妥协，并且展示出不惜在投资人面前暴露内部冲突的姿态，使整个融资过程陷于停顿。其固执己见、不顾大局的做法，使其进一步丧失了另外两个合伙人对他的同情和支持。此外，从公开披露的信息看，孟兵、宋鑫在整个创业过程中多次发生争吵、冲突，矛盾不断积累、升级，却始终没有一个人尝试让大家坐下来把“疙瘩”解开，反而采取了假装没看见的“鸵鸟政策”，期待着问题会自行消失。

创业之初的模糊约定在公司发展壮大时，很容易产生股权和利益纠纷，导致合伙人散伙。像西少爷肉夹馍这样，创业之初的好友变为陌路人甚至敌人，都不是创业的初衷！

公司创业初期，创始人股权比例的分配非常重要，一定要在创立之初就约定好股权占比，不一定要在工商注册中约定，但是一定要约定好每个人的股权比例、相应的退出机制，以及预留出一定比例的股权吸引优秀人才。随着投资人的引入，投资方股权的占比也要根据公司的竞争优势、盈利能力和发展潜力进行估值和调整，同时约定投资人的退出机制。

资料来源：程建岗．“西少爷”拆伙记．董事会，2015（1）：68-69.

请根据上述资料中西少爷创业合伙企业的拆伙，结合本章所学知识点，分析如何避免创业企业在创业过程中的股权悲剧。

第4章

董事会治理

学习要点

1. 掌握董事会的职能、构成和在公司治理中的地位；
2. 理解董事的权利和义务；
3. 掌握董事会的规模、结构及董事会独立性与公司治理的关系；
4. 了解董事会会议的运作机制；
5. 掌握股东会中心主义和董事会中心主义的区别。

引例

公司需要什么样的董事会?

2019年7月，宝马集团宣布时任董事长Harald Krueger退出公司董事会，自8月16日起由Oliver Zipse担任宝马集团董事长。Krueger的“下课”在不少业内人士看来是因为宝马的利润缩水及在电动汽车业务上的缓慢进展。在豪华车市场领跑10年之后，宝马的势头在2016年逐渐减弱。尤其是在2018年，宝马全年营业利润下降7.9%至91.2亿欧元；而进入2019年后，宝马在一季度再次经历大跌，集团营业利润较上年同期下降78%至5.89亿欧元。

与其他豪华汽车制造商一样，宝马迫切需要向电动化、智能化、网联化转型。按照宝马的发展规划，公司要在2023年之前推出25款电动汽车，其中超过一半的是纯电动汽车，其余的是插电式混动汽车，通过推出新的电动车型来恢复宝马的利润率；同时，公司要大力推进在电动化、智能化等新兴技术领域的研发。

宝马集团任命Zipse为新任董事长很显然是为了更好地进军电动汽车市场。Zipse在上任后很快组建了新的董事会班子。2019年10月，宝马质量总监Milan Nedeljkovi ć被任命为新的董事会成员，负责产品质量问题；2019年11月，宝马丁格芬工厂负责人Ilka Horstmeier被任命为人事董事；2020年3月，德国工程师Frank Weber加入宝马董事会，负责集团的研发工作，他曾就职于欧宝、劳斯莱斯等公司，拥有丰富的电动车整车开发经验。

宝马集团董事会共有8位董事成员，为了促进业绩提升和战略转型，公司在短期内密集调整了包括董事长在内的4位董事成员，堪称“董事会大换血”。由此可见，一个结构合理的董事会在公司经营及公司治理中具有重要的地位和作用。

然而，现实中的许多公司可能建立了符合法律法规要求的董事会制度，却未能收到理想的治理效果。根据毕马威2016年针对全球46个国家的2 300多名董事及高管人员的调查，只有36%的受访者认为其所在董事会的成员完全具备适当的知识、背景及经验组合以发挥有效的监督和决策作用；69%的受访者认为寻找同时拥有日常业务经验和公司所需专门技能的董事是非常困难的；75%的受访者认为在挑选董事会成员时，寻找与公司未来3～5年的战略匹配的董事人才是最大的挑战。

资料来源：建立卓越的董事会：毕马威审计委员会之窗全球市场动向调查．(2016-09-05) [2022-09-01]. https://assets. kpmg/content/dam/kpmg/cn/pdf/zh/2016/09/kpmg-aci-global-pulse-survey. pdf.

第一节　董事会：公司治理的枢纽

一、公司治理为什么需要董事会

董事会是由董事组成的，对内掌管公司事务、对外代表公司的经营决策和业务执行机构。董事会由股东会选举，是股东会这一权力机关的业务执行机关，负责对公司的经营活动进行指挥与管理，向公司股东会负责并报告工作，执行股东会的决议。董事会是联结股东与经理层的纽带，也是公司治理机制的重要组成部分。股东控制管理者并确保公司根据股东利益行事的首要途径便是董事会，因而董事会也被认为是公司最主要的内部治理机制，其运行效率直接关系到公司业绩和股东财富（姜付秀、Kim、王运通，2016）。长期以来，董事会的职能、特征及治理效果一直是实务界和学术界所关注的焦点。

延伸阅读4-1

我们为什么需要董事会?

公司制企业为什么需要董事会？针对这一问题，学术界进行了许多讨论，形成了法学界的“管家理论”、经济学界的“委托代理理论”和管理学界的“团队决策理论”等诸多解释。这些理论各自基于一定的事实而各有道理，但其背后最基本的逻辑均基于以下三点：

第一，有限责任制是公司获得永续生命和无限扩张的前提。如果没有有限责任，那么谁敢与陌生人合作，共同成为一家公司的股东？在几千年的传统社会中，经济活动的组织形式仅限于官方靠武力执行的政府企业和民间靠亲缘血缘维系的家族企业，再加上一点宗教组织所附属的企业活动，企业难以做大做强。有限责任制的出现扩展了企业股东的边界，才会产生成千上万以至几十万、几百万股东共同拥有的现代大型企业组织。

第二，董事会制度防止了有限责任制被股东滥用于过度冒险、掠夺等有损企业发展的行为。有限责任制扩大了股东的合作范围并增强了股东承担风险的意愿，然而，如果缺乏相应的约束，有限责任制也会刺激股东的过度冒险行为，成为股东掠夺债权人和公司其他利益相关者利益的工具。例如，股东通过提高财务杠杆及从事高风险项目，以有限的损失博取接近于“无限”的高额利润。董事制度的引入提供了一个追究“无限”责任的通道。股东可以在财务上享受有限责任的保护，但股东若胡作非为，则追究其作为公司董事的责任。公司董事的责任既是直接追究到个人的，也是“无限”的。

第三，董事和董事会制度进一步扩展了公司制企业的合作边界。有限责任制扩展了股东之间物质资本的合作边界，使不相识的股东之间可以共同投资和拥有一家企业。董事和董事会制度则进一步扩展了物质资本的拥有者和管理才能的拥有者之间的合作边界。

资料来源：仲继银，魏云芳．我们为什么需要董事会．董事会，2007 (7)：94-97.

案例 4-1

庚星股份的董事会大洗牌

庚星股份原控股股东为中庚集团，由梁衍锋实际控制。自 2024 年 1 月起，梁衍锋所持股份陆续被司法拍卖，中庚集团从而丧失对庚星股份的控股地位。浙江海歆竞得上述庚星股份的股票，合计 5 550 万股，占公司总股本的 24.10%，由此成为庚星股份的新控股股东。庚星股份的实际控制人也由梁衍锋变更为浙江海歆董事长钟仁海。在这之后，庚星股份新老实控人之间的董事会席位之争便愈演愈烈。

庚星股份的董事长是梁衍锋，董事会成员也大多由原控股股东中庚集团提名。自 2024 年 3 月以来，董事会在股东会提出的多项议案皆因新控股股东浙江海歆的反对而告吹。2024 年 6 月 14 日，庚星股份公告称，收到浙江海歆以邮件形式提交的“关于要求增加临时股东会临时提案的函”，浙江海歆认为，庚星股份本届董事会相关董事及本届监事会未能依照公司法等的要求履行职责，违背勤勉义务和忠实义务，诉求罢免包括梁衍锋在内的 8 名董事。但庚星股份的董事会并未同意增加上述临时提案。随后，2024 年 6 月 27 日，浙江海歆又向庚星股份监事会提请召开股东会，以投票审议上述罢免议案。但庚星股份的监事会依旧不同意召开临时股东会。

两度改组董事会遇阻，浙江海歆凭借其控股地位，于 2024 年 7 月 31 日下午自行召集和主持临时股东会，提请罢免原控股股东一方的董事、监事，并推选出新一届董事会成员。7 月 31 日晚，庚星股份 2024 年第三次临时股东会投票结果出炉：包括董事长梁衍锋在内的 8 名董事以及监事吴国均被罢免。同时，徐鹏、蒋彬彬、雷安华、张燕等 4 人当选公司非独立董事，王锡伟、虞丽新当选独立董事；其中，徐鹏等四人均来自浙江海歆。庚星股份同时发布公告称，鉴于公司原有的 3 名独立董事均被罢免，而本次股东会仅 2 名独立董事当选，将导致公司独立董事人数少于董事会成员人数的 1/3，公司将按照相关法律法规的有关规定，尽快完成独立董事的补选工作。根据《上市公司独立董事管理办法》和公司章程的相关规定，公司原独立董事将继续履职，直到公司完成剩余独立董事的补选工作。

值得关注的是，庚星股份自上市之后已经更换了 4 任实控人。在 1996 年上市之初，这家公司名叫“河南冰熊保鲜设备股份有限公司”，主营业务是冷藏冰柜，后来因经营不善而遭ST（ST冰熊）。2005年，银星智业入主“＊ST冰熊”，将公司更名为“东方银星”，主营业务转向房地产业。然而，2010年之后，东方银星的房地产业务进入停滞状态，仅仅依靠建材贸易勉强获得1 000万元左右的营收以及微薄的利润，没有退市。2013年之后，经过连续四次举牌后，豫商集团成为东方银星第二大股东，与第一大股东银星智业开始了持久的控制权争夺。2015年，银星智业将所持东方银星股份全数转让给了晋中东鑫，豫商集团的“宫斗”对象随即变为晋中东鑫，导致东方银星公司内部一度出现了“双头董事会”的局面。2017年，晋中东鑫通过协议转让的方式，将其持有的占总股本29.98%的股份出售给中庚集团。在中庚集团入主东方银星之后，豫商集团逐渐放弃对上市公司控制权的觊觎，开始减持股票，并最终退出前十大股东。此后，中庚集团又数度增持，最终持股比例达到35.57%，成为东方银星控股股东。2019年4月20日，东方银星公告称，将公司名称由“河南东方银星投资股份有限公司”变更为“福建东方银星投资股份有限公司”，公司注册地也由河南省商丘市变更至福建省福州市。2023年3月，公司证券简称由“东方银星”变更为“庚星股份”。

随着实际控制人的数次易主，公司主营业务也从冰箱变更为房地产、再变更为煤化大宗贸易，如今又要转型新能源行业。在长期的控制权争夺之下，公司难以维持稳定的董事会和经营战略，一定程度上导致了公司业绩表现堪忧。庚星股份2023年年报显示，公司实现营业收入8.18亿元，同比下降55.72%；归母净利润为－5 149.53万元，同比下降461.96%。对于营收和利润的双双大幅下滑，庚星股份解释称，这是因为公司正在战略性地收缩原大宗商品贸易业务规模，而新业务则尚处于起步阶段，暂未形成较大规模性收入，导致了公司的营业收入大幅下降和业绩亏损。

资料来源：根据公开资料整理.

二、董事会的职能

董事会主要行使两方面的职能：监督职能和咨询职能（Fama and Jensen，1983）。监督职能包括雇佣、考核以及在必要的时候解聘高管，以确保股东财富的最大化。监督职能的发挥主要依赖于三个途径：首先，董事会负责CEO和管理层的雇佣和选任，可以决定其任期长短，当企业经营业绩不佳时，董事会有权将其解聘，以此对管理者行为产生约束作用；其次，董事会负责高管薪酬的制定与监督，防范管理层利用自身权力提升个人薪资待遇；最后，董事会有权对管理层提出的经营决策、发展规划、企业战略等进行审议，若其有损股东利益，董事会可发表反对意见。咨询职能指董事会成员根据其从业经验、专业特长等自身优势给予CEO或管理层公司战略决策及执行方面的建议或咨询。

在20世纪90年代之前，西方公司董事会的职能主要是咨询和建议，公司董事更多是对CEO友好型的，在监督管理层方面非常消极（Lipton and Lorsch，1992）。除非公司的绩效非常糟糕，否则董事会不会采取实际行动。在20世纪90年代之后，公司治理的目标开始由管理层主义向纯粹的股东利益最大化转变，企业业绩和管理层变更的敏感性趋势有所增强，董事会的主要职能也逐渐向监督管理层转变。两项调查研究的证据显示，在 20 世纪 90 年代之前，80%的受访董事参与公司战略决策的制定，只有 45%认为其工作职责是审查和监督管理层；而在 2000 年以后，有 84%的受访董事认为其主要工作是监督管理层而非制定企业战略。

董事会的监督职能和咨询职能背后的依据是委托代理理论和资源依赖理论这两种不同的基础理论。

董事会的监督职能源自委托代理理论。该理论认为，现代公司制企业中所有权和经营权相分离，导致管理者可能会追求与股东利益相悖的个人目标（Jensen and Meckling，1976；Fama and Jensen，1983）。董事会作为重要的内部控制机制，利用法律和公司章程赋予的合法权利对管理层的行为进行有效监督，能够减少管理层与股东之间的利益分歧，确保管理团队称职，是解决代理冲突问题的有效途径之一，并通过监督职能提升企业价值。同时，在第二类代理问题严重的公司，董事会也可以抑制大股东的资源侵占行为，从而降低大股东对中小投资者的侵害。

董事会的咨询职能源自资源依赖理论。该理论认为，企业无可避免地需要从外部环境中获取资源，导致企业对外部环境的依赖，但是由于资源稀缺，企业需要采取各种措施来降低对环境的依赖程度，董事会就是一种使公司对外界环境依赖程度或资源获取成本最小化的机制（Pfeffer and Salancik，1978）。董事不仅能为管理层提供建议，还能通过与其他组织的联系为公司带来独特的资源，董事会的成员构成就反映了公司对环境的需要。董事所提供的资源包括人力资本和社会资本。人力资本指董事在之前的经历中积累的可以应用于公司决策的知识、经验和专业技能。社会资本是董事与其他人或组织之间的社会关系，这种社会关系促进了相关信息、资源等从公司外部流向公司内部，从而提高决策质量以及公司价值。董事在多个组织之间的联结是董事的人力资本和社会资本的重要来源（Carpenter and Westphal，2001），例如，若董事在不同公司担任职务，该董事将有机会观察其他公司的董事会是如何作出重要决策的，从而促进本公司决策的优化。

董事会职能一般授权给各个专门委员会。战略委员会、审计委员会、薪酬委员会和提名委员会是最主要的四个专门委员会。其中，战略委员会负责对公司中长期发展战略和重大投资决策进行研究并提出建议；审计委员会审查财务报告和内部控制系统；薪酬委员会管理并审查所有的高管薪酬方案；提名委员会则对候选董事进行评估、评价独立董事的表现并评定公司的治理结构等。除此之外，一些公司的董事会还会建立专门的委员会以发挥董事的咨询功能，例如财务委员会、投资委员会等。

案例 4-2

中国农业银行的董事会专门委员会

中国农业银行的董事会除了设有战略规划与可持续发展委员会、提名与薪酬委员会、审计与合规管理委员会等基本的专门委员会之外，还根据金融行业的特殊性设置了风险管理与消费者权益保护委员会、关联交易控制委员会，并结合自身的经营实际额外设置了“三农”金融与普惠金融发展委员会、美国区域机构风险委员会等。各个专门委员会的成员构成及运行情况如下。

战略规划与可持续发展委员会：由9名董事构成，设委员会主席1名。该委员会的主要职责是审议本行总体发展战略规划、各专项发展战略规划、重大投资和融资方案、企业兼并收购方案和其他影响本行发展的重大事项，制定本行可持续发展战略和目标，定期评估可持续发展相关风险及战略执行情况并向董事会提出建议。

提名与薪酬委员会：由7名董事构成，设委员会主席1名。提名与薪酬委员会的主要职责是拟定本行董事、董事会各专门委员会主席及委员和高级管理人员的选任标准和程序，就董事、高级管理人员的人选及任职资格条件向董事会提出建议，拟定董事及高级管理人员薪酬办法，提出薪酬分配方案，提交董事会审议。

审计与合规管理委员会：由4名董事构成，设委员会主席1名。审计与合规管理委员会的主要职责是审议本行内部控制管理制度、重大财务会计政策、审计基本管理制度及规章、中长期审计规划、年度工作计划等，并向董事会提出建议；审议批准本行案件防控工作的总体政策，对本行案件防控工作进行有效审查和监督。

风险管理与消费者权益保护委员会：由8名董事构成，设委员会主席1名。风险管理与消费者权益保护委员会的主要职责是审议本行的风险战略，审议风险管理政策、程序和内部控制流程，以及对相关高级管理人员和风险管理部门在风险管理方面的工作进行监督和评价；审议本行消费者权益保护工作战略、政策和目标，监督和评价消费者权益保护工作，定期听取消费者权益保护工作开展情况的报告，并向董事会提出建议。

关联交易控制委员会：由3名董事组成，设委员会主席1名。关联交易控制委员会的主要职责是对本行的关联方进行确认，审议关联交易基本管理制度，以及对关联交易进行审核和备案，并向董事会提出建议。

“三农”金融与普惠金融发展委员会：由7名董事构成，设委员会主席1名。该委员会的主要职责是审议本行“三农”/普惠金融业务发展战略规划、“三农”/普惠金融业务的政策和基本管理制度、“三农”/普惠金融业务风险战略规划和其他有关“三农”/普惠金融业务发展的重大事项，监督本行“三农”/普惠金融业务发展战略规划、政策和基本管理制度的落实，并向董事会提出建议。

美国区域机构风险委员会：美国区域机构风险委员会的职责由风险管理与消费者权益保护委员会兼任。美国区域机构风险委员会的主要职责是审议批准美国业务的风险管理政策并监督实施，审议在美机构内外部检查发现问题及整改情况的报告，以及董事会授权的其他事宜。

资料来源：中国农业银行网站．http://www.95599.cn/cn/AboutABC/investor_relations/corporate_governance/directors/director_secretary/.

三、董事会的成员类型

董事会是由公司董事组成的公司内部常设机构。董事是由股东会选举产生的具有实际权力和权威的管理公司事务的人员，是公司内部治理的主要力量，对内管理公司事务，对外代表公司进行经济活动。董事任职不以出资为条件，而是由于其个人的素质、能力和信誉得到了股东的信任。董事既可以由自然人担任，也可以由法人担任，但法人董事须指定一名自然人作为其代理人。

（一）执行董事和非执行董事

按照董事是否在公司内部担任管理职务，可以将董事划分为执行董事和非执行董事。执行董事又称为内部董事，他们通常担任公司的管理层，有行政上或管理上的职务，例如总经理、常务副总经理、财务总监或销售总监等。执行董事不独立于公司管理层。非执行董事又可分为两种：独立董事和外部非独立董事（外部董事或股权董事）。下面将对两类非执行董事进行重点介绍。

1. 独立董事

独立董事是指不在公司担任除独立董事以外的其他职务，并且与其所受聘的上市公司及其主要股东不存在可能妨碍其进行独立客观判断的关系的董事。独立董事应按照相关法律、法规及公司章程的要求，忠实履行职责，以公司可持续发展和公司长期价值为导向，维护公司整体利益，尤其是关注社会公众股东以及其他公司利益相关者的合法权益不受损害。独立董事制度最早出现于 1940 年的美国《投资公司法》，当时设计此项制度的目的在于防范大股东及管理层的内部人控制问题对公司整体利益的损害。2001 年，中国证监会发布《关于在上市公司建立独立董事制度的指导意见》，引入了独立董事制度，并对独立董事的职能、数量、在董事会中的占比、专业能力等问题作出了详细的规定。自 2023 年 9 月 4 日起，中国证监会发布《上市公司独立董事管理办法》，以进一步发挥独立董事在上市公司治理中的作用。

与其他董事会成员类似，独立董事亦主要发挥咨询和监督作用。独立董事由于不在公司内部担任职务，且与各方股东没有关联，因此能够独立思考并作出判断。同时，独立董事通常具有财务、法律、资本市场运作等方面的职业背景和专业能力，可以促使董事会作出更为科学、合理的决策。因此，独立董事通常被认为能够更好地发挥对管理层的监督作用。在第一类代理问题十分普遍的西方国家，独立董事在董事会中所占的比例被高度重视。图 4－1 和图 4－2 分别为中国上市公司独立董事占比的年度分布和中国上市公司独立董事的专业背景统计。

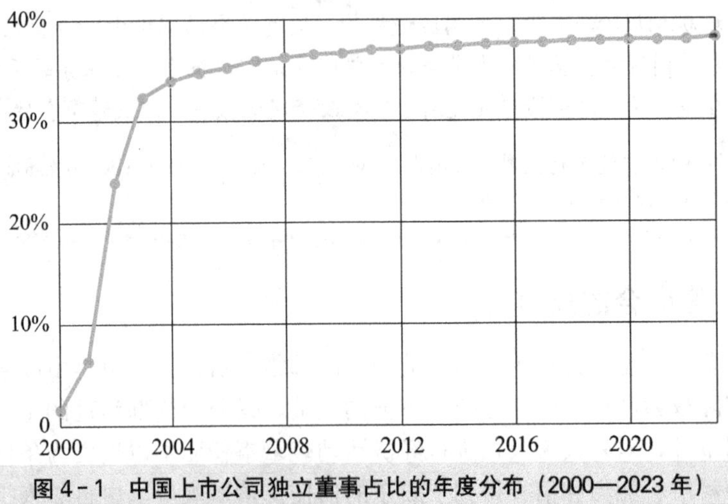

图 4－1 中国上市公司独立董事占比的年度分布（2000—2023 年）

资料来源：国泰安经济金融研究数据库．

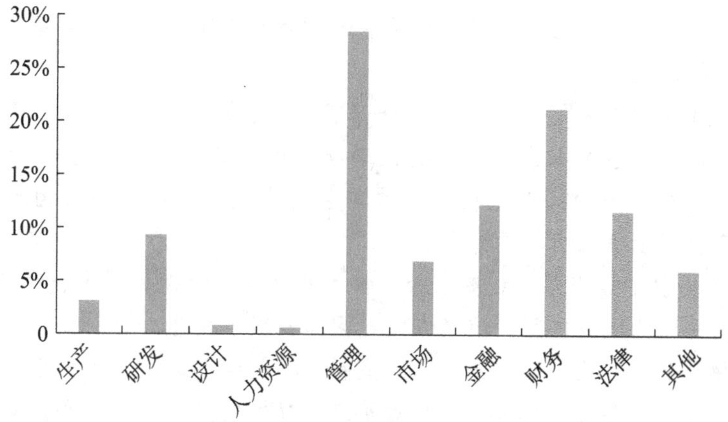

图 4-2 中国上市公司独立董事的专业背景统计（2023 年）

资料来源：国泰安经济金融研究数据库.

影响独立董事发挥其职能的因素包括声誉机制和报酬机制。声誉机制观点认为，独立董事的表现会影响其在社会上的声誉，从而影响其未来获得潜在职位的机会；在声誉机制的驱使下，独立董事会认真履行其监督与咨询职能，以求积累良好的声誉（Fama and Jensen，1983）。报酬机制观点认为，独立董事的工资、奖金、股票期权激励等报酬是激励其发挥监督和咨询作用的重要工具，例如，独立董事的薪酬激励程度影响股东的投资回报率，独立董事得到的财富激励每提升 11 美分，企业市值可以提升 1 000 美元。

2. 外部董事

外部董事通常指外部非独立董事或股权董事，指由公司股东提名但不在公司担任管理层职务的董事，通常由公司的大股东提名。外部董事可以是与股东单位相关的人员，所代表的股东与公司之间存在经济或者股权关系，这是外部董事与独立董事的不同之处。外部董事与独立董事的相同之处在于，二者都非公司员工，都不能负责该公司的具体执行性事务，因而都是非执行董事。

根据职业背景的不同，一般将外部董事分为 CEO 型、学术型和政府背景型外部董事。具有 CEO 任职经历的外部董事拥有特定的专业技能、管理经验和敏锐的商业嗅觉与头脑，有利于改善公司业绩。学术型外部董事主要发挥咨询职能，改善企业在研发、创新等专业领域的表现。政府背景型外部董事能够为企业带来政治资源以及隐形福利，甚至代表公司游说政府部门，使公司享受税收优惠、融资优惠等政策红利。

延伸阅读 4-2

非执行董事影响管理层的五种途径

1. 在董事会会议前向董事会秘书提出所关注的问题，并要求进一步解释

我国监管机构要求 A 股上市公司披露董事会会议的投票情况，若有董事在某次会议中

投出反对票或弃权票，则需要披露投票原因。因此，董事会秘书和董事会办公室会尽量避免董事投出反对或弃权票，主要方式是与董事进行会前沟通。非执行董事可以借此机会提出他们认为重要的问题。

2. 在不影响表决的前提下，于董事会会议中提出意见

经过会前沟通，董事基本已经理解决议事项，提出的疑问通常也会得到管理层的回应。董事若没有特别强硬的反对理由，则通常会投赞成票，但在不影响表决结果的前提下，会在董事会会议上提出自己的意见。

3. 在董事会会议中提出意见，要求补充材料并将议案延期到下次会议表决

这是董事可采取的比较严厉的质疑方式，因此也很少发生。这种质疑方式可能会带来两种后果：一种是董事长认为该议案有时间限制，不能延期表决，不同意个别董事延期再议的提议，这时公司就要面临该董事投反对票或弃权票的风险；另一种后果是董事长同意延期再议，管理层在下次会议之前与该董事进行充分沟通，确保议案在下次会议得到通过。

4. 缺席董事会

这里的缺席指董事既没有参加董事会会议也没有委托其他董事代行投票权的情况。这是董事表达反对态度的一种消极方式。当董事对议案持不同意见，但不想与公司正面冲突，也不想投反对票并披露理由时，可以用缺席董事会会议的方式来避免投票。现实中我国很多独立董事采用了这种方式来避免承担决策风险。值得注意的是，监管机构对董事参加董事会会议的次数有要求，董事频繁缺席会议会导致其被评价为履职不合格。

5. 对表决议案投反对票或弃权票

这是董事能采取的最严厉的质疑方式，也极少被采用。在董事投出反对票或弃权票后，公司必须披露董事投反对票或弃权票的理由。决议披露后可能会引起市场关注，甚至会引起交易所和其他监管机构的关注，要求公司进一步回应。因此，董事通常只有在已经与公司（特别是董事长和管理层）产生冲突的情况下，才会投出反对票或弃权票。

资料来源：亚洲公司治理协会．治理在觉醒：中国公司治理进化史．2018年中国公司治理报告，2018.

（二）职工董事和非职工董事

职工董事是指具有公司职工身份并由职工大会、职工代表大会或其他形式民主选举产生的董事，职工董事不能由股东会选举产生。职工董事是劳动者参与公司民主管理的主要方式之一，有利于对职工利益的维护。我国新《公司法》第六十八条第一款规定，有限责任公司或股份有限公司的董事会成员中可以有公司职工代表。职工人数300人以上的有限责任公司，除依法设监事会并有公司职工代表的外，其董事会成员中应当有公司职工代表。公司董事会成员中的职工代表还可以成为审计委员会的成员。新《公司法》第一百七十三条第二款规定，国有独资公司的董事会成员中，应当过半数为外部董事，并应当有公司职工代表。

四、中央企业董事会试点改革

我国大多数国有独资公司在成立时并未设置董事会，少部分设置了董事会的国有独资公司在公司治理层面也存在较大问题，比如，董事会成员与管理层不分彼此，无法发挥董事会与管理层各自应有的职能。为了对这一问题进行改革，2004年6月，国务院国资委向中央企业下发了《关于中央企业建立和完善国有独资公司董事会试点工作的通知》(国资发改革〔2004〕229号)，指出要“建立外部董事制度，使董事会能够作出独立于经理层的客观判断”，以中央企业为抓手，试图厘清董事会的决策职能和经理层的执行职能，由此启动了董事会试点改革工作。首批进行改革的中央企业有宝钢、神华、诚通、国旅、国药和铁通。2009年3月，国资委又印发了《董事会试点中央企业董事会规范运作暂行办法》(国资发改革〔2009〕45号)，深入推进中央企业的董事会试点改革。

在董事会试点改革中，大多数试点中央企业引进的外部董事为退休的中央企业高管以及行业专家。退休中央企业高管具有大型企业的管理经验，深入了解企业生产、管理和营销等日常经营活动。行业专家多是会计、金融或者法律方面的专业人士，具备专业领域的丰富经验与阅历。这样的外部董事组合在管理、建议和决策功能上互补，能帮助企业规避风险和进行重大决策，逐步增强中央企业的核心竞争力。在试点改革实施之后，国药集团和新兴际华创新性地实行了外部董事的“一票缓决制”；神华集团也因外部董事发现投资项目无法满足投资回报率要求而否决了管理层提出的购买菲律宾电厂的决策。这些案例都表明，外部董事制度的实施对我国中央企业的公司治理具有重要意义。

案例4-3

中国电子的董事会建设思路

2020年6月30日，中央深改委第十四次会议审定《国企改革三年行动方案(2020—2022年)》(简称《方案》)，对完善中国现代企业制度提出了明确要求。推进董事会规范化建设是完善中国特色现代企业制度的基础性重要工作。在《方案》指导下，大量央国企对公司治理和董事会建设进行了持续优化。中国电子信息产业集团(简称中国电子)董事会连续两年被评为优秀，其董事会建设的特色如下：

(1) 突出使命，精心把准决策方向。董事会以承担国家战略使命作为决策最高准则，推动加快打造国家网信产业核心力量和组织平台。先后召开外部董事沟通会、外部董事务虚会、董事会战略研讨会，凝聚共识，确定发展战略，着力推动中国电子成为我国自主计算产业重要原创技术策源地和网信产业链链长。

(2) 突出规范，精心设计顶层制度。建立以公司章程为基础，议事规则和党组、董事会、总经理工作规则相支撑，发挥不同治理主体作用的“1+1+3”决策体系。细化权责清单和决策流程，厘清党组、董事会和总经理职责，党组重点解决“该不该干”问题，董事会重点解决“这样干行不行”问题，总经理重点解决“怎么干”问题，形成权责法定、权责透明、协调运转、有效制衡的公司治理机制。

(3) 突出高效，精心构筑管控机制。强化战略管控和动态授权，以全面预算管理为主线，规范预算内授权总经理和子企业决策的事项范围，预算外事项严格由董事会审议，实现决策下移、经营前移。针对市场变化快和运作保密性强的特点，建立外部董事沟通会制度，在重大投资并购策划阶段，外部董事尽早介入，及时把握情况，提高决策效率。

(4) 审慎务实，加强科学专业决策。严格把控董事会议案质量，制定议案管理办法，分类管理议案，明确议案要件清单，注重法律意见书、风险评估报告。充分发挥专门委员会作用，会前充分酝酿，形成意见建议提交董事会审议。充分发挥专家作用，重大投资并购听取科技委和第三方专业机构意见。充分发挥外部董事作用，有异议的暂缓表决，听取外部董事专业意见，修改完善方案。

(5) 创新驱动，打造网信安全底座。董事会加强对总经理科技创新指标考核，逐年提升比重，推进关键技术实现系统性突破。每季度听取科技创新汇报，谋划研发体系建设和核心能力提升。指导设立科技创新基金，引导形成科研组织新模式。

(6) 资本驱动，拓展自主产业链条。董事会围绕服务国家战略加强科学决策，坚持“正向混改”与“反向混改”结合，带动各类所有制企业共同发展，壮大国家网信产业力量。推动退出过度竞争行业，集中资源发展主业。

(7) 实时跟踪，确保决议落实落地。建立董事会决议跟踪与反馈机制，加强决策执行制度化。董事会每季度听取预算执行、生产经营、科技创新和重大决议执行情况汇报，定期督促决议落实。

(8) 现场调研，开展重点检查督导。把深入一线调研督导摆在重要位置，根据重大决议执行情况和履职需要，坚持集中与个别、重点与专题、境内与境外相结合，制定外部董事年度调研计划，每年调研 5～6 次、15～20 天，覆盖全级次企业 30～40 家，通过重点企业调研、重大项目检查、重要展会参观、兄弟央企取经等，掌握一手资料，推进决议执行。

(9) 动态控制，事中调整事后评估。坚持召开年度董事会和经理层成员参加的战略研讨会及外部董事务虚会，深入研讨战略规划、重大项目和重大风险。坚持听取年度决议执行和重大项目后评价报告，评估效果，纠偏校正。关注重大项目变化，及时专题研究，适时调整方向。

资料来源：中国电子信息产业集团，“央企董事会建设优秀案例 | 中国电子：加强董事会决策全过程管理”《国资报告》杂志 2021 年第 11 期.

经改革后，截至 2021 年 6 月，国资委下辖的 96 家中央企业基本都建立了董事会。其中，大多数中央企业的董事会以外部董事为主导，且普遍设置了战略、审计、提名、薪酬等专门委员会，供外部董事履职。在董事会建设上，中央企业基本做到了合规。中央企业董事会改革引入外部董事进行试点，本质上是以监督和协调原则为核心进行公司治理机制改革，以提高企业绩效。但由于中国与西方国家之间显著的制度差异，对于西方的公司治理结构与机制对中国企业是否有效仍存在争论。关于中央企业董事会改革引入外部董事进行试点的效果，学术界也作了诸多探讨，结论喜忧参半。积极的观点认为，中央企业的内部治理机制在董事会试点以来得到了实质性的改善，外部董事提升了中央企业的创新水平、市场业绩、战略管理水平和股东回报。批评的观点则认为，董事会试点过程中引入的不少外部董事只是“花瓶”，董事会职权没有真正落实，企业诸多治理问题并未得到改善。

目前，中央企业的董事会建设仍存在一些亟待解决的问题，譬如外部董事人才难得，供不应求；外部董事的治理效果良莠不齐；中央企业需满足国资委对高管的“限薪”要求，薪酬委员会形同虚设。为了解决这些问题，中央企业仍需要从如下一些方面进行努力：拓宽外部董事选聘视野，从源头上确保外部董事队伍的素质和质量；搭建坚实的制度平台，完善履职保障，为外部董事履职创造良好的环境；物质激励与非物质激励相结合，解决外部董事的履职动机问题；注重发挥市场在外部董事队伍建设和管理中的作用。

第二节 董事的聘任及其权利与义务

一、董事的聘任

（一）董事的任职资格

公司董事是代表股东行使权利的人员，在公司治理中具有重要地位。公司董事既可以是股东，也可以不是股东；既可以是自然人，也可以是法人，但法人董事必须指定自然人代表其行使职务，并可依据其职务关系随时改派。担任董事的自然人和法人既可以是国内的个人和机构，也可以是国外的个人和机构。虽然法律并未明确规定具备什么样的条件才能担任公司董事，但我国新《公司法》第一百七十八条对董事的任职资格作出了禁止性规定，要求有下列情形之一者不得担任公司的董事：

（1）无民事行为能力或者限制民事行为能力；

（2）因贪污、贿赂、侵占财产、挪用财产或者破坏社会主义市场经济秩序，被判处刑罚，或者因犯罪被剥夺政治权利，执行期满未逾5年，被宣告缓刑的，自缓刑考验期满之日起未逾2年；

（3）担任破产清算的公司、企业的董事或者厂长、经理，对该公司、企业的破产负有个人责任的，自该公司、企业破产清算完结之日起未逾3年；

（4）担任因违法被吊销营业执照、责令关闭的公司、企业的法定代表人，并负有个人责任的，自该公司、企业被吊销营业执照、责令关闭之日起未逾3年；

（5）个人因所负数额较大债务到期未清偿被人民法院列为失信被执行人。

违反上述规定选举、委派董事的，该选举、委派或者聘任无效；董事在任职期间出现上述情形的，公司应当解除其职务。

若公司违反上述规定选举、委派董事，则该项选举、委派或者聘任无效。公司董事在任职期间出现上述情形的，公司应当解除其职务。

鉴于独立董事的特殊性，法律对其任职资格进行了更为详细的规定，除了不得有新《公司法》第一百七十八条第一款中列举的情形外，还需要符合中国证监会发布的《上市公司独立董事管理办法》所规定的条件。独立性是独立董事所必须满足的首要条件，即独立于公司股东和管理者，与公司没有重要的业务联系或专业联系，能够对公司事务作出独立判断。《上市公司独立董事管理办法》规定，存在下列情况的人员不得担任独立董事：

（1）在上市公司或者其附属企业任职的人员及其配偶、父母、子女、主要社会关系；

（2）直接或者间接持有上市公司已发行股份1%以上或者是上市公司前十名股东中的自然人股东及其配偶、父母、子女；

（3）在直接或者间接持有上市公司已发行股份5%以上的股东或者在上市公司前五名股东任职的人员及其配偶、父母、子女；

（4）在上市公司控股股东、实际控制人的附属企业任职的人员及其配偶、父母、子女；

（5）与上市公司及其控股股东、实际控制人或者其各自的附属企业有重大业务往来的人员，或者在有重大业务往来的单位及其控股股东、实际控制人任职的人员；

（6）为上市公司及其控股股东、实际控制人或者其各自附属企业提供财务、法律、咨询、保荐等服务的人员，包括但不限于提供服务的中介机构的项目组全体人员、各级复核人员、在报告上签字的人员、合伙人、董事、高级管理人员及主要负责人；

（7）最近12个月内曾经具有第一项至第六项所列举情形的人员；

（8）法律、行政法规、中国证监会规定、证券交易所业务规则和公司章程规定的不具备独立性的其他人员。

在此基础上，《上市公司独立董事管理办法》还规定了独立董事必须具备的其他任职资格，譬如具备上市公司运作的基本知识，熟悉相关法律法规和规则，具有5年以上履行独立董事职责所必需的法律、会计或者经济等工作经验，具有良好的个人品德、不存在重大失信等不良记录等。同时，考虑到在制定政策时必然无法穷尽所有符合或不符合独立董事资格的情况，《上市公司独立董事管理办法》还赋予了证监会认定独立董事是否具备独立性的资格作为政策兜底，使得对独立性的认定更具有灵活性。

（二）董事的任期

根据新《公司法》第七十条的规定，有限责任公司和股份有限公司的董事任期由公司章程规定，但每届任期不得超过3年。董事任期届满，经选举可以连任。董事任期届满未及时改选，或者董事在任期内辞职导致董事会成员低于法定人数的，在改选出的董事就任前，原董事仍应当按照法律、行政法规和公司章程的规定，履行董事职务。

对上市公司独立董事而言，每届任期与该上市公司其他董事相同，任期届满可以连选连任，但是连续任职不得超过 6 年。独立董事原则上最多在三家境内上市公司担任独立董事，并应当确保有足够的时间和精力有效地履行独立董事的职责。

（三）董事的选聘方式

新《公司法》对公司董事的选聘方式有硬性规定，股东不可在公司章程中对董事的选聘方式另作规定。有限责任公司和股份有限公司的董事应由公司股东会选举和更换，董事会成员为 3 人以上，其中可以有职工代表，职工董事由公司职工经过职工代表大会、职工大会或者其他形式民主选举产生。公司可以按照公司章程的规定或者股东会的决议，在选举董事时实行累积投票制。鉴于国有独资公司出资人的特殊性，国有独资公司的董事会成员由国有资产监督管理机构委派，成员中应当有公司职工代表，由公司职工代表大会选举产生。

上市公司应在其公司章程中规定规范、透明的董事选聘程序，保证董事选聘公开、公平、公正、独立。上市公司应和董事签订聘任合同，明确公司和董事之间的权利义务、董事的任期、董事违反法律法规和公司章程的责任以及公司因故提前解除合同的补偿等内容。

对于独立董事的选聘，《上市公司独立董事管理办法》作出了更为详细的规定。上市公司董事会、监事会、单独或者合并持有上市公司已发行股份 1%以上的股东均可以提出独立董事候选人，并经股东大会选举决定。依法设立的投资者保护机构可以公开请求股东委托其代为行使提名独立董事的权利。独立董事的提名人在提名前应当征得被提名人的同意。提名人应当充分了解被提名人的职业、学历、职称、详细的工作经历、全部兼职、有无重大失信等不良记录等情况，并对其符合独立性和担任独立董事的其他条件发表意见，被提名人应当就其符合独立性和担任独立董事的其他条件作出公开声明。上市公司在董事会中设置提名委员会的，提名委员会应当对被提名人任职资格进行审查，并形成明确的审查意见。上市公司应当在选举独立董事的股东大会召开前进行相关信息披露，并将所有独立董事候选人的有关材料报送证券交易所，相关报送材料应当真实、准确、完整。证券交易所依照规定对独立董事候选人的有关材料进行审查，审慎判断独立董事候选人是否符合任职资格并有权提出异议。证券交易所提出异议的，上市公司不得提交股东大会选举。若上市公司股东大会选举两名以上独立董事，应当实行累积投票制。

（四）董事职务的解除

董事职务的解除包括被动解除和主动解除。被动解除的原因有任期届满自然解除，出现公司法规定的不得担任董事的情形、违反股东会决议或公司章程规定，以及董事死亡、公司破产等其他原因。主动解除指董事辞职；董事可在任期内提出辞职，一经提出不可撤回。

根据新《公司法》第五十九条的规定，股东会有更换非职工董事的职权。职工董事的职务解除需要经过职工大会。《上市公司独立董事管理办法》规定独立董事连续 2 次未亲自出席董事会会议，也未曾委托其他独立董事代为出席的，由董事会提请股东大会予以撤换。独立董事任期届满前，上市公司可以经法定程序解除其职务。提前解除职务的，上市公司应将其作为特别披露事项予以披露。独立董事在任期届满前可以提出辞职。独立董事辞职应向董事会提交书面辞职报告，对任何与其辞职有关或其认为有必要引起公司股东和债权人注意的情况进行说明。若独立董事辞职导致公司董事会中独立董事所占的比例低于规定的最低要求，该独立董事的辞职报告应当在下任独立董事填补其缺额后生效。

公司章程可在遵守法律法规的前提下自行规定解除董事职务的条件和程序。譬如，为避免大股东利用其持股优势通过股东会决议的简单多数投票轻易解除中小股东选任的董事职务，公司章程可以有针对性地规定此种情况下的董事解除条件和程序。如果董事是通过累积投票选举产生或者由持有某类股票的股东推选的，那么公司可以规定解除职务时的程序必须与该董事当选时采用的程序相同。再譬如，若董事存在怠于履行职务、明显缺乏能力、行为不端、严重违反公司章程制度等过错，公司章程也可规定在出现此种情况时解除董事职务。

案例 4－4

＊ST 海润董事长“弹劾”案

2017 年 7 月 10 日晚间，＊ST 海润突发公告称，独立董事徐小平提请该公司董事会召开临时股东大会，罢免现任董事长孟广宝。

徐小平在《关于解除孟广宝先生公司董事职务的议案》中给出了罢免缘由。其一，公司 2016 年财务报告被出具了无法表示意见的审计报告，2016 年内部控制报告被出具了否定意见。导致否定意见的事项主要是公司和与董事长孟广宝存在实质关联的多家“华君系”公司之间有大额的股权转让交易、购销业务和资金往来。这些交易事项部分绕开公司董事会和股东大会的审批而直接实施，不受正常的管理体系控制。孟广宝作为公司董事长，对此负有直接和主要责任。其二，孟广宝作为公司的董事，长期未深入公司主营业务基本面及日常经营管理，同时公司大部分的董事会和股东大会孟广宝都没有现场出席，仅通过通讯方式参加。徐小平及其他董事会成员认为，孟广宝没有履行作为董事长应当尽到的责任和义务，故而提请罢免董事长孟广宝，并向“华君系”发起资产保卫战。

7 月 12 日，＊ST 海润组织召开了董事会临时会议，就关于解除孟广宝的总裁、董事长、董事职务等几项议案进行了审议。孟广宝是该议案的唯一反对者。他认为，自己在担任＊ST 海润董事长兼总裁期间，积极推进了公司在高邮、营口等地生产及应用基地的建设，在公司 2016 年被出具非标意见的内控报告和审计报告后，其本人以及实际控制的公司均积极配合上市公司开展相关事项的整改工作，因而不应被罢免。

由于其他董事意见一致，罢免孟广宝的议案最终获得通过，弃权票为 0 票。在 7 月 12 日的董事会临时会议上还审议了新的董事长和总裁人选的议案。原公司副总裁邱新被聘任为公司新任总裁，原董事李延人被选举为新董事长。

资料来源：新浪财经．＊ST 海润董事长“弹劾”案获董事会通过 原管理成员回归．(2017-07-12)[2022-09-01]. http://finance.sina.com.cn/stock/s/2017-07-12/doc-ifyiakur8755267.shtml.

延伸阅读4-3

华夏幸福独立董事辞职

华夏幸福基业股份有限公司（以下简称华夏幸福）于近日收到独立董事王京伟的辞职报告。该辞职报告称，王京伟同时担任新疆浩源天然气股份有限公司的独立董事，由于该公司信息披露违法违规，王京伟于2018年11月受到中国证监会的行政处罚。根据《上海证券交易所上市公司独立董事备案及培训工作指引》的规定，王京伟须辞去其所担任的华夏幸福独立董事、董事会提名委员会委员和薪酬与考核委员会主任委员等职务。

然而，王京伟的辞职将导致华夏幸福的独立董事占董事会全体成员的比例低于1/3，无法满足《关于在上市公司建立独立董事制度的指导意见》及《华夏幸福基业股份有限公司章程》的相关规定。因此，王京伟的辞职将自华夏幸福股东大会选举产生新任独立董事后生效。

资料来源：巨潮资讯网．华夏幸福基业股份有限公司发布关于独立董事王京伟辞职的公告．（2018-12-15）［2022-09-01］．http://static.cninfo.com.cn/finalpage/2018-12-15/1205671254.PDF.

二、董事的权利与义务

（一）董事的权利

1．董事为履行职责必须享有的权利

（1）知情权。董事有权知悉、了解公司的经营信息，包括查阅公司账簿和记录、审查公司财务报告以及检查公司财产。

（2）董事会会议出席权。董事会会议应由董事本人出席，董事因故不能出席，可以书面委托他人代为出席，这既是董事的权利，也是其义务。

（3）表决权。我国新《公司法》规定，董事会会议表决实行一人一票，董事未参加会议，也未委托他人代为出席会议的，视为放弃表决权。

（4）临时股东会会议提议权。新《公司法》规定，有限责任公司1/3以上董事有权提请召开临时股东会会议，该权利属于董事的集体权利。

2．董事获得服务报酬的权利

董事获取报酬的数额和方式应先由董事会提出方案，再报请股东会决定。在董事会对董事个人报酬进行评估和讨论时，该董事应该回避。

3．独立董事的权利

独立董事的职权及行权途径是独立董事发挥作用的基石。独立董事的职权包括一般职权和特别职权。其中，一般职权指全体董事都享有的职权，包括知情权、董事会会议出席权、表决权等。为了充分发挥独立董事的作用，《上市公司独立董事管理办法》指出上市公司还应当赋予独立董事以下特别职权：

（1）独立聘请中介机构，对上市公司具体事项进行审计、咨询或者核查；

（2）向董事会提议召开临时股东大会；

（3）提议召开董事会会议；

（4）依法公开向股东征集股东权利；

（5）对可能损害上市公司或者中小股东权益的事项发表独立意见；

（6）法律、行政法规、中国证监会规定和公司章程规定的其他职权。

独立董事行使第（1）项至第（3）项所列特别职权的，应当经全体独立董事过半数同意。当独立董事行使了特别职权时，上市公司应当及时披露。如上述提议未被采纳或上述职权不能正常行使，上市公司应将有关情况予以披露。

此外，《上市公司独立董事管理办法》赋予了独立董事定期或不定期召开独立董事专门会议的权利，根据需要研究讨论上市公司的审计机构选聘、提议召开临时股东会议、提议召开董事会会议等事项。同时，规定下列事项应当经上市公司全体独立董事过半数同意后，再提交董事会审议：

（1）应当披露的关联交易；

（2）上市公司及相关方变更或者豁免承诺的方案；

（3）被收购上市公司董事会针对收购所作出的决策及采取的措施；

（4）法律、行政法规、中国证监会规定和公司章程规定的其他事项。

延伸阅读 4-4

日益常见的独立董事督促函

随着独立董事制度改革的落地，上市公司独立董事履职正迎来新气象。越来越多的独立董事向上市公司或其控股股东发出“督促函”，督促相关方尽快推动对违规事项的整改。截止 2024 年 7 月底，已有 46 家 A 股上市公司收到独立董事发出的督促函，体现出独立董事履职质量大幅提升。据不完全统计，上市公司年报数据真实性、关联交易和资金占用、高管薪酬合理性、财务内控和违法违规整改等是独立董事关注的焦点。

例如，ST 华铁（000976. SZ）和威创股份（002308. SZ），两家公司在 2024 年 4 月 30 日晚披露公告称，无法在法定年报期限内披露 2023 年度报告及 2024 年一季度报告，而审计委员会事前审议未通过年报相关议案是两家公司年报“难产”的直接原因。在年报“难产”前，两家公司的独董先后发出“督促函”，充分提示可能因事前审议否决年报相关议案从而存在公司无法按期披露年报的风险。其中，威创股份独立董事在督促函中表示，自 2023 年 12 月以来已多次发函敦促公司董事长及总经理追讨被占用资金；ST 华铁的独立董事督促函则表示，已通过发函、面谈等方式，敦促控股股东及其他关联方尽快归还占款、提出可行的解决措施，还发现了公司存在大额预付款等资金异常支出事项。ST 华铁独立董事督促函的用词十分“强硬”，其督促函提到：“如果被占用的资金于 2024 年 8 月 30 日之前未能及时归还公司且公司未能完成对资金管控不规范等事项的整改，则独立董事仍无法同意披露 2023 年年度财务报告和内控审计报告，导致公司无法在 2024 年 8 月 30 日之前披露 2023 年年度报告，公司股票将被强制退市。”

此外，2024 年 5 月 29 日，ST 易联众收到 4 名独立董事共同提交的督促函，要求上市公司及公司管理层高度重视并采取必要措施解决违规担保、违规借款事项。6 月 7 日，长药控股公告称，公司 3 名独立董事共同提交的《关于推进长江医药控股股份有限公司自查整改及做好相关工作的督促函》，就公司存在的问题提出督促和整改建议。6月17日，合纵科技公告称，公司近日收到独立董事提交的《关于合纵科技股份有限公司尽快履行回购义务并完成回购方案的督促函》，督促公司在规定的期限内尽快履行股份回购义务，尽早完成回购方案。还有上市公司存在实控人兼董监高薪酬不合理的问题，在独立董事的推动下，公司董事会接受薪酬与考核委员会建议，4名实控人主动放弃2023年绩效薪酬合计近200万元，下调2024年2名实控人薪酬120万元、80万元，下调幅度达66%、45%。

过去罕见的独立董事督促函、董事会会议反对票等正在日益变得常见，这表明我国独立董事积极履职的生态正在建立。

资料来源：根据公开资料整理.

（二）董事的义务

董事在管理公司事务和执行公司业务时，应当对公司承担民事义务。根据我国新《公司法》规定，董事、监事和高级管理人员应当遵守法律、行政法规和公司章程，对公司负有忠实义务和勤勉义务；给公司造成损失的，应当承担赔偿责任。

1. 董事的勤勉义务

勤勉义务是指董事在执行职务时应当为公司的最大利益尽到管理者通常应有的合理注意。譬如，董事要认真履行职责，要尽可能多地将时间和精力投入在公司事务的管理上，要加强对其他董事和公司高级行政管理人员的控制和监督，并且要尽可能多地参加董事会会议等。

董事的勤勉义务有两层含义：一是积极的要求，即公司董事要勤勉尽责。二是消极的抗辩，这是对公司董事的一种保护，即在董事已经勤勉尽责的情况下，不能因为决策中潜藏的商业风险而追究其责任。换言之，只要公司董事在决策时没有利益冲突，在当时掌握的信息和任职条件下作出了诚实、善意的决策，即使该决策事后被证明是失败的，也不能追究其责任。这是因为商业经营充满了风险，不可能要求公司董事永远决策正确，不能以事后的判断来代替事前的决策，否则将无人愿意承担商业经营的职责。然而，立法者在立法时很难总结出典型的适用勤勉义务的情况并加以规定。《公司法》对于勤勉义务的规定也只能采用原则化的方式，指出董事对公司负有勤勉义务；同时，《公司法》补充规定董事违反法律、行政法规或者公司章程的规定，给公司造成损失的，应当承担赔偿责任。

延伸阅读4-5

海马汽车公司章程对董事勤勉义务的规定

《海马汽车集团股份有限公司章程》第一百零一条规定，董事应当遵守法律、行政法规和本章程，对公司负有下列勤勉义务：

（一）应谨慎、认真、勤勉地行使公司赋予的权利，以保证公司的商业行为符合国家法律、行政法规以及国家各项经济政策的要求，商业活动不超过营业执照规定的业务范围；

（二）应公平对待所有股东；

（三）及时了解公司业务经营管理状况；

（四）应当对公司定期报告签署书面确认意见，保证公司所披露的信息真实、准确、完整；

（五）应当如实向监事会提供有关情况和资料，不得妨碍监事会或者监事行使职权；

（六）法律、行政法规、部门规章及本章程规定的其他勤勉义务。

《海马汽车集团股份有限公司章程》第一百零二条规定，董事连续两次未能亲自出席，也不委托其他董事出席董事会会议，视为不能履行职责，董事会应当建议股东大会予以撤换。

资料来源：海马汽车集团股份有限公司章程.（2020-03-30）[2022-09-01]. https://pdf.dfcfw.com/pdf/H2_AN202003301377222781_1.pdf.

2. 董事的忠实义务

忠实义务又称为诚信义务，指董事应当采取措施避免自身利益与公司利益冲突，不得利用职权牟取不正当利益。董事在执行公司业务时或在担任公司董事职位期间必须全心全意为公司服务，应当以公司或者全体股东的利益最大化为目标，不得损害公司或者全体股东的利益，更不得在自身利益与公司利益或者股东整体利益相冲突时偏向自身利益。新《公司法》第一百八十一条规定，董事不得有以下行为：

（1）侵占公司财产、挪用公司资金；

（2）将公司资金以其个人名义或者以其他个人名义开立账户存储；

（3）利用职权贿赂或者收受其他非法收入；

（4）接受他人与公司交易的佣金归为己有；

（5）擅自披露公司秘密；

（6）违反对公司忠实义务的其他行为。

董事忠实义务是董事的法定义务，违反此项义务给公司造成损失的，应当承担赔偿责任，违反规定所得的收入应当归公司所有。

值得注意的是，《公司法》并没有禁止董事从事一切存在利益冲突的交易，例如自我交易、篡夺公司机会、竞业禁止等。这是由于某些类型的利益冲突交易是不可避免的，甚至不一定对公司有害，只要能遵守一定的程序即可。

自我交易有两种类型：一是直接交易行为，指董事本人直接与公司订立合同或进行其他交易；二是间接交易行为，指与董事有利益关系的第三人与公司订立合同或进行其他交易。自我交易有时不可避免，也并非一定会对公司不利，因此立法并未全面禁止，只是要求依照公司章程的规定进行，或者经过董事会或股东会的同意。《公司法》明确规定了在上市公司中，董事与董事会决议事项所涉及的企业有关联关系的，不得对该项决议行使表决权，即关联交易的回避表决制度。不过目前该项立法仅适用于上市公司。

篡夺公司机会是指公司董事、高级管理人员把属于公司的商业机会转归自己或他人利用而从中获利。在市场经济时代，能否把握商业机会关系到公司的生存与发展。公司的交易机会虽然并不是公司物质形态的资产，但有利的交易机会可以帮助公司获取利润。新《公司法》第一百八十三条规定，董事不得利用职务便利为自己或者他人谋取属于公司的商业机会。但是，有下列情形之一的除外：一是向董事会或者股东会报告，并按照公司章程的规定经董事会或者股东会决议通过；二是根据法律、行政法规或者公司章程的规定，公司不能利用该商业机会。

竞业禁止是指董事自营或为他人经营与其所任职公司同类或具有竞争性的业务。“自营或为他人经营”不仅指董事任同类业务公司的代表人或拥有该公司的某个职位，更重要的是指董事与同类业务公司存在利益一致关系。董事基于其在公司的身份，知悉大量的公司机密、公司信息以及客户资料，如果董事为其他具有相同业务的公司服务，公司的商业秘密可能会泄露，以致公司和股东的利益受到损害。董事自营或为他人经营竞争性业务必须经过公司董事会或股东会同意。在现代社会的公司中，一人兼任多家公司董事职位的情况屡见不鲜。立法对此并未完全禁止，而是通过赋予董事会或股东会监督权来保护公司的利益，相比全面禁止利益冲突交易的做法更适合当下复杂的商业环境。

延伸阅读4-6

关于提请罢免王石先生公司董事职务的议案

各位股东及代表：

鉴于万科企业股份有限公司（简称“万科”或“公司”）现任董事（长）王石先生在其任职期间未能根据《中华人民共和国公司法》（简称“《公司法》”）等法律规定及《万科企业股份有限公司章程A+H》（简称“《章程》”）等公司治理文件履行其董事职责，深圳市钜盛华股份有限公司、前海人寿保险股份有限公司作为合计持有公司10%以上股份的股东，提议罢免王石先生董事职务，理由如下：

第十七届董事会第十一次会议审议重大资产重组预案相关事项过程中，王石先生作为董事（长）没有充分关注重组交易价格的公允性、合理性，没有充分关注重组是否有利公司及全体股东的整体利益、能否均衡反映股东的诉求，没有对异议董事提出的建议予以必要的重视和考虑，没有对独立董事提出回避的合法合规性予以特别的关注与审查，其行为严重违反《公司法》规定的董事义务及《深圳证券交易所主板上市公司规范运作指引》（2015年修订）规定的董事行为规范，引发了资本市场、社会各界的广泛关注和不安，给股东带来巨大困扰；王石先生作为董事（长），作为全体股东受托人，违背了其对公司和股东负有的诚信、勤勉、忠实义务，没有尽到保护公司及股东利益的责任。万科已经成为被内部人控制的上市公司，违背了《公司法》《证券法》《上市公司治理准则》等法律法规及规范性文件对上市公司的治理要求，不利于维护股东利益和万科长期发展。

实际上，从万科于2008年宣布无实际控制人开始，万科已经偏离上市公司规范运作的要求，万科管理层控制董事会、监事会，越过公司股东大会自行其是，王石先生作为董事（长），对此负有直接主要责任：

（1）万科2014年推出的事业合伙人制度的具体内容，以及公司董事、监事在该制度中能够获得的报酬及获得该等报酬的依据，董事会从未向投资者披露过，违反上市公司信息披露有关要求。

(2) 万科事业合伙人制度作为万科管理层核心管理制度，不受万科正常管理体系控制，系在公司正常的管理体系之外另建管理体系，万科实际上已成为内部人控制企业，严重违背《公司法》、《证券法》及《上市公司治理准则》要求的治理架构，不利于公司长期发展和维护股东权益。

(3) 王石先生于2011—2014年担任公司第十六届董事期间，前往美国、英国游学，长期脱离工作岗位，却依然在未经股东大会批准的情况下从万科获得现金报酬共计5 000余万元。在万科缺少股东层面实际控制人，有效监管手段缺位的情况下，王石先生利用董事（长）地位获取巨额报酬，损害公司和广大投资者利益，严重违反《公司法》等法律法规规定的董事勤勉、忠实义务。

综上，王石先生为了自身利益，不遵守上市公司规则与公司《章程》的约束，没有履行其作为董事应当尽到的责任和义务，不适合继续担任公司董事职务。作为股东，我们尊重万科创立至今管理团队、各级干部及全体员工的努力与付出，但基于全体股东利益考虑和上市公司规范治理的发展需要，现提议罢免王石先生公司董事职务，希望全体股东充分支持提案人提议，请予审议。

资料来源：搜狐网．万科企业股份有限责任公司公告．(2016-06-26) [2022-09-01]. https://www.sohu.com/a/86217673_124706.

延伸阅读 4-7

新《公司法》中的董事：权利略有扩张、义务无可推脱、责任无所不在

(1) 担任法定代表人的董事因过错执行职务致害他人，公司担责后可以向其追偿。新《公司法》第十一条第三款规定，法定代表人因执行职务造成他人损害的，由公司承担民事责任。公司承担民事责任后，依照法律或者公司章程的规定，可以向有过错的法定代表人追偿。

(2) 利用关联关系损害公司利益的，应当承担赔偿责任。新《公司法》第二十二条规定，公司的控股股东、实际控制人、董事、监事、高级管理人员不得利用关联关系损害公司利益。违反前款规定，给公司造成损失的，应当承担赔偿责任。

(3) 对董事会未及时履行催缴出资义务负有责任的董事应当对由此给公司造成的损失承担赔偿责任。新《公司法》第五十一条规定，有限责任公司成立后，董事会应当对股东的出资情况进行核查，发现股东未按期足额缴纳公司章程规定的出资的，应当由公司向该股东发出书面催缴书，催缴出资。未及时履行前款规定的义务，给公司造成损失的，负有责任的董事应当承担赔偿责任。新《公司法》第一百零七条规定，本法第四十四条、第四十九条第三款、第五十一条、第五十二条、第五十三条的规定，适用于股份有限公司。

(4) 对股东抽逃出资负有责任的董事应当对由此给公司造成的损失与该股东承担连带赔偿责任。新《公司法》第五十三条规定，公司成立后，股东不得抽逃出资。违反前款规定的，股东应当返还抽逃的出资；给公司造成损失的，负有责任的董事、监事、高级管理人员应当与该股东承担连带赔偿责任。新《公司法》第一百零七条规定，本法第四十四条、第

四十九条第三款、第五十一条、第五十二条、第五十三条的规定，适用于股份有限公司。

（5）董事会的决议违法违规造成公司严重损失的，参与决议并投赞成票的董事应当承担赔偿责任。新《公司法》第一百二十五条第二款规定，董事应当对董事会的决议承担责任。董事会的决议违反法律、行政法规或者公司章程、股东会决议，给公司造成严重损失的，参与决议的董事对公司负赔偿责任；经证明在表决时曾表明异议并记载于会议记录的，该董事可以免除责任。

（6）公司违规为他人取得本公司或其母公司的股份提供财务资助，给公司造成损失的，负有责任的董事应当承担赔偿责任。新《公司法》第一百六十三条规定，公司不得为他人取得本公司或者其母公司的股份提供赠与、借款、担保以及其他财务资助，公司实施员工持股计划的除外。为公司利益，经股东会决议，或者董事会按照公司章程或者股东会的授权作出决议，公司可以为他人取得本公司或者其母公司的股份提供财务资助，但财务资助的累计总额不得超过已发行股本总额的10%。董事会作出决议应当经全体董事的2/3以上通过。违反前两款规定，给公司造成损失的，负有责任的董事、监事、高级管理人员应当承担赔偿责任。

（7）出现法定不得担任公司董事的情形的，公司应当解除其职务。新《公司法》第一百七十八条第一款规定，有下列情形之一的，不得担任公司的董事、监事、高级管理人员：

①无民事行为能力或者限制民事行为能力；

②因贪污、贿赂、侵占财产、挪用财产或者破坏社会主义市场经济秩序，被判处刑罚，或者因犯罪被剥夺政治权利，执行期满未逾5年，被宣告缓刑的，自缓刑考验期满之日起未逾2年；

③担任破产清算的公司、企业的董事或者厂长、经理，对该公司、企业的破产负有个人责任的，自该公司、企业破产清算完结之日起未逾3年；

④担任因违法被吊销营业执照、责令关闭的公司、企业的法定代表人，并负有个人责任的，自该公司、企业被吊销营业执照、责令关闭之日起未逾3年；

⑤个人因所负数额较大债务到期未清偿被人民法院列为失信被执行人。

新《公司法》第一百七十八条第三款规定，董事、监事、高级管理人员在任职期间出现本条第一款所列情形的，公司应当解除其职务。

（8）违反忠实义务所得的收入应当归公司所有。新《公司法》第一百八十六条规定，董事、监事、高级管理人员违反本法第一百八十一条至第一百八十四条规定所得的收入应当归公司所有。

（9）违法违规执行职务造成公司损失的，应当承担赔偿责任。新《公司法》第一百八十八条规定，董事、监事、高级管理人员执行职务违反法律、行政法规或者公司章程的规定，给公司造成损失的，应当承担赔偿责任。

（10）违法违规损害股东利益的，应当承担赔偿责任。新《公司法》第一百九十条规定，董事、高级管理人员违反法律、行政法规或者公司章程的规定，损害股东利益的，股东可以向人民法院提起诉讼。

（11）执行职务造成他人损害且存在故意或重大过失的，应当承担赔偿责任。新《公司法》第一百九十一条规定，董事、高级管理人员执行职务，给他人造成损害的，公司应当承担赔偿责任；董事、高级管理人员存在故意或者重大过失的，也应当承担赔偿责任。

(12) 受公司控股股东、实际控制人指示损害公司或股东利益的，应当与该控股股东、实际控制人承担连带责任。新《公司法》第一百九十二条规定，公司的控股股东、实际控制人指示董事、高级管理人员从事损害公司或者股东利益的行为的，与该董事、高级管理人员承担连带责任。

(13) 公司违法分配利润给公司造成损失的，负有责任的董事应当承担赔偿责任。新《公司法》第二百一十一条规定，公司违反本法规定向股东分配利润的，股东应当将违反规定分配的利润退还公司；给公司造成损失的，股东及负有责任的董事、监事、高级管理人员应当承担赔偿责任。

(14) 公司违法减资给公司造成损失的，负有责任的董事应当承担赔偿责任。新《公司法》第二百二十六条规定，违反本法规定减少注册资本的，股东应当退还其收到的资金，减免股东出资的应当恢复原状；给公司造成损失的，股东及负有责任的董事、监事、高级管理人员应当承担赔偿责任。

(15) 未及时履行清算义务，给公司或债权人造成损失的，应当承担赔偿责任。新《公司法》第二百三十二条规定，公司因本法第二百二十九条第一款第一项、第二项、第四项、第五项规定而解散的，应当清算。董事为公司清算义务人，应当在解散事由出现之日起十五日内组成清算组进行清算。清算组由董事组成，但是公司章程另有规定或者股东会决议另选他人的除外。清算义务人未及时履行清算义务，给公司或者债权人造成损失的，应当承担赔偿责任。

(16) 作为清算组成员怠于履行清算职责，给公司或债权人造成损失的，应当承担赔偿责任。新《公司法》第二百三十八条规定，清算组成员履行清算职责，负有忠实义务和勤勉义务。清算组成员怠于履行清算职责，给公司造成损失的，应当承担赔偿责任；因故意或者重大过失给债权人造成损失的，应当承担赔偿责任。

资料来源：根据新《公司法》和相关资料整理。

第三节 董事会的规模与结构

一、董事会规模

董事会的规模是指董事会成员的多少。董事会成员人数不得低于法定最低限额，因为人数太少不利于集思广益和充分集中股东意见，但人数也不宜过多，以避免机构臃肿而降低办事效率。我国新《公司法》第六十八条第一款和第一百二十条规定，有限责任公司和股份有限公司的董事会成员不少于 3 人。第七十五条和第一百二十八条规定，规模较小或者股东人数较少的有限责任公司或股份有限公司，可以不设董事会，设 1 名董事，行使董事会的职权。在法定的董事会成员人数范围内，董事会的规模究竟应该保持多大？针对这一问题，学者们从不同的理论和视角出发进行了研究。

（一）董事会规模较大有利观

董事会规模相对较大有利观的理论基础是资源依赖理论，认为较大的董事会规模能够为公司带来更多的人力和社会资本，提升公司从外部环境中获取关键资源的能力，降低公司经营过程中的不确定性，进而帮助公司提升决策质量（Bacon and Brown，1973；Provan，1980）。因此，董事会规模并不是随机确定的，而是组织对其所处外部环境的理性反应；当公司对外界环境依赖程度较高时，需要更大规模的董事会。

另外，较大的董事会规模还有助于在董事会成员之间营造良好的竞争环境，更可能产生足以制约CEO权力和对公司施加控制的政治联盟，从而有助于治理效率的提升（Ocasio，1994）。

（二）董事会规模较小有利观

董事会规模相对较小有利观的理论基础主要是代理理论和组织行为学理论，认为较大的董事会规模将会导致“搭便车”问题，使董事参与监督、决策的积极性减弱，从而降低治理效率（Jensen，1993），而且随着董事数量的增加，董事会成员的沟通与协调会变得越来越困难，导致决策效率低下，影响董事会功能的发挥（Hermalin and Weisbach，2003）。相反，小规模的董事会更有凝聚力，成员之间的沟通协调成本较低，因而决策效率和公司治理效率更高。来自北美、西欧、芬兰等地区和国家的研究证据也表明较大规模的董事会与公司绩效和公司价值呈负相关，一些公司的董事会规模随时间推移呈现出逐步缩小的趋势。

（三）董事会规模权衡观

现实中，大规模和小规模董事会同时存在，董事会规模是公司在收益和成本之间权衡的结果。公司选择一定规模的董事会来适应其自身需求，对处于不同的外部环境、具有不同特征的公司而言，其最优的董事会规模存在差异。影响最优董事会规模的因素包括公司规模、业务复杂性、负债率等。规模越大、业务越复杂、负债率越高的公司越需要引入更多的董事会成员，以便获取更多信息来满足监督管理层的需要，并为管理层的战略决策提供咨询（Fama and Jensen，1983）。

二、董事会结构

董事会结构包含正式结构与非正式结构两个层面。正式结构指有意设计的显性特征，比如董事会的规模、独立性、领导权安排、委员会制度安排等；也可以表现为董事个体层面的人口统计学特征和认知特征，比如董事的年龄、性别、种族、国籍、学历、职业背景、教育水平等。非正式结构指存在于组织、团体内部的隐性关系，比如董事会内部的非正式层级、董事所拥有的社会资源特征等。下面将从董事会多元化、董事会专业性、连锁董事等三个方面对董事会结构进行介绍，并介绍董事会结构与公司治理效率的关系。

(一) 董事会多元化与公司治理

董事会多元化的支持者认为，团队人员背景多样性有助于拓宽观点的广度，进而提高群体决策的合理性；缺少异质性背景的董事会成员往往具有相近的观点和偏好，不利于在决策时集思广益，这可能会降低决策的合理性（Hoffman and Maier，1961）。董事会多元化的反对者则认为，董事会多元化会降低群体凝聚力，增加董事会内部的摩擦，使达成共识更加困难，从而降低决策效率，对需要迅速作出决策的企业不利（Hambrick et al.，1996）。在实践中，面对越来越多变的内外部环境，董事会多元化的浪潮已不可阻挡，这种多元化包括性别、年龄、海外背景、专业经验等多个维度。

1. 董事会性别多元化

女性在信仰、规范标准、风险偏好等方面均显著不同于男性。公司财务领域的研究表明，女性高管在企业融资、投资、并购和上市等决策上的表现显著不同于男性。在公司治理领域，研究发现女性董事能够发挥更强的监督作用（Adams and Ferreira，2009），且女性董事拥有不同于男性董事的规范标准、信仰、专业知识及资源，有利于董事会咨询职能的发挥和提高公司对复杂问题的处理能力（Miller and Triana，2009）。

目前，许多国家已采取强制的女性董事配额制度以提高女性董事会成员比例。例如，挪威是首个采取强制女性董事配额制度的国家，规定所有上市公司的董事会至少有 40%的女性董事。此后，法国、西班牙、德国、冰岛、意大利、芬兰、荷兰、瑞典等国家也通过了相似的女性董事配额制度。目前，我国法律和监管政策对于内地上市公司的董事会性别多元化并无明确要求。我国香港地区对上市公司董事会的性别比例也未作明确规定，但要求上市公司披露董事会的多元化情况。在我国，尽管越来越多的女性董事不断走上舞台，但上市公司董事会性别多元化程度仍然较低。图 4-3 比较了中国与其他主要国家的女性董事比例。中国上市公司中董事会女董事占比仅为 10.14%。相比西方资本市场，中国的这一比例偏低。我国是否需要进一步促进董事会性别多元化还需要实践检验，促进董事会性别多元化还有很长的路要走。

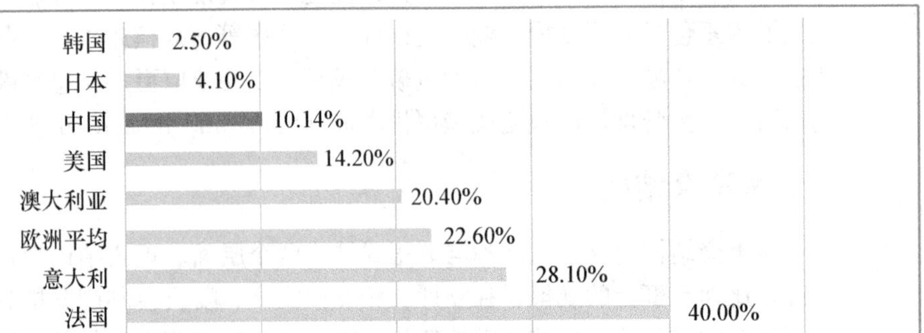

图 4-3 各国上市公司中女性董事占比（2017 年）

资料来源：德勤中国公司治理中心. 2019 德勤中国上市公司女性董事调研报告.（2019-05-31）[2022-09-01]. https://www2.deloitte.com/content/dam/Deloitte/cn/Documents/about-deloitte/deloitte-cn-report-on-female-directors-of-listed-companies-in-china-zh-190531.pdf.

延伸阅读 4-8

特斯拉董事长变更事件

2018 年 11 月 7 日，美国电动汽车制造商特斯拉宣布，罗宾·丹霍姆（Robyn Denholm）代替埃隆·马斯克（Elon Musk）成为特斯拉的新董事长，马斯克仍继续担任首席执行官和总裁职位，任命即刻生效。

丹霍姆时年 55 岁，是特斯拉董事会 9 位成员中的两名女性之一。特斯拉在声明中称，丹霍姆女士现任澳大利亚最大的通信公司 Telstra 的首席财务官和战略总监，在 6 个月的公示期之后，她将离开原职位，全职出任特斯拉的董事长一职。丹霍姆在声明中表示："我相信这家公司，我相信它的使命，并期待能帮助埃隆和特斯拉团队达成可持续盈利、追求长远股东价值的目标。"

丹霍姆能拿下这个职位并不让人太过意外。她是特斯拉董事会中唯一一位拥有在其他大型汽车集团工作经验的高管，在 2014 年出任特斯拉独立董事之前，她还曾担任过丰田的财务主管。马斯克称："罗宾在科技和汽车行业都拥有丰富的经验，在过去的四年里，她在帮助我们成为一家盈利公司上作出了显著的贡献。"丹霍姆在大型汽车集团的丰富管理经验将给特斯拉带来帮助。

丹霍姆能拿下董事长职位的另一个原因或许是出于改善公司治理的考虑。特斯拉的董事会主要由忠于马斯克的人构成，八位现任非执行董事中有五位与马斯克有专业或个人关系，其中包括马斯克的兄弟 Kimbal。董事会因缺乏独立性而长期受到公司治理专家的抨击。据《华尔街日报》2018 年 11 月 8 日的报道，丹霍姆自 2014 年起担任特斯拉董事会成员，但她与马斯克的关联比公司其他董事要少。此次她能成为董事长，或许有公司治理方面的考虑。

资料来源：澎湃新闻．特斯拉董事长换人了：马斯克退任，该公司女性董事丹霍姆接任．(2018-11-08) [2022-09-01]. https://www.sohu.com/a/274063281_260616.

2. 董事会海外背景多元化

拥有海外背景的董事，其海外学习或工作经历有助于提升董事的履职能力。董事的海外背景主要通过三条途径来影响公司治理：第一，在新兴市场中，有国外企业运作经验的董事会成员会采用更优越的管理实践方法，提升公司业绩和生产率（Bloom and Van Reenen，2007）；第二，具有海外背景的董事往往与海外企业有联系，有助于国际收购和国际融资活动的顺利进行（Giannetti et al.，2015）；第三，具有海外背景的董事与当地表现为更弱的联系，因此更有动机监督管理者，追求股东利益最大化的目标。研究表明，在投资者法律保护相对较弱的国家，例如中国，董事会中引入来自发达国家的董事可以有效提升公司治理水平。2023 年中国上市公司董事的海外背景统计如图 4-4 所示。

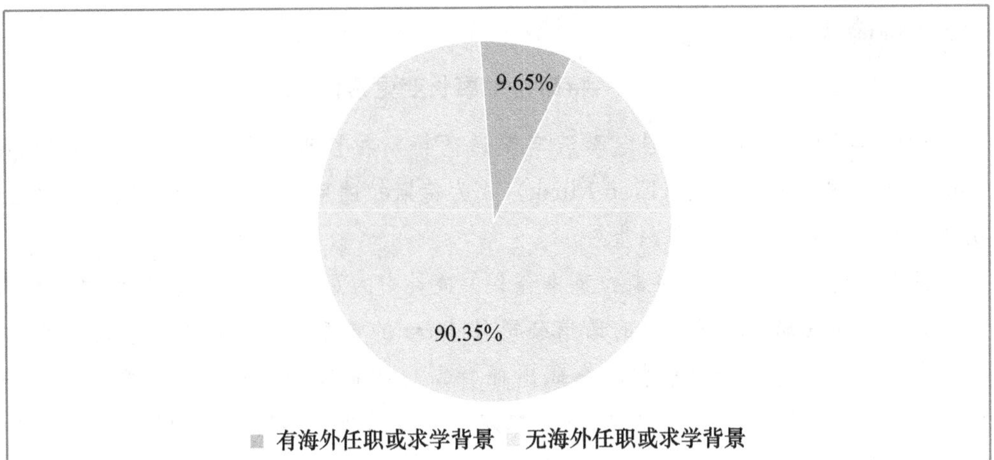

图 4-4　中国上市公司董事的海外背景统计（2023 年）

资料来源：国泰安经济金融研究数据库.

（二）董事会专业性与公司治理

董事的教育和专业背景会影响董事会监督和咨询职能的发挥，其中最主要的是董事的金融背景和财务背景。

1. 董事的金融背景

董事的金融背景主要指其在商业银行、投资银行、证券公司、风险投资机构、资产管理公司等金融机构的任职经历。其中，商业银行背景的董事最为普遍，在德国、日本和美国的大型企业中，拥有商业银行背景董事的企业分别占了全部企业的75.0%、52.9%和31.6%，这有助于降低企业与银行间的信息不对称，增加企业从关联银行获得的贷款。董事的投资银行背景主要帮助企业进行投融资决策，包括在并购中确定合适的并购标的、降低投资-现金流敏感性等。董事的风险投资背景可以有效提升企业的创新意识和并购绩效。

总而言之，金融背景董事通常更具有风险意识，可对公司管理层进行更谨慎的监督，维护股东利益，并且他们更熟悉资本市场运作，可为企业的投融资决策提供更具有可行性的建议。有鉴于此，在 21 世纪初安然、世通等大型企业爆出公司治理丑闻之后，美国的《萨班斯-奥克斯利法案》鼓励上市公司提升金融背景董事在董事会中的占比；2008 年全球金融危机发生后，许多研究也将金融机构的冒进行为归咎于董事会中金融背景的董事占比过少。

2. 董事的财务背景

我国《上市公司治理准则》规定，董事会审计委员会的召集人应当为会计专业人士。美国《萨班斯-奥克斯利法案》规定，审计委员会的所有成员都要熟悉财务知识，审计委员会主席必须是财务专家。最初，《萨班斯-奥克斯利法案》对“财务专家”的定义非常严格，只限于注册会计师和有直接会计经验的人才；后来该法案吸取了来自商界的意见，扩大了对“财务专家”的定义，以避免财务专家的人才池规模过小。上述规定均隐含了一个假设：熟悉会计准则和财务报表的董事可以更好地实现董事会的监督功能，更好地服务于股东的利益。研究表明具有财务背景的董事能够减少企业的盈余管理活动，提升企业盈余质量；在审计委员会任命财务背景的董事时，股票市场会给予显著的积极反应。本章的图 4-2 已展示了 2023 年我国上市公司董事的专业背景分布情况。

（三）连锁董事

当某一董事同时在两家或两家以上的上市公司担任董事时，该董事被称为连锁董事。董事在不同公司兼任的现象在我国和西方国家都十分普遍。董事兼任的原因可能包括如下几个：一是激励因素，董事通过在多家公司兼任来获得更多薪酬；二是业绩因素，绩效良好公司的董事往往具有良好声誉，其监督与咨询能力得到市场认可，因而能够获得更多其他公司的董事职位；三是 IPO 因素，刚上市的公司缺乏资本市场相关经验，需要能同时处理多种复杂关系的董事为其提供帮助，故而主动聘用那些在多家公司兼职的董事（Field et al.，2013）。那么，董事兼职究竟会如何影响公司业绩和公司治理呢？围绕这一问题形成了两种观点：一是董事的时间和精力是有限的，在多家公司兼职可能会分散其工作精力，降低其履职效率，从而对公司业绩和治理产生负面影响，这称为“忙碌董事效应”；二是董事同时在两家或两家以上的公司董事会任职有助于连接所任职公司的资源，形成公司间的关系网络，从而给企业带来资源，降低环境不确定性对企业的影响，这称为“连锁董事效应”。

在实践中，有关“忙碌董事效应”和“连锁董事效应”的证据同时存在，至于哪种效应会占据主导地位，可能取决于其他一些公司特征以及外部环境特征。美国公司董事协会（NACD）建议对董事的兼职数量予以限制，从而保证董事会能充分发挥其职能。我国虽然未对董事总体兼职数量予以限制，但是中国证监会在自 2023 年 9 月起施行的《上市公司独立董事管理办法》中指出，独立董事原则上最多同时兼任 5 家上市公司的独立董事，以确保其可以有效履职。

延伸阅读 4-9

连锁董事的禁止情形

美国《克莱顿反托拉斯法》禁止业务上相互竞争的公司之间存在连锁董事关系，即不允许同一个体或法人同时担任两个或以上相互竞争的企业的董事。《克莱顿反托拉斯法》第八条（15 U.S.C. §19）明令禁止连锁董事行为，避免竞争公司的高管或董事之间在建立连锁关系后进行不当协作或敏感竞争信息共享，从而损害双方或其中一方股东的利益并构成垄断。若出现了连锁董事现象，通常需要由董事提出辞任，仅保留其中一家公司的董事职位。

资料来源：Amy Ray，Diana Gillis. Companies，board members and officers take note：U.S. Antitrust Agencies are focused on interlocking directorates.（2019-07-24）［2022-09-01］. https://blogs.orrick.com/antitrust/2019/07/24/companies-board-members-and-officers-take-note-u-s-antitrust-agencies-are-focused-on-interlocking-directorates.

三、董事会独立性

（一）董事会独立性与公司治理

担任独立董事的通常是其他企业的前任或现任经理人、财务专家、法务专家、大学教授以及前政府官员①等。独立董事不参与企业经营活动，其主要职责是监督合约的执行和重新缔约。因此，独立董事占公司董事会成员的比例被称为“董事会的独立性”，成为考核董事会的治理有效性的最重要的指标。中国证监会于2001年发布的《关于在上市公司建立独立董事制度的指导意见》首次引入了独立董事制度，并且明确规定，在2003年6月30日之前，上市公司独立董事的比例不得低于1/3②。Jensen（1993）甚至认为，在一个有效的董事会组织模式中，CEO应当是唯一的内部董事，其余董事都应是独立董事。当董事会的独立性更强时，其监督职能和咨询职能都能得到更有效的发挥。鉴于董事会的独立性对公司治理和公司绩效的重要性，一些投资机构甚至公开声称，它们只愿意投资那些董事会中独立董事占绝对多数的公司（姜付秀等，2016）。

（二）独立董事制度的有效性

虽然独立董事制度是解决代理问题的重要机制，但对其有效性仍存在一定的质疑。这些质疑部分出于独立董事制度自带的缺陷，部分出于独立董事制度与各国公司治理实践的适配程度。

在发达资本市场上，独立董事的职责主要是监督以CEO为首的职业经理人，并为他们提供咨询。然而，独立董事的人选是由CEO提名的，CEO可能不会提名挑战自己权威的独立董事，接受任命的独立董事也缺乏挑战现任管理层的动机。聘请机制的先天缺陷在很大程度上抑制了独立董事功能的发挥。例如，美国的安然、世通等大型公司的独立董事都是各界名流，但他们在公司的财务造假丑闻中并未表现出应有的监督效果。同时，独立董事需要依赖管理层来获得监督所需的信息，这就可能导致两个问题：一方面，可以获得信息的独立董事通常与管理层有关联，但他们可能不愿意进行有效的监督；另一方面，与管理层没有密切关联的独立董事往往无法获得信息，难以监督管理层。独立董事的选聘和信息获取机制制约了独立董事的监督效果。

在我国的上市公司中，独立董事的治理有效性长期遭受质疑，这是因为我国的独立董事制度有不同于西方的运行环境。

首先，我国上市公司中独立董事的咨询和监督对象更多的是公司大股东而非CEO，负责提名独立董事的也是大股东（姜付秀等，2016）。中国证监会2022年1

---

① 2013年，中共中央组织部发布了《关于进一步规范党政领导干部在企业兼职（任职）问题的意见》（中组发〔2013〕18号文件），明确规定：现职和不担任现职但未办理退（离）休手续的党政领导干部不得在企业兼职（任职）；辞去公职或者退（离）休后三年内，不得到本人原任职务管辖的地区和业务范围内的企业兼职（任职）。自此之后，有政府任职背景的人士便极少担任上市公司独立董事。

② 《关于在上市公司建立独立董事制度的指导意见》已被《上市公司独立董事规则》代替。《上市公司独立董事规则》第四条第一款也规定了上市公司董事会成员中应当至少包括1/3独立董事。

月颁布的《上市公司独立董事规则》明确指出："独立董事对上市公司及全体股东负有诚信与勤勉义务，并应当按照相关法律法规、本规则和公司章程的要求，认真履行职责，维护公司整体利益，尤其要关注中小股东的合法权益不受损害。"这表明，关联交易等可能有损中小股东利益的事项应当是独立董事关注的重点。然而，由大股东提名并任命的独立董事能够在多大程度上为中小股东发声，这是存在疑问的。

其次，我国尚未建立起能够促使独立董事进行有效监督的声誉机制。若独立董事的履职表现能够最终影响其社会声誉和未来担任其他公司独立董事的机会，那么独立董事就会在声誉机制的驱使下认真履行监督与咨询职能。然而，研究表明，我国的独立董事所发表的意见类型并不影响其在其他公司获得独立董事职位的概率，相反，发表否定意见的独立董事更容易被其现职公司解聘（唐雪松等，2010）。这表明有效的声誉机制在我国尚未建立起来，独立董事不存在出于声誉而监督的动机。为了提高董事会的独立性，建立完善的职业经理人市场和提高市场信息透明度是十分必要的。

最后，我国的独立董事更多是在发挥咨询作用而非监督作用。在我国文化背景下，社会网络对于公司获取资源十分重要。这使得资源依赖理论的解释力在我国显得尤为突出。研究证据表明，无论是独立董事的人数还是占比，都对公司绩效没有显著影响；独立董事的教育背景、在高校及研究机构的工作背景等也与公司绩效无关，但政治背景与公司绩效却呈明显正相关（魏刚等，2007）。这表明，只有具备政治背景的独立董事发挥了咨询作用，他们或许通过社会网络帮助公司获得了资源，但并没有有效发挥监督功能。

延伸阅读4-10

万科董事会的独立性和有效性

2015年6月17日，万科召开了董事会，就引入深圳地铁作为战略股东的议案进行投票表决，表决结果将决定谁会是万科的第一大股东。

深圳地铁是一家持有大量优质土地资源与独特轨道开发资质的深圳市地方国有企业。万科拟购买深圳地铁持有的深圳地铁前海国际发展有限公司100%的股权，初步交易价格为456.13亿元。万科将以发行股份的方式支付全部交易对价，初步确定的股份发行价格为每股15.88元，为定价基准日前60个交易日万科股票交易均价的93.61%，万科将向深圳地铁发行2 872 355 163股A股股份。

此前，万科的第一大股东一直是中央企业华润集团。但在2015年，宝能系数度举牌万科，其股份增加至24.26%，超过华润集团成为第一大股东；第二大股东华润集团持股15.29%。万科管理层之所以想要紧急引入深圳地铁，是为了从宝能系手中夺回第一大股东的位置。若按照上述议案增发股票，那么深圳地铁将持有万科增发后的A股股份20.65%；而宝能系的持股比例将被稀释为19.27%，失去第一大股东地位；华润集团的持股比例将被稀释为12.15%。由于万科计划的增发股价折让较大，股东权益被稀释较多，而且对万科未来几年的每股盈利的摊薄程度较大，这对华润集团以及万科的中小股东的利益造成了损害，因而遭到华润集团的强烈反对，来自华润集团的三名董事皆投出反对票。

但万科的几位独立董事似乎倾向于支持管理层。万科共有四位独立董事。独立董事1表示“我亲自去考察了深圳地铁，也看了两个项目所在地块，觉得真的是很好，我觉得这次买的不是资产，而是万科的未来”，并投出赞成票。独立董事2在会议过程中指出，自己对议案的很多信息完全不知情，但最终也投了赞成票，原因是“如果不通过，会损害万科品牌形象”。独立董事3缺席此次董事会，委托另一位独立董事代为投票，并未说明自己赞成还是反对；从结果看，代理投票的那位独立董事可能根据自己的判断投出了赞成票。最后一位独立董事张某由华润集团提名，并担任黑石集团大中华区主席，而黑石集团一直与万科存在业务往来。张某表示“黑石集团与万科为利益关联者，作为黑石集团的高层，我不太合适参与董事会的表决”，并回避表决。因此，四名独立董事中有三票赞成、一票回避表决。

这一结果引发了社会各界对于“独立董事的独立性”的广泛讨论。分析人士认为，万科本次董事会有效性之争，问题的关键并不在于独立董事张某是否在“形式上独立”，而是包括张某在内的所有万科独立董事均未能做到“实质上独立”。从万科已披露的会议信息来看，没有任何一位独立董事提供了决策的可行性报告，也没有任何一位独立董事在决策前与其他独立董事以及内部董事进行了充分沟通和交流，甚至在严重缺乏信息的情况下无条件支持万科管理层的决策。如此草率，怎么能保证独立董事的决策是科学的呢？又如何能够保障公司和股东，特别是广大中小股东的利益呢？事实上，目前大多数公司的董事会都能够做到形式上的独立性，但实质上的独立性是更为重要也更难以判断的。忽略实质上的独立性的后果是非常严重的，万科本次董事会会议很好地说明了这一点。

资料来源：经济参考报．中国独立董事在事实上独立么？．(2016-07-04) [2022-09-01]．https://business.sohu.com/20160704/n457555767.shtml.

四、董事会的机构设置

（一）董事长

根据我国新《公司法》第六十八条第二款规定，有限责任公司董事会设董事长一人，可以设副董事长；董事长、副董事长的产生办法由公司章程规定。第一百二十二条规定，股份有限公司董事会设董事长一人，可以设副董事长；董事长和副董事长由董事会以全体董事的过半数选举产生。董事长有权召集董事会会议和主持召集股东大会、检查董事会决议的实施情况，除此之外的其他权力与普通董事相同。在董事会闭会期间，董事会可以授权董事长行使董事会部分职权。公司应在公司章程中明确规定对董事长的授权原则和授权内容，授权内容应当明确、具体。凡是涉及公司重大利益的事项，还是应当由董事会集体决策。

在公司领导权设置中，一个非常重要且广为讨论的问题便是公司的CEO是否应该兼任董事长。围绕着“两职合一”还是“两职分离”，主要形成了委托代理理论和现代管家理论这两种针锋相对的观点。

委托代理理论认为，人是自利且有限理性的，天然地具有偷懒动机和机会主义倾向，因而公司需要采取监督权和执行权相分离的方式来提高对公司管理者的监督效果，避免两职合一。两职合一可能存在几个方面的缺点：首先，两职合一降低了董事会的独立性和监督有效性，因为董事会中可能没有人具有足够的权力来挑战CEO，导致公司走向“一言堂”的局面；其次，两职合一将监督执行董事、高管的任务和领导公司高层管理团队的任务集中于一个人，导致CEO的工作负担过重，可能缺乏精力去思考长期性、战略性的问题。研究表明，两职合一的企业有更低的资产回报率、更高的破产概率，作为企业领导者的CEO和董事长有更低的薪酬-业绩敏感性，在公司业绩差时更不容易被解聘。

现代管家理论则认为，以CEO为代表的高管具有利他性和自律性。对成就感、认同感的渴望以及完成任务的内在激励等会促使他们完成受托责任，实现公司目标的集体主义行为所带给他们的利益要高于个人主义的自利行为。同时，在职业声誉的约束下，高管也会克制自利行为。基于此，现代管家理论认为高管会主动履行受托责任；而两职合一赋予了管理者更大的自主决策权，为管理者提供了激励，使其更有动力完成工作。两职合一的优势主要体现在两个方面：首先，两职合一确保了CEO较强的领导权，集中的决策权在公司需要进行重大战略决策时是非常重要的，有利于提高决策效率；其次，两职合一有助于避免在董事会和高管团队之间制造紧张和对抗情绪，有利于二者之间的沟通与合作。研究发现，两职合一的公司股东收益率和净资产收益率都相对较高。

从公司治理实践来看，最初，西方国家的公司大多采用两职合一的领导权设置。但是在过去30年，许多国家陆续以法律形式对公司的两职分离进行了规定，要求符合一定条件的公司必须实现两职分离。1992年，英国伦敦证券交易所最先要求其上市公司采取两职分离的领导权设置。此后的10年间，有15个国家的监管机构陆续要求上市公司的CEO和董事长分离。在美国，上市公司同样受到来自监管部门和投资者的压力，要求其CEO和董事长分开任职。比如，2008—2009年，美国陆续通过了一系列议案，要求接受问题资产资助计划救助的公司等必须两职分离；2010年，《多德-弗兰克法案》(*Dodd-Frank Act*)强制要求上市公司披露其领导权设置的理由。我国目前尚未对两职合一或两职分离进行强制规定，但总体来说，我国公司两职合一的比例要低于美国和其他发达国家（姜付秀等，2016）。

（二）专门委员会

董事会专门委员会是公司依据《公司法》《上市公司治理准则》和公司章程等设立的专门工作机构，旨在将相关的专业人士聚集到相应的领域进行决策，提高董事会决策效率和体现董事会的专业性。一些特殊的专门委员会可以规定独立董事在其中所占的比例，以体现决策的独立性。

我国新《公司法》规定，有限责任公司和股份有限公司可以按照公司章程规定设置审计委员会。公司只设董事会而不设监事会的，应当在董事会中设置审计委员会行使监事会职权。新《公司法》进一步对股份有限公司的董事会审计委员会和上市公司的董事会审计委员会的议事方式和表决程序作了规定。例如，上市公司在董事会中设置审计委员会的，董事会对聘用和解聘会计师事务所、聘任和解聘财务负责人、披露财务会计报告等事项作出决议前应当经审计委员会全体成员过半数通过。

我国《上市公司治理准则》第三十八条则规定，上市公司董事会应当设立审计委员会，并可以根据需要设立战略、提名、薪酬与考核等相关专门委员会。专门委员会对董事会负责，依照公司章程和董事会授权履行职责，专门委员会的提案应当提交董事会审议决定。专门委员会成员全部由董事组成，其中审计委员会、提名委员会、薪酬与考核委员会中独立董事应当占多数并担任召集人，审计委员会的召集人应当为会计专业人士。由此可见，上市公司应当设立审计委员会，其他诸如战略、提名、薪酬与考核委员会的设立与否属于公司自治范畴。

关于不同专门委员会的主要职责，我国《上市公司治理准则》第三十九条到第四十二条作出了相应的规定。审计委员会的主要职责包括：监督及评估外部审计工作，提议聘请或者更换外部审计机构；监督及评估内部审计工作，负责内部审计与外部审计的协调；审核公司的财务信息及其披露；监督及评估公司的内部控制；负责法律法规、公司章程和董事会授权的其他事项。战略委员会的主要职责是对公司长期发展战略和重大投资决策进行研究并提出建议。提名委员会的主要职责包括：研究董事、高级管理人员的选择标准和程序并提出建议；遴选合格的董事人选和高级管理人员人选；对董事人选和高级管理人员人选进行审核并提出建议。薪酬与考核委员会的主要职责包括：研究董事与高级管理人员考核的标准，进行考核并提出建议；研究和审查董事、高级管理人员的薪酬政策与方案。

在金融等特殊行业中，因为行业监管的需要，会要求上市公司设立除审计、战略、提名以及薪酬与考核委员会之外的其他专门委员会。例如，现已失效的我国《股份制商业银行董事会尽职指引（试行）》第四十条曾规定，商业银行董事会应当建立审计委员会、风险管理委员会和关联交易控制委员会。注册资本在10亿元人民币以上的商业银行，应当建立战略委员会、提名委员会和薪酬委员会。一些公司虽然不属于金融行业，但结合自身特点和经营实际需要，也会设置其他专门委员会。

（三）董事会秘书

董事会秘书是上市公司与证券交易所之间的指定联络人，由董事会聘任并对董事会负责。董事会秘书是上市公司的高级管理人员。

关于董事会秘书的职能，我国新《公司法》第一百三十八条规定，上市公司设董事会秘书，负责公司股东会和董事会会议的筹备、文件保管以及公司股东资料的管理，办理信息披露事务等事宜。《上市公司治理准则》第二十八条进一步规定，为了履行职责，董事会秘书有权参加相关会议，查阅有关文件，了解公司的财务和经营等情况。董事会及其他高级管理人员应当支持董事会秘书的工作。任何机构及个人不得干预董事会秘书的正常履职行为。董事会秘书在上市公司内部治理与资本市场中发挥着举足轻重的作用。从内部来看，董事会秘书是“三会一层”之间的黏合剂，起着促进股东大会、董事会、监事会和经理层之间信息沟通与交流的作用；是公司规范运作的“吹哨人”，保证公司运营的合法性；也是公司信息披露的负责人，督促上市公司依法履行信息披露义务。从外部来看，董事会秘书连接着上市公司与资本市场，是上市公司的对外发言人，是监管部门、投资者、券商、新闻媒体等了解上市公司的一个窗口，负责与社会各界沟通。

大部分西方国家的上市公司并没有设置董事会秘书职位。我国于1994年初建立董事会秘书制度，并不断对这一制度进行改进和完善。2006年1月1日起实施的《公司法》中首次加入了对董事会秘书职位设定的要求，从法律意义上确认了董事会秘书的高管地位，并且明确了董事会秘书办理信息披露事务等事宜的工作职责。此后，我国上市公司的信息披露质量有了显著提高，董事会秘书在其中发挥了实质性作用。

延伸阅读4-11

董事会秘书的职业风险

董事会秘书（以下简称董秘）最大的风险是监管风险，一旦因为违反监管规定而被公开谴责处分，就意味着要暂时告别董秘岗位。据统计，2018年A股市场共有19位董秘被公开谴责处分，被谴责的重灾区主要是定期报告违规、关联方（主要是控股股东）披露不清、公司内部控制存在缺陷、环保信息披露违规等。

1. 未在规定时间内披露定期报告

在19位被公开谴责的董秘中，有11位董秘所在上市公司出现了定期报告的披露违规，其中又包括未在规定时间内披露定期报告、定期报告虚假记载、定期报告出现会计差错等具体情况。

美都能源时任董秘沈某于2018年8月23日被上交所公开谴责，违规原因就是“公司未在规定时间内披露年报、季报”，上交所认为公司的行为扰乱了投资者全面获取上市公司年度和季度信息的预期，严重损害了投资者的知情权。沈某申辩称“公司延期披露定期报告是因审计机构对公司下属控股子公司上海德朗能动力电池有限公司未能完成业绩承诺而进行的业绩补偿、商誉减值的会计处理提出不同意见，导致无法按期提交审计报告”，并称公司延期披露时间较短、影响较小，且其本人已勤勉尽责、积极配合审计工作，因而请求减轻处分。尽管确实是审计机构的问题导致了定期报告的延期，但是董秘并未能免责，最终仍被给予了公开谴责处分。

2. 定期报告虚假记载

*ST众和时任董秘詹某于2018年11月29日被深交所公开谴责，指出其所在公司共存在五点违规：2017年年度报告被出具无法表示意见；重大会计差错更正；2016年、2017年部分定期报告存在虚假记载；未及时对业绩快报进行修正；多项重大事项未及时披露。新力金融时任董秘桂某于2018年4月24日被上交所公开谴责，其中一项违规就是“公司虚增收入和利润，导致2015年年报披露不真实、不准确”。董秘有督促上市公司依法履行信息披露义务的职责，若定期报告未能合规披露，上市公司通常难逃行政处罚，而董秘也难逃被公开谴责。

3. 环保信息披露

2018年出现了三个因为环保信息披露违规问题董秘被交易所公开谴责的案例。ST辉丰时任董秘孙某被谴责的原因是：2016 年定期报告社会责任情况披露不真实、不完整；未及时如实披露高管人员无法履职事项。山西路桥时任董秘梁某被谴责的原因是：公司 2016—2017 年陆续被环保局作出行政处罚，责令其改正环境污染行为，并处以相应罚款，但公司在此期间披露的年报和半年报中对此都没有作任何披露。罗平锌电时任董秘喻某被谴责的原因是：定期报告未完整披露重点排污单位环境信息；未及时披露公司重大环境污染问题。

资料来源：董秘学苑．2018 年这 19 位董秘被公开谴责：财报、关联方、环保、内控违规成重灾区．(2019-01-03) [2022-09-01]. https://xueqiu.com/8533471160/119271769.

第四节 董事会会议运作机制

一、董事会会议的类型

（一）定期会议与临时会议

董事会是通过集体决议的形式来行使职权的，集体决议是通过召开董事会会议的方式实现的。董事会会议分为定期会议和临时会议。我国现行《公司法》对有限责任公司的定期会议没有作出明确规定，有限责任公司按照公司章程的规定按时召开即可。对于股份有限公司，新《公司法》第一百二十三条第一款规定，董事会每年度至少召开两次会议，每次会议应当于会议召开 10 日前通知全体董事和监事。临时会议是指在两次定期会议之间于必要时召开的、不定期的董事会会议。对于股份有限公司而言，代表 1/10 以上表决权的股东、1/3 以上的董事或者公司监事会可以提议召开董事会临时会议。董事长应当自接到提议后 10 日内召集和主持董事会会议。董事会召开临时会议，可以另行决定召集董事会的通知方式和通知时限。

董事会会议可以帮助董事了解和讨论公司的发展状况、当前的困境以及与公司持续经营相关的前瞻性问题。及时召开董事会会议对于改善公司治理效果具有重要意义。如果董事会会议召开的频率过低，董事在行使监督职能方面就会缺乏效率，因此，较高的董事会会议召开频率往往被视为监督效果更好的标志，一些学者建议提高董事会会议频率以维持良好的公司治理。

（二）现场会议与通讯表决

董事会现场会议是指面对面召开的会议。在现场会议上，董事可以针对公司重大事项和问题进行充分的互动交流，最后得出一致意见。通讯表决是指董事通过各种通信工具，例如电话、视频、传真、电子邮件等，就公司的程序性事项进行表决。通讯表决的优点是高效、便捷和低成本，缺点是不便于进行深入沟通，决策可能偏于草率。

延伸阅读4-12

董事会通讯表决的利弊调查

公司一般在什么情况下会采取通讯表决的方式？关于这一问题，中远航的董事会秘书薛某表示：虽然公司章程以及董事会议事规则未就使用通讯表决方式的情形作出规定，但董事会秘书会根据议题的重要性来判断是否适合通讯表决。当董事会审议的议题不多且议题比较简单，或者有较多的董事无法到场而委托他人参会时，一般会采用通讯表决方式；而涉及重大事件、有不同意见或法律上有规定的，则不会采用通讯表决形式。中化国际的董事会秘书刘某表示：公司章程有明确规定，当有突发事项须董事会决策或董事人数无法凑齐的情况下才可使用通讯表决。

当上市公司异地董事会成员较多时如何开会表决？针对这一问题，南京银行董事会秘书汤某表示：通讯表决范围嵌入在南京银行的章程条款中，一般对于单项、偶然、紧急且符合通讯表决形式的董事会议题，或者上次董事会会议期间已议未决事项，可以采取通讯表决方式；外地董事多的董事会可能会经常使用此方式。

现场会议表决与通讯会议表决各有何利弊？对此，中远航的董事会秘书薛某表示：通讯表决的优势对有些简单议题（比如季度报告）来说很明显，因为议题简单，召开现场会议不仅没有增量的效果，还会大大增加交通、时间成本；同时，公司有必要明确什么样的议题可以通讯表决，什么样的议题必须现场表决，从完善公司治理的角度写进董事会的议事规则中。南京银行董事会秘书汤某则更倾向于传统方式。他表示：经过面对面讨论并决策的现场会议是沟通最直接、最充分的，可以提高决策效率，缺点是可能带来议题松散、会议拖沓冗长的现象；通讯表决的优势是可以紧扣议事主题，其劣势是会议气氛不如现场会议，董事与提案人交流不充分，不利于董事们之间的情感交流，支撑决议议题的宽度也可能受限；然而，若会前董事会办公室能提供更翔实的资料、董事们之间能保持良好有效的沟通，则可能弥补通讯表决的上述缺陷。

资料来源：孙利侠．董事会议案通讯表决利弊调查．董事会，2009（10）：77-78.

二、董事会会议的议事规则

（一）董事会会议的召集

对于有限责任公司，我国新《公司法》第七十二条规定，董事会会议由董事长召集和主持；董事长不能或者不履行职务的，由副董事长召集和主持；副董事长不能或者不履行职务的，由半数以上董事共同推举一名董事召集和主持。对于股份有限公司，我国新《公司法》第一百二十二条第二款规定，董事长召集和主持董事会会议，检查董事会决议的实施情况。副董事长协助董事长工作，董事长不能或者不履行职务的，由副董事长履行职务；副董事长不能或者不履行职务的，由半数以上董事共同推举一名董事履行职务。

（二）董事会的法定人数

根据我国新《公司法》规定，有限责任公司和股份有限公司的董事会会议应当有过半数的董事出席方可举行；董事会作出决议，应当经全体董事的过半数通过。董事会作出决议必须经全体董事半数通过。新《公司法》第一百二十五条规定，董事会会议应由董事本人出席；董事因故不能出席，可以书面委托其他董事代为出席，委托书中应载明授权范围。代为出席会议的董事应当在授权范围内行使董事的权利。董事未出席董事会会议，亦未委托代表出席的，视为放弃在该次会议上的投票权。

（三）董事会的表决

与股东会的表决规则不同，董事会会议的议事规则是按董事人数确定表决的票数，董事会决议的表决实行一人一票。在新《公司法》第一百三十九条中，额外增设了上市公司关联董事的表决权排除制度，即上市公司董事与董事会会议决议事项所涉及的企业有关联关系时，不得对该项决议行使表决权，也不得代理其他董事行使表决权，该董事会会议由过半数的无关联关系董事出席即可举行，董事会会议所作决议须经无关联关系董事过半数通过。出席董事会的无关联董事人数不足 3 人的，应将该事项提交上市公司股东会审议。

我国新《公司法》第一百二十五条第二款规定，董事应当对董事会的决议承担责任。董事会的决议违反法律、行政法规或者公司章程、股东会决议，致使公司遭受严重损失的，参与决议的董事对公司负担赔偿责任。但经证明在表决时曾表明异议并记载于会议记录的，该董事可以免除责任。

延伸阅读 4-13

董事会中的一票否决权

对于有限责任公司，我国新《公司法》第七十三条第一款规定，董事会的议事方式和表决程序，除本法有规定的外，由公司章程规定。有限责任公司可在章程中自主约定董事会的议事规则，可以通过公司章程赋予投资人委派的董事在董事会上享有“一票否决权”。董事会“一票否决权”一般指股东在公司章程中约定，某一个或者数个董事对董事会决议的事项享有一票否决权，其本质是强调董事会决议必须经过某一个或者数个董事的一致同意，方可有效通过。

一票否决权对于董事会传统的一人一票的表决机制产生了冲击，使得拥有较少股权比例的投资人在公司重大事项的表决方面拥有了“黄金一票”，极大地掌握了公司决策的“主动权”。有限责任公司的这一表决权配置方式有其合理性。有限责任公司是封闭式公司，高度的人合性赋予了股东更多的自治权，允许股东在公司的议事规则和表决程序上作出自主约定符合有限责任公司的“人合”的特征。然而，一票否决制也使少数股权比例的投资者更容易实现对公司董事会，甚至是整个公司的控制，有可能出现损害其他股东利益的情况。

董事会中一票否决权的适用范围有其边界。通常在投资协议中，投资人可以要求在以下事项方面享有一票否决权：

(1) 修改公司章程及章程性文件；

(2) 增加或减少公司注册资本；

(3) 公司的解散、清算、分立、收购、兼并及重组或变更公司形式;

(4) 公司变更经营范围;

(5) 公司进行超过某一金额的境内外投资;

(6) 向股东进行股息分配、利润分配;

(7) 股权转让;

(8) 经董事会批准的商业计划和预算外任何单独超过某一金额或每季度累计超过某一金额的支出合同签署;

(9) 公司增加或减少董事会成员的数量,变更董事会的职权;

(10) 公司为第三方提供任何保证或担保,以及其他可能产生或有负债的行为。

然而,《公司法》并不允许股份有限公司自主决定董事会的表决权配置方式。因为股份有限公司是开放式公司,需要保护公众利益,其表决权运作机制必须符合法律规定,以防部分股东侵害小股东及公众利益。因此,在股份有限公司的董事会中没有一票否决权。

资料来源:找法网.怎么设置“董事会一票否决权”.(2016-09-07)[2022-09-01]. http://china.findlaw.cn/gongsifalv/zuzhijigou/dongshihui/1273079.html.

(四)董事会的会议记录

我国新《公司法》第七十三条第四款规定,董事会应当对会议所议事项的决定作成会议记录,出席会议的董事应当在会议记录上签名。

董事会会议记录至少应当包括如下内容:会议召开的日期、地点和召集人姓名;出席董事的姓名以及受他人委托出席董事会的董事(或其代理人)姓名;会议议程;董事发言要点;决议事项的表决方式和结果,其中,表决结果应载明赞成、反对或弃权的票数。

第五节　董事会治理模式

一、从股东会中心主义到董事会中心主义

公司治理的核心问题是寻找最优的权力配置模式。公司的权力中心究竟在哪里?围绕这个问题形成了两种主流观点。一种是股东会中心主义,认为公司是股东投资的产物,因此公司的权力理所应当由股东会享有;股东会是公司的最高权力机构,也是公司治理的核心机构。另一种是董事会中心主义,认为公司的日常运营由董事会实施,或者在董事会的指导下实施,股东只就公司的重大事项进行表决,因此产生了股东会和董事会的权力分野,且董事会成为事实上的权力中心。在20世纪初期以及之前,以股东会为中心的公司权力结构一直占据主导地位;进入20世纪之后,各国的公司陆续呈现出权力中心从股东会向董事会转移的趋势,公司治理结构发生了变迁。

（一）股东会中心主义

股东会中心主义于17世纪形成雏形，脱胎于个人独资企业和合伙制企业，所秉持的基本理念是股东利益至上。到了19世纪，各发达国家逐渐施行了公司法，股东会在法律层面被确立为公司的最高权力机构。在股东会中心主义下，公司法普遍注意明确股东的权力，特别是作为股东意志代表的股东会的权力，而董事会则是股东会决议的机械的、消极的执行者。这一理念贯穿了英美法系国家以及大陆法系国家早期的公司治理立法。例如，德国、日本等大陆法系国家将股东会作为最高且万能的机构，而英国、美国等国家则规定，股东会与董事会之间的权力划分完全由公司章程决定，而公司章程是由股东会制定的。总而言之，一直到20世纪初，各发达国家的立法均不承认董事会拥有独立于股东会的权力，董事会执行公司业务决策须完全进行依照章程授权和股东会的决议。

股东会中心主义的盛行与早期公司的股权结构密切相关。事实上，股东会中心主义是以较为集中和稳定的股权结构为前提的。只有在集中且稳定的股权结构下，股东才在公司内部享有充分且长远的利益，才会期待公司的长期发展前景。同时，集中和稳定的股权结构也意味着频繁召开股东会以及股东之间达成一致意见的成本较低。当股东参与公司决策和管理带来的收益大于为此而付出的成本时，股东才有动力为公司经营投入时间和精力。因此，股东会中心主义更适合所有权与经营权分离程度不高、封闭性较强的公司。这也是股东会中心主义在商品经济发展的初级阶段能够占据较为主导性地位的原因。然而，随着公司规模扩大、股权结构分散的大型公司甚至跨国公司的出现，股东会中心主义就表现出了难以克服的不足。①

首先，股东会的决策效率低下，难以适应市场竞争的需要。随着越来越多的公司公开发行股票，公司股东数量迅速增加，持股分散，而且股份不断流动。要让这类公司的股东根据市场变化及时作出决策，显然是成本巨大且不可行的。因此，股东会参与公司经营决策越来越难以满足市场竞争的需要。

其次，股东持股分散且退出途径通畅，缺乏参与公司管理的激励。诚然公司股东中不乏将公司视为毕生事业的企业家，但更多的是公众投资者。他们在单个公司中的持股份额很小，持有股票只是为了获取短期利润，对于公司的经营管理抱有“搭便车”心理，表现出一种集体的“理性冷漠”。即使公司经营不佳，公众投资者也可以“用脚投票”，通过退出公司将损失最小化。除了公众公司之外，即使在封闭性的公司中，小股东也逐渐具有了异议股东股份回购请求权、申请强制解散公司等法律机制的保护。因此，股东参与公司管理的激励大为降低。

再次，股东缺乏公司经营管理的专业知识。随着社会分工的精细化与市场竞争的复杂化，公司股东特别是公众股东与专业管理人员在市场洞察、战略分析等方面的差异越来越大。将公司经营管理的大部分事务交给专门的团队来打理更有利于公司管理的专业化。

最后，股东权力缺乏监督机制，其直接参与公司管理容易造成公司独立人格被

① 叶敏和周俊鹏（2008）对此进行了较为全面的总结。

滥用。股东会直接参与公司管理很容易演变成控股股东操纵股东会，进而操纵整个公司的经营管理，产生控股股东将自身利益凌驾于公司其他股东以及公司自身利益之上的行为。

（二）董事会中心主义

由于股东会中心主义的理念与现代公司的发展趋势产生了矛盾，在20世纪初期以后，各国公司治理结构陆续表现出权力中心转移的趋势，从股东会中心主义转向董事会中心主义。例如，德国在1937年率先进行了公司法改革，其《股份公司法》第一百一十九条规定了股东大会的权限。它的权限范围仅包括章程变更、公司解散、定期决议等基本事项；至于公司经营中的问题，则只有在董事会提出要求时，股东大会才能作出决定。法国在其《商事公司法》第九十八条规定，董事会拥有在任何情况下以公司名义进行活动的最广泛的权力。日本也在2002年修改了法律，在事实上形成了经营者权力强于股东权力的局面。

董事会中心主义的出现与现代公司的股权高度分散、规模不断扩大、专业化经营等特征以及资本市场的持续发展密切相关。董事会中心主义的核心理念便是股东会与董事会的权力分野以及职责划分，且主要向保护董事的经营权、防止股东的不当干涉的方向倾斜。尽管董事会参与公司决策的权力范围需要股东会根据需要来授权，但这种授权一经载入公司章程，股东会就不能干扰董事正常职权范围内的行为，除非再次修改公司章程。股东会只需要对公司章程变更、组织结构变化等重大事项保留决策权即可。之所以董事会中心主义能够在公司治理中逐渐占据主流，是因为它满足了现代公司对专业化与效率化的需求。

首先，董事会中心主义能体现公司的专业化经营优势。一方面，资本的流动与选择导致了职业经理人的产生，他们具备现代企业的经营和管理技能，在管理公司事务上能够比普通股东做得更好。另一方面，现代公司面临的商业竞争日趋激烈，市场环境变化迅速，公司管理才能的发挥需要排除一切不必要的干扰，这就意味着需要为职业经理人创造良好的决策环境，使其能够及时、有效地作出适合公司发展的决策。

其次，董事会中心主义也是效率原则的选择结果。随着公司规模的日益扩大，巨大的融资需求带来了分散在世界各地的数以万计的投资者。证券交易市场的发达又使得这些投资者所持股份瞬息万变。要依靠这样一个数量庞大且流动性极强的团队来进行公司决策是不具有可行性的，因为协调、沟通的成本会十分高昂。而董事会是公司的常设机构，且董事人数有法定限制，在运作效率上大大高于股东会。因此，选择拥有专业管理知识的人才组成董事会，并通过相关法律明确其义务和责任，保证其代表公司及股东的权益来决策，将大大节约公司管理和运转的成本。

最后，董事会中心主义在一定程度上避免了公司独立人格被滥用，有利于对中小股东以及其他利益相关者利益的保护。在法律层面，股东除了对公司有出资义务外，几乎不负有其他义务，也几乎没有监督机制能约束股东的行为，在股东会中心主义下股东的决策难免会给公司及其他股东造成损害。而董事的激励和约束机制都是健全的。董事对公司负有忠实和勤勉义务，若董事损害公司或利益相关者的利益，公司及其利益相关者可以直接要求董事承担赔偿责任，向职责明确的公司董事主张权利。同时，董事在公司经营不佳时可能中断职业生涯或遭受声誉损失，在一般情况下，他们比大多数公司股东更有动力去关注公司的经营状况。

新《公司法》突出强调董事会核心地位，由传统的股东会中心主义向董事会中心主义迈进。新《公司法》中将股东会与董事会的职权重新配置，整体上提高了董事会的治理地位，董事会获得了更广泛的职权。

一、删除股东会的职权

1. 删除股东会在公司经营方针和投资计划方面的决策权

新《公司法》中删除股东会对公司经营方针和投资计划的决策权，保留董事会的相关权力。

2. 删除股东会在公司财务预算、决算方面的决策权

新《公司法》中删除股东会“审议批准公司的年度财务预算方案、决算方案”的职权，不再将该项权力作为股东会的专属权力，可以通过章程或授权的方式，将此项权力交由董事会行使。

二、扩充董事会的职权

1. 扩充董事会在公司融资和公司资本方面的决策权

新《公司法》新增“股东会可以授权董事会对发行公司债券作出决议”条款，赋予董事会对公司融资方面的自主权，有利于董事会基于公司经营情况考量后进行后续融资，提高公司融资决策效率。

2. 扩充董事会在公司经营方面的决策权

新《公司法》保留董事会“决定公司的经营计划和投资方案”条款，并且在第六十七条新增“公司章程规定或者股东会授予的其他职权。公司章程对董事会职权的限制不得对抗善意相对人”。本款意味着修订条文赋予董事会充分的剩余权力。剩余权力作为公司权力配置中不确定的权力空间，在股东会、董事会以及经理分别拥有的权限具有可变性。剩余权力归属作为一种兜底性的条款赋予权力机构以能动性、开放性和灵活性的权力，彰显了该权力机构的主导或核心地位。也意味着在公司章程规定的基础上拓宽董事会获得授权的通道，扩充其在公司经营方面的决策权力，构建起董事会“法定职权＋章程职权＋股东会授予职权”的综合权力结构，强化了董事会对公司经营管理的主观能动性与决策力。

三、调整董事会与治理主体之间的关系

1. 调整董事会与股东会之间的关系

新《公司法》删除了原《公司法》第四十六条“董事会对股东会负责”的

表述。本条删除了股东会对董事会的约束制衡，扩大了董事会的责任主体范围，意味着董事会不再仅仅为股东负责，而应全面保护公司作为独立法律主体的利益。

2. 董事会合并经理层职权

新《公司法》第七十四条中将经理职权由之前的列举式的法定职权修改为“根据公司章程的规定或者董事会的授权行使职权”，扩大了董事会的权力，弱化了经理层的职权。董事会成为公司日常经营管理的直接控制人。

董事会是公司治理的核心，其职能定位与权力配置不仅对公司治理制度具有系统性影响，同时关涉公司资本制度的设置与变革。自 1993 年以来，董事会制度改革系历次公司法修订的重点事项。除了董事会制度本身的变革之外，股东会、经理层的职权与董事会权力处于此消彼长的状态，彼此之间相互影响。经统计，“董事会”一词在 1993 年《公司法》中出现了 77 次，在 2005 年《公司法》中出现了 106 次，在 2023 年《公司法》中出现了 127 次，与董事会相关的条款明显增多，清晰呈现出董事会在公司法中的地位日益强化。2023 年《公司法》修订以突出董事会在公司治理中的地位为其中之一的修法主线，该主线不但贯穿了公司治理制度，而且与公司资本制度中的相关规则关系密切，董事会的职能定位趋于多元化。突出董事会的重大事项决策职能，以扩充董事会权力为标志。同时也进一步突出了董事会的监督职能，以审计委员会的引入为标志。

资料来源：根据相关资料整理.

案例 4－5

董事会中心主义的标志性事件——国美电器控制权之争

国美电器大股东黄光裕与董事局主席陈晓的控制权争夺战被众多学者认为是董事会中心主义的标志性事件。

国美电器由黄光裕创立，经过多年的发展壮大后，于 2004 年在香港上市。2006 年国美电器并购永乐电器之后，原永乐电器的创始人陈晓开始担任国美电器总裁，黄光裕担任国美电器董事局主席，同时是国美电器第一大股东。在黄陈两人搭档期间，由于黄光裕实际上控制着公司，公司的经营发展方向多以黄光裕的意志为主，尽管陈晓对国美电器有不同的经营理念，但两人之间并未发生明显的冲突。

2008 年 11 月，黄光裕因为操纵股价罪被调查，陈晓接替黄光裕出任国美电器董事局主席，同时兼任总裁。公司的董事会结构也随之发生了变化，新的董事会希望摆脱大股东的影响，推行自己的发展战略。

2009 年 6 月，为了打消黄光裕入狱给国美电器的投资者、银行及供应商带来的顾虑，同时缓解公司的资金紧张问题，国美电器决定引入贝恩资本。对此黄光裕也是同意的，但他表示“虽然可以降低股权比例，但不能失去控制权”。最终，贝恩资本出资超过 32.36 亿港元，成为国美电器第二大股东。

2009 年 7 月，国美电器董事会宣布对副总监以上级别的高管实行股权激励，把占现有已发行股本约3%的股权授予105名高管，以当日每股1.90港元的收盘价计算，激励方案总金额近7.3亿港元。董事会的这一方案不仅稳定了核心高管层，还巧妙地笼络了大股东黄光裕的旧部，将其利益与公司整体利益捆绑在一起。

在陈晓看来，无论是引入贝恩资本，还是实行股权激励，目的都是提高公司的治理水平，有利于公司未来的发展。然而，这些举措让黄光裕夫妇的股权被稀释至31.6%，引起了掌控意识强烈的大股东黄光裕的不满。

黄光裕与国美董事会的矛盾公开化发生在2010年5月11日。在当日举行的股东大会上，要审议委任贝恩资本的三名代表为国美电器的非执行董事、授权董事会厘定董事酬金、授权董事会回购股份再配发等议案。在外界看来，这些议案一定会通过，股东大会不过是例行公事，因此，有大量的机构投资者并未出席股东大会。但结果几乎令包括陈晓在内的所有人瞠目结舌：12项决议中有五项被否决，包括上述三项重要议案。投出否决票的正是大股东黄光裕夫妇。

然而，国美董事会在当晚便召开紧急会议，一致同意重新委任贝恩的三名代表加入国美电器董事会，并要求管理团队无条件支持董事会。于是仅12小时之后，董事会就将股东大会的决议推翻，并发表声明："因两名联属股东（黄光裕夫妇）合并拥有相当于公司31.6%的股权，在出席股东大会投票表决的股份比例为62.5%的情况下，其反对致使当日董事重选或其他议案未能获得通过。有鉴于此，我们深信本次股东周年大会的投票结果并没有真正反映大部分普通股东的意愿，并肯定不能代表整体管理层及董事会的意志。"同时，该声明指出，大股东黄光裕的反对票很可能令国美电器陷于重大危机，因为贝恩资本已在与国美电器的投资协议中约定，国美电器必须保证贝恩资本的代表进入董事会，否则将履行高达人民币24亿元的赔偿责任。

5月11日发生的这一切被外界解读为国美控制权之争的焦点事件。大股东连续投出否决票，是对国美电器董事会的集体不信任。而国美电器的声明，则将"大股东"与"董事会和管理层"的意志区别开来。分析人士认为，这场争论的本质其实是公司权力中心改变所引发的问题。在传统的家族企业中，大股东、董事会和管理层往往三者合一，公司事实上奉行的是股东中心主义。而随着大股东黄光裕的锒铛入狱，公司的董事会结构发生了变化，权力中心下移至新的董事会。新董事会希望摆脱大股东的影响，推行自己的发展理念和战略。尽管新董事会的理念和战略对公司长远发展是有利的，但掌控意识强烈的大股东感觉自身的控制权受到威胁，试图撤换董事会成员甚至董事长陈晓，从而一劳永逸地解决问题。然而，除了大股东之外的其他股东看到了新董事会的发展战略的未来利润，因而越来越多地作出了有利于自己的选择。

资料来源：乔新生．董事会中心主义的标志性事件．上海商报，2010-10-01；房煜，张刚．解密陈氏国美：从架空到坐实．畅谈，2010（16）：33-37.

二、战略性董事会的构建

在现代公司中，董事会相当于公司的大脑。其最应该考虑的问题是如何制定公司的发展战略和行动规划。公司需要构建一个能够更好地发挥战略规划职能的董事会，即战略性董事会，依靠董事会的集体智慧以及民主的决策过程来为公司确定合理的战略方向。然而，实践中许多企业的董事会缺乏战略性，大多数公司的经营失败均可归因于战略选择错误。

（一）董事会缺乏战略性的原因

董事会由股东会选举，代表股东的利益，公司股权结构的不合理是导致董事会战略职责缺位的根本原因。这些不合理性主要表现在两个方面。

一是股权高度集中于控股股东。当公司的股权集中度很高，尤其是存在强有力的控股股东时，董事会掌握在控股股东手中。包括战略选择在内的公司重要决策实际上是由控股股东作出的。若控股股东自身判断有误，就会让整个公司陷入战略失误。相反，在股权分散、股东众多的公司中，董事会代表多方利益，成为真正的企业管理决策主体。对于制定公司战略这样需要依赖集体智慧和多方信息的重大决策而言，董事会的决策效率会更高。

二是股东构成以及股东之间的利益一致性。股东有可能是个人、机构投资者、政府机构、银行、产业集团等许多角色。尽管股东最纯粹的利益是享受分红和资本增值，但除此之外，不同身份的股东还会有其他不同的利益目标，其谈判能力也各不相同。例如，英美等国的股东构成以机构投资者和个人为主，其利益基本一致，都是为了追求股票分红以及公司价值上升带来的资本增值。而中国、日本、德国等国家的公司股东中普遍存在银行、产业集团以及政府机构，相比个人及机构投资者，它们与公司之间存在纯粹股东利益之外的其他利益关系，且具有更强的谈判能力。股东之间的利益不一致和势力不均等会影响公司董事会作用的发挥。若这种利益不一致和势力不均等尚可以通过契约来进行协调，那么董事会还可以依据稳定的指导原则进行决策。但如果股东之间的差异难以协调，那么各董事将难以协作进行决策，而是保护自身的利益。

（二）战略性董事会的构建方法

要构建战略性董事会，就需要从根本上优化公司的股权结构和股东基础。在股权结构上，尽可能地使股权多元化和分散化。在股东基础上，尽可能地增加机构投资者和个人投资者等纯粹型股东的持股比例；政府、产业集团和银行等强势机构作为股东会不可避免地给公司董事会带来影响，会导致董事会被挟制，使公司战略决策偏离合理轨道和最优目标。

然而，想要在短时间内改变公司的股东基础和股权结构毕竟十分困难。在这种情况下，公司还可以通过构建合理的董事会结构、完善董事选聘和激励机制等来增强董事会的战略性。

1. 确保董事会的独立性

战略性董事会的本质是其独立性。公司应当建立以外部董事为主的董事会，同时建立完善的治理机制以确保内部人所掌握的公司信息能够被董事充分获取。另外，战略性董事会也要尽可能地减少与公司有除纯粹股东关系之外的其他利益关系的人或组织，例如公司的债权人、顾客、供应商、咨询顾问等。

2. 确保董事会的多样性

公司战略规划是一项综合性决策，需要不同文化背景和业务领域的董事精诚合作。构建战略性董事会的时候一定要考虑到董事成员的多样性，根据公司未来的发展方向调整董事会的构成，避免把董事会局限在现有能力范围之内。另外，公司要避免只聘任熟悉的人员进入董事会，以免董事之间出于情感因素而互相偏袒、失去公正，影响董事会客观地发挥其战略规划职能。

3. 完善董事选聘和激励机制

尽管从法律上看，公司董事最终由股东（大）会选举产生，但公司在选聘董事时应当有通盘的考虑，使董事的才能与公司的需求达到最优匹配，尽可能避免简单地接受各个股东推荐董事人选的状况。公司应该健全董事选聘机制，明确公司对董事的需求以及理想的董事会结构。一些用于选拔经理人的良好机制可以借鉴到董事聘用过程中来。比如，由现任全体董事参加新董事候选人的推荐和面试工作，集体讨论决定新董事会成员的提名；建立合理的董事激励机制，根据各董事成员的具体情况制定差异化的激励性薪酬政策等。

（三）战略性董事会的职责

为了使董事会能够有效发挥其战略职能，需要对董事会和经理层的职责进行清晰、合理的划分。战略性董事会应当具有外部视野和宏观远见，提供战略监控和战术指导，确立能够使公司长期发展的组织目标和价值观，避免关注那些常规性、细节性和传统性的问题。经理层则负责运营层面的计划、决策和实施，并对公司的财务结果负责。战略性董事会的特殊职责主要包括如下几个方面。

1. 制定公司战略

战略制定是公司董事会的首要职责。公司经理层应当为董事会提供翔实的信息，董事会在掌握信息的基础上自主、定期地讨论战略问题，制定战略决策，并交由经理层进行具体实施和执行。但现实中一些公司的董事会并没有发挥应有的战略决策职能，只是制定一些财务目标，例如年收入增长率和年利润等，把具体的战略制定责任留给了经理层。

2. 建立规范的战略制定流程

董事会应当在公司内部建立规范的战略制定流程，以避免战略决策失误。例如，在董事会和经理层之间建立正式的年度战略计划制定程序；允许董事和中高级经理层评论和挑战公司的战略选择，确保充分考虑了其他可能的选择；识别公司面临的潜在风险；检查实现财务目标的流程，确保所采用的手段未曾偏离公司的战略目标等。

3. 制定经理人员的聘任、激励和解聘计划

识别、招聘、评估和激励高级经理是任何一个公司成功的关键，董事会需要确保公司招聘到具有适宜技能的经理人员，保障管理层的连续性。同时，董事会还有职责识别公司内部的潜力人才，为他们提供培训和职业发展计划建议，以使他们能

够承担更高层的管理职位。

4. 管理公司的并购活动

并购行为，特别是在公司核心业务领域之外的并购行为，往往是风险高发区。同时，并购往往关乎公司的战略布局，需要董事会特别注意。战略性董事会要基于取得的市场和竞争者资料，对市场假设、支持战略、并购后的整合能力、并购风险等进行详细诊断，对负责识别并购机会的人员以及尽职调查的人员进行监督，对投资者可能关注的并购中的问题进行预测和分析等。

案例4-6

中国平安的战略性董事会

中国平安保险（集团）股份有限公司成立于1988年，现为融保险、银行、投资三大主营业务为一体，核心金融与互联网金融业务并行发展的个人金融生活服务集团之一，同时在A股和H股上市。中国平安没有控股股东和实际控制人，股权结构多元而不是高度分散，前几大股东之间持股比例相差不大，比较均衡，目前已经形成外资、国有、民营以及其他社会公众股东等共同持股的格局，这一股权结构为中国平安建立战略性董事会提供了条件。

中国平安董事会对自己的定位是“公司战略的方向盘”。董事会的主要职责是制定统一的、具有前瞻性和长远性的发展愿景和抱负，引领集团各职能和业务单元向这一战略目标前进。董事会专门下设了战略与投资决策委员会，由五名董事组成，其中包括三名独立董事，独立董事人数占比为60%。战略与投资决策委员会的主要职责是对公司重大投资、产权交易、融资方案、重大资本运作、资产经营项目、生产经营项目等进行研究并向董事会提出建议，及时监控和跟踪经股东大会、董事会批准实施的投资项目，及时通报全体董事重大进程或变化情况。公司的战略方案必须经战略与投资决策委员会审议通过后方可提交董事会，然后经全体董事的参与和充分讨论后方可通过。公司还在董事会之下设立了一个执行委员会，作为董事会的最高执行机构，负责战略实施。

战略性董事会需保证董事会的独立性与多样性。为此，中国平安引入七名独立董事，在董事总人数中占比超过1/3。公司独立董事的专业特长涵盖了公司的保险、银行、投资等各个业务领域。公司独立董事不仅对公司管理层起到了监督制约作用，同时还对公司各条业务线、内部控制和风险防范等方面起着引导和支持作用。

战略性董事会要求董事与公司管理者之间以及董事相互之间进行频繁和充分的沟通，依靠董事会的集体智慧以及民主的决策过程来为公司确定合理的战略方向和投资计划。为了降低沟通成本，董事会建立了基于苹果终端的会议管理系统，摆脱了传统会议使用纸质会议文件的束缚。系统利用移动互联网将会议文件自动分发到各位董事的会议终端，便于董事及时查阅，并为董事提供便捷的文件批注功能。

资料来源：中国平安：董事会是战略的方向盘．董事会，2016（12）：46；中国证监会．深圳上市公司独立董事最佳实践案例：中国平安．(2013-07-25)［2022-09-01］．http://www.csrc.gov.cn/pub/shenzhen/xxfw/tzzsyd/zqtz/201307/t20130725_231751.htm.

思考题

1. 董事会在公司治理中扮演着什么样的角色？董事会与其他公司治理机制之间有何种联系？

2. 董事会的主要职能有哪些？

3. 简述股东会中心主义和董事会中心主义这两种公司治理模式的差异，以及导致公司治理模式发生演变的原因。

案例分析题

独立董事遭受行政处罚

2024 年 4 月，中国证监会河北监管局公布了对河北汇金集团股份有限公司（以下简称汇金股份或公司）时任独立董事、审计委员会主任魏某生的处罚决定。经查明，汇金股份存在以下违法事实：

（1）公允价值变动损益计算错误。2016 年，汇金股份作为有限合伙人参与设立张家口棋鑫股权投资基金合伙企业（以下简称棋鑫基金）。2019 年，汇金股份将该投资分类为以公允价值计量且其变动计入当期损益的金融资产。2021 年末，汇金股份在计算公允价值变动损益过程中，未考虑棋鑫基金《合伙协议》关于“合伙人收回全部出资本金后，投资净收回的可分配资金按照 8∶2 的比例进行分配”的约定，导致 2021 年度多计公允价值变动收益 682.66 万元。2023 年 4 月 27 日，汇金股份主动披露《关于前期会计差错更正及追溯调整的公告》（公告编号：2023－028 号），对前述会计差错予以更正，追溯调整 2021 年度财务报表，影响 2021 年度利润总额 682.66 万元，占更正前利润总额的 10.04%。

（2）未按已披露的会计政策计提信用减值损失。根据汇金股份 2021 年年度报告披露的会计政策，应收账款划分为单项评估信用风险的应收账款、供应链业务模块组合、智能制造业务模块及信息化综合解决方案业务模块组合三类。2021 年末，汇金股份子公司深圳市汇金天源技术有限公司对联想云领（北京）信息技术有限公司的应收账款余额为 1.63 亿元，对联想（北京）信息技术有限公司的应收账款余额为 2 970.86 万元。公司在未获取充分证据，且未进行会计政策和会计估计变更的情况下，新设“数据中心项目”组合，对上述应收账款全部按照 5%的比例计提信用减值损失。2023 年 4 月 27 日，汇金股份主动披露《关于前期会计差错更正及追溯调整的公告》（公告编号：2023－028 号），补提上述应收账款信用减值损失 841.86 万元，追溯调整 2021 年度财务报表，影响 2021 年度利润总额 841.86 万元，占更正前利润总额的 12.38%。

上述行为导致公司 2021 年度虚增利润总额 1 524.52 万元，2021 年年度报告存在虚假记载。上述违法事实，有询问笔录、记账凭证、公司公告等证据证明。汇金股份的上述行为，违反《证券法》第七十八条第二款的规定，构成《证券法》第一百九十七条第二款所述的违法行为。

根据《证券法》第八十二条第三款的规定，上市公司的董事、监事、高级管理人员应当保证上市公司及时、公平地披露信息，所披露的信息真实、准确、完整。魏某生作为汇金股份时任独立董事、审计委员会成员，签署确认意见保证汇金股份2021年年度报告真实、准确、完整，是汇金股份上述违法行为的其他直接责任人员。

当事人魏某生提出如下陈述申辩意见：一是公允价值变动损益计算错误属于具体操作层面失误，其本人未参与案涉业务行为，难以发现违法行为；二是计提信用减值损失的相关会计处理符合会计准则，且有充分的证据；三是会计师事务所出具了标准无保留意见的审计报告；四是当事人勤勉尽责，没有违法故意，独董履职存在困难、本人能力不足、经验不足，且主动配合调查，相关事项未给公司造成损失。综上，当事人请求不予处罚。

但中国证监会河北监管局认为：一是案涉公允价值变动损益事项明显违反《企业会计准则——基本准则（2014年修正）》第十二条的规定，结合当事人在汇金股份的职务、具体职责、专业背景以及公允价值变动损益所涉事项的重要性等情况，当事人应当对该事项给予充分注意，不能简单以违法行为隐蔽、未参与经营管理、难以发现作为免责理由；二是计提信用减值损失的会计处理不符合《企业会计准则第28号——会计政策、会计估计变更和差错更正》第四条、《〈企业会计准则第28号——会计政策、会计估计变更和差错更正〉应用指南》第一条第二款的规定；三是当事人作为汇金股份的独立董事，理应就公司年报相关财务数据的真实性、准确性、完整性作出独立判断；四是当事人提供的材料不足以证明其勤勉尽责，河北监管局在量罚中已充分考虑公司主动更正、当事人配合情况等因素。综上，河北监管局决定对魏某生的陈述申辩意见不予采纳。

根据当事人违法行为的事实、性质、情节与社会危害程度，依据《证券法》第一百九十七条第二款，中国证监会河北监管局决定对魏某生给予警告，并处以50万元罚款。

目前，独立董事的受处罚的原因主要有两类，一类是违反勤勉义务，主要表现是履职行为不尽责，违反了部门规章及行业自律性规定；第二类是“自陷风险”，主要表现是实施内幕交易、短线交易等违反法律法规禁止性规定的行为。据统计，从2023年到2024年5月，中国证监会及其派出机构对涉及独立董事违反勤勉义务行为的行政处罚决定共计14份，涉及独立董事20人。其中，由中国证监会处罚的有4起，由各地证监局处罚的有10起。罚款金额多集中在50万元。其中有一起行政处罚，对独董罚款5万元，原因在于该案适用的是2005年《证券法》，罚款金额较低。其他案件，均适用2019年新《证券法》的处罚标准。

请根据上述材料回答：

（1）独立董事对公司有哪些方面的作用？审计委员会对公司有哪些方面的作用？

（2）你认为在汇金股份的案例中，独立董事魏某生是否应该为公司的财务报告虚假记载行为负责？

（3）独立董事应当如何履行忠实勤勉义务？

第5章

管理层激励与公司治理

学习要点

1. 理解管理层激励的含义和理论基础；
2. 理解管理层激励要达到的效果；
3. 掌握管理层激励方案适当的设计方法。

引例

上海家化作为历史悠久的日化龙头企业，于2001年上市，成为国内化妆品行业首家上市企业。2011年上海家化进行国企体制改革后，分别在2012年、2015年、2018年、2020年和2022年实施过多次股权激励计划。

上海家化于2020年9月发布了股权激励计划（草案），向激励对象授予的限制性股票数量为869万股，约占激励计划草案公告时公司股本总额6.71亿股的1.29%。2020年股权激励计划将营业收入和累计净利润作为公司业绩考核指标，二者既能体现企业运营盈利状况，又能预测企业发展态势。

2020年股权激励计划首次授予的激励对象共计139人，包括公告激励计划时在公司（含分公司及控股子公司）任职的董事、高级管理人员、中高层管理人员和骨干员工。2021年度实现营业收入76.46亿元。2021年度实现累计净利润6.49亿元。按照解除限售系数公式计算，2020年股权激励计划首次授予部分第一期解除系数为90.66%。在首次授予的激励对象中，102名激励对象个人绩效考核结果在B及以上，其个人本次计划解除限售额度的100%可解除限售。

2021年，上海家化顺利完成了第一年的股权激励目标。但2022年上半年的新冠疫情打破了原有的节奏。上海家化线下业务收入高于线上，还有相当大体量的海外业务，因此受疫情影响更加明显。2022年半年报，上海家化营收和利润均出现同比下降。

因此，在2022年9月，为了充分调动中层管理人员及骨干员工的积极性，且出于与2020年限制性股票激励计划的一致性角度考虑，在综合考虑历史业绩、经营环境及内部管理等因素后，上海家化调整了股权激励方案，将2022年营收最低目标调整为75亿元，2023年营收最低目标调整为86亿元。然而从2022年和2023年年报来看，调低后的目标也未达到。

资料来源：根据公开资料整理.

第一节 激励理论、机制与问题概述

一、管理层激励理论基础

管理层激励的研究始于20世纪80年代初，与代理理论同步发展。Jensen and Meckling（1976）提出高管劳动力市场是检验代理问题的天然市场。代理问题的早期研究主要集中于高管薪酬与公司绩效之间的关系，比如，高管是否会因业绩不佳而被解雇，高管是否会获得与市场同水平相应的业绩报酬。

理论界分别从会计、经济、金融、法律、组织行为和战略等角度，对委托代理理论进行了研究。基于现代企业的所有者与管理者是委托代理关系，企业需要一个明确的利益分配制度，来激励企业管理者。高管作为管理层的执行者，企业给予高管的激励是解决委托代理问题的最好方式。

企业高管的薪酬与业绩之间的关系是委托代理理论中的根本问题，同时也是企业薪酬激励设计的理论基础。根据委托代理理论，薪酬是委托人（股东）为了激励代理人（高管）按照股东利益最大化行事而设计的契约制度，这也体现了所谓的最优契约观点。

高管薪酬的标准经济理论是委托代理模型（Jensen and Meckling，1976；Holmstrom，1979）。该理论模型假设了一个风险中性的委托人，该委托人在存在道德风险的情况下，为努力规避风险的代理人设计了一个最优契约。董事会根据经济因素、代理问题的严重程度和监督困难程度来确定高管的薪酬和激励措施，以使股东和管理层的利益保持一致。代理理论预测高管薪酬与公司绩效呈正相关。Holmstrom（1979）提出“信息性”原则，支付给高管的报酬基于公司股价这一指标，这并不是因为股东希望股票价格更高，而是因为股价提供了有用的信息，有助于确定高管采取的行动。根据代理理论，薪酬契约的设计应使公司管理层（代理人）的利益与股东（委托人）的利益相一致。高管薪酬与绩效之间更紧密的关系也会促使公司选择和留住更有效率的高管。由于在选择管理者时很难观察到这些因素，因此向高管提供与绩效相关的薪酬可以减少逆向选择问题。

高管薪酬问题是委托代理理论的经典应用。在该框架下，委托人（股东）希望代理人（高管）实现股东价值最大化，但无法准确评估高管的具体反应。高管的目标可能不同于股东的目标。例如，管理者可能更喜欢积聚和捍卫个人权力，而不是追求利润最大化。因此，在企业所有者与管理者两权分离的情况下，企业所有者和管理者的利益目标可能不相同，所有者的利益目标是追求企业的价值，管理者可能更关心个人利益是否最大化。为了协调所有者和管理者之间的利益关系，需要设计一套薪酬激励制度，一方面能够激励公司的管理层实现股东价值和公司价值最大化，另一方面又能够约束管理层的不当行为。

二、公司治理与薪酬设计

学术界对造成高管不同薪酬的原因存在较大争论，在公司治理领域主要有三种较为广泛的观点。

（一）股东价值观

第一种观点是股东价值观，高管契约是股东价值最大化与市场相互竞争的结果。对股东来说，要考虑竞争激烈的市场对高管激励的必要性。这一观点拓展了通常所说的“最佳契约”观点，侧重于双边合同的细节。股东价值观确定了三种可解释 20 世纪 70 年代以来高管薪酬上涨的机制。首先，CEO 对公司价值的贡献与次优管理者相应的贡献之间的差异有所增加，这可能是因为 CEO 能力的重要性有所提高。其次，CEO 在下一个最佳工作岗位上的预期收入有所增加，这可能是因为 CEO 的技能变得更具可移植性。最后，因为 CEO 风险和努力程度的增加，“最佳契约”无效的可能性也有所提高。

自 20 世纪 70 年代以来，公司价值和 CEO 薪酬的相关增长得到了最有力的实证支持。研究发现，标准普尔 500 指数中位数公司的总价值增长可以解释 1980—2003 年 CEO 薪酬的整体增长，企业规模与报酬关系的数据与其模型并不完全一致。自 1980 年起，高管工资与公司价值一同增长。尽管公司规模在这段时间内不断扩大，但在 20 世纪 40 年代至 70 年代初，CEO 的薪酬中位值几乎保持不变。这种差异的潜在解释可能有两个：一是人才供给大幅增加，给 CEO 工资带来下行压力；二是早期倾向于内部提拔而非外部聘用，这也说明他们的模式并不能描述 1980 年以前的劳动力市场。

（二）高管寻租观

第二种观点是寻租观。薪酬水平和结构都是由高管自己或与董事会一起决定的，以便在避免激进投资者或企业掠夺者干预的情况下，最大限度地提高金额。寻租观的出发点是，在实践中，高管薪酬由董事会及其薪酬委员会制定。这就产生了另一个代理问题，因为薪酬委员会的董事有自己的议程，可能有动机讨好高管。理论上，市场力量——包括公司控制权市场、资本市场、产品市场和管理劳动力市场——对董事（和高管）允许从租金提取中损失多少价值施加了限制。然而，来自市场力量的约束可能是宽松的，这是因为许多公司在公司控制权方面有效地与市场隔离，对外部资本的需求很少，而且高管对当前工作以外的职业没有任何渴望。

寻租观认为，若经理人对公司拥有相对更大的权力，高管薪酬将更高，对业绩的敏感度也会更低。大量的实证文献表明，在公司治理薄弱的情况下，以牺牲股东利益为代价来提升高管薪酬的做法是最为普遍的。该类研究的不足之处在于，治理本身就是高管、董事和股东选择的结果，他们的选择受到公司和行业因素的影响。如果这些因素也影响高管薪酬，那么公司治理与高管薪酬之间的相关性就不是因果关系。

此外，股东价值模型表明，寻租等不良治理也可能是股东价值最大化的最佳结果。研究发现，董事会和CEO就CEO的薪酬及新董事的身份进行协商。越有能力的CEO拥有越大的议价能力，且这一机制将会使董事会中逐渐充满效率较低的董事。董事会的无效性与有利于高管的薪酬制度有关。高管薪酬水平的提高，往往会扩大董事会规模、增加外部董事人数和CEO任命的外部人员人数。当CEO担任董事会主席，或者董事会相互联系（如A公司的CEO担任B公司的董事，反之亦然）时，CEO的薪酬也往往更高。和大型董事会规模越大越可能无效的假说一致，董事会规模越大，CEO的薪酬与绩效的敏感性越低。另外，当CEO担任董事长且董事会独立性较低时，CEO薪酬与绩效的敏感性较高。通过研究薪酬水平与薪酬委员会结构之间的联系发现，非独立董事的存在对CEO的薪酬没有任何影响。

但是，外部持股较多的股东或机构投资者、敌意收购威胁可能会监督CEO，起到抑制寻租的作用。首先，当外部股东持有至少5%的股份或持有比CEO更多的股份时，CEO的薪酬较低。股权薪酬占薪酬总额的比例随着外部股东持股比例的降低而降低，这表明，股东和激励薪酬制度是一种相互替代的治理机制。其次，机构投资者可能比散户投资者更善于监控，因为它们通常拥有更多的专业知识和股份，同时这也使得这种监控变得有价值。机构所有权集中度高预测CEO的薪酬水平较低及薪酬与绩效敏感性较高。在机构所有权集中度和养老基金持股比例方面，财富绩效敏感性正在下降，监控和激励成为替代手段。最后，敌意收购的威胁限制了高管的租金提取，而通过反收购条款减少这种威胁应该会增加高管薪酬。某些条款，如交错董事会，减少了收购范围以外的股东权利，从而对薪酬产生了更为积极的影响。随着租金提取的增加，公司通过反收购章程修正案后，CEO的薪酬水平上升。Gompers et al.（2003）制定了一个反收购规定和股东权利限制指数，对“反收购指数”的研究表明，绩效基准越不对称、CEO薪酬水平越高、高管收入与绩效敏感性越低、操纵绩效指标的员工激励计划越多，“反收购指数”越高。

然而，寻租观也存在不足，它无法解释自1970年以来CEO薪酬大幅增长的现象，没有证据表明公司治理在过去50年中有所削弱，相反，大多数指标表明股东在这一时期权利更为集中，公司治理得到了加强。然而，管理者提取租金的愿望可能只出现在基层员工反对不平等薪酬的呼声减弱的情况下。这种呼声转变有助于解释近几十年来高管薪酬的上升和收入差距的扩大。另外，在其他对技能需求较高的行业，如私募股权、风险投资、对冲基金和法律行业，薪酬增长较快，但薪资披露较少，使社会规范变得不那么重要。

（三）法律和制度观

除了股东价值和寻租观外，第三种观点认为，法律和制度因素是决定高管薪酬的重要因素，其中包括政府监管、税收政策、会计核算与披露、薪酬顾问和代理顾问。在寻租观中，管理者在“愤怒约束”下提取租金，并试图通过对股东隐瞒会计和披露规则的方式进行提取。在股东价值观下，董事会制定的合同考虑了价值最大化，例如，不同薪酬计划的差别税收。不同于股东价值观和寻租观，法律和制度观认为，法律和制度约束是决定高管薪酬的最主要因素。法律影响高管薪酬的最明显方式是彻底禁止不合理的薪酬政策。在美国，2002 年的《萨班斯-奥克斯利法案》禁止公司向高管发放贷款，部分原因是为了应对一个备受关注的案例：泰科公司的 CEO 丹尼斯·科兹洛夫斯基免除了自己的贷款。

而在我国，薪酬监管与我国的经济体制和国有企业的特点密切相关。改革开放以来，我国政府一直致力于推进政府放权和国有企业市场化改革，国有企业成功转为股份制企业，自主经营权不断扩大，通过签订“薪酬合同”，企业内部逐步建立起与业绩挂钩的薪酬结构，高管的薪酬激励体系不断完善。与此同时，我国政府始终保持对国有企业高管薪酬的干预，力图平衡效率与公平。1986 年，国务院首次对国有企业高管薪酬作出明确规定，允许国有企业经营者薪酬超过员工薪酬的 1～3 倍。随着内部控制人问题在市场化改革中日趋明显，国有企业高管的权力不断增强，在代理冲突和信息不对称的情况下，政府股东监督难度大；不少国有企业本身的垄断优势和政治资源使得高管容易获得极高的业绩和薪酬。

自 2003 年以来，我国政府多次出台薪酬管制政策。2004 年的《中央企业负责人薪酬管理暂行办法》规定了国有企业高管薪酬的延期支付方式；2009 年的《关于进一步规范中央企业负责人薪酬管理的指导意见》将国有企业高管的薪酬限制在职工工资的 20 倍以内；2012 年的“八项规定”也对高管的隐性薪酬作出限制。2014 年，为抑制国有企业高管的过高薪酬，缩小国有企业内部薪酬差距，中共中央发布《中央管理企业负责人薪酬制度改革方案》这一史上最严“限薪令”。与以往的薪酬管制措施不同，2014 年“限薪令”以更刚性的行政制度管理中央企业、国有企业负责人的职务行为和待遇，试点单位的中央企业负责人 2014 年的年薪已在 60 万元以下。自 2015 年 1 月 1 日起，72 家中央企业调整薪酬标准，地方国有企业开始参照执行薪酬管制。同时，无论高管的业绩如何，其薪酬都被划分为基本年薪、绩效年薪与任期激励三部分，其中基本年薪不得超过上年度省属国有企业职工平均年薪的 2 倍，绩效年薪不得超过基本年薪的 2 倍，任期激励不得超过薪酬总额的 30%。这种不根据业绩“一刀切”的强制管制虽然缩小了国有企业内部薪酬差距，但也损伤了高管的积极性和效率。为此，2018 年，国务院印发《国务院关于改革国有企业工资决定机制的意见》（国发〔2018〕16 号），建立健全与劳动力市场基本适应、与国有企业经济效益和劳动生产率挂钩的工资决定和正常增长机制，完善国有企业工资分配监管体制。随着中国经济的发展和国有企业的不断壮大，呈现快速上涨趋势的国企高管薪酬再次引起社会公众的关注。2024 年，《中共中央关于进一步全面深化改革 推进中国式现代化的决定》中强调完善收入分配制度，其中提出深化国有企业工资决定机制改革，合理确定并严格规范国有企业各级负责人薪酬、津贴补贴等。根据中央的决定，国有企业各级负责人的薪酬将受到更严格的限制和监管。具体来说，薪酬总额将与企业业绩、经济效益以及员工薪酬之间的比例关系密切相关。此外，在薪酬的构成上，将注重绩效考核和长期激励机制的引入，以确保薪酬体系与企业发展目标相一致。总之，中共中央发布的严格规范国有企业高管薪酬的决定，标志着国有企业治理结构的进一步完善和规范化，有利于增强国有企业整体竞争力，提高资源配置效率。

三、薪酬激励机制有效性

关于高管薪酬与公司绩效关系的研究都植根于代理理论，即薪酬计划是为了使高管的利益与股东的利益相一致。高管薪酬通过持有股票、限制性股票和股票期权等方式，与股东利益最大化的目标联系在一起。此外，CEO 的财富通过工资、奖金、期权和限制性股票授予规模的逐年调整，与股价市场的表现有着隐性的联系。学者们尚未就使用何种指标评价 CEO 薪酬与公司绩效之间的关系达成共识。然而，CEO 薪酬对公司业绩的敏感性大多归因于 CEO 合同的显性部分而非隐性部分。薪酬激励设计的有效性取决于以下三点。

1. 所有者清楚地知道其经营目标

管理层为公司经营和股东价值最大化服务，激励是为了引导员工走向特定的方向，引导的前提是方向清晰、目标明确。只有这样，激励效果才能衡量，管理才能复盘。

2. 绩效可客观衡量

薪酬激励越高，经理人（公司高管）的机会成本越高，若无法完成公司（股东）利益最大化的目标，则其损失越大，故经理人会因高薪酬而受到激励，工作更加努力；在公司管理方面，不再以个人利益为导向，而是以公司利益最大化为目标，从而也使自身利益最大化。经理人薪酬和公司财务绩效有着显著的正相关关系，和公司股票市场价值同样具有一定程度的相关性。在中国资本市场中，经理人（公司高管）的薪酬和公司的绩效呈正相关关系，证实了高管激励在具有中国特色的市场同样具有激励和监管的作用。

3. 管理层不担心个人收入波动

学者在研究高管激励和公司绩效时，加入了中介效应分析。研究发现，高管薪酬激励的加大会导致高管职位的竞争加剧，进而间接地促使高管付出更多努力来提升公司绩效。与此同时，相对较高的高管薪酬激励能够吸引到人力资本水平较高的经理人，有利于实现更好的公司管理，达到更高的绩效。除此以外，高管的薪酬激励还可以使高管坚持自己正确的决策，避免控股股东侵占公司利益。

四、薪酬激励机制的问题

高管薪酬如果是市场机制的结果，就很难解释为什么在公司业绩不佳时，高管仍可以获得高薪。公司实施有效的治理机制以防止高管获得过高薪酬实属难题。对于一些公司治理机制，其实施的薪酬制度影响尚不明确。薪酬制度包括分离 CEO 和董事长的职责，使董事会更独立于管理层；改善董事会的规模及其结构；设置薪酬委员会；设置纪律委员会。学者们对于在内部治理机制失灵的情况下，大股东是否提供有效治理以及机构投资者是否影响高管薪酬制度方面，尚未达成共识。

可见，即使在公司治理机制存在的情况下，管理层也可能利用剩余控制权，借助高管薪酬制度向股东索取租金。因此，一些学者认为，高层管理者在受到“愤怒约束”的情况下，通过最大限度地提高薪酬待遇，为自己的最大利益服务。另外，一些公司的董事会及其薪酬委员会可能无法像有效的公司治理机制那样运作良好。薪酬激励机制存在的问题主要表现为以下两个方面。

（一）高管自私自利

Bertrand and Mullainathan（2001）认为，执行董事可能会为了自身利益从股东那里提取租金。Bebchuk et al.（2003）提出了高管的自我服务观，即管理者是自私自利的。管理者对高薪的追求可能会给股东带来巨大的成本，因此管理者的激励机制可能被扭曲，以致对公司业绩产生不利的后果。高管往往在利好消息公布前不久就被授予股票期权，在利空消息公布后才会被授予股票期权。比如，CEO 在公司首次公开发行时可能会故意压低发行价，并以这个发行价为行权价格授予自己期权，从而通过较高溢价来剥夺股东权益。根据管理权力理论，高管薪酬有两个基本组成部分，即愤怒成本和伪装成本。愤怒成本源于对公司声誉的损害和股东支持的丧失。愤怒成本取决于租金提取的容易程度和清晰程度。相比之下，伪装成本指的是隐藏的租金提取。管理者可以通过他们的薪酬协议从股东那里提取租金，并将这些协议伪装成最优契约的结果。此外，披露的透明度和显著性会对 CEO 薪酬产生重大影响。隐性补偿可以是补贴、养老金计划或遣散费协议的形式。而隐性薪酬会随着 CEO 外部选择的增加而增加。

大股东的存在缓和了 CEO 薪酬的增长，限制了自我交易。CEO 可能以牺牲公司盈利能力为代价尽量增加自己的薪酬。当反收购手段的引入降低了公司 CEO 的收购威胁时，薪酬就会上升。在缺少大股东的公司中，CEO 薪酬的增幅最大，因为这样有助于防止过度的租金提取。

CEO 个人使用公司飞机是高管在职消费的一个例子。当 CEO 首次向股东披露私人使用飞机情况时，公司股价下跌 1.1%。此外，允许 CEO 将飞机用于个人用途的公司每年业绩低于市场基准约 400 个基点，这一差额超过了所消耗资源的实际成本。公司飞机的个人使用和 CEO 高尔夫活动之间似乎存在特别强的关联。公司的代理成本远远超过所有管理津贴的直接成本。根据这一观点，在飞机津贴首次披露后，公司处于亏损状态，这对于股东而言是坏消息，但管理者会将坏消息的披露推迟到股东期望满足之后。

（二）股票期权的风险承担

高管的薪酬计划中，股票期权的比例越高，高管薪酬和公司业绩之间的关系越强，即薪酬-绩效敏感性（pay-performance sensitivity，PPS）越高，主要原因是股票期权的支付随着股价的上涨而增加。因而在支付方案中增加股票期权通常会减少高管的厌恶情绪。然而，股票期权也存在一定的风险。首先，期权可能会促使高管开展低效项目，以在短期内提高股价。实际上，股票期权改变了管理层的风险视角，激励管理层进行风险更高的投资。只有在授予期权以公司业绩标准为条件时，期权才是增加长期股东价值的激励措施。此外，管理者和股东对公司价值的不同理念可能导致前者的短期取向或短视观点。在他们的模型中，股票价格既反映了公司的长期基本价值，也反映了短期投机成分，反映出一些投资者的过度自信。如果理念存在很大的异质性，CEO就有动机开展低效项目，以便在短期内提高股价。此外，管理风险的期权化引发的变化也可能影响债券持有人的回报，资产风险的增加可能引发二级市场公司债券价格下跌。

第二节 我国管理层激励现状

一、我国高管薪酬制度演进特征

在我国现代资本市场发展的初期，我国上市公司管理人员从公司获取报酬的人员比例很低，造成这一现象的主要原因有：第一，管理人员由主管部门任命，且属国家干部，不从公司领取报酬；第二，管理人员从母公司或集团公司或关联公司领取报酬，在上市公司挂职。这在一定程度上反映出我国行政性的委托代理的后果，也和上市公司改制不彻底有关，在很大程度上体现了企业经营者收入分配制度的非市场性。另外，这也表明我国上市公司管理人员的独立性较差，公司内部治理结构还需改进。对于广大投资者而言，这种不在公司拿任何报酬的管理人员确实难以让他们放心。

后来有关监管部门意识到了这个问题的严重性。1998年10月6日，中国证监会发布了《关于对拟发行上市企业改制情况进行调查的通知》，开始对拟发行上市企业实行“先改制后发行”的办法。中国证监会在通知中强调，上市公司的董事长原则上不应由股东单位的法定代表人兼任；总经理、副总经理等高级管理人员不得在上市公司与股东单位双重任职；财务人员不能在关联公司兼职；股份公司的劳动、人事及工资管理必须完全独立。

自2001年至2005年底，中国证监会要求上市公司必须报告管理层和董事会成员中薪酬前三名的总额。2005年底，中国证监会要求上市公司必须报告每位董事会成员和高管的薪酬总额，包括工资、奖金、津贴和其他福利等的总和。2005年12月，中国证监会发布《上市公司股权激励管理办法（试行）》，允许上市公司向其高级管理层、董事会和监事会成员（独立董事除外）提供股票期权或限制性股票，并且上市公司也被要求披露有关股票期权的信息。2015年，中国证监会发布了《股票期权交易试点管理办法》及配套规则。

自2006年至2021年底，A股股权激励计划总公告数为3 634份。2021年全年A股股权激励计划总公告数为826个，较2020年激增，同比增长82.74%。2021年A股上市公司公告股权激励计划数量最多的行业依然是制造业，达584个计划，占比70.80%；信息传输、软件和信息技术服务业仅次于制造业，公告120个计划，占比14.53%；其次是科学研究和技术服务业，公告23个计划，占比2.78%。

2009年9月，人力资源和社会保障部等六部门联合下发《关于进一步规范中央企业负责人薪酬管理的指导意见》，对国有企业高管的现金薪酬进行限制。具体来说，国企高管的现金薪酬由三部分组成：基本工资、绩效奖金和中长期激励收入。基本工资是根据公司规模调整的同一地区雇员的上一年平均年薪的倍数。然而，高管的基本工资不能超过同一公司普通员工的5倍。绩效奖金虽然灵活多变，但不能超过其基本工资的3倍。中长期激励收入旨在使高管收入与公司中长期增长保持一致，例如，如果公司在过去3年中产生的留存收益超过公司总净资产的30%，高管可以获得一定数额的奖金。而且，中长期激励收入需处于"合理水平"，一般不能超过薪酬总额的40%。总的来说，高管的现金薪酬总额，主要包括基本工资总额、绩效奖金总额、中长期激励收入，不得超过同一公司员工平均现金薪酬总额的20倍。以上规定维护了国有企业高管和普通员工之间现金薪酬的公平性。

2016年《政府工作报告》指出："大力推进国有企业改革。今明两年，要以改革促发展，坚决打好国有企业提质增效攻坚战。推动国有企业特别是中央企业结构调整，创新发展一批，重组整合一批，清理退出一批。推进股权多元化改革，开展落实企业董事会职权、市场化选聘经营者、职业经理人制度、混合所有制、员工持股等试点。深化企业用人制度改革，探索建立与市场化选任方式相适应的高层次人才和企业经营管理者薪酬制度。"

以上海为例，上海市国资委于2016年3月出台《本市国有企业混合所有制改制操作指引（试行）》。该指引适用于上海市属国有及国有控股企业通过股权转让、增资扩股、合并、股权出资新设等方式，引入集体资本、非公有资本进行的混合所有制改制。其中明确要坚持分类分层推进，因业决策、因企决策，宜控则控、宜参则参；要以促进各类所有制经济相互融合、共同发展为导向，以发展公众公司为主要实现形式，实现发展混合所有制经济与优化国资布局结构、实施开放性市场化联合重组相结合，与推动国资有序流动、盘活用好国有资产相结合，与完善公司治理结构、建立健全现代企业制度相结合。从具体条文来看，该指引不仅细致地为各家国企制定了具体的规则，企业自身在改制决策中的自主权也得到了较大的保证，特别是国企集团公司在下属企业的改制中享有较为充分的决策权。

2019年1月1日起，国务院国资委发布的《中央企业工资总额管理办法》正式施行。该办法规定，中央企业工资总额实行预算管理。企业每年度围绕发展战略，按照国家工资收入分配宏观政策要求，依据生产经营目标、经济效益情况和人力资源管理要求，对工资总额的确定、发放和职工工资水平的调整，作出预算安排，并于每年4月向国资委提交上年工资总额预算执行情况报告。国资委依据经审计的财务决算数据，参考企业经营业绩考核目标完成情况，对中央企业工资总额预算执行情况、执行国家有关收入分配政策等情况进行清算评价，并且出具清算评价意见。

而在经济新常态背景下，创新企业、互联网+、人才加速流动成为诸多企业关注的热点话题，如何吸引、留住并激励核心人才成为企业的重要挑战。2018年6月6日，中国证监会发布《关于试点创新企业实施员工持股计划和期权激励的指引》，对创新企业员工持股计划和期权激励作了突破性规定，主要亮点有：第一，资产管理计划作为员工持股载体；第二，对于符合规定的员工持股，不再穿透计算股东人数；第三，上市前制定、上市后实施的激励计划被允许。

2022年，人力资源社会保障部办公厅印发了《国有企业科技人才薪酬分配指引》，引导国有企业建立完善科学的科技人才薪酬分配制度，加大科技人才薪酬分配激励力度。其中科技人才是指企业中具备较强的科学思维和创新能力，主要包括从事科学研究、工程设计、技术开发、科技服务、科技管理、技能操作等科技活动的人员。《国有企业科技人才薪酬分配指引》鼓励国有企业对科技人才实行股权型激励、现金型激励和创新型激励三类中长期激励，并围绕薪酬、福利、环境、认可度、荣誉、发展和幸福等激励因素，实行全面薪酬策略。

二、各类收入差异显著

如图5-1所示，2014—2022年A股上市公司高管最高薪酬均值呈上升趋势，2022年达到峰值171万元，较2021年的159万元同比增长7.13%。2023年相较2022年有所回落，下降至164万元。毕马威在《2024年中国内地高管人员薪酬展望——就业趋势调查》中指出，与往年相比，总体高管员工人数预期较为疲软，反映出经济前景仍然存在不确定性。

如图5-2所示，从行业角度出发，对比2022年数据，可知2023年我国上市公司高管的年度收入呈现下降态势，且存在明显的行业差异。其中，金融业（219万元）、综合（219万元）、科学研究和技术服务业（196万元）位居行业前三名；批发和零售业（189万元）、住宿和餐饮业（188万元）紧随其后；最低的是居民服务、修理和其他服务，仅为87万元。

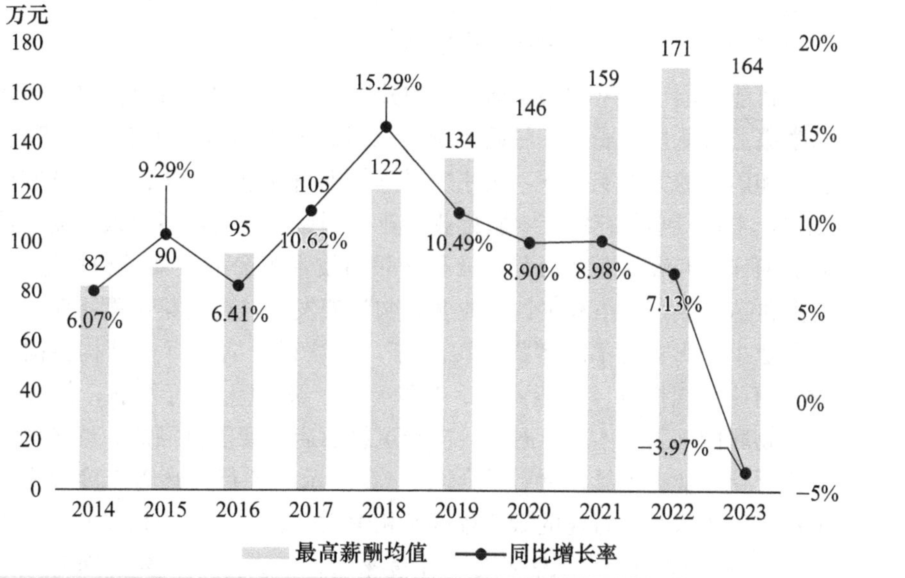

图5-1 2014—2023年中国上市公司高管最高薪酬均值统计

资料来源：使用CSMAR数据库手动整理计算.

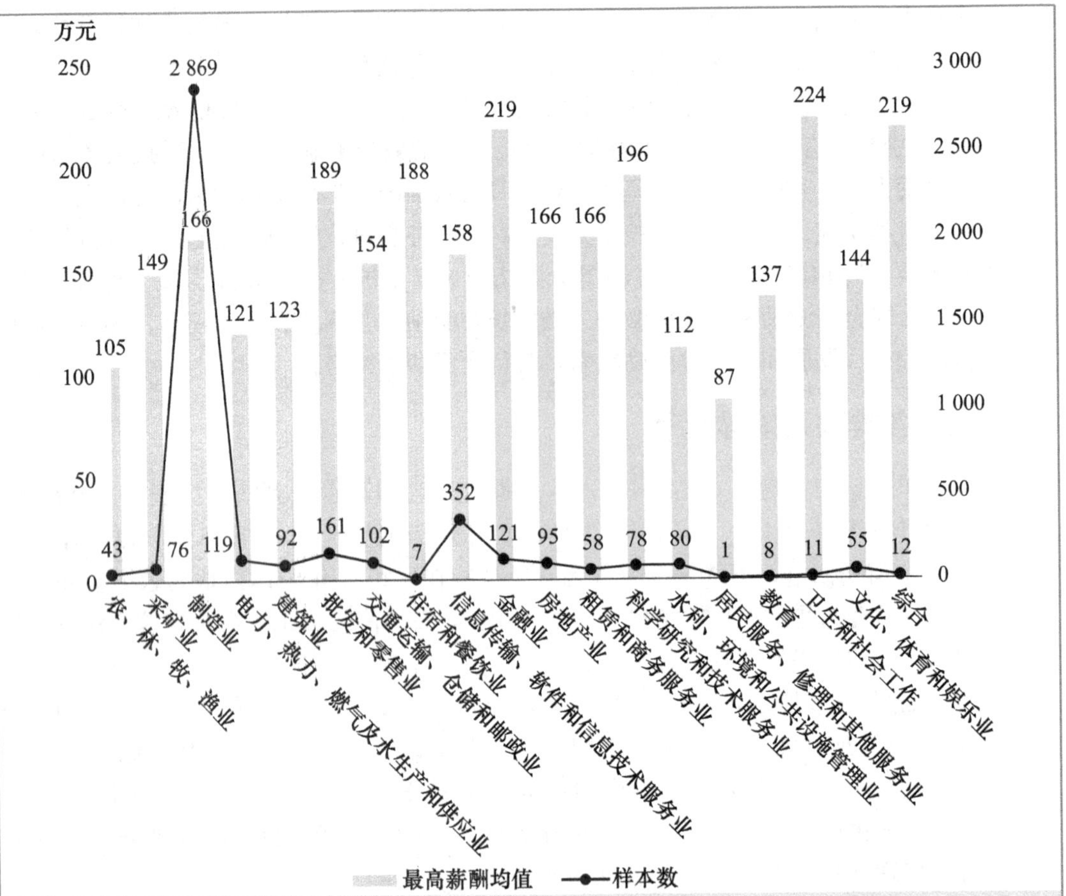

图 5-2 2023 年中国上市公司高管年度最高薪酬均值（按行业）统计

资料来源：使用 CSMAR 数据库手动整理计算．

目前我国正处于创新驱动、转型升级的关键时期，科研支出高速增长驱动国内科学服务行业快速成长。习近平总书记强调要不断深入实施新时代人才强国战略，在党和国家的大力支持下，人才发展体制机制改革进一步深化。欣欣向荣的宏观环境中，不仅科学研究和技术服务业行业得到蓬勃发展，各类人才创新活力也得到激发。而住宿和餐饮业在消费升级和互联网技术革命的推动下积极进行供给侧改革，行业再造升级。住宿和餐饮行业兼并购频繁发生，行业集中度不断提高，品牌企业在行业中的影响力不断增强。2019 年，餐饮行业向着行业结构转向、供给侧数字化、商业模式提升、智能商业、餐饮零售、精细化运行发展；住宿行业与人工智能、物联网等新技术不断融合，向着星级酒店、智能型酒店、绿色酒店、主题酒店等多元化新业态继续发展。结合图 5-2 所示的各行业高管年度收入可知，相应行业的高管收入与该行业的景气程度及相关政策影响是密切相关的。

如图 5-3 所示，从区域分布角度来看，2014—2023 年，东部地区高管薪酬保持领先，东北地区、中部地区、西部地区紧随其后。西部地区高管最高薪酬均值有较大提升，尽管在 2023 年出现回落，但 2022 年的高管薪酬均值为 168 万元，相较于 2021 年的 138 万元同步增长 21.7%。西部地区高管薪酬均值的这一趋势反映出西部地区上市公司薪酬管理体系的改善，人力资源系统的优化设计有利于用活用足激励效能，积极响应国家关于新时代推动西部大开发的政策号召，进一步形成大保护、大开放、高质量发展新格局。

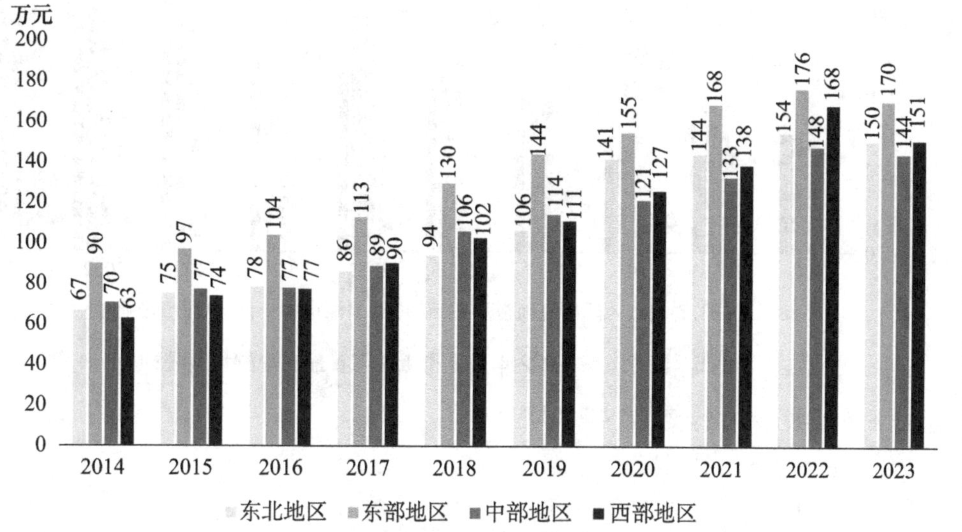

图 5－3　2014—2023 年中国 A 股上市公司高管薪酬均值（按地区）统计

三、薪酬结构不平衡

如图 5－4 所示，2014—2022 年，A 股上市公司高管最高薪酬均值连续九年呈增长态势。2019 年 1 月 30 日资本市场迎来了科创板和注册制试点改革方案；7 月 22 日，科创板正式开市，中国资本市场迎来了一个全新的板块。2022 年沪市科创板高管最高薪酬均值达 211 万元，稳居领先地位，高于深市创业板高管最高薪酬均值近五成。从变化情况来看，各板块高管薪酬均值保持稳定增长，沪市科创板涨幅最高，2019—2022 年复合增长率为 15.14%，沪市主板、深市主板、深市中小板和深市创业板在 2019—2022 年的复合增长率均处于 7%至 8%。如图 5－5 所示，即使是在整体 A 股上市公司高管薪酬均值下降的 2023 年，科创板上市公司的高管薪酬依然居于首位，主板、中小板与创业板的高管薪酬均值呈现由高到低的排序，反映出高新技术产业和战略性新兴产业的高管薪酬水平较高这一特点。

在欧美发达国家，高管的薪酬通常由基本工资、奖金、长期激励计划及其他项目等构成。报酬分为内在报酬和外在报酬两部分，内在报酬是指工作者由工作本身而获得成就感或满足感，包括工作成就感、决策权以及个人成长机会和活动多元化等方面；而外在报酬则分为直接、间接和非财务三类，直接薪酬包括基本工资、奖金、津贴以及红利等，间接薪酬则是指各种福利项目，非财务报酬包含良好的工作

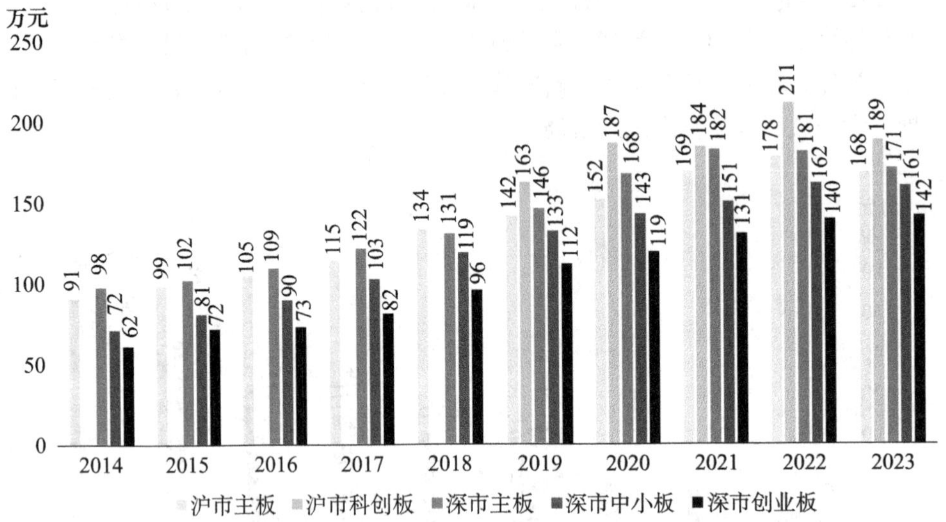

图 5-4　2014—2022 年各上市板块高管最高薪酬均值统计

资料来源：使用 CSMAR 数据库手动整理计算.

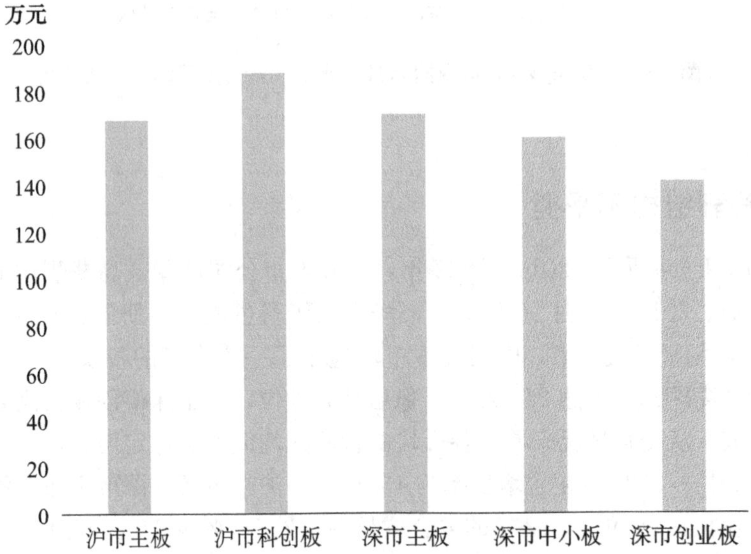

图 5-5　2023 年各上市板块高管最高薪酬均值统计

资料来源：使用 CSMAR 数据库手动整理计算.

环境、健康的保障与改善以及工作平等的保障等。相较于欧美发达国家，我国上市公司高管薪酬处于较低水平。随着股权激励计划被国内上市公司越来越多地应用，高管薪酬有望提高。

根据薪酬表现形式的不同，可以将薪酬划分为货币和非货币薪酬两种。货币薪酬是指企业以货币形式支付的各种报酬，例如基本工资、奖金、各种津贴、补贴和福利等。非货币薪酬是企业以物质服务或安全保障等形式支付给员工的报酬形式，大多表现为员工福利或额外薪酬，包括保障计划、提供家庭福利、改善健康状况等。表 5－1 列示了英美和德国、日本及中国高管薪酬构成模式，因我国上市公司治理数据与财务信息披露的局限性，我国高管薪酬在大部分的研究中都是指上市公司年度报告中所公开披露的货币收入。

表 5－1　英美和德国、日本及中国高管薪酬构成模式

模式类型	高管薪酬构成
英美模式架构	高管薪酬＝基本薪酬＋年度奖金＋长期激励＋股票期权＋限制性股票
德国模式架构	高管薪酬＝基本薪酬＋浮动收入＋福利 浮动收入＝红利提成＋年终奖金 福利＝企业养老金
日本模式架构	高管薪酬＝基本薪酬＋奖金＋福利与津贴＋长期激励
中国模式架构	高管薪酬＝基本工资＋浮动收入＋福利与津贴＋长期风险收入

资料来源：根据相关资料整理.

相对于国外的薪酬结构模式而言，中国企业经理报酬结构比较单一，黄群慧和杨淑君（1999）归结出五类企业经营者年薪制模式及两层面组合模式。其中五类企业经营者年薪制模式如下：一是准公务员型模式，即基薪＋津贴＋养老金计划；二是一揽子型模式，即单一固定数量年薪；三是非持股多元化模式，即基薪＋津贴＋风险收入（效益收入和奖金）＋养老金计划；四是持股多元化模式，即基薪＋津贴＋股权、股票期权等形式的风险收入＋养老金计划；五是分配权模式，即基薪＋津贴＋以“分配权”“分配权”期权形式体现的风险收入＋养老金计划。两层面组合模式如下：第一层面是指薪酬结构中各激励收益的比例，第二层面是指薪酬结构激励收益部分的相对比例。总体而言，薪酬的构成形式主要包括基本工资、奖金、股票期权、虚拟股票、退休金计划和精神激励。

四、激励机制有效性差

如图 5－6 所示，2014—2022 年，各公司性质高管最高薪酬均值基本上均有所增加，外资企业在 2022 年以高管最高薪酬均值 286 万元保持领先地位，为全行业高管最高薪酬均值（171 万元）的近 1.7 倍。在市场化选聘经营管理人才等国有企业改革措施的推动下，2014—2023 年中央国有企业和地方国有企业高管薪酬年均涨幅处于领先地位，分别达到 54.08％和 73.418％。

自 2016 年《上市公司股权激励管理办法》颁布以来，上市公司实施股权激励的热情明显增加，但 2019 年 A 股股权激励公告数量十年来首次回落。如图 5－7 所示，2019 年全年 A 股股权激励计划总公告数为 337 个，较前两年大幅缩减，总公告数量较 2018 年下跌 17.60％，其中首期公告数量为 178 个，较 2018 年减少 29.37％，多期公告数量为 159 个，较 2018 年增加 1.27％。从现有数据分析可见，股权激励业务发展可以大致分为三个阶段：2006—2010 年为股权激励业务发展初期，年均公告数量为两位数，平均每年仅公告 40 个股权激励计划；2011—2014 年股权激励计划公告数量稳步增长，年均公告数量达到 135 个，实现了年均 13.3％的增长率；2015—2019 年，股权激励年均公告数量达到 323 个，实现了 14.2%的年均增长率。

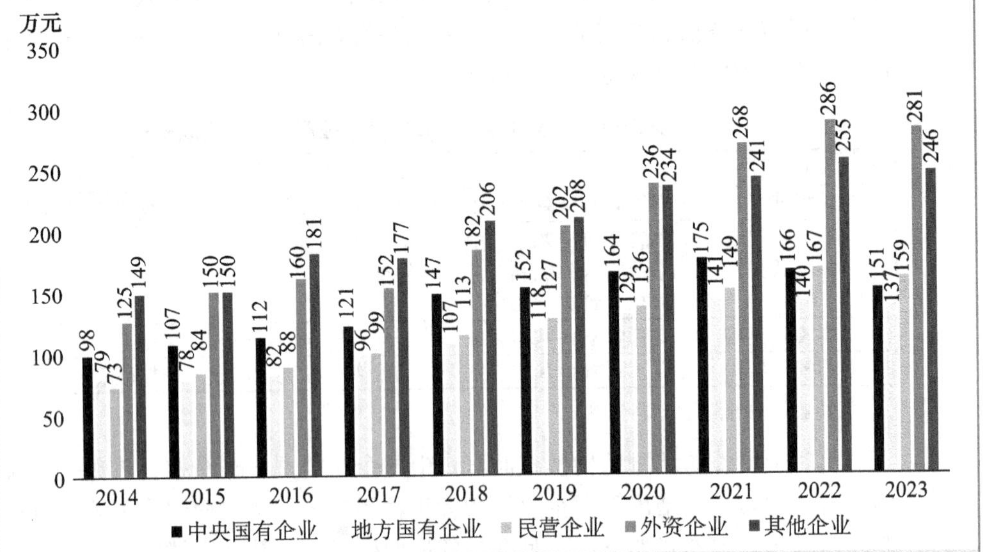

图 5-6 2014—2023 年各公司性质高管最高薪酬均值统计

资料来源：使用 CSMAR 数据库手动整理计算.

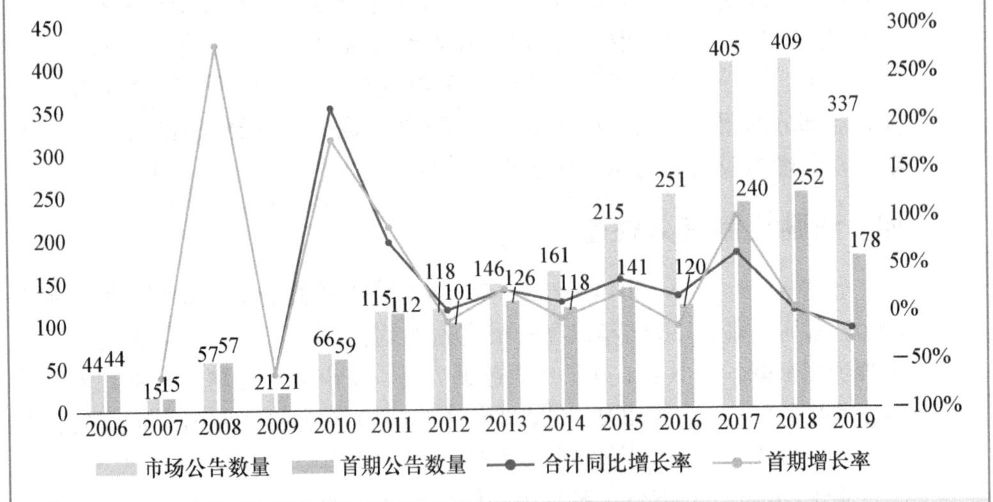

图 5-7 2006—2019 年 A 股上市公司股权激励公告数量统计

资料来源：Wind.

如图 5-8 所示，2015—2019 年，员工持股计划数量持续走低，股权激励计划数量整体增加。从整体形势来分析，这一变化趋势是由于政策放松、回购热潮、弱市环境下的风险管理需求拉升了公司股权激励意愿。从公司自身选择看，股票期权在赋权时没有现金支出，期限相对较长，在特定的监管环境与市场环境下，风险更低，现金流压力更小，对上市公司的吸引力也有所上升。

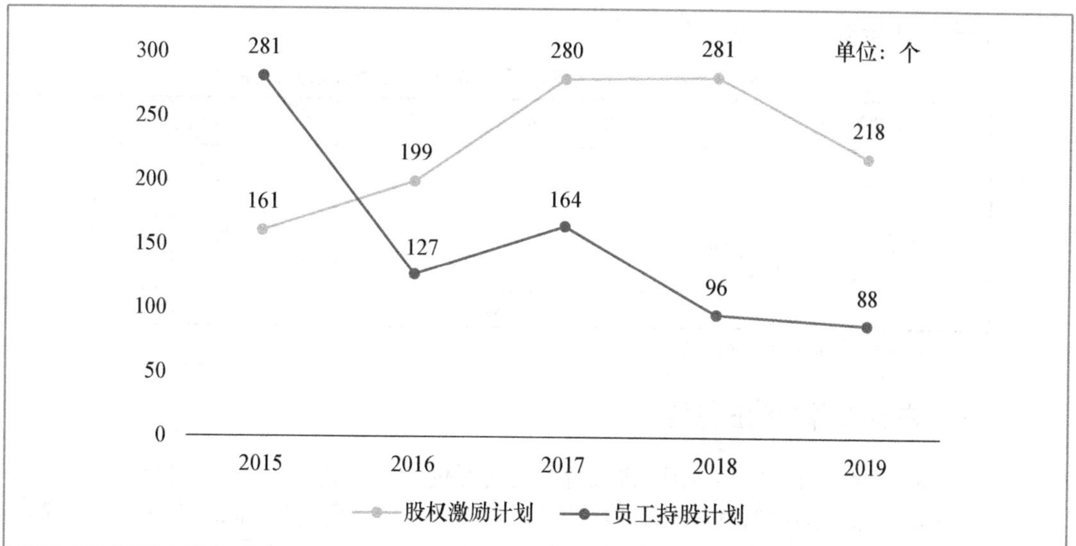

图 5-8　2015—2019 年深交所上市公司股权激励计划变动图

资料来源：Wind.

对 2019 年 A 股不同所有制下上市公司股权激励情况进行分析，仅从民营上市公司和国有控股上市公司的维度进行划分，因受国有企业限薪令的影响，地方国有企业高管薪酬已和民营控股上市公司高管薪酬基本持平，其中，除地方国有企业的总经理、副总经理平均年薪低于民营控股上市公司，其董事长、董秘、财务总监的平均年薪均高于民营控股上市公司。对比上市公司高管各职位平均年薪增长率，国有企业上市公司董事长年薪增长率远高于民营控股上市公司，非国资央企上市公司总经理年薪增长率明显高于民营控股上市公司，地方国有企业上市公司副总经理及董秘的年薪增长率接近于民营控股上市公司。

如表 5-2 所示，截至 2019 年 12 月 31 日，民营上市公司共公告股权激励计划 288 个，占比 85.46%，几乎占据整个 A 股市场，而国有控股上市公司仅公告 49 个，占比为 14.54%。从整体层面来看，国有控股上市公司股权激励的推进速度自 2009 年以来逐步加快，同时随着混合所有制改革的加速落地，国有控股上市公司公告股权激励计划的数量也上了一个新的台阶，年均增长率达到 29.94%。但相对于民营企业年均 35.28%的增长率而言，国有企业的决策自主性受到一定限制，股权激励市场的整体增长速度仍略缓于民营上市公司。国有企业股权激励情况主要受以下两方面因素的限制。一是业绩要求较高，能够通过审批并实施股权激励的国有控股上市公司，必须是同行业或者同市场内，业绩水平稳定在均值以上甚至是行业龙头的公司。而业绩水平的评价体系也有一定的硬性要求，必须是多指标、多维度的综合考评体系。这一点对于本身业绩状况不甚理想但正在寻求企业转型或正在转型的国有控股上市公司而言，是一个极大的挑战。二是审批环节繁多，不同于民营企业仅需通过股东大会审议即可实施股权激励计划，国有企业在股权激励的实施过程中需要面临更多实际监管程序和审批环节，如各级国有控股股东、实际控制人、国务院国资委、省政府、市政府等。

表 5-2 2019 年 A 股不同所有制上市公司股权激励情况

<table>
<tr><th colspan="2">上市公司所有制</th><th colspan="2">2019 年公告数量（个）</th><th colspan="2">占比</th></tr>
<tr><td colspan="2">民营</td><td colspan="2">288</td><td colspan="2">85.46%</td></tr>
<tr><td rowspan="3">国有</td><td>国资央企</td><td rowspan="3">49</td><td>25</td><td rowspan="3">14.54%</td><td>7.42%</td></tr>
<tr><td>地方国企</td><td>23</td><td>6.82%</td></tr>
<tr><td>非国资央企</td><td>1</td><td>0.30%</td></tr>
<tr><td colspan="2">总计</td><td colspan="2">337</td><td colspan="2">100%</td></tr>
</table>

资料来源：根据相关资料整理.

五、内部薪酬存在差距

2019 年 5 月 20 日，中国薪酬智能支付开创者——薪付宝发布《薪付宝 2019 中国 A 股上市公司高管薪酬排行 TOP 100 榜单》，这是薪付宝自 2016 年起连续第 4 年针对中国 A 股上市公司高管薪酬发布该榜单。报告数据来自 2019 年 5 月 Wind 数据库中 3 589 家 A 股上市公司的 54 608 位高管的薪酬信息。报告针对以上薪酬数据与 Wind 系统中 2016 年、2017 年的数据结合进行统计。报告按照税前薪资对高管进行排名，并对前 100 名进行展示。从行业看，金融业及房地产业 A 股上市公司的高管薪酬较高，这一数据与国际市场保持一致；其他行业薪酬水平差异性并不显著。

延伸阅读 5-1

A 股上市公司高管，谁赚钱最多？“方大系”

2018 年，方大炭素的董事长党锡江、方大炭素原董事长杨光和方大特钢的原董事钟崇武分别以 4 076.97 万元、4 042.31 万元和 4 035.1 万元高薪位列薪酬榜单前三。位于第五名和第六名的分别是方大特钢董事长兼纪委书记谢飞鸣，以及副总经理陈文，年薪分别为3 169.67万元和 2 064.58 万元。即 2018 年薪酬排名前六名的高管中，五人来自“方大系”。

2019 年，方大特钢原董事长谢飞鸣以 4 122.46 万元年薪领跑上市公司高管年薪排行榜，华夏幸福的 CEO 吴向东、金科股份的总裁喻林强、三一重工的高级副总裁向儒安、鹏鼎控股的董事长沈庆芳分别位列第 2～5 位。自 2011 年底，方大特钢公告了与公司年度利润紧密挂钩的低基薪、高浮动的高管薪酬方案，方大特钢近 8 年均入围 A 股上市公司最高年薪排行榜前 20，其中有 5 年（分别是 2013—2015 年、2017 年、2019 年）位居榜首，2 年（2012 年、2018 年）位居第三名，其年薪拔尖的主要因素在于高额的年度奖励薪酬，这与公司的业绩增长密不可分。

资料来源：根据公开资料整理.

六、忽视非薪酬性激励

目前我国经理人的报酬主要有三种：一是基于上一年度或当期的业绩给予经理

人相应的报酬，这是对经理人过去及现在努力的激励；二是和未来业绩相关的，也就是通常所说的股权激励计划；三是和业绩无关的，用以吸引优秀人才的各种各样的福利。从公司治理角度看，经理人的报酬结构为基本工资、年度奖金、长期激励性报酬、福利和离职补偿金。

相比西方国家，我国自古以来就是一个重视人文、注重精神激励的国家。但随着改革开放的深入，我国越来越注重物质上的激励。这在我国上市公司管理层的激励中表现尤为突出，过多注重薪酬形式的激励而忽略文化声誉、控制权等非薪酬形式的激励，其结果必然会增加激励的物质成本，造成企业文化的缺失和企业凝聚力的下降，导致企业业绩与高管薪酬的反向变动。

第三节 管理层激励与约束机制

尽管不同公司和行业的薪酬实践存在很大的差异，但大多数高管薪酬包含四个基本组成部分，即基本薪酬、与财务业绩挂钩的年终奖、股票期权和长期激励计划。其中，长期激励计划包括限制性股票计划和基于财务的多年绩效计划。此外，高管还参与员工福利计划，包括人寿保险和补充高管退休金计划（SERP）。与中层管理层的“随意雇佣”安排不同，高层管理人员越来越多地签订正式雇佣合同。这些正式合同通常持续五年，并规定了最低基本工资、目标奖金以及在公司控制权分离或变更的情况下的遣散安排。

一、管理层激励机制

公司治理主要涉及财务提供者与管理者、股东和利益相关者、不同类型的股东（主要是大股东和小股东）之间的利益冲突，以及这些利益冲突的预防或化解。之所以存在利益冲突，是因为管理者是自利的，缺乏实现股东价值最大化的激励。为使股东财富最大化，如何激励管理者是一个亟待解决的问题。一种方法是股东对管理层进行监督，迫使管理者站在股东利益的角度行事，可通过代理提案、股东对管理层的压力和纪律监管的威胁等方式实现。然而，股东监督成本较高，只有当监督股东拥有足够多的股份时，才能产生足够的回报。因此，企业可能由于缺乏股东监督而使得管理层的自由裁量权过大。缓解管理层与股东之间利益冲突的另一种方法是，通过持股、股票期权和奖金等方式，使管理层薪酬对公司业绩有较大敏感性。在薪酬制定过程中，董事应与管理者保持“公平”的立场，确保足够的薪酬-绩效敏感性。故公司可通过增加高管基本工资或年度奖金等方式提升薪酬-绩效敏感性。

薪酬方案可包括以下全部或部分内容：基本工资、年度奖金、股票和股票期权、保险、养老金福利和遣散费。薪酬水平和组合是激励高管、使其利益与股东利益相一致的重要手段。

（一）短期薪酬

短期薪酬包括基本工资和基于上一年度公司业绩的奖金计划。

1. 基本工资

基本工资由薪酬委员会制定。该委员会在制定基本工资时考虑的因素包括高层管理人员的具体任务和挑战、他们的资历和经验以及同行业的工资水平。有学者证明了工资和公司规模之间的强烈相关性，导致这一相关性的原因可能是公司规模越大，高管承担的责任越大，工作的复杂性越高，对其战略洞察力的要求也越高。此外，自 20 世纪 90 年代初以来，基本工资在总工资中所占的比例一直在稳步下降。

年终奖的确定程序与上述类似。此外，年度奖金可以根据本年绩效、绩效标准和薪酬绩效关系的敏感性，对这三个基本组成部分进行结构调整。绝大多数公司在评估管理者的业绩时，都依赖于两个或两个以上的业绩指标，如销售或收入、每股收益和营业收入或利润。收入是美国最常用的业绩衡量指标，而英国往往用每股净利润衡量业绩。基于这些绩效指标，最终奖金的计算方法可以是将结果相加，或将不同子类别的指标相乘。由于以财务为基础的业绩衡量方法可能会受到操纵，因此可以使用其他衡量方法，例如业务或战略业绩目标、质量改进目标和平衡计分卡。然后，绩效标准由管理团队需要达到的每个特定绩效度量的最低级别或阈值组成。阈值可以是绝对的，也可以是相对于一组同行业公司或一个指数的。

CEO 的基本工资通常是通过竞争性的基准确定的，主要基于一般行业工资调查（除了利用行业特定调查的公用事业和金融机构），并辅以对选定行业或市场同行的详细分析，调查研究各种不同的工资百分比（例如，25、50、75 分位），通常根据企业规模和工资的简单对数线性回归来调整公司规模。在传统上公司规模是用公司收入来衡量的，但人们越来越多地使用资产来衡量公司规模，特别是低收入但高资产的初创企业。

高管们对薪酬的确定过程给予了极大关注。首先，基本工资是高管雇佣合同的一个关键组成部分，合同中通常会对随后五年基本工资的最低涨幅作出保证。其次，由于基本工资是高管合同中的“固定部分”，因此，规避风险的高管自然更喜欢基本工资的上涨，而不是目标奖金或可变薪酬的增长。最后，薪酬的大多数组成部分是相对于基薪水平进行衡量的。例如，目标奖金通常表示为基本工资的百分比，而期权授予则表示为基本工资的倍数。养老金福利和遣散费安排也取决于工资水平。因此，基本工资每增加一元，薪酬体系的其他构成部分也会受到积极影响。

目前我国的薪酬激励问题主要集中在国有企业实施员工激励的难度上。在制度上，应通过中长期的激励排除同道不同心、短期行为等阻碍，释放企业发展活力。2015 年 1 月 1 日《中央管理企业负责人薪酬制度改革方案》正式实施。由该方案可基本看出国有上市公司薪酬机制改革的思路：对于行政体制内的，属于非市场化领域的，采取限薪；对于体制外的市场人才，实行职业经理人制度；除前两者外的，开展混合所有制、员工持股试点，例如属于竞争性领域的体制内人才。

延伸阅读 5－2

万科重构薪酬体系

在 2018 年的夏季例会上，万科对外宣布了重构职级工资体系的落地方案。这个方案是集团“五位一体”改革的一环。万科意在重构职级工资体系，促使员工承担更大的责任及持续创造真实价值。

万科之前的薪酬由“固定月薪十年终奖”构成，万科重构的是固定月薪部分，称为职级工资体系。新的职级工资体系中，月薪分为基本工资和岗位责任工资两部分。其中基本工资以员工的专业能力和工作经验为主要依据，同时考虑社会工资水平确定。如果员工职级或工作有所调整，基本工资也会进行相应调整，同时公司也会定期根据社会工资水平、CPI等的变化进行普调。相较过去的按职务等级评薪，基本工资对员工基本素质、专业能力、经验的评定和认可，显然要更公平。岗位责任工资则会根据员工承担的责任大小、任务多少、风险高低来确定，每年至少评定一次，能上能下，可能变多，也可能变少。

这样的设计在激发员工和组织活力的同时，也为万科的组织提供了灵活性。一方面，员工可以主动承担更多责任，获取更高的回报；另一方面，组织可根据情况灵活变动。

资料来源：根据公开资料整理．

2．年度奖金计划

大多数公司都会制定年度奖金计划，并根据业绩每年发放一次。高管奖金计划可以按照三个基本组成部分进行分类，即本年绩效、绩效标准和薪酬-绩效敏感性。在达到阈值绩效（通常表示为绩效标准的百分比）之前，不会发放奖金，最低奖金（通常以目标奖金的百分比表示）是在达到阈值绩效时支付的，目标奖金则要达到绩效标准才支付，通常对支付的奖金设置上限（一般表示为目标奖金的百分比或倍数）。阈值和上限之间的范围标记为激励区，表示绩效的增量改进对应于奖金的增量的绩效实现范围。

年度奖金计划在很大程度上是明确的，最多只能发挥有限的自由裁量权。年终奖的自由裁量权可能以多种方式出现。在一些公司，董事会可以行使自由裁量权，决定奖金池的分配，但在这种情况下，自由裁量权只影响个人分配，不影响支付总金额。此外，CEO的部分奖金一般取决于个人绩效。虽然这一标准存在主观色彩，但个人绩效通常包括相对于某些预定目标的绩效，且个人绩效的权重很少超过高级管理人员奖金的25%。另外，董事会的自由裁量权允许其对奖金支付进行略微调整。

延伸阅读5-3

万科的经济利润奖金制度

万科在2010年推出了经济利润奖金制度，按照当年产生的经济利润的10%提取奖金；当然，如果当年的经济利润为负，也要倒扣10%。经济利润奖金的奖励对象包括公司高级管理人员、中层管理人员、由总裁提名的业务骨干和突出贡献人员。在2014年，奖励对象将集体奖金账户中的资金作为劣后级，通过国信金鹏分级基金买入万科股票。根据2018年年报，这批股票为4.96亿股。2015年之后，奖励对象的集体奖金账户未再购入公司股票。在外界看来，该制度涉及的员工比较多，估计只对真正核心的少量员工起到激励作用。

资料来源：根据公开资料整理．

延伸阅读 5-4

碧桂园的“成就共享计划”激励制度

碧桂园的激励制度非常清晰，年总激励包含固定薪资和福利、绩效奖金等。绩效奖金部分，是目标奖金×平衡计分卡。目标奖金方面，区域总裁是年薪×50%；区域中层是5个月月薪；区域基层是3个月月薪。平衡计分卡方面，职能中心和区域公司各不相同。在奖金分配上，通过得分强制排序得出一个系数，系数×目标奖金=奖金包。根据员工绩效系数和目标奖金来分配奖金。此外，在保底奖金设置上，区域绩效奖金按员工（不含区域总裁）目标奖金之和的80%设置保底；若销售回款达到100%，且人均效能高于区域的中位数，则按100%保底。

碧桂园的激励机制在其飞速成长的过程中发挥了重要作用。这套体系奖励多、有惩罚且即时奖励，能够很好地激发人的潜能，规避惰性。同时，这套体系对总负责人、营销总监进行重点激励，可以有效调动团队。

资料来源：根据公开资料整理.

（二）长期薪酬

长期薪酬包括股票期权、限制性股票和长期激励计划。

1. 股票期权

股权激励是企业为了激励和留住核心人才而推行的一种长期激励机制，是目前最常用的激励员工的方法之一。股权激励主要是通过附条件给予员工部分股东权益，使其具有主人翁意识，从而与企业形成利益共同体，促进企业与员工的共同成长，帮助企业实现稳定发展的长期目标。

自20世纪50年代以来，股票期权一直是高管薪酬的重要组成部分。20世纪90年代以来，股票期权在高管薪酬中所占比例越来越大。授予期权的前提是解决管理者的风险规避问题，并激励他们以增加股东财富为目的进行风险投资。期权通常以股票的形式发行，其行权价格等于授予日的股票价格。高管期权的期限通常为10年。期权通常在授后3年可行使。然而，如果公司控制权发生变化（如被收购），则可能存在“加速授予”。

在英国，若股票价格不满足某一条件，则高管不得行使其期权。高管被授予期权后，享有按照固定的期权价格购买一定份额的公司股票的权利。行使期权时，享有期权的高管只需支付期权价格就可得到期权项下的股票，无须在意当日股票的交易价。因此，高管可以通过期权锁定未来的股价上涨。

股票期权提供了管理层报酬和股价上涨之间的直接联系，因为行使期权的报酬随着股价的上涨而增加。然而，由于以下几个原因，股票期权的激励机制与股票所有权的激励机制有所不同。首先，由于期权只奖励股价上涨的情况，而不奖励股东总回报（包括股息）增加的情况，持有期权的高管存在避免股息的动机。其次，由于期权价值随着股价波动而增加，持有期权的高管有动机从事风险更高的投资业务。最后，一旦股价低于执行价格，高管认为行使的机会很小，期权就会失去激励价值，这种“激励损失”是股价下跌后重新定价期权的常见理由。在研究和实践中，高管股票期权的大多数应用都要求在授予日对期权进行“估值”。在构建这样一个价值时，必须区分两个经常混淆但根本不同的估值概念，即公司授予期权的成本和高管获得期权的价值。

2016年7月13日，中国证监会发布了《上市公司股权激励管理办法》，旨在贯彻落实关于企业深化改革的战略部署，“优化上市公司投资者回报机制”的精神，促进形成所有者与劳动者的利益共同体，提高管理层的积极性，增强企业核心竞争力，提高股东的回报率。尤其是知识密集型服务业，该行业具有高知识度、高技术度、高互动度的特点，是积极实施股权激励数量最多的行业，对区域创新有显著促进作用。所有权与经营权的分离导致了委托代理问题的产生，股权激励的主要目的是减少股东和管理层间的代理冲突，激励管理层为公司带来价值增值，提高企业价值创造力。同时，企业的盈利水平、经营风险以及产品市场的发展也影响着价值创造力。

2018年10月26日，第十三届全国人民代表大会常务委员会第六次会议对《公司法》第一百四十二条股份回购有关规定作出修订。对公司因“将股份用于员工持股计划或者股权激励”回购股份的内容在审批权限、回购总量上限、处置时间及回购方式上进行了不同程度的修订，进一步引导规范了上市公司回购性股权激励的实施路径。

截至2023年12月31日，在5 335家A股上市公司中共2 929家实施了股权激励，股权激励广度（股权激励的覆盖率＝实施股权激励家数÷上市公司家数×100%）为54.90%，深度（上市公司平均股权激励次数＝股权激励公告个数÷股权激励公告家数）为1.75。多期股权激励计划公告也从2022年度的52.49%提高到2023年度的53.90%，再次说明股权激励成为上市公司改善公司治理的有效手段之一。

延伸阅读5-5

国祯环保限制性股票期权激励计划

安徽国祯环保节能科技股份有限公司主营业务涉及市政污水处理、工业废水处理、小城镇污水、小流域治理等环保工程的设计研发、工程承包、设备研发与集成、运营管理、投融资服务。为激励经营班子提升业绩，更好地维护股东利益，公司将董事、高级管理人员薪酬水平与业绩考核挂钩；同时，根据公司2015年通过并实施的限制性股票期权激励计划中的业绩考核解锁条件，相比2014年，2015年公司扣非后净利润增长率不低于10%，实际增长33.56%，远超计划水平。根据公司2016年通过的股票期权股权激励计划中业绩考核行权条件，以2015年净利润为基数，2016年净利润增长率不低于50%，截至2016年三季度，公司扣非后净利润同比增长82.15%，激励效果显著。

资料来源：国祯环保：严格股权激励，有效创造创值．董事会，2016（12）：62.

2019 年 10 月，国务院国资委印发《关于进一步做好中央企业控股上市公司股权激励工作有关事项的通知》，首次提到“可以结合股票交易市场其他公司实施股权激励的进展情况，探索试行法律、行政法规允许的其他激励方式”，意味着除传统期权、限制性股票、股票增值权外，国有控股上市公司也可以在合规基础上学习、参考市场上的中长期创新激励做法，丰富激励模式，提高激励有效性；同时还在授予总量、激励力度、时间安排、业绩考核、审批备案、信息披露等核心要素设计方面进行了规范和明确。可以预期，在此新政策驱动下，央企控股上市公司股权激励的实施将进一步提速。

截至 2023 年底，国有控股上市公司公告了 961 个股权激励计划，2006—2023 年各年度公告数量如图 5-9 所示。我国上市公司已基本具备实施股权激励的环境条件，实施股权激励有利于解决管理层和股东利益一致性问题，并能持续、有效地促进上市公司价值和业绩的提高，从而有效推动上市公司股价的上涨，给投资者以强有力的信心和巨大的投资机会。

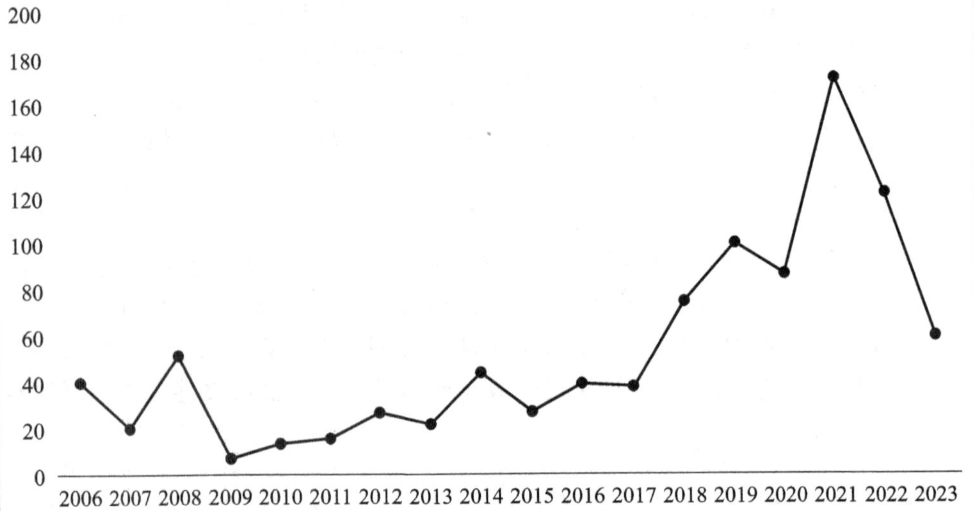

图 5-9　2006—2023 年国有控股上市公司股权激励公告数量

资料来源：使用 CSMAR 数据库手动整理计算.

2019 年，中国资本市场也迎来了一个全新的板块，即科创板，随着实行注册制的科创板正式落地实施，股权激励市场迎来新突破。与其他板块相比，科创板股权激励方面的相关规定有如下变化：一是扩大了激励对象范围，规定“单独或合计持有科创公司 5%以上股份的股东或实际控制人及其配偶、父母、子女，担任董事、高级管理人员或者其他关键人员的，可以成为激励对象”；二是取消了限制性股票授予价格的限制，规定“科创公司授予激励对象限制性股票的价格，低于市场参考价 50%的，应符合交易所有关规定，并应说明定价依据及定价方式”，并“应当聘请独立财务顾问”；三是提高股权激励实施方式的便利性，上市规则规定激励对象获授限制性股票，“应当就激励对象分次获益设立条件，并在满足各次获益条件时分批进行股份登记”；四是扩大有效期内股权激励的股份比例，规定“科创公司全部在有效期内的股权激励计划所涉及的标的股票总数，累积不得超过公司总股本的20%”。科创板企业在股权激励实施方面拥有更多的自主性和操作空间，体现出了科创板的试点性和创新性。

2. 限制性股票

限制性股票是指上市公司按照预先确定的条件授予激励对象一定数量的本公司股票，行权期通常为3～5年，但对股票的来源、抛售有一些特殊的限制，激励对象只有在工作年限或业绩目标符合股权激励计划规定条件的情况下，才可出售限制性股票并从中获益。从历年已经实施股权激励的科创公司来看，以第二类限制性股票为激励标的物的公司居多。根据Wind统计，2019年以来，已经实施的573份科创板股权激励中，490份激励使用第二类限制性股票。

延伸阅读5-6

东北制药2022年限制性股票激励计划草案

2022年5月11日，东北制药发布2022年限制性股票激励计划草案，公司拟以2.73元/股的价格，向549名激励对象授予8 700万股限制性股票，标的股票来源为公司向激励对象定向发行的东北制药A股普通股，首次授予激励对象限制性股票的价格为2.73元/股，约为公告披露当日东北制药二级市场收盘价5.49元/股的49.73%。这个激励计划中，对应两个解除限售期的业绩考核条件为2022年和2023年度东北制药的净利润相较于2021年增长分别不低于30%、50%。

根据《东北制药集团股份有限公司2022年限制性股票激励计划（草案）》（以下简称“激励计划”）的有关规定：若在激励计划公告当日至激励对象完成限制性股票股份登记期间，公司有资本公积转增股本、派送股票红利、股份拆细、配股、缩股或派息等事项，应对限制性股票的授予价格进行相应的调整。公司将在本次权益分派实施完毕后，根据激励计划对股权激励授予价格进行调整。

而就在2021年10月，方大钢铁集团从沈阳国资手中受让东北制药18.91%的股权，对东北制药的持股比例提升至57.29%，沈阳国资实现退出。由方大钢铁集团任命的新任东北制药董事长郭建民，在此次股权激励中为获授股份数量最多的个人，将获授300万股，公司总经理、董事周凯获授200万股，公司其他五名董事以及副总经理、董秘等分别获授100万股，其他538名核心管理人员及核心技术（业务）骨干合计获授6 888万股，占授予总量的比例为79.17%。公司向员工推出股票激励计划，体现了其对公司发展的信心。

资料来源：根据东北制药集团公司公告资料整理.

限制性股票的激励模式有两种。一种是折扣购股型，激励对象需支付现金购股，是指采用定向增发的形式，根据期初确定的业绩目标，以低于二级市场上的价格授予激励对象一定数量的本公司股票，授予价格及其确定方法由董事会下设的薪酬与考核委员会确定。

另一种是业绩奖励型，公司需支付现金购股，是指当激励对象满足规定的激励条件时，上市公司从净利润或净利润超额部分中按比例提取激励基金，设立激励基金专门账户，从二级市场购买公司股票，并将该股票按分配办法授予激励对象。在该种激励方式下，公司支付现金需从税后利润中支出。

标准普尔500指数成分股公司中约有28%的公司向CEO发放了限制性股票，这些补助金平均占总薪酬的6.1%，占获得补助金的CEO薪酬的22%。限制性股票计划在化学品生产和机械制造企业中比在金属、食品和消费企业中更为常见，在研发密集型企业中比在非研发企业中更为常见。此外，化学品生产和机械制造企业的限制性股票的平均授予期为50个月，比金属、食品和消费企业平均20个月的授予期长。

3. 长期激励计划

除了基于年度绩效的奖金计划外，许多公司还提供“长期激励计划”（LTIP），通常是基于3年或5年累积绩效的滚动平均值，以股票形式支付高管的部分薪酬。在标准普尔500指数成分股公司的CEO中，约有27%的CEO获得了长期激励计划薪酬；这些薪酬占年总薪酬的5.5%，占这些CEO获得薪酬的20%。

除了参加全公司的退休计划外，高管还可以定期参加补充高管退休金计划（SERP）。SERP可以采取多种不同形式，包括基于“贷记”服务年限的固定福利（与“实际”服务年限有实质性差异）或者基于通货膨胀或公司业绩的可变福利。SERP的收益取决于公司业绩或服务年限。除SERP外，高管还可以通过其他项目或组成部分获得可观的薪酬，包括现金招聘奖励和搬迁费用、遣散费和黄金降落伞。其中，黄金降落伞和遣散协议的目的是为高管提供激励，使股东财富最大化，且使高管不必担心失去工作。然而，遣散费与公司过去良好的业绩及未来业绩均无关，故不会对高管产生任何激励。因此，股票市场可能会对遣散费的发放做出负面反应。相反，遣散费是有效的多期激励合同的一部分，该合同旨在保护公司机密，避免高层管理人员离开公司时出现负面影响。

延伸阅读5-7

宇通客车的限制性股票激励计划

2012年上半年，中国经济发展缓慢，市场疲软，客车行业面临有效需求不足的困境。为了凝聚高管、核心技术及业务骨干等人员，激发其潜力，为宇通客车的改革、转型发展提供可靠的动力，公司实施了A股限制性股票激励计划，有效期三年（2012—2015年）。2012年，针对中高层管理干部以及优秀先进个人，宇通客车按照职级、司龄来分层、分类地授予相应数量公司限制性股票。实施A股限制性股票激励计划后，公司获得了稳定健康的发展。

实施股权激励对宇通客车的财务表现起到了正面的作用。根据宇通客车2014年年度报告，公司2014年度营业收入为257.28亿元，以2011年为基准年，增长51.95%；2014年度归属于公司股东的扣除非经常性损益的净利润为18.88亿元，以2011年为基准年，增长66.05%，公司业绩满足此次限制性股票解锁的业绩要求。通过股权激励，公司进一步完善了法人治理结构，健全和完善了对公司董事、高级管理人员、重要管理人员、核心技术人员和业务骨干的激励与约束机制，股东与经营管理层建立了利益共享、风险共担的机制，有利于公司保持可持续发展的能力。

根据2016年宇通客车年度报告，2016年宇通客车实现客车销量70 988辆，营业收入358.50亿元，净利润40.44亿元，销量、收入、利润等各项指标继续领跑客车行业。多年来，公司主要经济指标快速增长，税收贡献逐年加大，2016年公司缴纳税额逾8.4亿元。

实施股权激励对宇通客车的非财务方面也起到了正面的作用，公司在做好生产经营的同时，勇担社会责任。2008年以来，公司向社会捐款捐物累计金额超过1.6亿元，救助人数超过7万人。2015年公司启动"致敬抗战老兵"项目，截至2016年底，累计投入资金2 300万元，为河南省1 080名抗战老兵送上慰问金和物资，并对其中有特殊情况的37名老兵制定了专项帮扶方案，获得社会一致好评。

资料来源：根据《宇通客车限制性股票激励计划》的公告资料整理.

延伸阅读5-8

博彦科技股票激励计划激活核心人才团队积极性

博彦科技为国内头部IT综合服务提供商，2022年7月6日，公司发布2022年股票期权与限制性股票激励计划（草案），拟向激励对象授予权益总计1 140万份（占总股本的1.93%），激励对象为公司董事、高级管理人员、中层管理人员、核心技术（业务）人员。

此次激励计划意在提升公司核心团队积极性，提高公司长期竞争力。本次发布的激励计划覆盖人群为246名公司核心团队成员，激励内容包含415万股公司限制性股票（占总股本的0.70%），授予价格为5.04元/股，以及725万份股票期权（占总股本的1.23%），行权价格为10.08元/股。限制性股票及期权分两期解除限售/行权，每期分别为50%、50%。第一期解锁业绩目标为较2021年，2022年营收增长率不低于15%或净利润增长率不低于10%；第二期解锁业绩目标为较2021年，2023年营收增长率不低于45%（相当于两年CAGR不低于20.4%），或净利润增长率不低于40%（相当于两年CAGR不低于18.3%）。

本次激励计划有利于吸引和留住公司优秀人才，充分调动公司核心人员的积极性，提升公司凝聚力，有效地将股东利益、公司利益和核心团队个人利益结合在一起，使各方共同关注公司的长远发展，增强公司竞争力。

资料来源：根据招商证券研究报告资料整理.

二、管理层约束机制

（一）内部约束机制

1. 组织制度约束

组织制度约束是公司治理结构中规范的股东大会、董事会和监事会制度所形成的对公司和管理者的约束。与组织制度约束紧密相关的是管理制度约束。

管理制度约束是科学的管理制度，尤其是严格规范的财务制度所形成的对公司和管理者的约束。管理制度约束是防止公司高层管理者不当决策、玩忽职守、挥霍公款、过度在职消费、贪污转移股东资产的重要制度保证。管理制度约束是组织制度约束的基础。

2. 内部审计约束

内部审计准则体系在我国具有明确的法律约束效力。内部审计准则体系中的三个不同层次，具有不同的约束力和权威性。基本准则，是内部审计准则体系的第一层次，是内部审计准则的总纲，具有最高权威性和法定约束力。具体准则是内部审计准则体系的第二层次，是内部审计机构和人员进行内部审计的执业规范，内部审计机构和人员在进行内部审计时应当遵照执行。具体准则的权威性虽低于基本准则，但要高于实务指南，并有法定约束力。实务指南是内部审计准则体系的第三层次，是给内部审计机构和人员提供操作性的指导意见，不具有法定约束力和强制性，内部审计机构和人员在进行内部审计时应当参照执行。

（二）外部约束机制

1. 经理人市场

职业经理人首先要面对的问题就是逆向选择。目前国内从业人员的单位所有、部门所有、系统所有的情况仍然不同程度存在，全国性的职业经理人市场尚未真正建立起来，职业经理人管理法规制度体系、价值发现规则、市场竞争机制也尚未建立。职业经理人信息平台、征信体系和信用体系建设滞后，没有建立起一套科学完整的经理人信用调查和考评体系，经理人信用数据、资料无法收集和集成，经理人背景调查十分困难。职业经理人资质认证机构规模小、信誉和专业水平参差不齐，往往只需缴纳数量不等的费用、参加短期培训和认证考试就能取得资质认证，流于形式，社会认可度低。在这种情况下，盲目以所谓的市场化薪酬进行聘任，会导致无能者接手掌舵的现象出现。另外，薪酬机制与其工作绩效难以直接画等号，必然加剧逆向选择问题。

2. 债权人约束

债权人约束是债权人通过对公司偿还能力的考核和监督，保证其按期还本付息所形成的对公司的约束。市场约束是商品市场、股票市场和经理人市场所形成的对管理者的约束。在我国，上市公司债权人能够对公司的治理决策产生影响，企业在制定管理人员薪酬契约时会考虑债权人的利益，并且在国有企业中表现得更明显，债权人对高管薪酬激励能够在一定程度上起到外部监管及治理的作用，其监管作用的大小会因债务成本的高低和产权性质而有差异。

3. 法律法规约束

新《公司法》第二百六十五条第一款规定：“高级管理人员，是指公司的经理、副经理、财务负责人，上市公司董事会秘书和公司章程规定的其他人员。”据此，高管人员法定为公司的经理、副经理、财务负责人、董秘（上市公司），除此之外，公司还可以在章程中规定公司其他管理人员为高管。

新《公司法》第一百八十条规定："董事、监事、高级管理人员对公司负有忠实义务，应当采取措施避免自身利益与公司利益冲突，不得利用职权牟取不正当利益。董事、监事、高级管理人员对公司负有勤勉义务，执行职务应当为公司的最大利益尽到管理者通常应有的合理注意。公司的控股股东、实际控制人不担任公司董事但实际执行公司事务的，适用前两款规定。"

新《公司法》第一百九十二条规定："公司的控股股东、实际控制人指示董事、高级管理人员从事损害公司或者股东利益的行为的，与该董事、高级管理人员承担连带责任。"

新《公司法》第一百八十条和第一百九十二条规定了事实董事和影子董事制度，即公司的控股股东、实际控制人虽未被登记为公司董事，但实际上执行公司事务或者指示董事高管从事相关行为，也应当视为董事高管。

新《公司法》第一百七十八条规定："有下列情形之一的，不得担任公司的董事、监事、高级管理人员：（一）无民事行为能力或者限制民事行为能力；（二）因贪污、贿赂、侵占财产、挪用财产或者破坏社会主义市场经济秩序，被判处刑罚，或者因犯罪被剥夺政治权利，执行期满未逾五年，被宣告缓刑的，自缓刑考验期满之日起未逾二年；（三）担任破产清算的公司、企业的董事或者厂长、经理，对该公司、企业的破产负有个人责任的，自该公司、企业破产清算完结之日起未逾三年；（四）担任因违法被吊销营业执照、责令关闭的公司、企业的法定代表人，并负有个人责任的，自该公司、企业被吊销营业执照、责令关闭之日起未逾三年；（五）个人因所负数额较大债务到期未清偿被人民法院列为失信被执行人。违反前款规定选举、委派董事、监事或者聘任高级管理人员的，该选举、委派或者聘任无效。董事、监事、高级管理人员在任职期间出现本条第一款所列情形的，公司应当解除其职务。"

思考题

1. 简要阐述现阶段上市公司管理层激励方案存在的问题，讨论相应解决方案是否能有效解决该问题，以及在此基础上是否有改进方法。

2. 如何理解现阶段国有企业改革中员工激励问题的困难所在？应如何解决该难点？

3. 结合国资委出台的相关规定及科创板相关知识，在有效约束管理层的前提下，讨论管理层激励制度应具有的要素。

案例分析题

苹果公司的股权激励政策

据美国科技新闻网站 AppleInsider 报道，苹果公司在 2018 年 10 月 2 日提交给美国证券交易委员会的多份报告中，报告了最近实施的管理层股票奖励计划。苹果表示，在 9 月 30 日一共进行了两次有关限制性股票奖励的操作。

其中，负责全球安全事务和法律事务的高级副总裁亚当斯（Katherine Adams）、负责苹果零售店业务的高管艾伦茨（Angela Ahrendts）、首席财务官马思群（Luca Maestri）、首席运营官威廉姆斯（Jeff Williams）各自领走了 88 598 个限制性股票单位，分为两批次发放。

据报道，第一批限制性股票发放时间为 2021 年 4 月 1 日，第二批发放时间为 2023 年 4 月 1 日。显然，这些高管是否能够获得这些股票奖励，还将取决于届时他们是否还在苹果公司任职。

第二批限制性股票的发放取决于苹果公司经营业绩，此外对于股东的回报率还有一定要求。

如果各项条件均满足，苹果高管将根据限制性股票单位一共获得 13 万股苹果普通股股票，根据苹果当时的股价，价值大约为 3 050 万美元。

一般而言，苹果均能够完成董事会决定的经营目标。在 2018 年 4 月，艾伦茨、马思群、威廉姆斯等高管每人获得了大约 2 200 万美元的股票奖励。

而在 2016 年，苹果手机销量未达预期，苹果高管未能领取到限制性股票奖励。在库克执掌苹果公司之后，苹果对于股东以及管理层的回报变得更加慷慨。

在过去多年中，苹果执行了多次股票回购计划。2018 年初，苹果宣布将部分海外转回美国的现金用于股票回购计划以及发放分红。这些股东回报计划导致苹果股价继续上涨。

据美国媒体报道，和乔布斯时代不同，库克更加重视高管队伍参与决策和经营。在苹果每一次的发布会上，库克会让不同部门的高管上台发布新产品，上台人数堪称史无前例，苹果发布会不再是 CEO 一个人的“独角戏”。

为了招募优秀的高管，库克和苹果不惜血本。比如上述零售业务高管艾伦茨来自英国奢侈品牌巴宝莉，艾伦茨加盟苹果每年年薪为 8 700 万美元，据称是库克的 10 倍。

资料来源：根据相关资料整理．

请根据上述材料，思考苹果公司股权激励计划的利与弊。

第6章

创业投资与公司治理

学习要点

1. 了解创业投资的制度演进；
2. 掌握创业投资如何投资、管理和退出创业项目；
3. 了解不同类型的创业投资；
4. 理解创业投资在资本市场中的作用。

引例

京东的创业故事

1998年6月，刘强东在北京中关村创办了京东公司。公司早期代理销售光磁产品，并在短短两年内成为全国最具影响力的光磁产品代理商。2005年，刘强东下定决心将京东完全转型为一家专业的电子商务公司，也正是这个决定成就了如今的京东商城。

1. 创业伊始，第一笔风险投资救急

2006年，尽管现金短缺，刘强东还是想扩大公司提供的商品种类，并开发新的软件。当时，他和今日资本进行了接触，提出了自己打造一家“全方位服务的在线零售商”的愿景，专注于物流，并寻求200万美元的投资。2007年，今日资本决定投资1 000万美元。这笔投资最终证明是一个明智的选择。

2. 第二轮融资，挺过金融危机

2009年1月，京东获得来自今日资本、雄牛资本以及亚洲著名投资银行家梁伯韬的私人公司共计2 100万美元的联合注资，这也是2008年金融危机爆发以来，中国电子商务企业获得的第一笔大额融资。

3. 不断融资，完成上市

2010年1月和12月，京东获得老虎基金1.5亿美元的投资；同年，京东还获得高瓴资本3亿美元投资。

2011年4月，刘强东宣布完成第五轮融资，投资方为DST、老虎基金等六家基金和一些社会知名人士，融资金额总计 15 亿美元。

2012 年 10 月，京东完成第六轮融资，融资金额为 3 亿美元。该笔融资由加拿大安大略教师退休基金领投，京东的第三轮投资方老虎基金跟投，两者分别投资 2.5 亿美元和 5 000 万美元。

2013 年 2 月，京东完成新一轮 7 亿美元融资，投资方包括加拿大安大略教师退休基金和沙特亿万富翁阿勒瓦利德控股的王国控股集团以及京东公司的一些主要股东。

2014 年 3 月 10 日，腾讯在港交所发布公告，称同意以约 2.14 亿美元收购京东 3.5 亿多股普通股，占上市前在外流通京东普通股的 15%。同时双方还签署了电商总体战略合作协议，腾讯将旗下拍拍 C2C、QQ 网购等附属关联公司注册资本、资产、业务转移给京东。

2014 年 5 月 22 日上午 9 点，京东集团在美国纳斯达克挂牌上市（股票代码：JD），发行价为 19 美元，按此计算，京东市值为 260 亿美元，成为当时仅次于腾讯、百度的中国第三大互联网上市公司。由此可见，创业投资对于投资者和企业来说，是双赢的选择。

资料来源：根据公开资料整理.

第一节　创业投资与资本市场发展

一、创业投资的定义与特征

（一）创业投资的定义

现代创业投资起源于第二次世界大战之后，它是一种与银行贷款、传统投资方式相区别的全新的投资方式。创业投资，通常称为风险投资（venture capital，VC），是一种由专门的投资公司或专业投资人员在自担风险的前提下，通过科学评估和严格筛选，把资金投向有发展前景的新创或市值被低估的公司、项目、产品，并以其长期积累的经验、知识和信息来帮助企业经营以获取资本增值的投资行为。其具体做法主要是向创业企业进行股权投资，以期在所投资创业企业发育成熟或相对成熟后转让股权获得资本增值收益。因而，创业投资是一种战略性投资，投资者更关注公司的长远利益，而相对忽视暂时性利益。

（二）创业投资的特征

创业投资实质上是一种金融与高科技相结合，将资金投入风险极大的高新技术开发与生产，使科技成果迅速转化为商品的新型投资机制，是高新技术产业化过程中的一个资金有效使用的技术系统。创业投资与传统的投资理念截然不同，具体有以下几个特征。

1. 投资方向主要集中于高科技领域

创业投资就是对高风险项目或企业进行的投资，而高风险项目或者企业往往是具有开拓性和创新性的项目或者企业，主要存在于高科技领域。创业投资所追求的目标，就是高科技成果商品化、产业化后所能获取的高额回报，高新技术产业自然成为创业投资的重点。

2. 投资对象集中于具有潜在高成长性的中小企业

从欧美等发达国家的经验来看，创业投资的直接对象主要是中小企业。这是因为一般金融投资主要支持市场相对稳定、技术成熟度较高的产品或者企业。高新技术产业的高风险使讲求安全性的银行资金对这类企业的贷款十分谨慎。由于风险较高，加之没有担保，中小企业很难通过正常渠道从银行获得融资。与此相反，创业投资致力于发现新的科技突破口，着眼于项目是否有巨大的发展潜力和高成长性。对于具有创新性的、先进的技术，创业投资会在企业及技术发展的各个阶段提供包括资金和管理在内的全方位支持。

3. 投资方式以股权形式为主

创业投资是一种长期的低流动性的权益资本，投资方式包括购买可转换优先股和普通股。在实际运作中前者比后者使用更加广泛。这种投资方式的一个很重要的特点就是，创业投资不仅为初创企业提供资金，而且提供一系列的咨询服务，有的创业投资者甚至直接参与创业投资企业的经营管理。从创业、立项到科技成果商品化、产业化，创业投资者能够给予企业全方位的支持。

4. 投资具有高风险性和高收益性

一项科技成果从最初的构想到形成产业化，一般要经过研究、开发、试点和推广四个阶段。创业投资重点支持开发和试点这两个阶段。但创业投资在企业发展的不同阶段都必须不断地注入资金。随着企业的发展和技术创新的进行，投入的资金不断增加。而创业投资的失败率是比较高的。据统计，由创业投资公司所支持的风险企业20%～30%完全失败，60%受挫，只有5%～20%获得成功。但一旦风险企业获得成功，创业投资就能得到高额回报。资料显示，美国创业投资的长期平均年回报率高达20%，而股票的长期平均年回报率为9%～15%。从投资效益的角度来看，成功的创业投资可以获得几十倍甚至上百倍的利润，完全可以弥补在其他项目上的投资损失。

5. 创业投资是一种权益投资而非借贷资金

创业投资的本质是权益投资，而不是借贷资金，这是其与贷款融资方式的主要区别。而且，创业投资并不是简单的投资，而是有其独特的投资判断标准、投资合同构造和管理方式以及独特的实现增值的方式。所以，创业投资又有别于传统的股权投资。

二、创业投资的制度演进

（一）美国创业投资体制演化

西方国家从20世纪30年代起就开始发展创业投资，到目前为止已经有上万家创业投资公司，其中九成集中在发达国家，以美国、英国和日本为代表。

美国是最早发展创业投资的国家，经过几十年的发展，美国的创业投资已经成为最具有活力的投资方式。美国创业投资的发展先后经过了萌芽期、转折期、飞跃期和辉煌期四个阶段。美国创业投资的起源可追溯到20世纪二三十年代。当时一些富裕的家庭和个人投资者向他们认为比较有发展前途的新办公司提供启动资金，帮助这些企业发展。比如美国的东方航空公司、施乐公司和国际商业机器公司（IBM）等，都是当时富有的投资者投资过的企业，这些公司后来都成长为著名的大公司。

20世纪70年代美国创业投资业开始尝试使用私人有限合伙制作为创业投资基金的组织形式。私人合伙投资公司由于采取了向管理者提供以业绩为基础的奖金的分配制度，刺激了管理者提高投资绩效的积极性，因而吸引了大量的资金。

进入20世纪90年代之后，美国经济在互联网等高科技产业的带动下持续增长。在经济高涨、股市牛气冲天的背景下，创业投资企业比较容易发行股票、进行并购等，从而使创业投资的进退变得更容易。此外，20世纪90年代还发生了一些对创业投资业有利的公共政策变化。这些因素使得美国创业投资业进入了另一轮上涨时期。

延伸阅读6-1

美国创业投资制度演化

表6-1 美国创业投资制度演化

四次创业投资浪潮	时间	相关制度演进	创业投资发展的作用
萌芽期	1946年	ADR公司成立，孵化麻省理工学院化学工程系地下室创业项目	以半导体技术为核心的新兴产业迅速崛起和发展，缔造了美国20世纪60年代的经济繁荣
	1953年	国会通过《小企业法案》《小企业融资法案》，成立临时性小企业管理局	
	1958年	国会通过《美国小企业投资法》，已经获批的创业投资机构可以获得小企业管理局提供的优惠贷款；对小企业投资公司发起人实施1∶4的低息贷款，以及有针对性的税收优惠	
转折期	1971年	全国证券交易商协会成立了第一个电子交易股票市场纳斯达克	联邦快递和苹果电脑作为创业企业的成功代表激发了个人、家庭和机构投资者涉足创业投资业的热情，为以计算机技术为代表的新型产业发展奠定了基础
	1976年	联邦政府为扩大创业投资资金供给，准许养老基金将2%～5%投资于新兴企业	
	1979年	劳工部正式允许联邦登记的养老基金进入创业投资市场	
	1980年	劳工部与国会在法律上确认了有限合伙制企业的合法性	
	1978—1981年	国会为鼓励中小企业投资，将资本所得税率降至21.5%，对创业投资者股票期权收入暂不征税，待其股票出售后进行征税	
	1981年	美国《国内税收法》新增的401（K）条款可给予所得税减免，工人的工资存入此养老计划，用于创业投资，有利于提高退休福利	

续表

四次创业投资浪潮	时间	相关制度演进	创业投资发展的作用
飞跃期	1994 年	国会正式实施《小企业股权投资促进法》	创业投资与新一轮高科技创新共同演化形成正反馈效应。创业投资行业和信息网络、生物工程、金融工程、医疗保健等新经济行业的共同演化扩大了外部效应，并使新兴行业边际报酬递增
	1996 年	“新经济”首次作为经济学概念出现在《商业周刊》中	
	1997 年	国会颁布《技术转让法》和数项知识产权法案	
	2000 年	克林顿政府在《2000 年国情咨文》中明确对“新经济”进行定性，证券市场新科技板块和二板市场交易活跃	
辉煌期	2000 年至今	创业投资资本来源、投资策略、风险偏好日趋多元化；规模结构呈现多层次分布；创业投资助推硅谷成为高新技术区	技术创新在创业投资的助推下形成持续正反馈效应，进而提升了创新的深度、广度和速度

资料来源：孟方琳，田增瑞，贾巧萍，等．“双创”背景下我国创业投资体制的演进及策略．宏观经济管理，2019，426（6）：36-42.

（二）改革开放以来我国创业投资体制的动态演变过程

改革开放以来，我国的经济政策较为宽松，经济对外开放后，引进了外资和先进技术，但是我国要素禀赋主要集中在劳动力上，仍然处于产业链的底端。20 世纪 80 年代国际投资巨头开始进入我国，随后本土创业投资一路崛起，大批创业投资机构相继诞生。我国创业投资体制的演变经历了以下几个阶段。

1. *从无到有——政府主导拓荒（1978—1990 年）*

1978—1990 年是我国创业投资发展的引入和探索阶段，是以政府为主导的拓荒时期。1978 年政府提出“科学技术是生产力”；1985 年《中共中央关于科学技术体制改革的决定》颁布；1986 年我国第一家创业投资公司——中国新技术创业投资公司成立，政府出资占股 63%，投资于进行技术改造和开发的中小科创企业。这一时期，我国主要以发放科技贷款的形式促进科学技术转化，创投资金主要来源于政府和国有企业。但这一阶段创业投资缺乏退出途径，无法获得投资回报，创业投资机构为了持续运营往往偏离初衷开始投资成熟企业和行业①。这一阶段，虽然创业投资概念已提出，但没有相关的制度加以规范和支持，创业投资的组织和运行缺乏完整规范的思路，发展处于盲目和无序状态。

2. *曲折前行——多方参与实践（1991—2001 年）*

随着我国社会主义市场经济体制的建立，我国进入了科技成果产业化阶段。1991 年起相关政府部门可在高新技术产业开发区建立风险投资基金，各项条件较

① 如中国新技术创业投资公司因大量涉足房地产项目和期货炒作而最终倒闭。

为成熟的高新开发区可成立风险投资公司。1992 年在深圳南山工业园区成立了我国本土第一家风险投资基金——深圳南山风险投资基金。

1995 年我国出台《关于加速科学技术进步的决定》，提出大力推进创业投资发展，积极构建科技创业投资机制。1996 年出台的《促进科技成果转化法》鼓励设立科技成果转化基金或风险基金，但实践中创业投资仍然只是高新技术金融支持体系中的配角。1998 年 3 月政协九届一次会议上的“一号提案”建议在现行法律体制框架下成立创业投资公司、设立创业投资基金，逐步完善创业投资体系。这为创业投资在我国的发展明确了定位。

1999 年设立的科技型中小企业技术创新基金和随后发布的基金管理办法，使创业投资在政策和制度配套上有了进步，以政府为主导的创业投资热潮席卷全国，政府创业投资基金开始发挥重要的引导作用。但由于外部环境不成熟和实施机制不完善，创业资本市场效率低下，制度环境成为制约创业投资发展的重要阻碍。政府出资成立的创业投资基金具有普通合伙人与有限合伙人的双重身份，限制了创业投资的内部激励；此类创业投资基金在风险防控、项目选择、投资阶段把控等方面均存在弊端。

世纪之交，我国第一批互联网公司诞生，创业投资由此开启了掘金之旅。进入新世纪，我国迎来了海归创业热潮，大批从事高新技术行业的留学生纷纷归国创业，给国际创业投资机构，如美国国际集团（AIG）、技术创业投资基金（IDG）、富达、泛亚、高盛、摩根士丹利等带来了机会，形成了利用境外融资投资境内优质互联网、信息软件、生物工程、新型材料、精细化工等行业的浪潮，但由于我国资本市场尚处于起步阶段，国外成熟的公开上市和并购退出方式在国内尚不适用，因此，国际创投机构最终还是选择通过投资企业在境外上市的方式退出。

3. 黄金十年——制度需求驱动有效供给（2002—2013 年）

从 2002 年开始，我国创业投资进入调整发展的黄金阶段。2002 年我国颁布的《中小企业促进法》为科技成果快速转化和创业投资健康发展进一步提供了依据。2004 年，如火如荼的股权分置改革给创业投资带来了曙光，我国资本市场得到快速发展，迎来了股市连续四年的牛市。

2005 年，十部委基于发达国家创业投资发展经验，制定了支撑我国创业投资发展的政策性制度体系。同年年底，国务院发布《国家中长期科学和技术发展规划纲要（2006—2020 年）》，提出要促进自主创新成果产业化，加快形成产业核心竞争力，推动战略新兴产业发展，打造企业为主、协同创新的有中国特色的国家创新体系。2007 年，《科技型中小企业创业投资引导基金管理暂行办法》和修订后实施的《合伙企业法》为创业投资和私募股权投资打开了制度大门，其中《科技型中小企业创业投资引导基金管理暂行办法》在创业投资基金运作等细节方面作了相关规定。有关部门于同年发布的《关于促进创业投资企业发展有关税收政策的通知》明确对创业投资机构实行税收优惠政策，这进一步提高了我国创业投资在制度形式上的完备性。

对于创业投资市场而言，一个重要的转折点发生在 2009 年 10 月 30 日，经过近十年筹备，我国创业板开板，当日首批28家公司集体上市，有20家创业投资公司成功退出，为创业投资机构带来了平均5.76倍的回报。2010年深创投投资的26家科创企业IPO，创全球同行业年度IPO退出的世界纪录。2012年中国证监会发布《非上市公众公司监督管理办法》后，整体政策环境更加有利于接受创业投资的中小企业发展。2013年《全国中小企业股份转让系统有限责任公司管理暂行办法》出台，使我国资本市场建设又向前迈进了一步。这一阶段各项制度逐步形成，是多方共筑的创业投资发展的黄金时期。

4. 走向成熟——开启创新生态时代（2014年至今）

2014年被称为我国创业元年，新一波创业投资新锐纷纷自立门户，创投界的二次创业大潮兴起。随着大众创业、万众创新时代的到来，创业资本流通速度加快，创业投资机构加速成长，我国创业投资进入了VC 2.0时代。创业投资行业的监管权也从国家发展改革委转移到证监会，创业投资行业开始逐步从自由松散走向成熟规范。

2015年国务院出台《关于大力推进大众创业万众创新若干政策措施的意见》，提出要健全和完善国家创新体系，形成开放合作、共享互动的创新生态，为实现创新提供战略支撑。2016年国务院出台《关于促进创业投资持续健康发展的若干意见》，指出要促进创业投资做大做强做优，并推动跻身世界先进行列；为积极鼓励并引导社会资本投资方向，激发双创投资热情，在实施层面降低了股权激励的税收负担。这一时期，我国资本市场为创业投资企业提供从种子期到成熟期再到IPO整个生命周期的多元化服务，主板、中小板、创业板、新三板以及区域性股权市场满足创业投资退出需求，资本市场的政府行政干预减少，市场稳定性增强，科创企业IPO进程正常化，各项普惠性支持政策落地，各方共同营造诚信商事环境、加强知识产权保护、创新优化监管的外部条件，创业投资进入了稳定的理性发展时期。

我国创业投资体制40多年来的演变历程就是制度与科技共同创新与协同的过程，创业投资体制以创新机制、选择机制和扩散机制互动的形式，不断满足创新创业企业及创业投资机构对制度的需求。市场化运作、政府适度引导、自主创新等作为制度演进的优良基因被筛选出来并得以保留。政策制定的精准性、制度实施的可操作性使创业投资产业、创业投资机构、创业企业和投资者个体在激励和约束机制下，渐进式地遵循选择机制，推动着我国创业投资体制的不断完善。

目前，我国已经成为全球第二大股权投资市场，创业投资主要集中在互联网、软件、新能源、医疗卫生等行业领域。可以看出，创业投资已经成为我国资本市场中一支不可或缺的重要力量。

案例6-1

同洲电子：中国首个创业投资成功案例

同洲电子的成功上市被誉为2006年中国创业投资的里程碑，也是中国本土创业投资的第一个成功案例。清科集团总裁倪正东评价其堪比当年盛大、携程在海外的上市。

从2000年12月底开始，同洲电子陆续引入达晨创投、深创投、深高新投和深港产学研等风险投资；2004年，同洲电子实现产值7亿元，利润5 000多万元；2005年，同洲电子实现产值近9亿元，利润6 000多万元。2006年，中国重开IPO，同洲电子作为第一批全流通发行上市的公司，于2006年6月底在深交所成功挂牌上市。

这一次上市同洲电子获得了高达近25倍的发行市盈率，这是任何其他海外上市项目都难以想象的。同洲电子的上市凸显了中国证券市场在市场化和效率化方面的提升，在创投行业内产生了巨大的示范效应，使得不少原本准备赴境外上市的科技企业转向国内。

同洲电子董事长袁明总结同洲电子的经验时说，选择风险投资资金的关键是其资金间的互补性，要从创业投资企业能够带来的资金、市场、管理、政府和社会资源等方面综合考虑。对同洲电子进行联合投资的四家创投公司就具有这种互补性，达晨创投拥有湖南广电集团的行业背景、市场资源；深创投背靠深圳市政府，可争取政策支持；深高新投是专业的担保公司，可提供担保、后续资金支持；深港产学研拥有北大等高校资源、管理资源和科研力量。

由此，国内风险投资在中国市场上的资源优势逐渐开始凸显，A股市场也凭借着低发行费用、高发行市盈率等本土化优势成为国内风险投资退出的主战场。

资料来源：邢会强，孙红伟．最新经典私募案例评鉴．北京：中信出版社，2009：98.

（三）创业投资主体与运作模式

1. 创业投资主体

任何社会活动的主体都是人，具体到创业投资活动，其主体主要是投资者、创业投资家、创新企业家。他们是创业投资中最重要的人力资本，他们的活动和素质决定了创业投资的成败与优劣。①

（1）投资者。投资者主要指创业资本的供给者。社会上一些有多余资金可供投资的个人或机构在进行其他投资之后，仍有剩余资金可作为创业投资资本，但受限于知识、精力、资金规模、税收政策等条件而不能亲自投资运作，只好借助中介——创业投资基金、创业投资公司代为运作。以美国为例，创业投资的投资者主要包括养老基金、捐赠基金、银行控股公司等金融机构，以及富有的个人投资者、金融系统之外的公司集团等。

（2）创业投资家。创业投资公司指专门为投资者做投资服务的公司，主要从事筹资和投资的具体运作，其职能是：辨认和发现机会、筛选项目、实施投资、退出。创业投资家是指有眼光、有企业经营头脑、有财务管理经验的创业投资公司高级管理者。他们是创业基金的筹集、吸引者，是风险企业的舵手和导师，是创业投资过程中最直接的参与、操作者，也是创业资本与创新技术、投资者与创新企业家之间最主要的中介。

① 傅利平，张晌东，侯海霞．从创业投资主体关系看有效的公司治理结构．科学管理研究，2004，22（2）：102－105.

（3）创新企业家。创新企业家是创新企业的管理者，大多数是新技术、新发明的发明者和拥有者。对创新企业来说，一支强大的管理团队是创新企业取得成功的最重要因素，管理团队的核心人物就是创新企业家。

2. 创业投资运作模式

创业投资市场上存在两大要素：一是技术，有着巨大的潜在增长机会；二是资本，不怕高风险，追求高回报。创业投资家看到了二者的需求，不仅将二者结合起来，还对二者结合的具体运作给予帮助和指导。可以说，创业投资家是新价值的发现者，创新企业家是新价值的创造者，投资者是新价值得以实现的平台，三者的有机结合便使新价值得以实现，资本得以增值。

创业投资基金参与的创业投资运作过程大致可分为融资、投资、管理、退出四个阶段。

融资阶段解决"钱从哪儿来"的问题。融资时，创业投资家凭自己的信誉、投资计划和对未来收益的预期来获取投资者和创业投资基金的青睐，筹集创业资本。通常，创业资本的提供者包括养老基金、保险公司、商业银行、投资银行、大公司、大学捐赠基金、富有的个人及家族等。在融资阶段，最重要的任务是解决投资者和管理人的权利义务及利益分配关系问题。

投资阶段解决"钱往哪儿去"的问题。专业的创业投资机构通过项目初步筛选、尽职调查、估值、谈判、条款设计、投资结构安排等一系列程序，把创业资本投向那些具有巨大增长潜力的创业企业。与传统投资方式不同的是，在这一阶段创业投资家不仅要向创新企业提供资金，还要提供一系列的咨询顾问服务，这些服务统称为增值服务（value added service）。有学者认为，除创业资本外，创业投资者向被投资企业提供的其他投入要素通常包括六个方面，即经营服务、网络、形象（image）、道义支持（moral support）、综合商务知识（general business knowledge）和纪律（discipline）。①

管理阶段解决"价值增值"的问题。创业投资机构主要通过监管和服务实现价值增值。"监管"主要包括参与被投资企业董事会、在被投资企业业绩达不到预期目标时更换管理团队成员等手段；"服务"主要包括帮助被投资企业完善商业计划和公司治理结构、获得后续融资等手段。价值增值型的管理是创业投资区别于其他投资的重要方面。

退出阶段解决"收益如何实现"的问题。创业投资的根本目的和动机就是获得高额投资回报。无论何种形式的创业投资，到一定时期就要考虑退出创新企业，收回现金或有流动性的证券，带着丰厚的利润、光辉的业绩和成功的口碑，进入下一轮融资和投资。创业投资退出方式一般有三种：公开上市（initial public offering）、收购和兼并（mergers and acquisitions，M&A）、清算协议（liquidity agreements）。退出完成后，创业投资机构需要将投资收益分配给提供创业资本的投资者。

---

① 傅利平，张响东，侯海霞．从创业投资主体关系看有效的公司治理结构．科学管理研究，2004，22（2）：102-105.

案例 6-2

雅虎成功案例

1994 年 4 月，斯坦福大学电子工程系的两位博士杨致远和戴维对 Internet 网点信息管理领域展开了研究。在收集到足够多的信息之后，他们便自己动手开发了相应的数据库来管理信息，并将其命名为 Yahoo!（雅虎）。凭借简易、方便、实用等优势，雅虎逐渐传播开来，成为许多在网上漫游者的指路牌，日均访问量可达 100 万人次。

雅虎的高速发展令敏锐的创业投资家嗅到了无限商机，于是创业投资家带着诱人的资本敲开了雅虎的大门，其中不乏路透社、微软、CI、Netscape、Sequoia 等赫赫有名的公司。杨致远和戴维经过反复思考和判断，从中选择了出资 400 万美元的 Sequoia 公司，成立了雅虎公司。像许多计算机公司一样，雅虎公司将一个创意变成了现实，在 400 万美元的创业资本的推动下，雅虎开始了艰难的创业建设。

1995 年，雅虎开始了第二次融资行动，管理层要求金额为 4 000 万美元，参与这次投资活动的有投资公司、法国通讯公司和日本软银（Softbank）集团。融资活动非常顺利，杨致远回忆道"基本没有人眨眨眼"。4 000 万美元的创业资本为雅虎带来了新的发展机会，雅虎不断扩大规模、增加新的服务项目，从而实现迅速成长。1996 年，雅虎凭借软银签订的广告合约得到 207.5 万美元的收入，1997 年实现净收入 7 045 万美元，1998 年实现净收入 2.03 亿美元。同时，雅虎不同语种的网站已扩展到 15 个国家。

如此高速的发展注定会带来花费与开销的不断上升，于是雅虎决定再次拓展和融资，于 1996 年 3 月 7 日在纳斯达克登记上市，4 月 12 日雅虎开始对公众发行股份。纳斯达克市场为雅虎带来了极度的辉煌，雅虎以每股 13 美元的价格发行了 260 万股，一共筹资 3 380 万美元。在市场对雅虎公司十分看好的情况下，其首批交易价格达到 24.50 美元每股，最高价格曾达到 43 美元每股，收盘价格为 33 美元每股，仅一天雅虎的市值便达到 3.5 亿美元。雅虎成为纳斯达克市场 Internet 板块中的重要部分。在上市筹集资金的基础上，雅虎公司业绩明显上升，1998 年雅虎公司开始盈利，每股盈利 45 美分；1999 年，雅虎股价达到每股 179 美元。

成功上市使雅虎公司脱离了缺少资本的险境，同时令杨致远等企业家和 Sequoia 等创业投资公司获益匪浅。雅虎从资本市场上融得大量的传统资本，这在创业投资领域是不同凡响的成功。就像《商业周刊》评论的那样："雅虎就像在沙滩上搭起的阁楼，然而一夜之间四周就建起了摩天大厦。"

资料来源：王鹏．扬"Yahoo!"风帆游 Internet 海洋．每周电脑报，1996（1）：45.

第二节　创业投资项目筛选

对不同创业资本来说，投资产业、投资重点阶段、投资地区选择和投资规模确定等问题各不相同，正是这些构成了创业资本选择风险项目或企业的不同标准。

一、选择投资对象

创业资本投资的产业范围非常广，涉及计算机硬件及附件、软件及信息服务、通信和网络、半导体、电子仪器、医疗器械、健康护理、生物技术、环保技术、制药、一般工业品及消费品、流通领域和其他商业服务。创业资本家受限于精力与创业资本的规模等因素，往往会选择一个或几个主要的投资方向进行定向投资，以使有限的精力及资金的作用得到更有效的发挥。一般来说，大的创业投资机构或基金选择的投资对象可能要多一些，但对于大多数创业投资企业来说，其投资对象往往是有限的几个。创业资本的产业投向往往取决于创业投资家的工作经历、学历背景和关系网络等因素，这主要是因为创业投资的技术性较强，所涉及的不单纯是管理方面的评估，创业投资家若不理解相关项目的产业技术及发展趋势，则很有可能会导致创业投资的失败。

二、选择投资阶段

创业资本基于投资组合原则，会针对风险企业所处不同发展阶段的特点，分散投资于不同阶段。

对于风险企业，创业投资家往往把种子阶段和创建阶段合称为早期阶段（early stage），把成长阶段和销售阶段合称为扩展阶段（expansion stage）。另外，创业资本还有可能介入风险企业的其他几个融资阶段，特别是并购（acquisition）和杠杆购买（leveraged buyout，LBO）。并购主要是风险企业旨在通过吸收其他企业寻求进一步壮大的一种形式。杠杆购买则主要是风险企业的合伙人或者管理层通过贷款、垃圾债券和创业资本等融资形式购买本企业或其中某条产品线的一种形式。

美国创业投资协会（NVCA）的统计表明，约有80%的创业投资基金投在高新技术企业的成长阶段和扩张阶段，有14%左右投资于成熟阶段，6%投资于种子阶段或基于商业计划书的培养阶段。

投资阶段的选择主要取决于创业投资家的偏好和承担风险的能力。一般来讲，创业资本往往会集中在其中的一两个阶段进行重点投资，在其他阶段仅是出于分散风险的目的进行辅助投资。

案例6-3

创业投资机构为何青睐凯门通信

创业投资机构看中了凯门通信什么，以至于在创业者只有一个创意之时就决定投入资金，在企业发展只有两年之际再次注入巨资呢？时任中国创业投资有限公司副总裁的赵军给出了答案。

据赵军介绍，早在2001年1月，中国创业投资有限公司就开始对凯门通信进行尽职调查，包括对市场、客户、产品及技术能力等进行全面了解。其间，尽职调查人员拜访了凯门通信的合作伙伴——贝尔和英特尔，从各种渠道收集信息来综合评价凯门通信，还聘请了美国五大会计事务所之一的安永，对凯门通信进行财务调查和财务预测，与此同时，调查人员又进行了法律方面的尽职调查，包括公司的注册情况以及营业执照等。由此可见，创业投资机构在决定投资之前是十分审慎的。通过尽职调查，创业投资机构认为凯门通信具有如下优势。

1. 优秀的创业团队

凯门通信的三位创业者李浩、王晓明、李继英都是留美人员，创业之前一直在知名的国际电信企业工作，积累了丰富的技术和市场经验，锻炼出了对市场的敏锐洞察力。更重要的是，他们是在中西文化的双重熏陶下成长起来的，兼具东方人勤奋、诚实的美德和西方人诚信与合作的精神。

2. 明确的市场定位

凯门通信创立之初，三位创业者就明确将未来业务定位在中国市场。当时的中国尽管从事增值电信业务的企业众多，但由于整个行业发展处于初期，加之监管不到位等问题，市场竞争呈现出无序和同质化，这恰好为拥有核心技术自主知识产权的企业提供了发展的良机。凯门通信的创始人敏锐地洞察到了中国的市场机会，在其商业计划书中就明确提出要立足中国市场的经营思路，可以说是与那些希望分享中国快速增长的市场机会的投资者不谋而合，这是凯门通信获得他们青睐的敲门砖。

3. 清晰的产品和经营策略

凯门通信的技术和产品战略主要有两点：一点是以传统的网络为市场重点的电路交换系统解决方案，简单地说就是以市场为重点进行销售，比如现在的固网、移动网络或者VOIP等；还有一点就是为下一代网络（NGN）提供一个软交换的解决方案。前者是电路交换，后者是软交换。凯门通信的经营策略有两种：一种是销售电信增值业务系统，且提供安装、售后服务、扩容、维修等技术服务。还有一种是采用与运营商利润分成的方法参与运营，即公司提供设备，运营商提供网络。基于此，自创立之初，凯门通信就以“满足客户需求”为中心，力求为运营商提供合乎用户需求的增值业务和解决方案。公司投入大量的人力和物力，利用电信领域最先进的技术，紧跟通信发展的潮流，开发下一代电信网上的多功能平台，提供以“三网融合”为目标的全开放、分布式的通信系统，争取在未来的通信市场上占据更有利的地位。凯门通信的产品和经营策略以自身的核心技术为基础，因而能很快赢得客户的信任和认同，继而迅速发展。

资料来源：李浩．如何成功获得风险投资家的投资：凯门通信融资案例分析．中国风险投资（英文版），2003（1）：85-93.

三、确定投资规模

这里所说的投资规模是指创业资本投资于一家风险企业的资本额。投资规模主要受创业投资公司或者创业投资基金自身资金实力、投资组合策略和投资阶段策略的影响。公司所管理的创业投资基金规模越大，投资规模也越大。公司若采取较大的投资组合，则投资规模相应下降，且投资后要辅助管理较多企业；公司若采取较小的投资组合，尽管每家风险企业投资规模可以提高，但相应地分散风险的意图就未必可以达到。[①] 因此创业资本应根据多方面因素综合考虑投资规模，通过与其他创业投资机构联合投资来平衡投资规模是一种常见的策略。

总之，创业资本在开展创业投资业务之前，必须确定自己的投资战略，即在基本的投资原则的指导下，根据公司自身的资金管理实力和资金规模，确定创业投资企业所处的产业、发展阶段以及创业投资规模等。

四、项目筛选与评估

以上几个步骤主要是为选择好的创业投资项目服务的。在创业投资过程中，创业资本的管理人或创业投资家常常采用以下方法寻找好的项目。

（一）考察创业企业的领导者

创业投资家凭借自身的资质与管理经验，能够很容易地从别的投资者那里筹集到资金作为创业资本使用。他们在找项目时，不仅仅是看项目怎么样，更重要的是要看这个项目是什么样的人在管理，即要分析与判断创业者队伍的素质和整个团队的素质如何。

（二）考察项目的风险因素

高新技术项目往往存在技术、市场管理等多方面、多阶段的不确定性风险，包括研究开发风险、产品生产风险、管理风险、市场风险和成长风险。因此，面对一个项目，应从综合考察的角度做出风险与收益的综合分析、抉择。在风险与收益判断处于同级别和水平的情况下，最具有市场开发前景和相应地能形成规模化发展的项目就是优选项目。考察的最基本要素主要包括市场大小、服务或技术特性、产品本身、管理者团队等。

（三）确定基本的筛选程序

筛选程序包括建立项目源、确立筛选标准、进行尽职调查等。创业投资家要找到好的项目，首先必须建立起项目源。这是能够获得项目和找到好项目的重要渠道，也是必须做的一项重要工作。确立基本的筛选标准是进行项目筛选必不可少的关键环节。项目筛选标准一般包括：投资组合及对创业投资阶段切入点的选择，区域标准，以及包括技术、市场、管理者队伍等因素在内的财务与技术标准。经过以上程序后，创业投资家常常要求做出尽职调查，为项目的投资决策做准备。他们通过业务情况考察和管理考察等手段了解和分析项目的市场情况、技术特点、财务状况、管理人员与技术人员素质、有关法律与政策等内容，并且在此基础上提出投资决策意见。

找到一个好的项目是伴随着对这一项目的评估完成的。评估程序一般涉及如下几个方面：研究开发阶段评估（包括技术及其商业化的可行性、商业计划书、创业

① 曹麒麟，王文轲．基于有限理性和技术战略的风险投资决策研究．管理科学学报，2015，18（11）：25-34.

资金筹集情况及需求询问），创业阶段评估（包括技术应用及其市场情况、经营计划实施情况、盈利性和流动性管理情况、第二代产品开发的财务风险与市场风险分析），发展阶段评估（包括技术开发及产品更新换代能力、寻求过渡性融资能力、管理能力、形成规模经济的能力），成熟阶段评估（包括财务结构、盈利性管理能力）。

评估结果主要反映在对项目的评估和对公司的评估两方面。项目评估所涉及的因素很多，如商业计划书摘要、公司业务概要、经营目标、团队素质及管理者能力、市场潜力、项目可行性分析、财务分析、风险因素及敏感性分析、技术性能等。对项目的评估尽管要考虑的因素有很多，但其核心要素只有三点：一是市场潜力，二是产品的开发战略，三是技术。评估时最根本的要素是由市场来决定的。

案例 6-4

雷士照明与创投的“共舞”之路

1. 创始股东纷争，毛区健丽入资

1998 年底，吴长江与另两位股东分别出资 45 万元、27.5 万元和 27.5 万元，以 100 万元的注册资本创立了雷士照明。2005 年，雷士照明创始股东之间出现纷争，最终，另两位创始股东各自以 8 000 万元向吴长江转让所持全部股份，吴长江获得雷士照明 100%股权。但由于要支付 1.6 亿元股权转让款，雷士照明陷入了现金流危机。之后，在柳传志的协调下，与联想控股有合作关系的叶志如借了 200 万美元给雷士照明（“债转股”）。然而，这对于雷士照明而言只是杯水车薪。此刻，亚盛投资的毛区健丽抓住了雷士照明急需资金而尚未找到合适投资人的间隙，果断联合其他几位投资者，于 2006 年 6 月向雷士照明共投入 994 万美元，由此获取了雷士照明 30%的股权。此刻，吴长江占有雷士照明 70%股权，仍然是具有绝对控制权的第一大股东。

2. 创投机构登场，创始股东黯然神伤

2006 年 8 月，在毛区健丽的撮合下，软银赛富向雷士照明投入 2 200 万美元，获取了 35.71%的股权。随着上述几笔资金的流入，雷士照明现金流危机得以化解，而吴长江的股权比例也下降至 41.7%，但其仍然是第一大股东。2008 年 8 月，雷士照明因并购再次融资，此时高盛注资 3 656 万美元、软银赛富增资 1 000 万美元。至此，软银赛富成为雷士照明第一大股东（36.05%），吴长江退居第二大股东（34.4%），而高盛成为第三大股东（11.02%）。2011 年 7 月 21 日，施耐德耗资 12.75 亿港元，从软银赛富、高盛以及吴长江等六大股东手中购得 2.88 亿股股票，成为雷士照明第三大股东（9.22%）。

然而，2012 年 5 月 25 日，吴长江毫无征兆地以个人原因辞去了雷士照明一切职务。之后接替他出任董事长的是软银赛富的阎焱，接替 CEO 职位的则是施耐德的张开鹏。自此，雷士照明被创投机构全面接管。

资料来源：根据公开资料整理.

第三节 创业投资管理与增值服务

一、创业投资参与公司治理

创业投资在投入资本之前需要进行选定投资项目、确定投资方式等一系列的评估与决策。为了维护自己的权益，在投入资本后，创投机构就会通过派遣人员参与到公司董事会及管理层中去等途径，实现在管理、经营和决策等方面对公司治理产生影响的目标。

理论研究对风险投资参与被投资公司的治理有两种不同的理解：价值认证和道德风险。价值认证理论认为风险投资具有认证、监督的功能，可以加强对内部人员的监督，降低信息不对称程度，有利于被投资公司治理水平的提高。而道德风险理论则认为风险投资参与公司治理只是为了保证自己的投资收益，无益于被投资公司治理水平的改善。基于此种争论，本书从这两个角度来综述风险投资对公司治理结构和机制的影响。

在价值认证理论下，Lerner（1995）的研究发现，风险投资者在进入被投资公司董事会后，可以优化其决策过程，并在CEO更替时，增加自身董事数量以增强监督力。Suchard（2009）也发现，在有风险投资的公司中，董事会独立性更强。Hochberg（2012）的研究认为，风险投资参与的公司有更优的治理结构和机制，尤其在被投资公司IPO时，风险投资者可以很好地监督管理层行为，向资本市场释放积极信号，增强投资者信心，降低IPO折价率。而在道德风险理论下，Howorth et al.（2004）的研究认为，风险投资者为了获得退出收益，有可能和公司内部人员合谋，形成不利于中小投资者的治理结构和机制。Monks（2006）的研究同意此种观点，并提出风险投资的介入无益于公司治理的改善。

此外，张学勇和廖理（2011）利用中国公司的数据检验得出，外资背景风险投资支持的公司，其治理结构要优于无外资背景的公司。王会娟和张然（2012）也发现，私募股权投资（包括风险投资）有外资背景的，其治理结果更好（表现为管理层薪酬契约更具敏感性）。由于外资风险投资机构存续时间更长、实力更强、经验更丰富，因此可以推测，成熟的风险投资机构更重视被投资公司的治理状况。①

（一）通过参与董事会来监管公司治理

董事会是整个公司治理机制的核心。不论被投资企业正处于哪一发展阶段，创业投资机构都会要求在被投资企业的董事会中拥有一席之地。进入董事会便于创业投资机构参与企业的重大决策活动，例如追加投资、资产重组、业务发展策略以及管理层的聘用等方面的管理与决策。与此同时，为了确保资本的安全，防止利益被企业管理者侵害，创业投资机构会在董事会中要求特权，例如一票否决权，这意味

① 冯慧群．风险投资对公司治理的影响效应：文献述评与研究展望．现代管理科学，2016（7）：67-69.

着对被投资企业的一些重大事件，创业投资机构的权力很大，几乎可以一票定存亡。

延伸阅读 6-2

京东董事会运行

2014 年京东上市时其招股书显示，公司董事会由 9 人组成，老虎基金、Best Alliance、Strong Desire 以及 DCM 分别有权任命 1 名董事，而刘强东及其管理团队则有权任命 5 名董事，并且有权任命董事会主席。从董事会席位来看，刘强东及其管理团队与其他股东在董事会的投票权为 5∶4，刘强东在董事会中的投票权过半数，在董事会重大问题上应是刘强东及其管理团队拥有主导权。这样，刘强东及其管理团队在董事会与股东会都有绝对的发言权，从而牢牢地把握着公司的控制权。

资料来源：根据相关资料整理.

（二）直接加入管理层参与公司治理

董事会是公司的决策机构，而执行企业战略决策的具体操作者是管理层。创业投资机构为了确保所投入资本的保值与增值，仅仅在董事会中占有一席之地已经不能够使其得到满足，它们想要的是真正介入被投资企业的管理活动，了解其具体详细的内部情况。在财务、技术及人事等关键的管理部门，创业投资机构都会委派职业的管理人员参与其中，以此为途径，在被投资企业内部直接参与管理。同时，创业投资机构会通过定期检查的方法对企业管理层实施监管，甚至在某些情况下有权更换管理层。

延伸阅读 6-3

吴长江缘何出局？

在引入创业资本之前，吴长江是雷士照明的“大家长”，在长期的独裁式管理过程中，他更多的是依靠具有“江湖义气”的人格去感染人，进而达到管理的目的。然而，在引入创业资本之后，吴长江并未及时调整以适应新的治理规则，在管理上依然自作主张、独断专行，以至于多次做出无视董事会和上市公司章程的行为，例如绕过董事会将总部迁至重庆、未经董事会批准便发放高管奖金、违规品牌授权、拒绝履行董事会决议、霸占重庆基地等行为。这些行为与创投机构的治理理念是相悖的，最终导致吴长江被踢出局。

资料来源：根据相关资料整理.

二、创业投资对公司治理的影响

创业投资在为被投资企业提供充足且连续的资金支持的同时，还会为被投资企业提供一系列的增值服务。创业投资家通常具备专业的管理知识和丰富的实践经验，这些对于被投资企业来说都是稀缺而优质的资源。创业投资对公司治理的积极影响主要体现在优化股东结构、完善治理结构、提供资源和专业能力以及增强股东间的信任等方面。

（一）优化股权结构

股权结构是影响公司治理水平的重要因素。过于集中的股权结构容易导致公司的控制权与现金流权发生背离。创始股东具有以牺牲外部股东的利益获取私有收益的动机，也较易挪用公司资源以谋求私利。

例如，雷士照明在引入创业资本之前，由公司创始人吴长江100%控股，股权高度集中。而随着公司先后引入毛区健丽等人以及软银赛富、高盛等机构的投资，吴长江的持股比例持续下降，退居第二大股东的位置，到雷士照明IPO之时，已经下降至29.33%。这在很大程度上降低了雷士照明的股权集中度，对创始股东起到了一定的制衡作用，对公司治理水平的提高起到了积极的促进作用。①

目前，我国创业板上市公司多为民营企业，其公司治理结构还不完善，股东成员“家族特色”明显，公司管理层“家族色彩”浓厚，企业内部存在严重的治理结构不科学和股权结构不合理等问题，加大了公司治理风险。有创投股东的创业板上市公司具备多元化的股权结构，有利于解决企业在发展过程中遗留下来的各种产权问题。同时，创投机构能利用自身丰富的投资和管理经验，作为一股外部力量来完善被投资企业的公司治理结构，包括：行使股东和董事权利，提高股东会和董事会的决策能力；协助公司明晰发展战略；推进激励机制，吸引优秀人才，完善管理团队；协调控股股东与管理层的关系等。创投股东在促进公司治理结构优化方面的作用得到了大多数创投参股的创业板上市公司的认可。

在推进激励机制方面，创投股东的促进作用尤为明显。研究结果表明，在创投参股的上市公司，其管理费用率要明显高于没有创投参股的上市公司，分析认为创投的参股为上市公司带来了适当的薪酬激励机制，增加的管理成本主要是由员工工资和管理层薪酬激励造成的。统计发现，相对于没有创投参股的创业板上市公司，创投参股的创业板上市公司在推进股权激励方面体现出了更高的积极性。中国股权激励报告的统计显示，截至2012年8月22日，已推出股权激励方案的创业板公司共80家，其中，有创投支持的公司有47家，占比达到58%。同时，在已经实施股权激励方案的53家创业板公司当中，有30家是创投支持的公司，占比为57%。②在创投机构引领的规范化治理模式下，越来越多创业板上市公司在成长过程中采用了这种股权激励方式，截至2021年10月31日，在1 050家创业板上市公司中，已公告股权激励方案的公司有635家。

（二）优化治理结构

一般而言，创业投资机构会在投资时与被投资企业签订契约，约定的内容主要有以下三类：

一类是行使股东权利参与治理：约定拥有董事会或监事会席位，设置一票否决

① 金波．风险投资对雷士照明公司治理的影响研究．当代会计，2016（2）：49-50.

② 刘炜．创业投资与创业板上市公司的互动机制分析．华南理工大学学报（社会科学版），2013（1）：32-38.

权、反稀释等条款，保障其在后续增资扩股、重组、改制等战略问题上拥有足够发言权。

二类是确保公司发展所需的管理参与：创业投资通常会在企业存在薄弱环节、处于发展初期管理不规范或需要人力支持时，在财务、业务、战略规划等关键部门派驻高管人员。通常参与管理只是权宜之计，其真正的目的是帮助企业提升管理能力，确保实现创业投资在投资时点对公司的预期规划。

三类是业绩约定：制定未来业绩目标，到期时根据实际业绩情况对投资时点的企业估值进行调整或者对经营团队进行奖惩。

创业投资机构参与公司治理对公司的整体战略影响最为重要，也是企业经营业绩提升、价值增值的重要推手。存在股权过于集中，董事长和总经理两职合一，“一言堂”，股东会、董事会、监事会形同虚设等现象的企业，管理者的机会主义行为发生的概率非常高，因此代理风险也会变得很大。创业投资机构为确保投资安全，会通过加强对公司治理体制机制的改进和完善来监督、控制经营者，以减少内部管理人控制公司的现象，使企业信息披露更加及时有效。当然，在创业投资机构参与公司治理的初期，双方可能会有磨合期，甚至产生冲突。因此，要想使创业投资机构对公司治理的效用最大化，就要从根本上形成相互制衡的公司治理结构，使各权利主体相互牵制。

（三）提供资源和专业能力

1. 提供资本支持

我国的中小企业融资难问题一直存在。对企业而言，解决融资问题的手段有多种。债券融资是其中非常重要的一种。而债券融资以银行为代表，通常注重企业短期内的收益规模和稳定性，并且需要有相应的资产作为抵押或担保。因为债权资金的目标是稳定的收益，根据风险与收益配比的原则，低收益理应承担低风险。但是大量的中小企业本身资产规模偏小，管理没有成熟企业规范，没有足够的增信措施，难以通过债券融资来解决资金问题，但又因处于发展初期对资金的需求更加迫切。而创业投资机构是为了获取较高的投资收益而成立的，同时又拥有相对较高的风险偏好度，热衷于为具备巨大潜力的中小企业提供资金支持。创业投资作为权益资本投入被投资企业，一方面能够为企业提供资金，被投资企业获得资金后可以马上补充流动资金，扩大生产或销售规模，进行固定资产投资等一系列的操作，这对提升企业盈利的作用是非常直接和明显的；另一方面可以通过改善公司资本结构，增强公司融资能力，便于其获得更多的债权资金。大批的中小企业凭借创业投资迅速成长壮大起来。例如京东商城，公司上市融资 15 亿美元，但在上市之前还进行了多轮融资，融资金额达到 23 亿美元。正是一轮又一轮的融资支持了京东商城的飞速发展。

2. 促进资源整合

创业投资机构在投资前必定会对投资标的进行审慎的尽职调查，在投资后也会主动进行投后管理。一方面，创业投资机构可以直接为企业嫁接资源。创业投资机构通常会有各自专业的投资领域和投资逻辑，或者专注于自己最为擅长的行业，或者偏向投资于种子期、初创期、成长期或成熟期等不同的企业成长阶段。创业投资机构可以将新投资项目与已有投资项目进行资源整合，发挥协同作用，同时也可以发挥社会网络优势，为企业运营提供帮助：在战略方面，提供行业研究、战略规划、对外投资等专业服务；在内部管理方面，分享自身在财务、法律、技术、行业等特定领域的经验；在供销方面，为企业介绍潜在的供应商、外包商或客户；在技术方面，直接介绍行业专家或提供人力资源；等等。另一方面，创业投资机构还有助于企业的资本运作。著名的创业投资机构拥有较多上市成功的案例，在辅导企业上市方面拥有丰富的经验。创业投资机构可以提供财务和法务专家，帮助企业规范财务，处理法律隐患，协助安排后续融资计划，协调上市申报，如与各级主管部门、机构进行沟通，从而极大地推动企业的上市进程。

3. 培养企业的经营管理能力

创业投资机构可以对被投资企业的股东治理、董事会治理、监事会治理、经理层治理、信息披露质量产生影响。公司治理水平与其绩效间存在正向相关性。创业投资机构通过直接参与股东会、董事会、监事会等影响企业的治理结构，或通过监控活动对公司的管理经营活动产生影响，或直接就公司发展阶段的重大事项给予建议和帮助。创业投资机构以参与者和监督者的身份，从不同的角度去提升企业的经营管理能力，从而间接地影响企业绩效。

（四）增强股东间的信任

初创期或成长期的公司在与创业投资机构合作后，创业投资机构就会成为公司的股东，参与到公司的治理活动中。在日常公司治理中，公司要定期召开股东会、董事会、监事会等会议，使创业投资机构能够完整、及时、准确地了解目前公司的各项经营活动和经营效果，保证双方的信息对称，公司也要就重大事项及发展战略规划征求创业投资机构的意见。此时，股东间逐渐形成相互重视并信任的合作伙伴关系。如果股东间的信任逐渐成为一项非正式的治理机制，那么就会在投资者与被投资企业间起到改善双方关系、减少摩擦、求同存异、互惠共赢的作用。

案例6-5

创业投资对雷士照明治理效果的影响

（一）正面效果

1. 助其化解资金危机

雷士照明出现创始股东纷争后，创始人吴长江出资1.6亿元购买了另外两位股东的股权，这笔巨款使得雷士照明陷入现金流危机。之后，创业投资机构先后共注入3 394万美元，折合人民币约2.6亿元，这不仅足以支付出局创始股东的1.6亿元股权对价，余款约1亿元更是可以用来补充营运资金。可见，正是创业资本的雪中送炭，才使得雷士照明化险为夷，资金危机得以化解。

2. 助其完成垂直整合

2008年，雷士照明从战略层面规划，决定收购世通投资有限公司及其全资子公司三友、江山菲普斯和漳浦菲普斯，以实现产业链的垂直整合。然而，雷士照明自有资金并不足以实现收购目标。在此情况下，创投机构再次向雷士照明投入4 656万美元，帮助其成功实现收购目标，提高了雷士照明节能光源的生产能力。这一收购行为也很快带来了资源整合效应，雷士照明的节能灯业务毛利率由2008年的14.4%提高到2009年的21.6%。

之后，在创投机构的帮助下，雷士照明又成功收购上海阿卡特，从而大幅提升了电子镇流器的生产能力，电子镇流器毛利率也由2008年的5.1%提高到2009年的16%。可见，正是在创投机构的积极参与下，雷士照明才得以顺利实现其产业链的垂直整合目标，并且很快产生协同效应，从而促进了雷士照明价值的提升。

3. 助其实现上市目标

被投资企业成功上市，不仅是创投机构的重要退出机制，而且是被投资企业进一步做大做强的重要推动力。在雷士照明引入创业投资资本之时，IPO成为其重要的战略目标。在创投机构的帮助下，经过四年的共同努力，2010年5月20日，雷士照明成功在香港联交所上市，发行价2.1港元/股，发行6.94亿股新股（占发行后总股本的23.85%），募资14.57亿港元，这为雷士照明的后续发展注入了充足的动力。上市当年，雷士照明就表现出了强劲的上升势头，净资产增长率和净利润增长率分别高达187.33%和398.27%。

（二）负面效果

1. 乘人之危，风投趁火打劫

资本是逐利的，创业资本更是如此。在雷士照明几度需要资金时，创投机构都慷慨解囊，而实际上却是趁火打劫，低估雷士照明价值，以极低的成本获取超额的回报。以毛区健丽为例，她与其他几位投资者共投入994万美元，却取得了雷士照明30%的股份，而这笔投资的市盈率估值仅为4.7倍，远远低于一般企业IPO时8～10倍的市盈率。在雷士照明IPO之前，毛区健丽通过多次套现获得近1 200万美元；雷士照明IPO之后，毛区健丽剩余的股份大概有1.38亿股，在股价4港元左右又陆续套现大约8 000万美元。综合计算，毛区健丽的投资回报率高达20倍左右。

2. 矛盾激化，雷士元气大伤

在雷士照明IPO之前，创投资本的引入虽然在一定程度上导致雷士照明价值被严重低估进而被“打劫”，但对于缓解雷士照明的资金危机，帮助其完善公司制度、实现垂直整合以及IPO目标，都发挥了至关重要的作用。但在雷士照明IPO之后，在软银赛富的推动下，2011年7月21日，法国施耐德电气以战略性股东的身份入驻雷士照明，成为雷士照明第三大股东。此后，各创投机构作为一致行动人，与创始股东吴长江的矛盾逐渐激化，最终导致吴长江在2012年5月25日被踢出局。在之后长达一年的时间里，吴长江与创投机构展开了激烈的控制权之争。在这个过程中，雷士照明元气大伤，根据年报披露，雷士照明2012年税前利润为1.16亿元，同比下降81.4%！

（三）启示

从这一案例可以看出，创投机构是一把双刃剑，它既可能通过介入公司治理，推动被投资企业快速成长，也有可能通过介入公司治理，攫取被投资企业控制权，甚至可能将其推向生死存亡的边缘。具体而言，有以下几点启示：(1) 创投机构要合理介入被投资企业治理，同时要充分理解和尊重创始股东；(2) 创始股东一方面要警惕因股权被过分稀释而丧失控制权，另一方面要积极调整以适应环境的变化；(3) 全面看待创投机构对被投资企业治理的影响效果，它既有可能产生正面效果，也有可能产生负面效果；(4) 对于被投资企业和创投机构而言，双方只有在充分信任和沟通的基础上，搭建科学的公司治理框架，在这个框架之下，合理适度地共同参与公司治理，才有可能实现双赢。

资料来源：金波．风险投资对雷士照明公司治理的影响研究．当代会计，2016 (2)：49-50.

三、创业投资为企业提供的增值服务

(一) 企业诊断

创投机构能帮助企业诊断其发展过程中的内外部环境，帮助企业（特别是创业经营者）客观、全面、辩证地正视与分析自身问题，特别是相对于现代企业制度自身所存在的优缺点，进而明晰未来发展方向。创投机构提供的企业诊断也有助于双方增进了解，便于创投机构提供更符合创业者所需要的增值服务。

(二) 优化股权结构

创业投资能够优化被投资企业的股权结构，使企业中创业者的股份、经营者和主要技术骨干的股份、职工的期权股份、投资机构（包括创投机构）的股份等实现有效分配。这种股权结构优化能够为下期融资创造有利条件，使中小型高科技企业摆脱个别股东股份过大所带来的干预，为今后建立合理的公司法人治理结构打下基础。

(三) 优化资产结构与财务指标

创投机构所注入的现金能缓解企业资金困难的局面，增加企业资产的流动性，降低资产负债率，进而改善企业资产结构，优化各项财务指标（例如资产负债率、流动比率、速动比率、利润率、投资回收期等）。健康合理的资产结构和财务指标会为企业的融资工作带来更有利的条件，例如创投机构注入资本后能立即降低企业资产负债率，进而使企业吸引到更具实力的公司与其合资或合作新项目，银行也会更愿意为其提供贷款机会。特别是对于种子期与初创期企业，创业投资有助于缓解企业没有抵押物、没有担保而难以借款的困境。创投机构的资金注入不仅能立竿见影地缓解企业困境，还能够实现“引流”的目的。

(四) 挑选高层管理人员

创投机构能够帮助企业选择更具能力的高层管理人员，加强与充实创业团队力量，强化中层骨干队伍的作用。企业在不同的发展阶段需要不同的人才，在完善的公司法人治理机制下，这一点显得更为重要，而人才的引入除了靠资金实力保障外，还需要具有发展前景的平台背书。在公司发展中，创投机构不仅提供了资金后盾，其作为资本市场上专业的投资者，还可以凭借其在业内广泛的资源积累和声誉为企业引进适合企业发展的专业人才。

(五) 制定市场拓展策略

创投机构往往能在企业的产品市场上发挥更为直接和重要的作用，包括为企业引入市场策划人才和帮助制定市场拓展策略，指导企业建立营销奖惩机制，助力企业争取政府采购，利用创投机构已有的专业网络推广企业产品等，这些力所能及的工作将有利于企业打开市场局面。尤其是对处于初创期和成长期的高科技企业而言，市场销售的顺利与否直接关系到它们的生存和发展。

(六) 协助企业实现管理规范化

创投机构能够协助企业实现管理规范化，尤其是公司治理、人力资源管理和财务管理等专业领域的规范化。一般而言，创投机构会帮助被投资企业完善股东会、董事会，建立监事会，并且设立总经理负责制、岗位责任制、总经理任期目标责任制或引入年薪制、期权制等，通过资金运作的规范化、财务核算和财务监督功能的完善等一系列措施，推进企业管理规范化的进程。这对于成立初期往往是粗放成长的中小企业尤为重要，因为这一过程需要伴随着克服原有企业习惯和惰性的干扰、创业者思想观念的转变、企业既有利益格局的调整等来完成，所以这项工作在借助外力的情况下往往可以更好地实现，进而能为企业今后的发展真正奠定前进的基础。

(七) 协助企业拟定中长期发展规划和上市计划

创投机构能够协助企业拟定合理的发展规划，为企业发展制定明确的目标，有助于避免企业的短期行为和企业领导者的短视。创投机构在资金退出的压力下往往会采取一系列措施积极推动企业朝着上市目标进行规范化经营，并调动企业所有股东、经营层和员工的力量努力履行规划，逐步实现目标。

(八) 引入会计师事务所、律师事务所等中介机构

创投机构会在适当的时点有目的地为创业企业引入会计师事务所、律师事务所等专业的中介机构。这一方面是为了保护创投机构自身利益，另一方面也有利于企业更加规范地运作。中介机构的专业能力能帮助高科技企业预防潜在问题，例如知识产权的申请、利用与保护问题，尽早实现财务管理的规范化等。

(九) 引入证券公司进行上市前辅导及担任保荐人

创投机构能够在上市筹备阶段帮助企业引入证券公司进行上市前辅导、推进IPO申报和提高发行过会概率，从而使得企业在IPO时能够降低发行抑价、提升发行效率。在一级市场公开发行股票通常面临较高的专业壁垒和政策监管门槛，而创投机构能够凭借其作为资本市场反复参与者的信息和资源优势，积极地参与企业的上市准备工作，包括与证券公司和其他中介机构的对接、企业内部的发行筹备等。

综上所述，创业投资对企业的增值服务贯穿在企业发展的各个阶段，不仅仅是依靠创投机构自身的力量，更多的是要引入和充分调动社会资源，借助各种社会力量来达到为企业提供增值服务的目的。当然，对不同领域、不同阶段、不同特点的

企业，创业投资所能提供的增值服务有所不同，要对症下药，量力而行。同时，我们也应该清醒地认识到，创业投资与企业增值服务是不同利益主体商业利益的有机结合，只有共同的利益才能使这种合作取得成功。

第四节　创业投资的退出机制

创业投资退出机制的健全程度直接关系到投资者、创业投资公司等微观经济主体的利益，进而影响它们的投资行为，最终影响创业投资业的持续发展。创业投资的退出机制有很多，主要有公开上市（IPO，包括主板上市、创业板上市）、产权转让（兼并与收购，M&A）、管理层回购、清算退出等。

从国内外风险投资实践来看，在上述四种退出方式中，公开上市约占30%，产权转让约占32%，管理层回购约占6%，清算退出约占32%，如图6-1所示。清算退出是投资失败时减少损失的最佳办法，而公开上市则是最受创业投资欢迎的"成功"退出渠道，其次是产权转让和管理层回购。但不同退出方式并无绝对优劣之分，它们适用于不同的情况，各有不同的优劣势。①

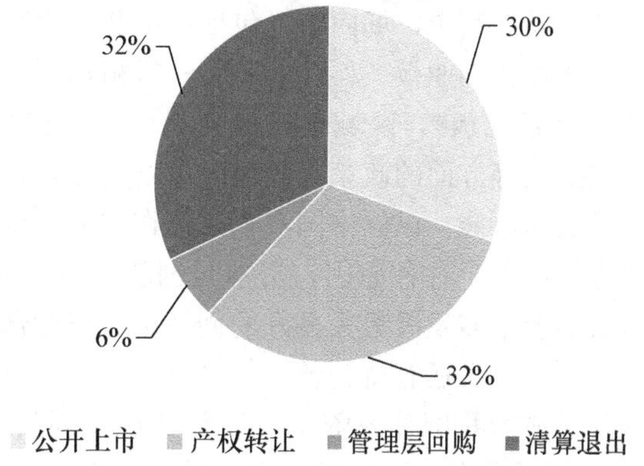

图6-1　四种退出形式占比

一、公开上市与公司治理

（一）公开上市

公开上市又称首次公开发行、首次公开上市（initial public offering，IPO），是指公司第一次向公众发行股票，它是创业投资领域最受青睐的退出方式之一。一方面，创投机构可以通过这种方式实现所持有企业股权份额的自由流通转让，在风险资本获得较高回报后退出；另一方面，企业家通过这种退出方式获得了在证券市场

① 钟会超．我国风险投资退出机制的选择及建议．中国科技论坛，2008（9）：89-92.

上持续筹资的渠道，还可以从创业投资家手中取回企业的控制权。

创业投资支持下的成长中的中小型高新技术企业往往不具备在主板市场上市的条件，难以在以成熟企业为主的证券市场上市交易，因此在国内外资本市场建设中涌现出了适应创业投资退出的多层次资本市场体系。例如，美国的资本市场经过200年的发展，已经形成兼具场内与场外市场、全国性与区域性相协调的多层次资本市场构架。其中，第一层是以纽约证券交易所（NYSE）为代表的全国性市场，主要为成熟企业提供上市融资服务，有着严格的上市标准要求；第二层是中小企业与创业板市场，主体是纳斯达克全国资本市场和纳斯达克小型资本市场，主要面向规模较小的、处于成长期的新兴公司，纳斯达克市场有灵活的跃迁机制，成长期的企业在小型资本市场获得一定程度的发展后，符合相关标准的，可以顺利地进入全国资本市场。第一层和第二层资本市场构成了美国的场内交易市场。此外，美国资本市场还有第三层，即区域性证券交易所，主要包括芝加哥股票交易所、太平洋交易所、费城股票交易所等，它们是美国的三板市场，也是场外交易市场（OTC）①的主要部分。多层次资本市场的建设为美国创业投资机构提供了多种退出渠道，也促进了美国创业投资事业的蓬勃发展。

国内外实践表明，资本市场对于促进科技和资本的融合、加速创新资本的形成和有效循环，具有至关重要的作用。我国资本市场经过40多年的发展，也初步建立了多层次资本市场。其中，场内市场包括沪深北三个交易所的五个板块：沪深主板市场、中小企业板、创业板、科创板和新三板精选层；场外市场包括全国中小企业股份转让系统（新三板）、区域性股权交易市场，它们在上市资格、组织形式、交易制、挂牌议价制等方面的政策都较场内市场宽松，在一定程度上使创业投资的高回报、早收回成为可能。纵然中国资本市场在加大支持科技创新力度上已经有了很多探索和努力，但囿于种种原因，资本与创新的对接还留下了不少“缝隙”，使得近年来中国市场上很多发展势头良好的创新企业依然选择远赴境外上市，因此我国多层次资本市场的建设还有待完善。

科创板的开启成为我国补齐资本市场服务科技创新短板的重要举措。2018年11月，国家主席习近平在中国国际进出口博览会开幕式上的主旨演讲中宣布在上海证券交易所设立科创板并试点注册制。在实施方案经过系统征求意见和广泛研讨后，2019年6月13日科创板正式开板；7月22日科创板首批25家公司上市。从市场功能看，科创板肩负着实现资本市场和科技创新进一步深度融合的使命，体现出更加包容、平衡的理念。科创板通过在盈利状况、股权结构等方面的差异化安排，大大增强了对创新企业的包容性和适应性。科创板和新三板一样，同属于主要服务中小企业的专业化市场，但科创板将重点面向尚未进入成熟期但具有成长潜力且满足有关规范性要求及科技型、创新型特征要求的中小企业，通常这类企业上市时盈利能力具有更大的不确定性，上市后的退市执行标准更严。2020年6月，上交所进一步明确了关于红筹企业申请发行股票或存托凭证并在科创板上市的规则，这

① OTC交易市场还包括OTCBB市场、粉单市场和地方性OTC市场。

揭示了我国打造多层次资本市场服务科技创新、助力创业投资有序退出的制度的决心。截至2022年底，一共有500家中小企业在科创板上市，且大多集中于智能制造、大数据、生物医疗、新能源等受到创业投资广泛追捧的市场热门项目。①

（二）IPO退出方式对于公司治理结构的重要意义

公开上市这种退出方式对于创业投资公司的治理有很重要的意义，主要体现在以下几个方面：

（1）成功的首次公开发行股票会令企业的外部市场约束加强，降低创业投资的治理成本。上市后创业投资机构与企业存在的联系仅需靠融资方式来维系，在被投资企业占领一定的市场份额而且积累了市场经验后，它们更受制于外部市场监督，创业投资家在管理、监督、信息中介方面的服务就不如前期那么重要了。

（2）成功的首次公开发行股票可以使创业投资机构迅速建立市场声誉，进而在投资层面获得更多市场机会。因为从本质上说，成功的退出往往使得创业投资机构在业内受到认可，这种声誉对其后期获取优秀的、潜在收益更高的投资项目非常有利，同时退出的资金能促使创业投资机构继续寻找前景好的优秀企业，而创业投资机构的成功经验也使得它们更容易获得优秀创业者的青睐，进而使后续投资项目的收益更可观，形成良性循环。

（3）成功的首次公开发行股票成为反映创业投资机构经营能力的一个重要信号，成为融资层面创业投资机构向创业资本提供者释放的有利信号。从这个意义上，可以较好地理解为什么有限合伙这种方式能成为创业投资领域主流的组织契约形式，这是因为有限的合伙期限和有限的责任成为创业资本提供者的一种激励机制及风险规避机制，只有获得阶段性成功的创业投资机构才能在后续融资中取得成功。

（4）成功的首次公开发行股票利用第三方资本市场中介认证企业价值，反映了创业投资机构的资本市场操作能力。在创业投资机构对企业的持股协议中，关于企业业绩的条款很难以具体量化的标准来确定，而投资银行作为第三方可以以其专业的优势作出公正客观的评价，以充足的人力、物力及专业水准来挑选真正优秀的企业并帮助其成功上市，进而起到一种过滤作用。

二、产权转让与公司治理

产权转让是一种通过产权市场将创业企业整体出售或转让给大企业和其他投资者的方式，其中的条款由双方决定。

许多创业投资者选择这种退出方式，原因如下：（1）与公开上市相比，产权转让不受交易所规章的限制，也不需要公开披露，所以对于被投资公司而言是一种便捷的方式；（2）公开上市需要满足严格的条件，支付各种费用，而且需要一段比较长的时间，而产权转让所需要的成本较低、时间较短；（3）二板市场尽管对上市的门槛要求比较低，但毕竟还是存在门槛，而产权转让是零门槛的，适合任何公司和

① “科创板”来了：补齐资本市场服务短板、包容创新企业发展．中国科技财富，2018（11）：6-10.

公司的任何阶段；(4) 公开上市会使公司股权结构复杂化，管理难度加大，而在产权转让方式下，一般都是由专业公司进行收购，一方面股权结构会相对简单，另一方面会因为对方专业性的管理而提高公司价值。

产权转让方式也存在一定的缺点：(1) 在产权转让成功后，创业投资机构就完全失去了对企业的管理权，而且获得的收益一般比公开上市要低。这样创业投资机构既无法得到应有的经济利益，又无法建立起对于金融投资行业来说最为重要的声誉，所以产权转让不是利益最大化的方式。(2) 创业企业一旦被一家大公司收购后就不能保持独立性，公司管理层以及原有的内部治理机制将受到很大影响。(3) 创业企业的前景无法预测，因此收购方式的选择以及对于细节的谈判将非常复杂，而且由于缺少可比性，交易价格往往不能达到市场水平。

值得注意的是另一种退出方式——企业回购，即由创业企业的管理层或员工购回股份的退出方式，包括管理层收购（MBO）和员工收购（EBO）等方式。在这种机制下，创业企业可以保持其控制权，但需要承担很大的资金压力，必须找到好的融资杠杆。对于创业投资公司（机构）而言，这种方式的收益一般也比较低。

案例 6-6

烯王生物管理层收购华工创投股份

1. 借力资本图发展

武汉烯王生物工程有限公司（以下简称烯王生物）成立于1999年12月29日，初创注册资本为500万元。2000年8月，烯王生物具备了规模化生产AA油脂（年产10吨）的能力，随后公司于2000年9月进行了首轮融资，公司注册资本增加到1 465万元，其中新增注册资本965万元，新增股东为中科院等离子体物理研究所、华工大学科技园和两位自然人股东。

2002年2月，第二轮融资拉开了序幕。在此轮融资中，本案例的主角之一武汉华工创业投资有限责任公司（简称华工创投）注入200万元创业投资资本，成为烯王生物新的股东。

2. 引进外资欲高飞

引入华工创投令烯王生物顺利度过了艰难的初创期，并制定了更加宏伟的发展计划——借外资图高飞。因此，从2002年8月开始，烯王生物就频频与外国投资机构接触。经过两年的努力，2004年8月，烯王生物与美国嘉吉公司达成了合营共识，由烯王生物与嘉吉投资（中国）有限公司、嘉吉亚太有限公司三方共同出资成立合营公司——嘉吉烯王生物工程（武汉）有限公司，注册资本5 882万元。在不到五年的时间里，烯王生物完成了三轮融资并建立了合营公司，公司注册资本总额由当初的500万元激增至5 882万元，增长10倍多，用奇迹二字形容恐不为过。

2004年12月，经过协商，烯王生物管理层以现金400万元收购了华工创投持有的股权。至此，华工创投在此项目上顺利实现了盈利退出，不到三年就获得了100%的投资回报率。

案例评析

烯王生物管理层通过内部协商的方式回购华工创投的股权，实现了创业投资资本与创业企业的双赢，这在当时国内管理层收购还没有一个统一定价模式的情况下，显然是成功的。

当时我国资本市场大多以管理者自筹资金或者私募投资为主体的方式来完成管理层收购。在这种情形下，烯王生物借助战略投资者的资本完成管理层收购，显然具有积极意义。首先，解决了管理层收购的资本困难；其次，引入战略投资者，有利于公司的后续发展。

案例还表明，在管理层收购机制中，创业投资机构和创业企业之间的信任和合作关系是交易能顺利达成的一个重要影响因素。在案例中，烯王生物正处于高速扩张的初期，华工创投本可以继续等待退出的最佳时机，但华工创投理性地认识到创业投资资本的附加值对于烯王生物发展的意义不大，与其等待资本升值，不如退出后把有限的资本投入更多需要创业投资的企业中，谋取更大的收益；对烯王生物来说，收购过程可以引入更有实力、对企业发展更有帮助的战略投资者。因此，华工创投的退出方式取得了双赢的结果。

资料来源：中国风险投资研究院．2006中国风险投资年鉴．北京：民主与建设出版社，2006：102-103.

三、清算退出与公司治理

现实中失败的创业投资比比皆是，这恰恰体现了创业投资的高风险性，并且越是处于早期阶段的投资，失败的可能性就越大。因此，对于创业投资机构来说，一旦确定所投资的创业企业失去了发展的可能或成长太慢，已经显示出不能满足其预期的高回报的趋势，就要果断地撤出，尽可能多地收回残留资本，尽量减少损失，将所收回的资金用于下一个投资循环。

案例6-7

8848的陨落：创业投资者黯然离场

8848于1991年创立，创立之初是连邦公司的电子商务部，业务模式为B2C；1999年独立，成立北京珠穆朗玛电子商务网络服务有限公司。

随后，连邦的IDG董事林栋梁决定投资8848，而薛蛮子拉来趋势科技的张明正和雅虎CEO杨致远，以及软银孙正义一起入局。1999年8月，他们拿出100万美元从北京连邦手中购买了8848一半的股权。1999年10月，海外投资者和北京连邦分别再拿出100万美元和60万美元注入8848。

后来，为使8848在纳斯达克顺利上市，IDG联合其他投资者在海外注册了8848.net公司，而8848.net出资200万美元参与了8848网站的业务重组。2000年，IDG再投资数千万美元，成为8848第一大股东。

在筹备上市的过程中，据称，8848已经拿到了纳斯达克的代码，但在关键时刻，由于投资人之间就发行价格、发行时间等无法达成一致而搁置，最终导致8848错失了纳斯达克上市机会。不仅如此，1999年，薛蛮子为8848引入新CEO，由于投资人孙正义偏好B2B，且外界普遍不看好B2C，于是8848在资方的撺掇下宣布业务转型，尝试了许多B2B业务，但都不成功。尽管8848创始人在其宣布转型前，坚持将8848的B2C业务独立出来，成立了一家叫my8848的公司，但后来也因资方承诺资金不能全部到位，运营日渐艰难而引发了财务状况恶化的情况。

最后，老8848大规模裁员、团队解散，资本层面的矛盾激化；而my8848的两个股东也开始产生纷争。最终的结局是，老8848的股东们将其公司账上仅剩的约2 000万美元分割取走。曾经的中国电子商务领头羊由此陨落。

资料来源：根据搜狐网报道整理.

第五节 创业投资异质性特征

一、独立创业投资

（一）独立创业投资概述

1. 独立创业投资的定义

独立创业投资（independent venture capital，IVC）是指传统的从众多出资方筹集资金、以私募股权投资作为主要业务形式并进行独立运作的一类金融中介机构。

IVC活动只追求较高的财务回报，投资领域较为广泛，比如九鼎投资在消费、服务、互联网、不动产等20余个细分行业领域均建有专业投资团队并进行了大量成功的投资。①

2. 独立创业投资的运营模式

这类创业投资一般以有限合伙制形式运作②，由基金管理者向出资者募资，通过成立一系列有限合伙制的创业投资基金，向极具发展潜力的、高风险的初创企业投资，并为企业提供一系列增值服务，待企业成熟后通过转让其中的权益资金实现退出，待基金存续期（美国市场上存续期通常为10年，并保留1～2年的延长期）满后将各个项目的退出资金返还给基金出资方。有限合伙人（LP）通常会向普通合伙人（GP）支付1.0%～2.5%的年度管理费，附带权益通常占合伙企业利润的20%。

① 薛超凯，任宗强，党兴华.CVC与IVC谁更能促进初创企业创新？.管理工程学报，2019（4）：38-48.

② 有限合伙制是目前全球范围内较为通用的风险投资基金组织形式，美国第一家现代有限合伙制基金是Draper，Gaither & Anderson，成立于1958年；美国其他的风险投资组织形式还包括封闭式基金或者联邦制的中小企业投资公司。同样，国内最初的风险投资机构包括有限责任制投资公司或信托产品，但自2007年实施修订后的《合伙企业法》之后，有限合伙制也成为业内通用的风险投资组织模式。

在整个资金注入和返还的运作过程中，基金管理公司处于向外部出资者筹集资金成立一系列创业投资基金，同时将基金投资于极具增长潜力的私有公司，以及最终将资金从被投资项目中收回这一系列环节中的核心位置，在以有限合作制方式运作的创投基金中扮演普通合伙人角色。

普通合伙人通常主要以管理技能入股，负责基金的日常管理和运营，涉及筹资、融资、管理和退出的全过程，对基金承担无限连带责任；而基金绝大部分资金来源于养老基金、社保基金、企业年金、富有个人等有限合伙人，他们通常不直接参与基金的日常运营，仅享受最终的收益分配权，且以出资为限对基金承担有限责任。

3. 独立创业投资的资金来源

就资金来源而言，中国创业投资机构的有限合伙人很多是富有个人，而美国则是机构投资者居多。研究显示，在美国创业投资行业，来自个人的投资只有12%，大多数风险资本都来自养老基金①、慈善基金、保险公司及家族基金办公室等机构投资者。

私募通的数据显示，超过50%的中国有限合伙人是富有家庭和个人，机构有限合伙人大多为上市公司和公共基金等，但无论在数量还是单个基金出资比例上都相对较小。机构投资者匮乏一方面是因为我国政府的约束，例如目前我国法律明确限制金融机构（比如银行、保险公司、社保基金等）从事创业投资行业；另一方面是因为我国慈善捐赠基金、家族基金以及私募母基金的发展尚不成熟，无论在基金规模还是市场化程度方面相比国外实践都差距较大。

（二）IVC的发展历程与现状

我国的创业投资行业发展可以追溯至1986年成立的中国新技术创业投资公司，但它是由我国财政部主导、联合原国家科学技术委员会共同出资设立的，因此不能算是绝对意义上的专业化IVC。这一阶段，在中央《关于科学技术体制改革的决定》的号召下，各地方政府也纷纷成立创业投资公司，但这种初期的创业投资探索实质上并未产生巨大影响力，主要是因为政府官员和初期的创业投资者金融相关技能不足、行业经验匮乏。因此在这一阶段IVC并未得到快速发展。

整个行业缓慢的发展状态在20世纪90年代得以改善，伴随着我国市场经济体制逐步完善、加入WTO后金融市场逐渐放开、全球股权市场日渐强劲，以及一些灵活的创业投资退出渠道设立，整个创业投资市场在20世纪90年代末期进入了高速发展的阶段。2003年开始，为鼓励外国投资者来华从事创业投资、建立和完善我国的创业投资机制，外经贸部、科技部、工商总局、国家税务总局、外汇管理局联合发布施行了《外商投资创业投资企业管理规定》，为国际风险资金进入我国市场打下了基础。2005年国家十部委联合发布《创业投资企业管理暂行办法》，对创业投资企业的设立与备案方法以及投资运作流程等进行了更细致的规定，同时列举

① 1979年，美国修订了《雇员退休收入保障法》，允许养老基金投资于风险投资市场；在此之前对养老金在高风险领域的资本配置实行严格限制。这极大地提升了美国风险投资市场的资金供给，促进了整个行业发展。

了一系列政策扶持手段，包括提倡政府引导基金以参股或融资担保的形式扶持创业投资企业设立；对创业投资企业提供税收优惠政策；积极推进多层次资本市场体系建设，以搭建完善的创业投资企业退出机制等。

但在 2008 年之前，我国的创业投资市场主要由外资基金管理公司设立的美元基金占据，早期进入者将中国视作创业投资的下一片蓝海，并投入了大量的资金、国际资源和网络以及中国创业者匮乏的专业技能。而此时，国内的人民币基金表现相对不甚活跃。一方面，当时本土基金并未找到合适的组织模式，美国市场经过多年的实践摸索，已经逐步建立了成熟的有限合伙制基金管理模式和完善的运作条款，这种基金形式能够有效区分基金管理者和出资者权责及风险，同时也能够在一定程度上将管理者和出资者的利益绑定，进而使投资收益最大化；但当时我国创业投资行业可行的组织运作模式是设立有限责任公司和发行信托产品，这两种组织模式下的双重税收压力和无限责任风险都在一定程度上阻碍了国内资本涉足高风险属性的创业投资领域。另一方面，在 2008 年之前，本土市场实际也缺乏创投资金的有效退出渠道，当时我国的资本市场实际上主要服务于国有企业和较为成熟的小型或中型企业，极少有初创或成长型企业能够达到我国证监会当时规定的上市标准。简言之人民币基金投资本土企业一方面由于缺乏国际资本市场操作经验，难以最终走向国外资本市场；另一方面难以在本土资本市场找到退出方式，这实际上封锁了本土创投基金的退出通道，也是造成这一阶段本土创投基金发展空间有限的重要原因。

然而，2008 年以后，随着我国政策环境逐渐宽松，资本市场环境逐步改善，外资资本逐渐感受到了来自国内创业投资者的竞争压力，本土创业投资机构募集的一系列人民币主导基金逐渐成为我国创业投资市场发展的生力军。2007 年 6 月起，我国开始施行修订后的《合伙企业法》，从法律形式上确立了有限合伙制基金的合法地位，并且明确了有限合伙人仅对出资比例承担有限责任，由普通合伙人承担无限连带责任。在税收层面，有限合伙企业的合伙人仅需就企业投资或运营过程中产生并分配到个人部分的收益缴税，而有限合伙企业本身不承担企业层面税负，这使得所有投资收益可以直接分配到个人层面，激励了国内创业投资机构以有限合伙制基金的形式募集资金，这也使得我国的创投市场组织模式与国际趋同，有限合伙制基金成为创业投资行业最为普遍的组织形式。2008 年，国务院办公厅转发了《关于创业投资引导基金规范设立与运作的指导意见》，倡导各级政府设立创业投资引导基金并使之在创业投资市场上发挥导向作用，调动社会资本参与创业投资事业。

此外，我国政府酝酿了 10 年之久的创业板终于于 2009 年在深圳证券交易所开闸，同年证监会准许有限合伙企业开设证券交易账户，为本土创业投资基金在国内资本市场退出全面铺平了道路，也使得 2009 年以后我国创业投资行业迎来了全新的发展机遇。创业板主要服务于还处在成长期的公司，这些企业大多数从事高科技业务，具有较高的成长性，成立时间较短，规模较小，同时业绩也不突出，虽然以其业绩水平难以在主板上市，但有很大的成长空间，与创业投资行业选择的项目标的较为契合。这进一步吸引和激励了更多的创业投资资金进入我国初创企业，促进了整个创业投资行业蓬勃发展。

在我国创业投资资本市场迅速发展的30年间，涌现出一批实力雄厚、业绩优异的IVC，比如九鼎投资、达晨创投、红杉资本中国基金（红杉中国）等。从表6-2所示的中国前十大创业投资机构投资企业个数中可以看到，专业化的IVC占据了创业投资行业的大半江山。但目前国内创业投资基金在资本来源、存续期和规模方面还存在一定的本土特色。由于国内大多数创业投资资本都来源于富有个人或企业年金，因此基金设立的整体存续时间相对较短，单个基金规模也相对较小；这些因素也会导致基金在对外投资过程中的项目持有周期缩短，且项目池规模相对较小。

表6-2 中国前十大创业投资机构投资企业个数统计

投资机构	2009年	2010年	2011年	2012年	2013年	2014年	2015年	2016年	2017年	2018年
红杉中国	9	38	51	31	51	127	112	57	65	103
IDG资本	19	28	43	30	43	135	121	83	57	72
晨兴资本	6	6	10	15	16	37	34	33	19	29
深创投	46	104	111	81	65	95	137	90	107	49
君联资本	6	20	30	23	17	25	48	35	73	42
顺为资本	3	4	7	5	12	38	58	46	44	43
启明创投	12	21	23	20	21	31	33	44	40	41
纪源资本	15	9	14	4	14	26	27	30	39	37
经纬中国	8	9	41	27	31	86	91	66	77	69
高榕资本	—	—	—	—	1	19	38	23	22	35

资料来源：私募通数据库.

延伸阅读6-4

著名外国创业投资公司进驻中国市场

红杉资本（Sequoia Capital）是美国最著名的创业投资公司之一，于1972年创立，它曾投资众多知名的科技企业，如苹果、领英、思科、甲骨文、谷歌、YouTube、PayPal、Electronic Arts、Atari、WhatsApp、Kayak、Meebo、AdMob及Zappos等。

2005年9月，德丰杰全球基金原董事张帆、携程网原总裁兼CFO沈南鹏与Sequoia Capital一起创立了红杉资本中国基金（Sequoia Capital China）。红杉资本中国基金作为“创业者背后的创业者”，专注于科技/传媒、医疗健康、消费品/服务、工业科技四个方向的投资。张帆曾是百度、空中网和分众传媒的投资者，沈南鹏则是携程、如家的联合创始人。张帆于2009年由于个人原因离开红杉资本中国基金，并于2018年在美国创建Axone Ventures，投资量子计算机等高科技领域。

资料来源：根据维基百科资料整理.

二、公司创业投资

（一）公司创业投资概述

1. 公司创业投资的定义

公司创业投资（corporate venture capital，CVC）是指非金融类企业设立创业投资基金，通过附属机构直接进行的投资。通过 CVC，企业可以把创新、研发等业务外包给初创企业，建立战略上的联系，形成协同效应。此外，通过投资把优秀的企业并购过来，要远比重新进入新的行业进行整合轻松得多。相比传统的 IVC，CVC 的资金主要来源于母公司，特点是不以财务回报为唯一目的，更多的是基于战略考量，因此存续期更长。

CVC 始于 20 世纪 60 年代中期的美国，第一批 CVC 基金在第一家独立的风险投资公司 American Research and Development（ARD）成立大约 20 年后出现。这些早期基金的成功诱使其他公司纷纷效仿，到 20 世纪 70 年代初，《财富》500 强公司中有 25%以上制定了这样的投资计划。

2. 公司创业投资的运营模式

CVC 的运营模式比较多样，主要包括直投部门模式、全资子公司模式、附属投资机构模式以及参投或设立外部基金模式四大类。

直投部门模式是指企业内部设置直投部门进行投资，由直投部门统一管理或主导管理集团内部各级子公司的投资业务，直投部门通常不具有独立法人资格。全资子公司模式是指由企业设立具有独立法人主体资格的子公司进行投资，全资子公司作为企业投资、资本运作平台，负责对包括投资在内的集团业务进行统一管理。附属投资机构模式是指由企业全资控股设立投资机构或与第三方管理机构合作设立投资机构。参投或设立外部基金模式是指企业参投第三方投资机构设立的投资基金或企业联合地方政府、产业资本等共同发起设立母基金或者投资基金进行投资。

四种运营模式各有优劣，如直投部门模式可以避免委托代理问题，加大企业对投资的管控力度，但是缺乏灵活性；参投或设立外部基金模式资金来源较广，优质资源较多，但是多方决策会导致效率较低。运用何种运营模式，应当结合企业自身特点和战略目标进行差异化选择。

3. 公司创业投资的战略目标

CVC 的战略目标可以分为横向扩张型、纵向深耕型和生态圈层型。

横向扩张型战略是指 CVC 机构以企业主营业务为基础，以扩大生产规模、降低成本、巩固企业的市场地位、提高企业的竞争优势、增强企业综合实力为目标而对同行业优质企业进行投资的一种战略。

纵向深耕型战略是指 CVC 机构以企业主营业务为基础，结合产业链上下游发展趋势，在产业链维度上对上游和下游相关优质企业进行投资：向上游进行投资，可以掌控供应商的原料、服务或其他资源等供给，节约企业的生产成本和交易成本；向下游进行投资，可以增加企业核心产品的销售渠道、应用场景和落地方式，扩大企业核心业务的应用范围。

生态圈层型战略是指 CVC 机构完成先期布局后，从企业主营业务产业链出发，进行生态型扩张，吸收并引进与企业主营业务产业链有一定关联的业务，扩大企业的经营范围，在行业、地域、轮次等多个维度进行多元化投资，抢占先发优势，并以一定财务回报为目标，增强企业的整体风险抵御能力和盈利能力。

目前，纵向深耕型和生态圈层型战略在 CVC 机构中被广泛应用。

放眼中国资本市场，百度、腾讯和小米等国内科技公司均为特别活跃的 CVC 投资者。腾讯近十年对外投资数量的年均增长率达到 44%，并且自 2014 年以来腾讯稳坐国内企业创业投资第一名的位置。自 2008 年成立以来，腾讯投资在游戏文娱、电商消费、本地服务、金融科技等领域投资了诸多优秀公司，目前已有近 70 家企业成功上市，100 多家企业发展成为“独角兽”企业。

(二) CVC 与 IVC 的对比

1. 组织架构不同

IVC 通常采用有限合伙制，由普通合伙人和有限合伙人组成。普通合伙人一般出资额比较少，通常为 1%左右，主要作为公司的管理者，负责基金的运营、管理，包括寻找投资机会、管理投资组合、设计和实施退出方案等，对公司承担无限责任，享有经营控制权、利润分成权。有限合伙人是主要出资人，以出资额为限承担有限责任，不参与具体投资运营。

CVC 一般是非金融企业设立的独立投资子公司或者投资部，代表母公司对创业公司进行投资，其投资资金一般仅由母公司提供，不需要第三方提供资金，投资资金不会受到资金合同期的限制。

2. 薪酬奖励及激励方案不同

CVC 大多并不采用投资与绩效高度挂钩的奖金激励方案，而是给 CVC 管理者一份固定的工资，在此基础上的奖金则与母公司的业绩挂钩。相反，IVC 公司则普遍采用基于投资绩效的薪酬奖励制度。除此之外，IVC 一般会要求其与管理者共同参与创业企业的投资，而 CVC 则无此要求，部分 CVC 甚至不允许员工跟投。

3. 追求目标不同

IVC 的投资目的比较单一，仅追求业务上的回报。而 CVC 作投资决策时会兼顾母公司的战略目标和财务目标：通过投资配合母公司的发展需要，同时通过投资获取回报、增加母公司的营业利润。①

4. 投资特征不同

CVC 的组织架构、薪酬制度及投资目标与 IVC 不同，这导致它在投资过程中也呈现出与 IVC 的诸多差异。可以通过表 6-3 来总结 CVC 与 IVC 在投资特征方面的差异。

---

① 2018 年中国企业风险投资（CVC）行业发展报告.

表 6-3 CVC 与 IVC 在投资特征方面的差异

接受 CVC 投资的优势	CVC 资金期限更长	CVC 资金由母公司直接提供，不受 IVC 中 LP 与 GP 合约的限制，理论上存续时长与母公司存续时长相同，可投资期限比 IVC 长
	CVC 对风险容忍度更高，且给出的估值更高	由于资金期限较 IVC 更灵活且投资目标更多元，CVC 对风险容忍度更高，且给出的估值更高。这意味着 CVC 可以为许多不容易获得 IVC 投资的更年轻、更有风险、科技更前沿和竞争更激烈行业的初创企业提供资金
接受 CVC 投资的优势	CVC 可以给被投资企业提供更多增值服务	当母公司与被投资公司战略契合时，CVC 能够：(1) 给初创企业提供技术支持，投资更高风险的项目，从而提升被投资企业的创新能力；(2) 使被投资企业与母公司形成利益关联，提升创业企业的商业前景，并减少来自母公司可能的竞争劣势；(3) 向其他投资者，如 IVC，提供被投资公司真实价值的正面信号
	CVC 可以提高被投资公司的价值	具体体现为 CVC 更可能以被投资公司 IPO 方式退出以及以更高并购估值退出。从投资结果来看，在成功退出的被投资企业案例中，投资于母公司战略相关企业的 CVC 至少和 IVC 一样成功；接受 CVC 投资后被投资公司能够受到更多 IVC 的关注，并能够以更高的估值、在更早阶段进行 IPO 退出
接受 CVC 投资的劣势	CVC 可能与被投资企业存在竞争关系	当 CVC 母公司生产与创业公司相似的竞争性产品时，二者存在直接竞争关系，CVC 投资会对创业企业造成威胁
	CVC 可能会“剥削”而非“培育”被投资企业的技术创新	CVC 的投资服务于母公司的发展战略。当母公司进行 CVC 投资的动机是获取新技术时，被投资公司便会面临核心技术或商业模式泄露或者被 CVC 母公司“剥夺”的可能性
	限制被投资企业的可用市场资源	市场上其他 CVC 母公司的竞争者可能会因创业企业接受了 CVC 母公司的投资而不再与创业公司合作，使得被投资企业资源受限
	相较于 IVC，CVC 缺乏初创企业的管理等相关经验	IVC 一般投资企业领域和数量要比 CVC 多，且追求财务回报，其可以为初创企业的管理及资本运作等提供更专业的帮助
	CVC 投资可能面临代理问题，给被投资企业带来不确定性	若 CVC 母公司存在严重的代理问题，则被投资企业，尤其是业务与 CVC 母公司无关的创业企业，未来被削减投资的风险也会较高

资料来源：2018 年中国企业风险投资（CVC）行业发展报告．

(三) CVC 发展现状

当前，全球 CVC 投资经过四个阶段的发展已经比较成熟。与国外相比，中国 CVC 起步较晚但发展迅速。中国 CVC 的发展经历了 1998—2009 年的萌芽阶段、2010—2012 年的快速发展阶段、2013—2018 年的高速发展阶段以及 2019 年至今的调整阶段。经过 20 多年的发展，CVC 作为新兴力量在迅速崛起，目前 CVC 占国内风险投资市场的比重已接近两成。从投资特点来看，中国 CVC 投资决策更加独立化，投资方式更加多样化，越来越多的 CVC 采取了建立企业战略投资的直投部门、自己组建 GP 做投资以及联合其他产业资本作为 LP 进行投资的多元投资方式。国内 CVC 机构正以越来越开放的姿态活跃在中国创业投资舞台上。

根据统计数据分析，虽然多数 CVC 机构在 2012 年以前成立，但是 CVC 机构的首次投资行为集中于 2014 年以后。2014 年李克强总理提出“大众创新，万众创业”，自此之后国内创业公司数量呈现爆发式增长，为 CVC 投资提供了众多符合其战略发展诉求的投资项目标的。2014 年 8 月，《私募投资基金监督管理暂行办法》正式发布，为 CVC 发展提供了政策指引。受政策红利影响，2015 年进行首次投资的 CVC 机构数量达到历史发展顶峰，为 251 家，在全部投资机构数量中的占比达到三成以上。2016—2020 年 CVC 机构数量增长速度趋于平稳。

2019 年 CVC 机构公开披露的投资金额约为 1 694.77 亿元，其中排名前十的投资机构分别为腾讯投资、阿里巴巴、蚂蚁金服、京东、小米集团、网易、字节跳动、绿地集团、百度和联想创投，这 10 家 CVC 机构 2019 年合计投资金额为 292.7 亿元，在 2019 年 CVC 投资金额总量中的占比为 17.27%，如表 6－4 所示。截至 2020 年 6 月底，中国 CVC 机构数量为 727 家，CVC 机构已经成为中国创投行业的重要组成部分，在国内创投行业发展中作出了积极的贡献。①

表 6－4 2019—2020 上半年中国 CVC 投资金额 TOP10

排名	机构名称	2019 年投资金额（亿元）	比重（%）	机构名称	2019 年上半年投资金额（亿元）	比重（%）	机构名称	2020 年上半年投资金额（亿元）	比重（%）
1	腾讯投资	133.6	7.88	腾讯投资	64.13	10.37	腾讯投资	92.2	22.79
2	阿里巴巴	49	2.89	阿里巴巴	23.28	3.76	蚂蚁金服	19.2	4.75
3	蚂蚁金服	37	2.18	蚂蚁金服	17.39	2.81	京东	15.3	3.78
4	京东	12.5	0.74	京东	5.81	0.94	小米集团	10	2.47
5	小米集团	12.1	0.71	小米集团	5.57	0.90	上汽投资	8.7	2.15
6	网易	11.3	0.67	网易	5.14	0.83	字节跳动	6.3	1.56
7	字节跳动	11.2	0.66	字节跳动	5.04	0.82	哈勃投资	4.9	1.21
8	绿地集团	9	0.53	绿地集团	4.28	0.69	快手	4.6	1.14
9	百度	8.5	0.50	联想创投	4.12	0.67	阿里巴巴	4.2	1.04
10	联想创投	8.5	0.50	百度	4.08	0.66	复星集团	3.8	0.94
合计		292.7	17.27	合计	138.83	22.45	合计	169.2	41.82

资料来源：IT 桔子.

① 2020 年中国企业风险投资（CVC）发展研究报告.

案例 6-8

国内 CVC 典型案例

1. 外部生态型 CVC

蚂蚁金服起步于支付宝，前身是浙江阿里巴巴电子商务有限公司。目前，蚂蚁金服旗下的主要产品有支付宝、蚂蚁财富、芝麻信用、网商银行、蚂蚁金融云等。2011 年，蚂蚁金服还未成立，当时支付宝的 CFO 井贤栋认为，为了支付宝的完整生态构建，有必要在内部成立一个独立于阿里巴巴的战略投资团队。2013 年，阿里巴巴筹建了以支付宝为主体的小微金融服务集团，即蚂蚁金服。但当时的蚂蚁金服还只是一个担保交易工具，缺少金融体系的牌照，用户在支付宝的余额处于闲置状态，而支付宝也不具备金融能力和相应商业模式。因此，蚂蚁金服成立了投资团队，主要服务于公司战略，不追求以股权转让方式退出企业。

蚂蚁金服有四个战略目标，分别是核心能力、支付场景、技术开放、海外版图。

第一个战略目标是核心能力。作为一家金融服务企业，核心能力首先是金融牌照。蚂蚁金服成立初期，投资主力在于打造自身金融服务能力，投资标的如天弘基金。

第二个战略目标是支付场景，这也是标的数量最多的领域。在蚂蚁金服的 45 笔投资中，有接近一半的标的属于互联网软件与服务行业，如滴滴出行、口碑等。

第三个战略目标是技术开放。信息及科技咨询是蚂蚁金服投资数量占第二位的行业，如奥比中光科技、旷视科技。通过每年的“双十一”海量交易，不断适应日趋复杂的产品体系，蚂蚁金服逐渐具备了符合金融机构 IT 系统安全标准的技术能力，这都是技术深度淬炼的结果。

第四个战略目标是海外版图。一方面，支付宝在海外推出跨境支付、退税、海外扫码等多项功能；另一方面，蚂蚁金服还通过投资海外支付机构来扩展全球版图，如印度的 Paytm、韩国的 Kaokao Pay 等。

2. 技术垂直型 CVC

商汤科技是全球领先的人工智能平台公司，多次被评为“全球最具价值的 AI 创新企业”。商汤科技 CVC 战略以垂直技术为导向，以核心业务纵向深耕、企业市值管理以及蓝海战略为目标。作为中国人工智能领域的头部公司，商汤科技在这个时间选择以 CVC 的方式对外投资，动因有三：其一是利用 CVC 实现估值；其二是利用 CVC“资本赋能”的特性助力 AI“技术赋能”，在行业内深耕场景，推动业务落地；其三是利用 CVC 加速抢占赛道。

3. 产业创新与 CVC 探索

新东方、好未来与朴新教育在中国基础教育行业（K12 行业）中位居前列。同为 K12 行业巨头，新东方经过 12 年才成为“独角兽”，好未来用时 14 年，而朴新教育仅经过 4 年便在纽交所上市。原因在于，朴新教育下设朴新 PBS（Puxin Business System）投后管理系统，凭借着系统化的投资收购方案以及雄厚的投后整合管理实力，短短 4 年内便在全国 35 个城市收购了包括环球教育、啄木鸟教育在内的 50 多家品牌，建立了行业标准，业务涵盖从学前到研究生的完整教育周期，成为中国第三大课外教育培训机构。

教育行业 CVC 模式本质上是外源性的发展模式，这对后续的管理整合能力以及管理合规成本有较高要求。而且实施教育产业整合战略的企业在开展CVC模式时，对自身资金也有一定的风险管控要求，尤其是母公司上市后，公司的战略定位导致CVC相对于早期扩张更为多元，涉及资金效率、市值管理、内部鲶鱼效应和技术转型等多维度考量。因而，企业发展到不同阶段，其CVC布局的调整也至关重要。

资料来源：根据相关资料整理.

三、政府创业引导基金

（一）政府创业引导基金概述

1. 政府创业引导基金的定义

政府创业引导基金（government-leading venture capital，GVC）是指由政府出资设立的、通过股权或债权等方式吸引各类社会资本参与的政策性基金，该基金按照市场化方式管理运营，旨在重点扶持特定行业和特定地区。政府创业引导基金可以分为创业投资引导基金、产业引导基金和其他基金。其他基金目前主要是指PPP基金。根据清科研究中心的数据，截至2019年底，我国政府创业引导基金目标规模已超10万亿元，到位规模约4.69万亿元，整体呈现出设立步伐渐缓的趋势。

政府创业引导基金的本质是私募股权基金。所谓私募股权基金，是指通过非公开形式对私有企业，即非上市企业进行的权益性投资。政府创业引导基金不以控制企业为目的，参与企业管理的程度有限，在交易实施过程中考虑了将来的退出机制。

延伸阅读6-5

国内GVC先驱“深创投”

1999年，深圳市政府出资并引导社会资本出资设立的深圳市创新投资集团有限公司（简称深创投），专业从事创业投资，公司成立以来始终着力于培育民族产业、塑造民族品牌、促进经济转型升级和新兴产业发展。目前其注册资本达100亿元，管理各类基金总规模约4 314亿元。深创投充分发挥创投的先导性作用，建立并管理了100多只政府引导性创投基金，形成了全国性的投资和服务网络。

深创投还管理着国家中小企业发展基金首只实体基金、千亿深圳市政府引导母基金、百亿佛山市政府双创引导母基金，参与管理百亿山东省财金红土PPP基金，担任前海股权投资母基金的机构合伙人，并管理着多只中外合资基金、商业化基金。

同时，深创投设有私募股权行业全资公募基金子公司——红土创新基金管理有限公司，主要投资中小企业、自主创新企业和新兴产业企业、初创期和成长期及转型升级企业，涵盖信息科技、互联网/新媒体、生物医药、新能源/节能环保、化工/新材料、装备制造、消费品/现代服务等国家政策扶持的行业领域。

资料来源：深圳市创新投资集团有限公司官网.

2. GVC的发起主体与资金来源

GVC的发起主体必须是政府，且法律对政府层级没有限制，从中央政府到市县级政府均可设立政府投资基金。各级政府基金如有需要还可以互相投资，不限于上级政府设立的基金投资下级政府设立的基金。

政府投资基金可以政府独资，也可以与社会资本合资。由于政府出资受财政预算限制，政府独资的资金有限，通常无法满足基金对资金的需求，且对政府而言面临的风险更大，故大部分政府投资基金都是政府与社会资本共同出资建立的。财政部门可以通过一般公共预算、政府性基金预算、国有资本经营预算等方案安排资金。相关资金必须由同级财政部门根据出资方案将当年政府出资额纳入年度政府预算。

3. GVC的运作模式

从投资模式来看，政府创业引导基金的投资方式主要包括：参股投资模式、跟进投资模式、融资担保模式和风险补助模式。

（1）参股投资模式。这是政府创业引导基金的主要模式，即引导基金与社会资本共同建立子基金，子基金根据政策导向完成投资决策和日常管理工作，并在约定的期限内退出。该方式的主要目的是通过发起设立新的创业投资基金引导社会资本参与创业投资。

这种参股方式扩大了财政的杠杆作用，子基金亦有充分的灵活性，在国外已有很多成功案例。在该模式下，引导基金参股创投基金以参股不控股为原则，子基金中引导基金的认购比例一般不超过25%，且不能成为第一大股东，从而起到政府资金的杠杆放大作用。

（2）跟进投资模式。跟进投资，即当创投基金投资早期创业企业或政府重点扶持产业领域创业企业时，引导基金可按适当比例向该目标企业投资，该比例一般不超过机构投资额的30%～50%，或投资总规模不超过300万～500万元。

引导基金投资形成的股权与共同投资机构享有同等权益，并委托共同投资的创投机构进行管理，按投资收益一定比例向投资机构支付管理费和效益奖励。参股和跟进投资都属于股权投资。

（3）融资担保模式。融资担保模式即政府创业引导基金为已成立的创业投资单位提供担保。其中创业投资企业以股权作为质押，而政府创业引导基金为其债权融资提供担保，该模式一般针对历史信用记录良好的创业投资企业，以支持其通过债权融资增强投资能力。该模式在美国、德国较为成功，但在中国的运用尚且有限。

（4）风险补助模式。风险补助，是指政府创业引导基金对已投资于初创期科技企业的创业投资机构给予一定的补助，该补助一般是由创投机构在完成投资交易后自行申请，补助额度一般最高不超过500万元。①

---

① 冯坡．投中观点：五年内引导基金成立90只，转型FOFs成未来发展趋势．(2012-07-26)［2022-09-01］．https://www.chinaventure.com.cn/cmsmodel/report/detail/573.html.

（二）GVC 与 IVC 的对比

1. 投资目标的差异

传统创业投资的唯一目的就是使财务回报最大化；企业创业投资的主要目的是为它背后的母公司进行战略布局；而政府创业引导基金实际上是由政府牵头，旨在将社会资本和金融机构的投资吸引到特定行业、投资阶段或地点，这类投资不完全是为了商业利益，更多考虑的是当地经济的发展、当地的就业、当地的稳定、当地财政的支出。除此之外，由于一些关系国计民生的重点环节和关键领域，如能源、基础设施建设等行业初期投资规模大、回报周期长且风险较高，个人投资者和机构投资者参与较少，而政府创业引导基金在这些领域中有更多布局。

2008 年国务院办公厅转发的《关于创业投资引导基金规范设立与运作的指导意见》明确指出，引导基金应当投资于“需要政府重点扶持和鼓励的高新技术等产业领域的创业企业”；2018 年出台的《国务院关于推进国有资本投资、运营公司改革试点的实施意见》也指出，国有资本投资、运营公司应当以“推动国有经济布局优化和结构调整”“更好服务国家战略需要”为目标。可以说，在我国国有资本的管理实践中，政府对于国有创投发挥落实国家产业政策、助力产业升级的政策性功能的期待和要求始终贯穿于国有创投发展壮大的各个阶段。

2. 资源优势的差异

国有创投机构因为与政府有着天然的联系，在帮助创业企业对接政府资源方面具有其他创业投资机构所不能比拟的巨大优势。有学者研究发现，在投资行为方面，国有创投机构更加积极地响应中央与地方政府的产业政策，具体表现为：在投资选择方面，相较于非国有创投机构，国有创投机构更倾向于投资产业政策鼓励发展的行业；在投资时间方面，国有创投机构在对产业政策鼓励发展行业进行投资时的投资轮次明显更靠前。

但与此同时，由于其特殊的所有权性质，国有创投机构通常难以为经理人提供有效的激励以促使其对标的企业的经营活动进行积极的监督与管理；除此之外，国有创投机构的管理人员主要来源于政府部门，相较于非国有创投机构的管理团队缺乏专业的风险投资经验，通常难以为创业企业提供有效的商业咨询和专业管理服务。在这两个制约性特征的共同作用下，国有创投机构在提供专业投后管理服务方面的能力明显弱于非国有创投机构。

（三）GVC 的发展现状

在各国创业投资体系建立完善的过程中，政府都发挥了至关重要的作用。1958 年，美国政府为解决小企业融资难问题而出台“小企业投资公司计划”（small business investment companies，SBIC）。SBIC 计划实施 60 多年来，有力带动了私人资本投资中小企业的热潮，扶持了数万家小企业的发展，推动了创业投资风险资本市场的形成，其投资领域遍布全美国。在已成为美国经济支柱的高新技术企业中，近 80%是由 SBIC 计划扶植发展而来的，包括苹果、惠普、英特尔、联邦快递等一大批著名的创新型跨国企业。其中，仅 2011—2015 年，SBIC 计划投资于小企业的资金就超过210亿美元，6 400家小企业得到资助。

我国早期设立的政府创业投资多为财政全部出资，后期通过在创业引导基金层面引入社会资本，或通过搭建多级母子基金架构，政府创业引导基金社会资本杠杆放大效应日渐提升。经过十余年的发展，我国政府创业引导基金在推动各地区传统产业升级、供给侧结构改革以及科创类企业、中小企业发展等方面，发挥了重要的作用。清科研究中心发布的《2019年中国政府引导基金发展研究报告》显示，我国创业投资市场在经历了2015—2016年的高速增长期后，各地方政府创业引导基金已基本设立完毕，政府创业引导基金设立步伐放缓，一些早期设立的政府创业引导基金已进入投资高峰期或退出期。截至2019年底，国内共设立1 300多只政府创业引导基金，基金目标规模总额为10.12万亿元，已到位资金规模为4.69万亿元①。

随着我国政府创业引导基金逐步进入投资后期、退出期，其政策引导效应日渐显现。国家级政府创业引导基金在促进集成电路等战略新兴产业发展、国有企业结构调整、中小企业发展、科技成果转化等方面都发挥了重要的引导作用，带动了更多社会资本投入以上领域，共同促进了供给侧结构改革以及中小企业发展。②

案例6-9

厦门产业引导基金

厦门产业引导基金成立于2015年2月1日，初期资金规模为100亿元，是由厦门市政府设立和引导，按照市场化方式运作、进行专业化管理的政策性基金，旨在引导社会资本投向厦门市“5+3+10”的现代产业支撑体系，以加快发展先进制造业、大力发展现代服务业、优化提升传统产业、着力培养战略性新兴产业、做精做优现代都市农业为战略重点，以龙头大项目、园区载体、创新环境为主要抓手，培育平板显示、计算机与通信设备、机械装备、生物医药、新材料五大先进制造业及旅游会展、航运物流、软件和信息服务、金融、文化创意五大现代服务业等十大千亿产业链。

在管理模式方面，厦门产业引导基金采取了“2.0模式”中的国企委托模式，即决策、评审和日常管理相分离的管理体制。

基金设有理事会作为决策机构，下设办公室于市财政局，负责日常事务；同时设有独立的专家评审委员会，对拟投资方案进行独立评审。而厦门金圆投资集团有限公司作为市财政的出资代表，委托集团下属厦门市创业投资有限公司作为受托管理机构，具体负责引导基金的日常运营管理。政府只负责“两端”，即在前端负责审定总体投资方案，在后端把握投资方向，不干预基金的运行管理，基金完全按照市场化原则运行。

在具体项目方面，厦门产业引导基金与合作伙伴优客工场在海沧区合资设立了青年创

---

① 唐雪恋．我国政府引导基金目标规模超10万亿元　已到位资金超4万亿元．(2019-10-25)[2022-09-01]. https://baijiahao.baidu.com/s?id=1648422814851775520&wfr=spider&for=pc.

② 张蕾．清科观察：由遍地开花到精耕细作，4万亿引导金将何去何从？．(2019-10-29)[2022-09-01]. https://m.pedaily.cn/news/447874.

业孵化器，积极引入中建投等合作伙伴，并设立了两只规模各约3亿元的基金。

此外，厦门产业引导基金还对厦门坚果兄弟创业投资合伙企业（有限合伙）进行了五笔投资，覆盖范围从天使轮、A轮直到新三板定增，主要投向电子商务、其他网络服务、B2B、无线互联网服务行业，所投企业分布于厦门、武汉、上海等多地。

除参股产业子基金外，厦门产业引导基金还参股国内最大的商业化母基金——前海母基金5亿元，后者目标总规模超过100亿元。通过参股前海母基金，厦门产业引导基金与境内外知名基金管理人建立了合作关系，大大拓宽了厦门产业引导基金的发展之路。

资料来源：根据搜狐网公开资料整理.

思考题

1. 如何理解创业投资在被投资企业公司治理中的角色和作用?

2. 创业投资机构为什么有动力参与公司治理？什么类型的创业投资机构在被投资企业中更具有治理动机?

3. 创业投资在多层次资本市场建设中可能发挥怎样的作用?

案例分析题

清华深讯的前身深讯科技公司本来是一家在居民楼设立的主要开发寻呼系统应用软件的民营科技小企业，后清华大学电子工程系教授们经考察把它引入深圳清华研究院孵化，紧接着主导清华力合创投公司投资深讯科技公司，注册成立清华深讯科技发展有限公司（简称清华深讯），并携手开发移动手机应用软件。短短数年，公司就取得了快速发展，成为国内WAP网和相关业务的领军企业。2004年4月，为了进一步促进清华深讯的发展，在清华力合创投公司总经理朱方的鼎力支持下，清华力合创投公司对清华深讯进行了增资，公司注册资本由原来的500万元增加到1 000万元。在引入创业投资之后，清华深讯获得了快速发展。

2005年，公司受到了国际软件界巨头——微软公司的青睐。微软与清华深讯达成战略性的独家合作协议，并收购其部分资产，为向中国乃至全球市场提供更好的MSN移动产品和服务奠定基础。微软的并购使得作为天使投资者的清华力合创投公司在5年的时间里获得资本增值9倍的成功而退出，还为清华深讯搭建了国际化的快速发展平台，雏鹰已经开始展翅翱翔。

在本案例中，清华力合创投公司本可以选择三种退出方式：IPO、MBO、并购。IPO退出的收益最高，但在本案例中IPO退出存在很大的难度。首先，清华深讯上市渠道受限。当时国内证券市场尽管已经有中小板和主板，但作为创业投资最佳退出途径的创业板设立依然遥遥无期，而清华深讯还不具备在主板和中小企业板上市的实力，尽管可以远赴海外上市，但对国内的创业投资机构而言，能力和经验均不足以胜任该项资本运作。其次，由于存在信息不对称，清华深讯即便上市也存在被低估的可能。IPO 退出的最佳时机是创业企业的成长后期和扩张期，此时的创业企业拥有稳定的市场占有率和现金流，内部投资者和外部投资者的信息不对称已经大大弱化，企业价值能为公开资本市场上的投资者所认同。而当时的清华深讯仍然处于成长早期，尽管具备一定的盈利能力，但在信息不对称的情况下，企业价值无法得到一般投资者的认可，此时即便上市，创业投资退出的收益也可能大打折扣。

MBO 退出也不是最好的选择，原因有三：第一，清华深讯正处于成长早期，企业急需发展资金，创业者不大可能用宝贵的流动资金来回购股份；第二，虽然清华深讯在清华力合创投公司的呵护下，实现了快速发展，在业务拓展和经营管理上取得了不菲的成绩，但公司仍然不够成熟，需要外力的帮助才能进一步发展；第三，从创业投资的角度来看，MBO 退出难以获得高额的风险收益。

因此剩下的退出方式只有并购，而并购需要选择合适的时机。清华力合创投公司选择在 2005 年通过并购退出。一方面，如果持续持有清华深讯，清华力合创投公司需要继续投入资本，包括资金和增值服务等；另一方面，2005 年国内无线增值行业发展正好出现转机，许多海外上市 IT 公司在这一年通过无线增值服务取得了盈利，行业前景被投资者看好，引发国内外创业投资机构追捧。在权衡收益成本之后，清华力合创投公司选择在 2005 年退出。

资料来源：根据公开资料整理.

请根据上述材料，结合本章创业投资的相关知识点，分析创业投资机构在投资深讯科技公司之前和之后主要考量的因素有哪些，其在不同的退出方式之间是如何权衡与选择的。

第7章

家族企业公司治理

学习要点

1. 了解家族企业的公司治理理论基础；
2. 了解我国家族企业的发展现状与特征；
3. 掌握家族企业公司治理的特征；
4. 理解代际传承对家族企业公司治理的影响；
5. 了解家族信托对家族企业公司治理的优化功能。

引例

方太的创新与淡化家族制

“方太现象”是中国民营家族企业、高端制造业和厨电产业经常讨论的话题，茅理翔、茅忠群父子及其家族在创业的平台上不断实现着自我价值与家族价值。

家族控制

1985年，茅理翔成立慈溪无线电元件九厂，但翌年即遭遇其创业过程中的第一次危机。在国家宏观调控的背景下，该厂主要生产的黑白电视机配件严重滞销，工厂停工。此时，他的妻子张招娣从另一个效益更好的针织厂的副厂长职位上辞职，到慈溪无线电元件九厂任副厂长，主抓内部管理，而茅理翔则负责寻找新产品、新市场。最终，慈溪无线电元件九厂于1986年开发的一种电子点火器荣获浙江省优特产品金鹰奖，企业当年获利20万元。

1992年，茅理翔成立飞翔集团，但突遭外协厂背叛，该外协厂将配件组装成产品，到广交会与飞翔竞争，拉走了飞翔集团一半生意。这是茅理翔创业过程中遭遇的第二次危机。此时，他动员女儿茅雪飞、女婿俞炯在结婚第三天即下海开办配件厂，又一次在家族成员内部挽救了企业。

1994年，点火器市场的价格战导致飞翔集团亏损，茅理翔开始寻求二次创业。这是他创业十年来的第三次危机。茅理翔动员刚刚从上海交通大学研究生毕业的儿子茅忠群回乡帮忙，共同创办了方太。

转型创新

1996 年，宁波方太厨具有限公司成立，由茅理翔任董事长，茅忠群任总经理。方太是茅理翔寻求转型、二次创业的产物。茅忠群通过对飞翔的调研和观察，发现老企业管理粗放、技术落后、区域闭塞、人才匮乏，因此向父亲提出三点建议：一是搬到开发区，以获取地域优势；二是不带老厂人，以重新招聘人才；三是要做新产业，以推进产业转型。茅忠群一系列先进的理念逐渐构筑了方太独特的创新文化，而他在企业定位、产品研发等方面展现出的卓越才能，让父亲茅理翔更加放心，将研发权完全交给了他。方太坚持每年将不少于销售收入的 5%投入研发，截至 2018 年初，方太已拥有专利 2 066 项，推出了第一台近吸式吸油烟机、第一套嵌入式厨电产品，以及全球第一台为中国人发明的水槽洗碗机。

淡化家族制

在保持家族控制、坚持产品创新的同时，淡化家族制是茅理翔企业管理理念的一大提升。茅理翔认为，如果妻子管生产，女儿管财务，管理职位全是家族的人，外部的优秀人才怎么进得来！要做现代企业，首先就要从企业家的用人观念上做改变。于是他提出“淡化家族制”理念，即总裁以下的中高层干部中不允许有家族成员，并将这一条写入了方太文化手册。此后，茅理翔引入大量来自国企、外企、500 强企业的高级职业经理人，组建了一个以茅忠群为中心的核心管理团队，打造了一个家族控股、职业管理、与时俱进的现代企业。

资料来源：中国民营经济研究会家族企业委员会．中国家族企业生态 40 年．北京：中华工商联合出版社，2019.

第一节 家族企业公司治理理论

家族企业的公司治理受到广泛重视，因为它们不仅是人类商业历史上最古老的组织形式，也在当代各国经济中占有重要地位。不管是在美国、欧洲国家还是东亚各国，家族企业均占有很大比重。比如在标准普尔 500 指数公司中，33%的上市公司由家族控制或管理，世界 500 强企业中也有 1/3 是家族企业。中国的家族企业同样数量可观，并且成长迅速。截至 2022 年底，A 股市场上实际控制人为个人或家族的上市家族企业超过 3 000 家，在民营经济中占据 80%以上。根据中国民营经济研究会家族委员会公布的各项数据，中国家族企业在经济总量、社会就业、国家税收等方面均作出了重大贡献。以上事实说明，家族企业已成为我国经济实体的重要组成部分。因此，如何优化家族企业的公司治理、保障其长期稳健发展，成为我国经济发展过程中需要考虑的关键问题之一。

一、家族企业的概念与特征

虽然家族企业在各国经济中占据重要地位，关于家族企业的学术研究也日益丰富，但对家族企业的定义存在不同的观点。目前在学术界中较受认可的家族企业定义主要有以下两类：

第一类定义主要关注家族对公司所有权、控制权与管理权的涉入。代表性学者如 Anderson and Reeb（2003）等将家族企业定义为创始人或其家族成员任主要高管、董事或股东的企业；Andres（2008）对家族企业的界定要求创始人或其家族成员持有公司 25%以上的投票权，或投票权不足 25%但在公司担任董事或高管。这是最受认可的家族企业定义方式，也较为适合中国目前尚未发生大规模多代际传承的情况。我国多数学术研究及主流数据库（国泰安 CSMAR 等）均采用这一家族企业定义方式。

第二类定义同时要求家族涉入与代际传承的导向，重点关注家族想要将对企业的控制权世代传承，将家族价值观内化至企业行为并传递至后代的愿景（Chua et al.，1999），具体要求包括：（1）必须是由家族管理的公司（公司的 CEO 由家族成员担任）；（2）必须是传承至第二代及以后的企业，即最新一代家族成员作为高管、董事或者控股股东活跃在公司。例如，在伯克希尔·哈撒韦公司中，巴菲特作为企业创始人仍然担任公司的 CEO，但他的儿子也同时担任公司的董事会成员。因此，该公司可以被认定为家族企业。

由于西方家族企业起步较早，代际传承现象比较普遍，而我国当代家族企业起步较晚，目前主要由一代掌权，近年来才开始大量涉及代际传承问题，因此较少从传承这一角度来界定中国家族企业。

虽然上述各类研究对于家族企业的定义不尽相同，但它们的核心要素都是家族对企业所有权的控制，强调家族企业的核心特征是企业所有权由一个家族和其成员掌握。在中国情境中，基于费孝通的差序格局理论①，中国的家族企业可定义为以血缘、姻缘为基本纽带联系起来的，在共同的家族利益目标下，家族成员参与企业经营管理，能始终拥有企业的所有权和控制权，并具有一致传承意愿的紧密型社会组织。

二、家族企业治理模式的理论基础

应用于家族企业公司治理研究的理论主要包括代理理论、管家理论以及社会情感财富理论等。这些理论从不同角度对家族企业的公司治理体系进行了解读。

（一）代理理论

家族企业中可能存在双重代理冲突。一方面，家族控制的公司可以缓解传统的委托代理冲突；另一方面，它也引入了一种新型的家族外部冲突。

---

① “差序格局”是社会学家费孝通在《乡土中国》中提出的，发生在亲属关系、地缘关系等社会关系中，以自己为中心像水波纹一样扩展开的社会格局。差序格局的形成基于血缘、地缘、经济水平、政治地位等因素。

1. 委托代理冲突

第一类代理问题是传统的委托代理冲突，即股东与管理层之间的代理冲突，它是由于所有权与经营权的分离，管理层首先考虑个人私利，而不是使股东的利益最大化。一般来说家族企业当中的委托代理冲突问题相对于其他类型企业较轻（Ali et al.，2007），原因有两点：第一，控股家族拥有的股权和长期传承的意愿使其具有强烈的了解公司运营的动机，家族成员往往在董事会中占有一定席位，或作为公司高管直接参与企业的经营，管理层与家族股东在公司成长的机会和风险方面利益相对一致，降低了管理者的道德风险。第二，家族股东与管理层的信息不对称程度较低，控股家族对管理层的监督成本较低，有助于减少管理层的机会主义行为（Anderson and Reeb，2003）。基于这一角度，家族所有制被认为是一种重要的治理机制。

2. 大股东-小股东代理冲突

第二类代理问题是家族大股东与其他小股东的冲突（Ali et al.，2007）。由于控制性大股东的金字塔持股以及两权分离问题，大股东能够以较小的成本掏空公司，损害小股东利益。在东亚国家，上市公司多被一个大股东控制，大股东-小股东代理冲突问题非常普遍。

此外，由于家族股东拥有大量股权，因此资本市场对家族企业的约束能力有限。外部所有者，尤其是那些寻求财务回报的投资人，通常拥有多样化的投资组合，因此希望单个公司承担更高的风险。然而，家族所有者的大部分财富与公司有关，因此他们可能比这些外部所有者更厌恶风险。如果缺乏外部监督机制，在家族控制的企业中，外部所有者的利益可能得不到保护。

但是，也有研究认为家族企业的第二类代理问题并不严重。首先，家族企业将企业传承至后代是其重要的经营目标，不倾向于通过侵占小股东利益来寻求短期利益，因为这种行为会对家族产生长期的不利影响。其次，控股家族的效用函数不仅包含金钱收益，也包含家族关系的凝聚、家族声誉的维护与家族价值观的长期传承，家族企业对消极事件（如负面的舆论或诉讼）更加敏感，不会轻易侵占小股东利益并引发负面舆论影响（Chen et al.，2008）。

综合考虑第一类代理问题与第二类代理问题，Ali et al.（2007）的研究表明，家族企业第一类代理成本比非家族企业低的程度，大于家族企业第二类代理成本比非家族企业高的程度，总体来说，家族企业是节约代理成本的企业形式。

（二）管家理论

代理理论设定的所有者与管理者利益冲突可能并不总是适用，管家理论为理解家族企业公司治理提供了另一个有用的视角。管家理论认为，部分管理者不仅为自己谋求个人的经济利益，而且在工作中充当管家的角色，基于利他主义为组织的利益服务。

这种利他的态度在家族企业中尤其普遍。在家族企业中，董事会成员或管理层可能是家族成员，或者与家族存在情感联结或社会网络关系。信任和情感等机制对家族CEO有软性约束，与公司有深度情感联系的家族企业领导者更认同自己作为家族财富的"管家"，在使命感的驱使下，他们关注家族整体财富的程度超过其关注个人财富的程度，更容易推动经营决策朝有利于家族长期利益的方向发展，追求卓越的远期回报（Corbetta and Salvato，2004）。

代理理论着重于管理的监督作用，而管家理论着重于管理动机。二者最大的不同是对代理人的激励方式，代理理论认为代理人的激励是外生的，而管家理论认为代理人的激励是内生的。在管家理论中，适当授权的治理机制是有利的，而控制可能会适得其反。对于CEO来说，当公司治理结构赋予他们较高的权威和判断力时，他们的行为会得到更好的激励。

（三）社会情感财富理论

家族企业的社会情感财富是指家族凭借对企业的所有权与控制权而获得的非经济收益，即家族从企业中获得的情感价值，例如将企业传给下一代的意愿、社会地位以及良好的声誉等。

对于社会情感财富理论，不同学者对其进行了不同维度的划分。Berrone et al.（2012）将社会情感财富划分为五个维度，分别为家族控制和影响、家族成员对企业的认同、紧密的社会关系、情感依恋和传承意愿。Miller et al.（2014）依据企业长短期导向，将社会情感财富划分为约束型和延伸型两类，其中，前者以维系家族成员利益、实现家族控制为主要目标，其导向是短期的；而后者以跨代传承家族控制为核心，其导向是长期的。

社会情感财富理论的一个中心论点是，家族企业的决策往往会出于社会情感财富这一非经济收益的考虑，而不仅仅是出于经济收益的考虑，打破了经济学的理性人假设。例如，Gómez-Mejía et al.（2007）对西班牙橄榄油业的研究表明，尽管加入合作社能带来更大的经济利益，但家族持有的橄榄油工厂往往不愿意加入合作社，因为家族希望保持其对工厂的代际控制。此外，Berrone et al.（2010）指出，美国的家族企业比非家族企业更倾向于投资污染控制设施。虽然投资污染控制设施最初会降低财务业绩，未来的财务效益也不确定，但家族企业之所以积极投资污染控制设施，是因为它们关注家族企业的合法性，担心自己能否成为良好的企业公民。

第二节　经济转型时期家族企业发展现状

一、中国民营经济发展

改革开放以来，我国民营经济不断发展壮大，如今在社会发展中的地位举足轻重，在支撑增长、促进创新、增加就业、改善民生等方面发挥着不可替代的重要作用。Anderson et al.（2003）的研究表明，国有企业对国内生产总值（GDP）的贡献从1978年的77%下降到1999年的28%，而同期私营企业的相对产出则从0上升到18%。全国工商联数据显示，截至2020年，民营企业对我国GDP的贡献率高达60%以上，提供了80%的城镇就业岗位，吸纳了70%以上的农村劳动力，新增就业90%在民营企业，来自民营企业的税收占比超过50%。民营经济的增长速度超过国有企业，并对经济增长贡献了大部分力量。

民营经济的发展壮大以及对国有经济的赶超，一定程度上是通过中国股市实现的。上海和深圳证券交易所自1990年成立以来，规模和发展势头都相当可观。中国股市总市值于2007年8月9日首次超过前一年21万亿元的GDP。家族企业在股市价值中的贡献不断提高。1997年，尽管非国有企业已经开始蓬勃发展，但只有不到6%的上市公司是由家族控制的。然而到了1998年，家族企业开始了上市热潮。2004年中小板市场在深圳证券交易所建立，2009年10月又开放了创业板市场，这一系列举措进一步推动了家族企业的上市趋势。至2020年，在非国有上市公司中，80%以上是控制性股东为个人或家族的家族企业。

二、中国家族企业的兴起与发展

（一）中国家族企业的兴起

中国是一个家文化传统深厚的国家，家与国对应的“忠孝两全”“保家卫国”理念一直贯穿于中国主流文化。早在宋代，中国工商业就非常发达。明清资本主义萌芽时期，十大商帮的形成和发展均以家族力量为基础，著名的徽商甚至将其扩展到宗族，其商业的成功正是得益于家族化的管理，并以此为基础拓展出了大量的工商业家族。

在清朝末年和民国时期，中国崛起了一批以家族为核心的企业，它们是中国经济向前发展的极大动力。其中最引人注目的当属荣氏企业。近代随着西风东渐，西方公司制度传入中国，荣氏企业放弃了更能融合社会责任的有限责任制，选择了无限责任，由家族所有、经营并承担责任。荣氏的申新、福新企业系统成为近代面粉和棉纱业执牛耳者，荣氏家族成为当时最富有的家族企业。

1978年的改革开放让家族企业获得了新生。改革开放后实施的经济改革政策，特别是农村地区实行的家庭联产承包责任制，重新确立了家庭的经济职能，家庭成为管理劳动力和其他资源的独立经济单位。这一政策在中国农村充分释放了创业活力。虽然农村地区的经济改革政策为企业活动提供了支持，但中央政府对私营部门经济增长的外部支持相对滞后，对私营部门法律地位的承认相对缓慢。到1988年国家允许私营企业形式的存在时，已经有许多实质上为私营的企业实体，其中许多是以乡镇企业的形式存在的。例如，鲁冠球的萧山万向节厂以集体所有制乡镇企业的身份，为中国汽车工业总公司进行万向节定点生产，将自己的企业挂靠于国企，享受税收、信贷政策的优惠，并在行业取得了领先的市场地位。

20世纪90年代后期，集体部门萎缩，许多以前由集体所有的乡镇企业被其总经理或家人收购，这种改制方式成为我国当代家族企业的主要发源方式之一。

（二）中国家族企业发展现状

我国近20年来大量出现的民营企业大多是家族制，家族企业作为民营经济的主要组成形式，对国民经济有着重要影响。党的十四大以来，包括民营企业在内的非公有制经济步入发展快车道，对GDP的贡献也逐年上升。此外，随着家族企业的蓬勃发展，提供的就业岗位也大幅增长，家族企业成为社会就业的重要载体，为社会稳定作出了突出贡献。

1. 家族企业数量与规模

根据CSMAR家族企业数据库，自2003年披露实际控制人信息以来，A股上市公司家族企业数量呈现出蓬勃的增长趋势，如图7-1所示。

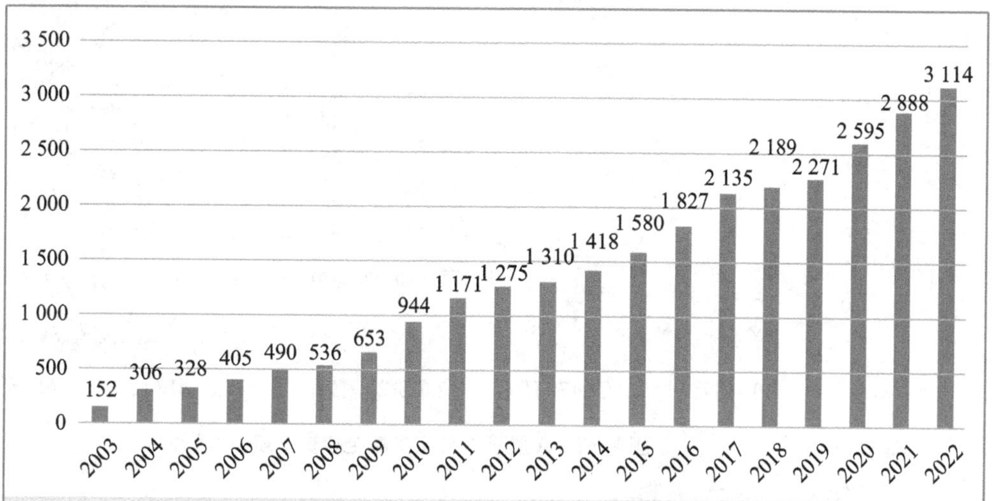

图7-1 A股上市公司家族企业数量统计

注：家族企业的认定标准：(1) 单个自然人企业家企业，即实际控制人为个人且无家族亲属在上市公司或控股股东公司持股/任董监高的家族企业；(2) 多人家族企业，即除实际控制人之外，至少1名有亲属关系的家族成员持股/管理/控制上市公司或控股股东公司的家族企业。满足上述条件之一的企业即认定为家族企业。

资料来源：CSMAR数据库.

进一步观察A股上市公司家族企业规模发展情况，选取家族企业的资产规模、员工人数、营业收入、资产回报率（ROA）、市值五个指标，将每个指标按其20、40、60和80百分位数分为五个层次，并逐年统计各层次的公司数目，分析结果如图7-2至图7-6所示。从家族企业的资产规模、员工人数和营业收入角度分析，资产规模较小、员工人数较少或营业收入较低的家族企业，其数量逐年增长幅度较小，而资产规模大、员工多和营业收入高的公司数量逐年显著增加，说明A股上市公司家族企业逐步向资产规模较大、收入较高的企业特点发展；从ROA角度来看，各个层次营利能力的公司数量均呈现稳步增长的态势；从市值角度来看，各层次公司数量逐年波动较大，但总体呈现出市值小的公司数量减少、市值大的公司数量增加的趋势，表明更多家族企业正在逐步扩大规模与提高企业价值。

2. 家族企业财富价值

截至2023年，我国民营企业贡献了全国税收的50%以上，创造的国内生产总值、固定资产投资以及对外直接投资均超过60%，民营企业中的高新技术企业占全国高新技术企业的比重超过70%，民营企业城镇就业人数占全国城镇就业人数的80%以上，对新增就业贡献率达到90%。

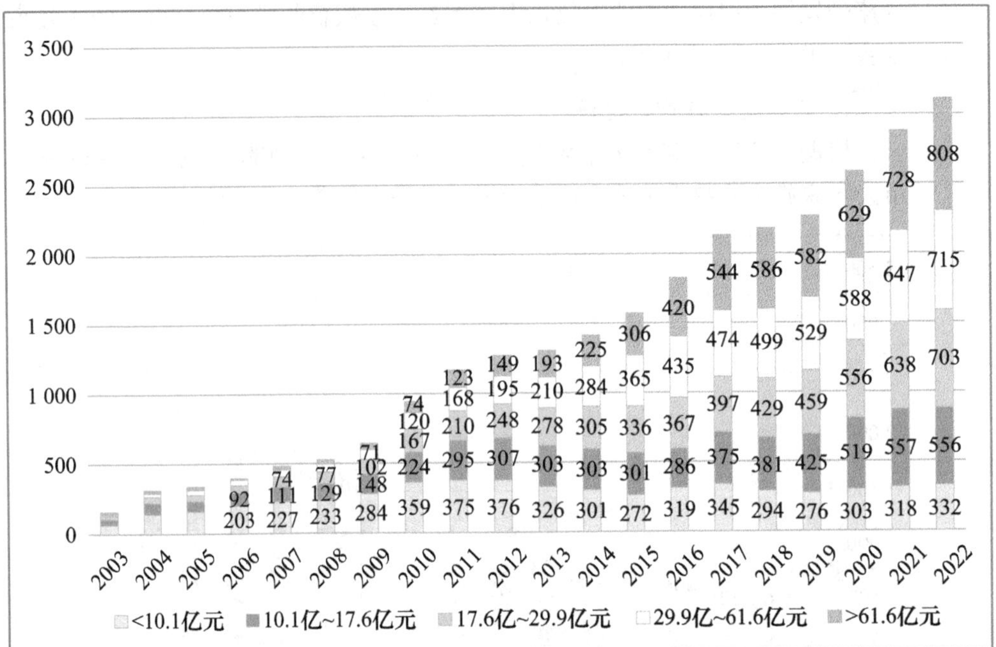

图7-2　A股上市公司家族企业资产规模统计

资料来源：CSMAR数据库．

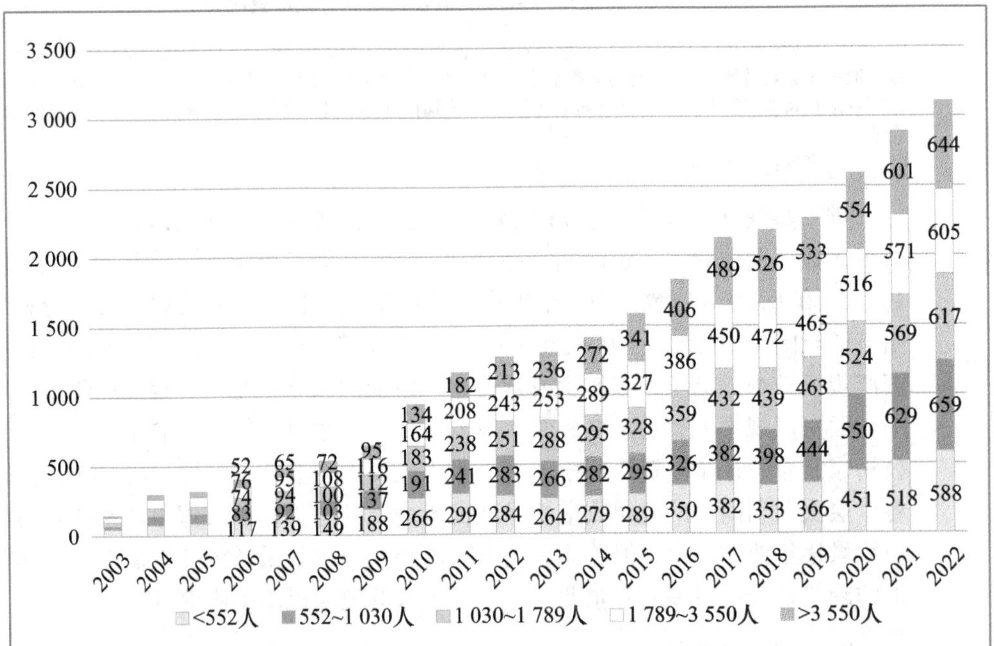

图7-3　A股上市公司家族企业员工人数统计

资料来源：CSMAR数据库．

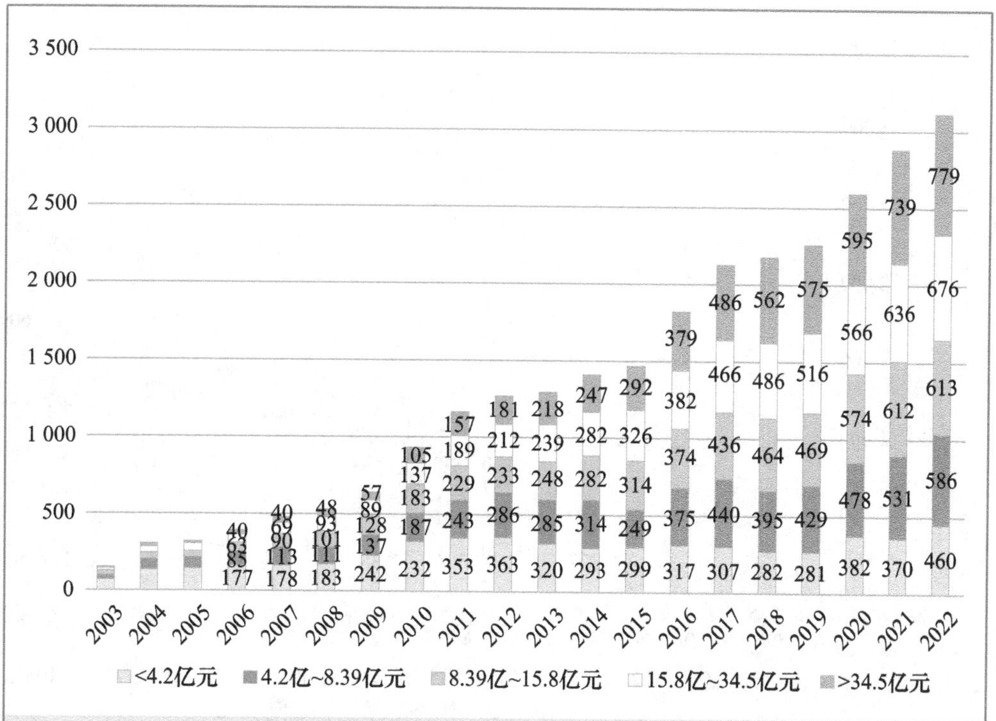

图 7-4　A 股上市公司家族企业营业收入统计

资料来源：CSMAR 数据库 .

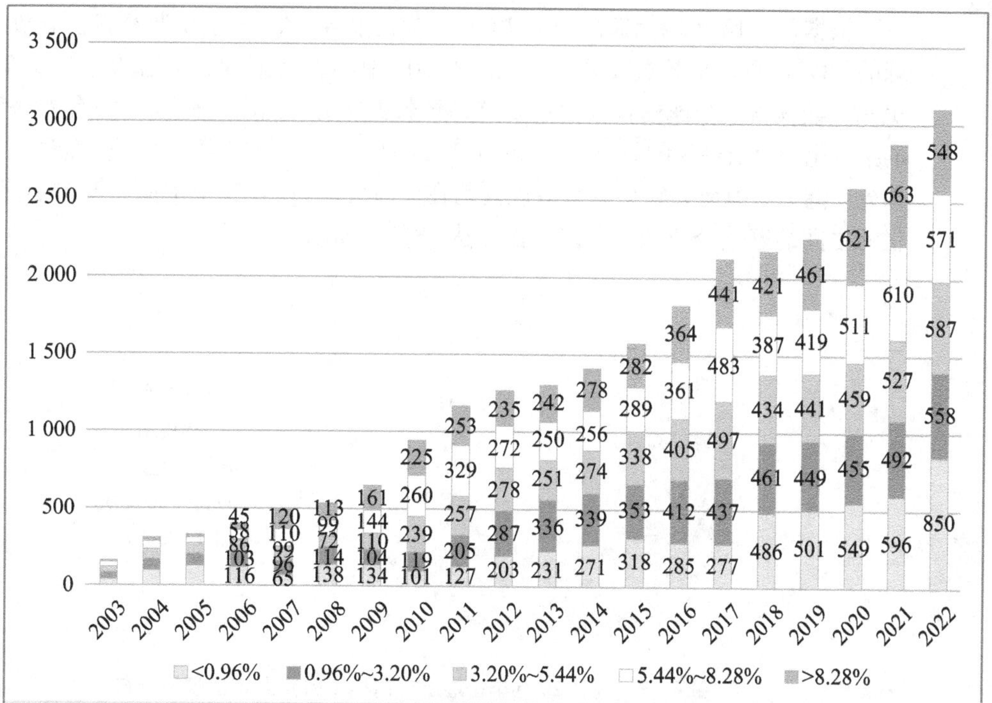

图 7-5　A 股上市公司家族企业 ROA 统计

资料来源：CSMAR 数据库 .

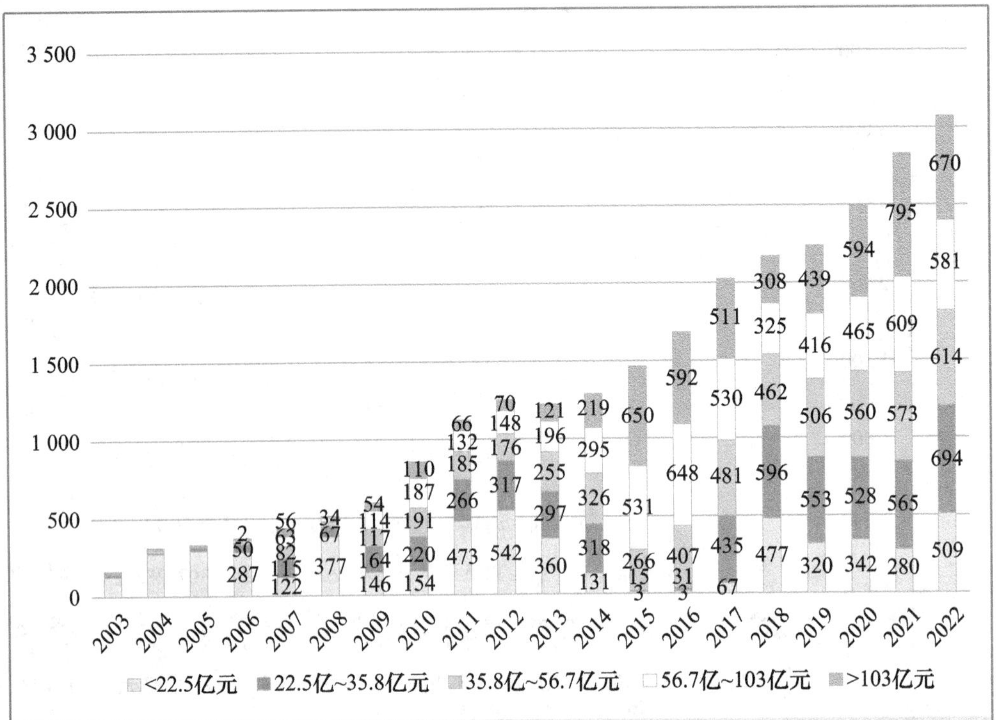

图 7-6 A 股上市公司家族企业市值统计

资料来源：CSMAR 数据库 .

根据《2018 年瑞信家族企业 1 000》调查报告，2018 年亚洲家族企业数目占全球的 53%，总市值超过 4 万亿美元。中国内地的上市家族企业总市值达 1.38 万亿美元，继续居于全球榜首。通过 CSMAR 数据库对中国内地截至 2020 年在香港上市的家族企业市值规模的统计，以 2020 年 12 月 31 日市值规模作为指标衡量，发现大部分在港上市内地家族企业市值规模均在 50 亿元之内，其中市值规模在 10 亿～50 亿元之间的家族企业数量最多，占比达 38%，如图 7-7 所示。

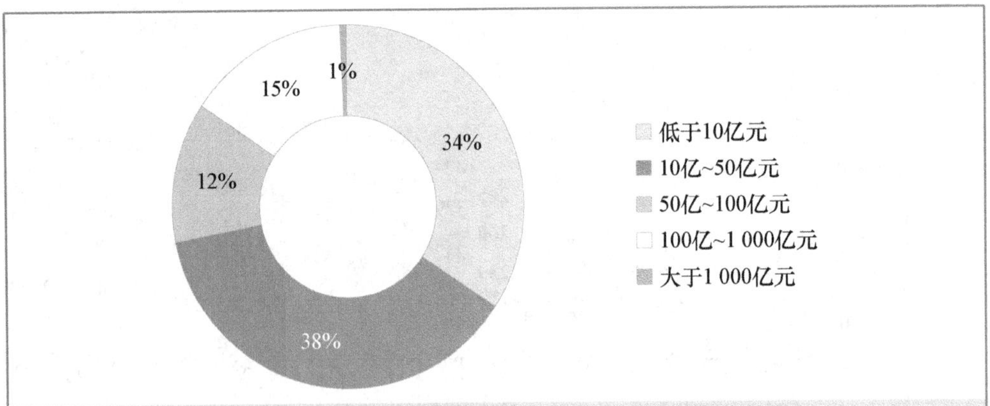

图 7-7 截至 2020 年香港上市内地家族企业市值规模分布

资料来源：CSMAR 数据库 .

此外，安永与瑞士圣加仑大学发布的2019全球家族企业指数（Global Family Business Index 2019）显示，在全球最大的100个家族企业中，中国家族企业共占有8个席位。该排行榜每两年评选一次，且只有对企业仍具主要控制权的家族企业，即非上市（私有）公司持股50%以上、上市（公众）公司持股32%以上，才会被列入榜单。具体排名如表7-1所示。

表7-1 2019年中国家族企业入选全球最大的100个家族企业情况

排名	公司	控制家族	行业	2017年营业收入
第21名	长江和记实业	李嘉诚家族	先进制造业	530.00亿美元
第25名	恒大集团	许家印家族	智能基础设施	479.30亿美元
第27名	正威集团	王文银家族	先进制造业	466.20亿美元
第36名	美的集团	何享健家族	消费业	374.00亿美元
第38名	碧桂园	杨惠妍家族	智能基础设施	348.70亿美元
第41名	大连万达	王健林家族	先进制造业	326.60亿美元
第64名	万向集团	鲁冠球家族	先进制造业	250.00亿美元
第75名	台塑石化	王永庆家族	能源业	210.40亿美元

资料来源：安永会计师事务所，瑞士圣加仑大学.2019全球家族企业指数（Global Family Business Index 2019）.

（三）中国家族企业财富管理现状

招商银行发布的《2021中国私人财富报告》显示，中国高净值人群数量在不断增加，2020年可投资资产在1 000万元以上的中国高净值人群数量达到262万人。

在外部经济环境复杂多变、家族财富不断积累、家族企业普遍面临代际交接的背景下，企业家对于家族已积累财富的管理需求日益旺盛。

目前，我国家族企业的财富管理目标也从单纯的资产增值向资产安全、有序传承等多元化的方向发展。此外，家族企业还希望通过有效的家族财富管理提升企业竞争力，实现家族与企业的协同发展、长治久安。除了核心资产，家族还需要通过投资组合的多样化来分散风险，如流动资产、半流动资产以及其他公司股份的组合等。有保障的家族财富管理是实现家族可持续发展的重要前提。家族信托作为家族财富的管理手段之一能够起到延续财富的作用，达到使之永续传承的目的。

延伸阅读7-1

慈善基金会与家族信托

通过慈善基金会、家族信托基金等机构控股企业的模式如今颇为流行。如2009年3月，福耀玻璃董事长曹德旺宣布，捐出家族所持有福耀玻璃股份的58.8%（市值约35亿元），成立河仁慈善基金会。曹德旺表示，基金会能代替他行使福耀玻璃大股东的权责，并且可以通过高抛低吸投资股票，但基金会所持福耀玻璃股权的上下浮动范围不能超过入股时比例的10%。

除了慈善基金会外，以家族信托基金控股企业也逐渐成为企业家重点关注的财富管理手段。不少香港家族，如长江和记实业的李嘉诚家族、恒基的李兆基家族、新鸿基地产的郭氏家族等，都使用家族信托来控股企业。内地以家族信托基金控股企业的例子如1997年成立的雅居乐集团，其原本由陈氏五兄弟分别持股，为完成2005年12月赴香港上市的目标，陈氏家族将集团业务进行了重组，成立了香港上市公司雅居乐地产，并将分散的家族股权集中后注入一家名为Top Coast的投资公司，以其作为陈氏家族信托的受托人，陈氏五兄弟及其中一位的妻子为受益人。Top Coast仍持有雅居乐地产60.8%的股权，为其第一大股东，能直接参与股东大会和董事会的决策。陈氏家族通过家族信托实现了股权集中。

资料来源：范博宏．关键世代：走出华人家族企业传承之困．北京：东方出版社，2012：101-102.

第三节 家族企业公司治理与家族传承

一、家族企业公司治理的特征

（一）所有权和控制权集中

美国公司的股权分散现象一直到20世纪80年代都在学者的研究中不断得到印证（Grossman and Hart，1980），因此当时对现代公司的认知主要建立在股权分散的假设之上。然而后来的研究显示，美国的大型公司存在股权集中的现象，在其他发达国家和发展中国家，股权集中程度甚至更高，而且控股股东的身份大多是家族（La Porta et al.，1999）。

1. 利益协同效应

股权的集中可能产生利益协同效应（Claessens et al.，2002），即大股东具有强烈的动机来最大化公司价值，并且有能力收集信息来监督管理层，因此股权集中有助于缓解股东与管理层之间的代理冲突。大股东也有强烈的动机向管理层施压，有效提高对公司资产的控制权，提高决策执行力，从而有利于企业发展和企业绩效的提高。在利益协同假说下，大股东手中的现金流权越集中，股东积极运营公司的动机就越强，因为公司的有效运转会增加股东财富。

对于小型家族企业来说，集中的所有权和控制权无疑是一种有效的安排。这种架构不仅可以更加高效地利用家族企业中的优势资源，还可以减少委托代理冲突。对于大型家族企业来说，集中的所有权同样有助于提高企业的决策效率，更有效地监控管理层行为。美国对少数股东的法律保护表明，创始家族在公司中长期存在可能会为公司提供竞争优势。例如，杜邦家族200多年来一直持有杜邦公司大量股份（至少15%），这表明家族愿意投资于长期项目，而不是局限于短期利益。

2. 利益侵占效应

但是，股权集中也可能产生利益侵占效应(Claessens et al.，2002)，由于拥有大量的现金流权，创始家族有能力采取行动使自己受益，甚至以牺牲公司业绩为代价。大股东的控制权越集中，越有能力掏空公司价值，当所有权和控制权分离程度较高时，利益侵占问题尤为严重，因为此时掏空意愿受到所有权的约束较少。Grossman and Hart（1980）提出了“控制权私人利益”的概念，它指的是控股股东以牺牲少数股东为代价所能获得的利益，对于家族企业来说，即家族大股东以牺牲非家族公众股东为代价所攫取的利益，家族还可以通过过度补偿、关联方交易或特别股息等方式从公司攫取财富。例如，福特汽车的资本重组计划增加了家族的投票权，却没有向公司的其他股东提供补偿，这导致了广泛的批评，认为董事会的计划以牺牲其他股东的利益为代价使家族受益。

集中的所有权也降低了其他代理人竞标的可能性，从而降低了公司的价值。家族在选择经理和董事中的作用也可能会阻碍第三方获取公司的控制权，这表明与非家族公司相比，家族控制可能需要付出更大的管理者人力资本，并且可能导致更低的公司价值。

与这一观点相一致的是，Shleifer and Vishny（1997）认为，股权集中可能给公司带来的最大成本之一是，即使大股东不再有能力或资格管理公司，他们也会积极对管理决策施加影响。例如，控制性家族的存在可能会对员工的努力和生产力产生负面影响。此外，家族有动机将员工的薪金重新分配给自己，即家族大股东可能通过管理层为家族利益服务。许多类似的利益侵占行为可能会导致公司业绩不如非家族企业。

（二）控制权增强机制

Claessens et al.（2002）发现，东亚经济体中家族企业的所有权和控制权分离最明显。大股东可以通过多种方式获得超越现金流权的控制权，包括金字塔结构、双重股权结构、交叉持股，以及超额派驻董事或管理层等方式（La Porta et al.，1999；Villalonga and Amit，2009）。

1. 金字塔结构

金字塔结构可通过以下例子来解释：一个家族持有 A 公司 15%的股权，A 公司持有 B 公司 20%的股权，那么该家族持有 B 公司 3%的现金流权（控制链上持股比例的乘积：15%×20%），持有 B 公司 15%的控制权（控制链中最薄弱的一环：min(15%，20%)）。由于我国 A 股主板市场不设置双重股权机制，金字塔结构可能是我国家族企业中最常见的控制权增强机制。

2. 双重股权结构

双重股权即同股不同权机制，是指赋予一股股票不同份额的表决权，使部分股东享有高于一股一票的投票权。纽约交易所和纳斯达克市场均允许上市公司采用这样的股权结构。港交所于 2018 年 4 月开始允许双重股权结构公司上市。另外，我国 A 股市场中 2019 年 6 月开板的科创板也允许双重股权结构的公司上市。

3. 交叉持股

交叉持股是指一组公司相互持股，其所有权的相互关联使得集团成员倾向于相互支持，于是就形成了投票方面的联盟。通过金字塔、双重股权和交叉持股巩固控制权的机制在世界各地都很常见。一般来说，控制权超过现金流权的幅度越大，企业的市场价值下降越多，这被视为控股股东侵占私人利益的证据。

4. 超额董事

此外，Villalonga and Amit（2009）发现，美国上市家族企业使用的主要控制权增强机制还包括不成比例的超额董事会代表，即董事会中代表家族利益的董事比例超过家族持股比例。家族控股股东通过这一方式，能够在经营决策投票权上增强家族的控制。

上述控制权增强机制虽然能够巩固家族对企业的控制，但也存在缺点，比如降低企业透明度、提高融资成本。

案例 7-1

冠城大通家族控制权增强机制

冠城大通（股票代码：600067）由韩氏家族控制，后者通过多条控制链拥有公司 23.07%的股权。该公司的创始人韩国龙通过四层金字塔间接持有上市公司 4.75%的股份。他个人拥有新京国际 80%的股份，新京国际持有海淀集团 36.16%的股份，海淀集团则拥有星辰有限公司 100%的股份，星辰有限公司是冠城大通的第二大股东，拥有 16.39%的所有权。韩国龙对冠城大通的所有权是控制链上所有这些股份的乘积：80%×36.16%×100%×16.39%=4.74%。

与此同时，韩国龙的儿媳薛黎曦持有福建丰榕投资有限公司 68.5%的股份，由于福建丰榕投资有限公司持有冠城大通 26.74%的股权，因此薛黎曦对冠城大通的间接股权为 68.5%×26.74%=18.32%。因此，韩氏家族在冠城大通的合计持股比例为 4.74%+18.32%=23.06%。

韩氏家族对冠城大通的投票控制权为 43.13%，是每条控制链中最薄弱环节的总和（16.39%和 26.74%），比家族的持股比例高 20.07 个百分点，即控制权为持股比例的 1.9 倍。韩氏家族对冠城大通公司的控制权通过其对董事会的控制进一步提高：9 个董事会席位中家族占有 4 个，占比 44.4%，略高于 43.13%的投票控制权。其中，韩国龙作为创始人兼任董事长，其大儿子韩孝煌为副董事长。他的另一个儿子韩孝捷及其妻子薛黎曦占据了董事会的另外两个席位。此外，韩孝捷是该公司的 CEO。

资料来源：根据公司年报资料整理.

（三）家族所有权分配

产权与交易成本理论是分析家族企业所有权与管理权分配的基础。在节约交易成本的框架下，有两个问题需要考虑。第一个问题是，家族为什么以及何时应该长期持有一家公司的大部分股份，并传承至几代人；第二个问题是，从长远来看为什么以及何时应该由创始家族成员而非外部专业人士来管理公司。

企业所有权在多大程度上集中于创始人，或分散在利益相关者之间，取决于控制权与利益之间的权衡。在创立阶段，企业规模较小，利益相关者数量有限，企业的所有权往往高度集中，控制的好处超过了向外融资和与利益相关者保持一致的好处。随着公司的发展，增长的需求决定了更多的利益相关者参与进来。因此，创始人会把所有权股份转让给关键的利益相关者，以实现融资和利益协调的目的。

在家族成员之间分享所有权是家族企业独有的一种所有权分配机制。除了利益一致外，将公司所有权分配给家族成员也可能是出于继承等原因。此外，所有权分配的模式会受到家族结构演变、继承法和遗产税等因素的影响。在我国，分享所有权的家族关系集中于核心家庭，即夫妻、父母子女以及兄弟姐妹；此外，其他姻亲关系和叔侄等亲属关系也在家族企业中广泛存在，如图 7－8 所示。

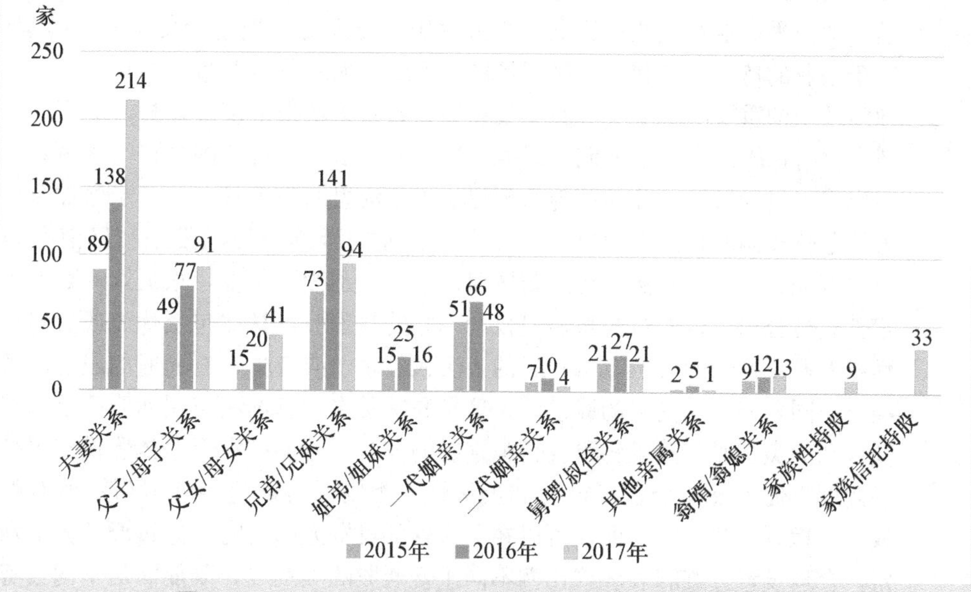

图 7－8　2015—2017 年赴港上市内地家族企业亲属关系变化

资料来源：福布斯中文网．

中国当代家族企业始于 20 世纪 80 年代的白手起家，经历了 90 年代与国有企业的竞争，逐渐成为中国经济活力的重要来源。发展至今，大部分已度过初创期，并且广泛进入传承换代时期。随着家族企业的发展壮大，家族内部关系也发生了相应的变化，在产权方面这种变化尤为明显，很多家族企业开始面临家族内部代理冲突（贺小刚等，2011）。

家族斗争常常伴随着企业股权的争议。例如，香港镛记酒家的甘氏家族斗争，关键原因在于有缺陷的股权设计。依照创始人甘穗辉的安排，两个儿子甘健成和甘琨礼各持有镛记控股 35％的股权，余下 30％由女儿甘美玲、妻子麦少珍、儿子甘琨岐各持有 10％。父亲的意愿是要甘健成和甘琨礼合作，并且照顾其他亲人。虽然如此股权分配明晰了分红权，但股权意味着控制权、分红权和转让权三项权利，这一股权分配埋下了日后企业经营的隐患。镛记创始人希望甘健成和甘琨礼兄弟合作、平分权力，并在此思维下平分股权于二人。然而事与愿违，平分股权未能保证兄弟和谐，反而弱化了企业的有效控制。最终在甘健成不知情的情况下，甘琨礼取得了妹妹和三弟各10%的股权，使自己的股权由35%增至55%，成为镛记控股的大股东。之后甘琨礼安排儿子进入董事局，不仅影响了甘健成的控制权，限制他接触集团财务文件，更令他对甘琨礼失去信心，希望将股权出售给甘琨礼后退出董事局。

综上所述，所有权向家族或其他利益相关者扩散的速度取决于家族、市场和制度等诸多因素，包括家族复杂性、传承及其他家族结构变化、外部融资需求、继承文化、法律和税收、产权保护等。这些因素可能成为保持家族控制的障碍，并对稳定经营造成不利影响。

实际上，家族企业作为家族最为核心的资产，在企业创始人年老或者逝世之后，如何平稳地将企业过渡到继承人手中、更好地实现家族传承和保持家族控制，对于企业的持续发展和中国民营经济的不断壮大起着至关重要的作用，也是家族企业治理中的重要问题之一。新《公司法》着眼于增强上市公司核心竞争力，为加强股东权益保护提供了重要制度保障。新《公司法》将对中国公司治理体系产生系统性影响，也为家族企业控制与管理提供了新的思路与工具，进一步敦促家族企业向着规范化和制度化的方向发展，为家族企业的延续与传承带来利好消息和新的良方。例如，新《公司法》正式新增引入了“类别股”制度，根据第一百四十四条规定，股份公司可以发行与普通股权利不同的类别股，具体包括优先或者劣后分配利润或者剩余财产的股份、每一股的表决权数多于或者少于普通股的股份以及转让须经公司同意等转让受限的股份等。这是我国首次在基本法律层面明确了与普通股不同权利的类别股，并且将可发行类别股的发行人范围扩大至全体股份有限公司，这一制度将促进公司治理多样化和灵活性。类别股可以将企业股份的所有权、受益权、管理权分离，一方面，可以在引入外部投资人的同时，通过调整公司章程的规定，合理设置分红和表决权比例不同于普通股的类别股，既能满足不同投资人多元化的投资需求，又能在稀释外部投资人股权的同时，将家族企业的控制权牢牢把握在自己手中，从而更有利于家族企业的发展存续与传承管理，实现投资人和家族企业的双赢；另一方面，类别股的优先或劣后属性及限制转让的条件，可以使家族非核心成员仅享有有限的分红权，确保创始人始终能把握公司的经营方向，减轻身份关系变动对企业经营的稳定性的影响，避免因婚姻、继承等家族成员的变动稀释公司创始人的股份，导致股权外流、公司控制权丧失，保障家族资产的安全性。此外，新《公司法》在第一百四十二条中新增无面额股制度，这一制度的设立增加了公司资本发行的灵活性，股票的数量不再与公司的注册资本金挂钩，公司可以根据市场行情决定发行股票的面额，这可以大大地提高公司的融资效率，利用发行股票面额的差异，创始股东可以以较小的资金投入获得较多的股份，以较少的股份获得较多的外部投资，在切实减轻创始股东的负担的同时，为家族企业的发展注入新的资金，同时确保了创始股东的控制权。新《公司法》规定类别股、面额股的主要原因是基于单一的普通股模式、固定面额股票无法满足资本市场多元化的投资需求，无法满足不同公司实行不同治理结构的需求，《公司法》的本次修订为市场经济的发展注入了新的活力，也为家族企业的进一步壮大提供了条件。

从全球实践来看，类别股在中国香港地区和国外资本市场发展均已较为成熟，在众多家族企业控制实例中已经发挥了重要作用。以美国福特汽车家族为例，创始人亨利·福特将公司股票拆分为无投票权的普通股和拥有完全投票权的B类股，而B类股只有福特家族成员才可以持有，并且规定："只要福特家族持有的B类股股数大于6 070万股，在公司的投票权就是40%，其余股东不管持有多少股份，只能拥有60%的投票权。"这种类别股的设立，使得福特家族可以凭借6%的小比例股份拿到40%的投票权，牢牢掌握着公司的控制权，保持着绝对控制力。这种股权设计也被广泛应用于后来的企业实践中，通过合理调整分红和表决权比例，家族企业可以满足不同投资者的多元化投资需求，同时在保持控制权、维持家族企业闭锁性的前提下吸引外部投资，并更好地管理和控制家族企业。

案例7-2

七匹狼家族所有权分配

和闽南的大多数家族企业一样，七匹狼公司由兄弟协力创办。周少雄在1985年辞去公职从商创立公司，之前一直在帮父亲做事的三弟加入公司帮助他，大哥周永伟则负责帮助两个弟弟进行融资，并且不断把自己的社交网络介绍给他们，其中有些人成为周氏兄弟的生意伙伴。但是和其他兄弟协力创办公司不同的是，从一开始三兄弟就达成共识：这是兄弟共同的事业，尽管他们进入公司有先后，可能每个人对公司的贡献也不同——大哥周永伟直到1993年才辞去工作全职进入公司。在很长一段时间内，公司没有清晰的股权结构，公司由三兄弟共同拥有，从来没有人考虑过自己在其中的位置和利益。直到意识到这种模糊状态可能会妨碍公司未来的发展，三兄弟才开始明确每个人在公司中的股权，但是仍然采用了一种传统方式：以平分为原则，且年长的老大多得一些。

在公司的初创期，当三个人都专注于服装业务时，他们也会争吵，摔杯子，甚至长达数天互相冷落。但这些分歧最终都会得到解决，因为公司必须前行。而随着公司的成长，以及每个人角色的清晰，这种争吵也在逐渐减少。最后，比较感性、决断力强又偏好投资的大哥开始专注于投资业务，之前一直负责公司运营的周少雄则接替大哥成为公司董事长，由三弟辅助他来专注于公司的服装业务。在这个过程中，七匹狼实现上市，并不断引入经理人，逐步具备了现代公司的治理机制。

资料来源：根据相关资料整理.

（四）家族企业董事会

基于现代企业所有权与经营权分离的要求，董事会成为公司治理的核心。董事会的设置没有统一的标准，但每一种选择都有相应的成本与收益。比如，董事会中有较高比例的家族成员，体现出家族对企业经营的高度控制；聘请有政府背景的董事有利于企业争取资源与市场，显示出该企业的经营较为依赖政商关系，但未必能创造股东价值，并可能付出公司价值折损的代价；聘请高校教授担任独董可以满足合规要求，同时引入中立立场与专业知识，提升企业声誉，增强投资者信心，但高校教授对于行业的实务经验相对缺乏，能否对公司的经营进行有效监督与提供有效咨询。

关于家族企业董事会，大多数研究者认为应在家族企业的董事会结构中增加独立董事的比重，以平衡家族成员的内部人控制。关于家族成员担任董事，从代理理论的角度来说，家族成员进入董事会是源于控股家族具有极强的动机对公司管理层进行控制，控股家族的风险偏好程度、对长远发展的计划都会通过家族董事对管理层的行为施加影响，导致不同的投资选择、创新行为或经济后果；从管家理论的角度来说，代表家族利益的家族董事与公司有高度的情感联结，更加容易以公司财富管家的身份推动经营决策朝着有利于家族长期利益的方向发展。

也有研究认为家族成员担任董事会有负面效应，比如过于保守而容易错过高风险高收益的投资项目或减少公司创新（Corbetta and Salvato，2004）。此外，超越家族股权份额的家族董事席位是家族的控制权放大机制，可能代表着控股家族有掏空的倾向，对企业价值及融资成本存在负面影响（Villalonga and Amit，2009）。

根据中国民营经济研究会的《中国家族企业发展报告》，在私营企业总样本中，企业主家族成员平均占董事会席位的31.89%；在家族企业样本中，家族成员平均占董事会席位的40.89%。此外，关于家族企业重大决策的决策主体是否为董事会，调查结果显示企业主本人是第一位的决策主体（57.6%），董事会和股东大会是第二位的决策主体（37.2%）。董事会在重大决策中发挥着越来越大的作用，并且中国家族企业的董事会正在逐渐对外部人士开放。

（五）家族企业管理权

家族企业通常会面临一个重要选择，即是否由家族成员担任公司的CEO或其他高级管理职位。例如，福特汽车公司的CEO，前三任皆为福特家族成员；第四任交棒给已为福特效力25年的非家族成员菲利普·考德威尔，但家族通过双重股权结构仍然对公司有绝对的控制力；直到第九任CEO，这一职位交回到家族第四代比尔·福特手中；到第十任开始又由家族外职业经理人担任CEO。家族企业在考虑家族经理人还是职业经理人时，往往面临两难的选择，需要考虑多重因素。

1. 家族CEO与职业经理人的选择

原则上，公司决策权应授予使公司资产的生产率最大化的人。家族成员的独特贡献可能是创业过程中积累起来的才能和经验，或者更高一层的创始家族权威，使他们能够降低与各种利益相关者（如员工、客户、投资者、政府、监管机构和其他家族成员）的交易成本。这种能力通常来源于无形的价值观、习俗和规范，并构成了信任的基础，使公司内部的契约具有自我约束力。创始家族成员会特别慎重地来保存和分享这些特殊的家族资产，因为终生的相互作用和家族治理机制对非家族成员是不可用的。家族成员越有能力保留这些家族资产，并利用它们使企业更具竞争力，家族成员就越有可能成为企业最合适的管理者。

（1）家族CEO的优势。首先，如果CEO由家族成员担任，则亲缘关系将CEO与控股股东的利益天然地绑定起来，可以减少委托代理冲突。家族CEO能够通过创造企业价值更好地实现其个人财富目标，CEO的在职消费或商业王国建立行为相对较少，董事会的监督成本较低（Schulze et al.，2001）。其次，管家理论认为，家族CEO更认同自己作为家族财富的"管家"，在使命感的驱使下，家族CEO更加关注家族整体财富而非其个人财富（Corbetta and Salvato，2004），信任和情感等对家族CEO形成了软性约束机制。相反，如果CEO由职业经理人担任，没有亲情的约束，CEO的出发点就是其个人的成本和收益，自利行为的动机更强。此外，我国的职业经理人市场不够成熟，在"差序格局"（费孝通，1947）的社会网络机制下，对亲人朋友之外的社会人员也难以建立足够的信任。以往研究提供了相关证据，即在中国上市公司中，经理人私自攫取利益的行为较为严重（Jiang et al.，2010）。

（2）家族CEO的劣势。将一位家族成员推上CEO的位置，代价是把更有能力、更有行业经验的外部专业经理人排除在外，可能导致投资不理想和营利能力较低。让家族成员担任CEO可能会引起非家族高管的不满，因为家族内的人力资本池有限，家族成员的业绩和才能不一定能达到高层管理职位所必需的水平（Schulze et al.，2001）。

案例7-3

王安实验室的接班败局

著名的美籍华人科学家王安在1951年创办了王安实验室，后成为"电脑大王"。公司在不断的创造和推陈出新中蒸蒸日上，鼎盛时期年收入达30亿美元。20世纪80年代末期，王安患上绝症，基于子承父业的惯性思维，王安任命长子王烈担任总裁，众多董事和公司骨干大力反对，认为王烈既没有父亲对技术的精通，也没有父亲的魄力。后期公司由于一连串的重大失误，由兴盛走向衰退，并陷入资金匮乏的困境，但那时王烈仍然对公司的前景充满信心："我们拥有30亿美元的年收入，绝不可能垮台。"然而长子接班3年，曾经忠心的员工纷纷离开，曾经忠诚的客户不愿再等新产品面市，公司最终于1992年破产。

资料来源：侯书森，邱卫东．经营哲学：百年企业巨头成败启示录．北京：中国国际广播出版社，2000：191.

2．家族企业所有权—管理权决策模型

在创业初期，创始人通常是企业的唯一所有者和管理者。随着时间的推移，他可能会将部分所有权或管理权转让给更多的人——有时是家族成员，有时是家族之外的专业人士。Bennedsen and Fan（2014）基于家族资产的重要性和障碍的严重性提出了家族企业所有权—管理权决策模型，其可以作为理解家族企业所有权和管理结构演变的框架。所有权和管理权的演变导致了四种可能的公司类型，如图 7－9 所示。

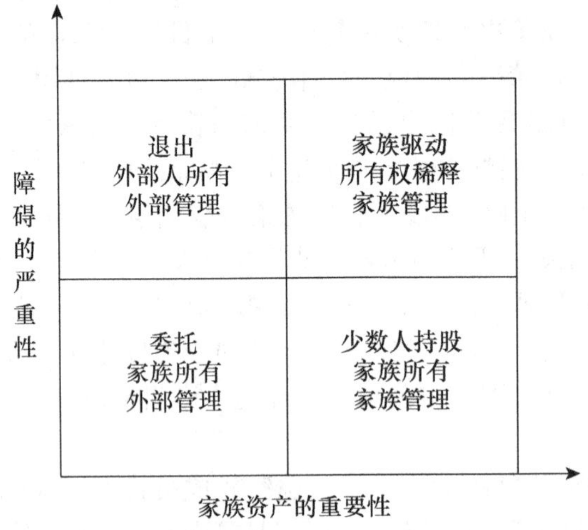

图 7－9 家族企业所有权—管理权决策模型

资料来源：M. Bennedsen, J. P. H. Fan. The Family Business Map. London: Palgrave Macmillan UK, 2014.

第一，创始家族越有能力保护家族资产，越能克服传承障碍，这个家族就越有可能拥有并长期管理公司——形成一个由少量家族成员控股并管理的公司。

第二，如果一个家族能够绕过障碍挑战，但却无法转移家族资产，那么这个家族将保持企业的所有权，同时将企业决策权委托给外部管理者——创建一个受委托的家族企业。

第三，如果一个家族能够持续为公司作出独特的贡献，但面临严重的障碍，那么这个家族可能交出所有权，但继续管理公司——创建一个家族驱动的、分散的控股公司。

第四，如果一个家族无法利用好家族资产并绕过传承障碍，那么这个家族就有可能交出公司的所有权并退出管理层，公司就会变成一个分散所有、专业管理的公司。通常来说，前三种公司才被认为是家族企业。

这一框架构建了一个非常简单的模型，但实际情况中肯定包含更多复杂的问题。例如，尽管该模型认为家族资产（如信任和关系）越重要，家族管理的可能性越高，但实际上家族股权的集中是激励和维系家族成员的一种重要手段。此外，在产权保护薄弱的国家，当企业面临巨大的制度障碍时，往往需要依赖关系网络（丰富的家族资产）。在这种情况下，家族资产和障碍都受到共同的外部因素影响，而该框架可能无法清楚地描述这些共同因素。

家族企业所有权—管理权决策模型的另一个前提是，家族企业面临非家族企业不需面对的障碍，需要积极设计治理机制来降低这些障碍的成本。例如，制度上的障碍，包括法律、监管或文化上的挑战。一个突出的例子是中国在 2016 年之前实行的独生子女政策。该政策是为了缓解社会、经济和环境问题而制定的，而政策制定者并没有充分预见到它对商业的影响。据国家统计局数据，1979—2011年，计划生育政策使中国少出生了4亿人口。而新一代的企业家创造了数以百万计的私营企业，其中许多企业家现在正接近退休。由于独生子女政策，中国的创业型家族比其他国家家族企业的后代少得多。独生子女政策所造成的家族企业障碍，对于中国家族企业的传承提出了重要的挑战。有学者对此提供了实证研究证据，发现中国的创始家族如果只有一个孩子，传承管理权的可能性便会降低3%，成年子女参与到家族企业经营的可能性就会降低14%，孩子数量少也降低了家族企业上市的愿望，减少了家族企业在投资和研发中的投入（Cao et al.，2015）。

案例7-4

均瑶的治理转型

相较于王安实验室的没落，同样是创始人患病离世，均瑶集团的治理转型则准备得较为充分。均瑶集团由王均瑶、王均金及王均豪三兄弟创办，1994年进入乳制品行业，王氏家族持有均瑶集团60%的股份。2004年，时任集团董事长的王均瑶因癌症去世，王均金、王均豪分别出任董事长、副董事长。2005年，王氏兄弟退出经营，聘请毕博管理咨询大中华区前总裁黄辉为集团CEO，全面负责公司业务。王氏兄弟明白，每一代都培养出优秀的家族管理人才是不现实的。王均瑶临终前对企业的控股权也想得通透，他希望企业能实现股权“三三制”，即家族、管理层、社会公众各持1/3。基于这样的计划，公司培养了一批忠实的人才，得以平稳过渡。另外，均瑶集团成功将王均瑶的个人品牌转化为企业品牌，“均瑶”不再仅是依托于创始人个人的特殊资产，而是成为一个可转让的市场品牌和属于企业的集体财富。这就像迪士尼乐园、福特汽车、张小泉剪刀、王老吉凉茶等知名品牌一样，一旦经过市场考验，为公众所接受，自然成为企业的无形资产。企业的继任管理者必须认同该无形资产背后的理念，持续为其品牌增值，才可避免无形资产随着创始人的离世而消散。

资料来源：范博宏．关键世代：走出华人家族企业传承之困．北京：东方出版社，2012：202.

二、家族企业代际传承问题

中国的家族企业经过40多年的高速发展，正集中面临代际传承的问题。高净值人群不仅享受着指数化的财富积累，也在有意识、有步骤地考察与培养后备人才，将自己的创业成果托付于接班人。基于家族企业在民营经济中的重要地位，家族企业能否顺利传承，不仅直接关系到企业自身的经营，而且关乎国民经济、就业、环保，甚至是社会稳定问题。

（一）中国家族企业传承现状

我国家族企业正进入代际传承高峰期。2011年中国民营经济研究会家族企业委员会发布的《中国家族企业发展报告》显示，从2012年开始的5～10年约有3/4

的家族企业面临传承问题。民生银行联合胡润百富发布的《2014—2015 中国超高净值人群需求调研报告》也有类似结论，近七成超高净值人群面临家族传承的问题。

家族企业的传承涉及传承制度与计划、接班人选择和培养、家族成员的职业发展、传承后家族企业的公司治理等诸多问题。老一辈与新一代的成长环境、学习与生活方式等普遍存在天壤之别，而中国经济社会的高速发展又进一步放大了两代人的差异。这从两代企业家所从事的产业可见一斑，二代企业家从事金融与投资、房地产、科技、通信等行业的比例比一代企业家明显上升，而一代企业家更多地集中于传统制造业、贸易、能源等领域。

中信银行私人银行与胡润研究院联合发布的《2018 中国企业家家族传承白皮书》显示，抽样的家族企业中，有相当数量的企业仍处于第一代创始人的管理控制之下，第一代企业家的平均年龄为 54.7 岁，61 岁及以上的企业家占总样本的 23.8%，近期将出现大量企业家先后退休、第二代继任者上任的情况。而继任者所应具备的创业精神、管理知识与经验均需较长时间的培养，因此重视传承问题并作出明晰的规划是保障家族企业未来平稳交接的基础。

1. 两代企业家对传承载体的认知

表 7-2 所示的调查结果显示，一代和二代企业家均认为精神财富是传承的首要内容，而物质财富的传承次之。表 7-3 所示的结果进一步表明，在精神财富的传承中，二代企业家对企业核心价值、政商人脉关系、技艺、管理领导方式这四个方面的传承的重视程度均高于一代企业家。

表 7-2　企业家家族传承的主要内容（%）

项目	二代企业家	一代企业家
精神财富传承	62.0	56.7
物质财富传承	54.0	48.5

表 7-3　精神财富传承明细调查（%）

项目	二代企业家	一代企业家
企业的核心价值传承	46.0	31.1
政商人脉关系传承	44.5	23.6
技艺传承	42.0	28.5
管理领导方式传承	41.0	39.7

资料来源：中信银行私人银行，胡润研究院．2018 中国企业家家族传承白皮书．

2. 两代企业家对家族传承的态度

数据显示，二代企业家和一代企业家在着手处理传承事宜的时间点上一致：首先以子女年龄为考虑因素，分别达到 39.5%和 40.0%；其次是以自己年龄为考虑因素；企业发展作为考虑因素排在第三位，如表 7-4 所示。进一步调查显示，在以自己年龄为考虑因素的人中，二代企业家更加偏向在年轻时就开始规划

(43.3%)，而一代企业家则偏向在中年时开始规划（40.0%），这也说明二代企业家比一代企业家在家族传承布局上更早，这与他们接受更加开放的教育以及对于现代企业理念的接受能力更高有关；在以企业发展为考虑因素的人中，总体来说两代企业家一致偏向在企业稳定阶段考虑家族传承事宜，但相比一代企业家，二代企业家有更多人选择在企业初创时期就开始考虑家族传承事宜，表明二代企业家希望更早布局家族传承事宜，家族传承觉悟更高。

表7-4 企业家选择开始着手处理传承事宜时间点的考虑因素（%）

考虑因素	二代企业家	一代企业家
子女年龄	39.5	40.0
自己年龄	33.5	38.0
企业发展	27.0	22.0

资料来源：中信银行私人银行，胡润研究院．2018中国企业家家族传承白皮书．

3. 两代企业家对家族传承方式的偏好

数据显示，在企业家偏好的家族传承方式中，两代企业家对于律师事务所、建立和培养职业化团队、信托公司、私人银行这几种传承方式的偏好均超过22%，但对于自主传承和遵从中国传统习俗的偏好较弱。同时，二代企业家对律师事务所的偏好程度比一代企业家高出13.6个百分点，在遵从中国传统习俗这种自然传承方式的选择上，二代企业家表现出比一代企业家更加开明的态度，如表7-5所示。

表7-5 企业家偏好的家族传承方式（%）

传承方式		二代企业家	一代企业家
现代传承方式	机构——律师事务所	37.1	23.5
	非机构——建立和培养专属的职业化团队	31.0	32.9
	机构——信托公司	27.4	23.9
	机构——私人银行	22.8	23.9
自然传承方式	自主传承，顺其自然	18.3	22.0
	遵从中国传统习俗（如传男不传女，长子继承）	3.0	14.5

资料来源：中信银行私人银行，胡润研究院．2018中国企业家家族传承白皮书．

4. 企业家对于家族传承的关注点

由数据结果可知，多数一代企业家传承意识相对被动，提前规划理念较弱，同时也缺乏足够的时间和精力去培养子女的接班意愿和激发子女接班能力，因此一代企业家家族传承的痛点主要来源于：担心子女无法胜任、培养经验不足以及对于家族传承的认知不全面而导致难以制定家族传承计划。相比之下，二代企业家对专业机构的关注度更高，更希望由具备丰富经验的外部服务机构或专业工具管理家族传承事宜。从数据来看，缺少打理家族传承事务的专业机构排在二代企业家关注点的第一位（47.5%），而排在一代企业家传承关注点的第五位（25.6%）。详情如表7-6所示。

表 7-6 企业家对家族传承的关注点（%）

关注点	二代企业家	一代企业家
缺少打理家族传承事务的专业机构	47.5	25.6
担心子女无法胜任，对培养方式的经验不足	43.0	29.5
对于家族传承的知识和认知不完善	41.0	28.5
传承计划的方向不明确，不知道如何制定	38.0	27.2
家族传承的不确定因素多，无法面面俱到	36.5	26.2
精神、理念等无形资产的传承难以实现	30.5%	26.2
信息来源渠道少	29.5	21.0
传承的可持续性不足	26.5	18.7
无法满足自身个性化的需求	25.5	25.2
传承的完整性无法达到预期	20.5	18.4
缺乏公平和满意的传承机制	17.0	10.2

资料来源：中信银行私人银行，胡润研究院. 2018 中国企业家家族传承白皮书.

此外，根据福布斯中文网发布的 2017 年家族企业掌权二代出生年代分布，可以发现掌权二代主要集中于 20 世纪 80 年代（46%）与 70 年代（31%）出生，如图 7-10 所示。第二代企业家目前正处于知识、经验、精力的高峰时期，如果他们能够将一代创始人所积累的价值观、行业经验、政商关系等重要的特殊资产良好地继承并应用，会给企业带来较大的增量价值。

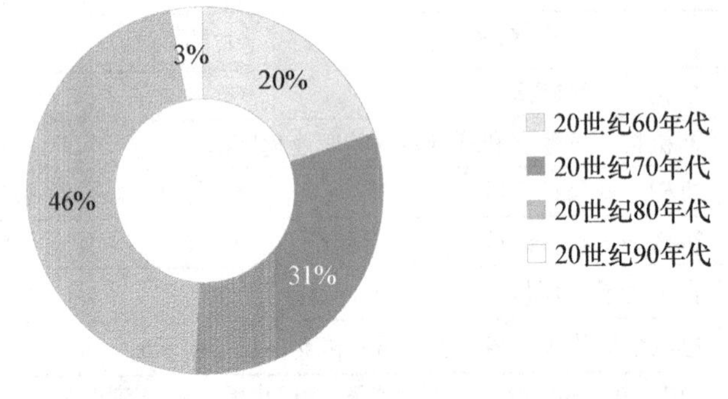

图 7-10 2017 年家族企业掌权二代出生年代分布

资料来源：福布斯中文网.

（二）四种传承模式下的公司治理

家族企业的传承可以分解为两个维度：一是管理权的转移，二是所有权的转移。在管理权的维度上，管理权可以留给家族内部继承人，也可以转移给职业经理人；在所有权的维度上，股权可以集中于家族内部，也可以将部分股权向公众或员工转移。基于这两个维度，李秀娟和张燕（2017）将家族企业的传承方式分为四种：家族私有并由家族管理、公司公众化但保持家族管理、家族私有但由职业经理人管理、公司公众化并由职业经理人管理。在每种传承模式下，家族企业都面临不同的管理鸿沟、文化鸿沟、情感鸿沟等挑战。

1. 双权集中——家族私有并由家族管理

大多数家族企业的成功与一代创业者强势的个人能力与决策判断力密不可分。目前中国的大多数家族企业仍处于一代掌权状态，控制权与管理权掌握在一代家族手中。控制权与管理权的稳定是一个企业可持续发展的保障，尤其是对于家族企业来说，当股权和管理权双权集中时，企业命运与家族意志的关联就会得到集中体现。

这种双权集中的传承模式和中国传统的"子承父业"思维是一致的，即股权和管理权均保留在家族内部。家族企业股权的传承实质上是家族财富的传承和分配；家族企业管理权是对企业实际运营的控制权，体现了家族成员对企业的管理行为。"子承父业"这种传承方式通常包括两步。第一步完成的标志是二代成为董事长（或总经理，即管理权由一代传承至二代），第二步完成的标志是二代成为企业的实际控制人（股权由一代传递给二代）。对于双权集中下的传承而言，对继承人的选择就显得尤为重要，很多老字号企业就是由于继承人不堪重用而衰落，有些企业更是因后继无人而消亡。

代理理论认为，当所有权和管理权统一于家族时，企业内部的代理成本最小。此外，职业经理人市场的不完善也加大了企业引入外部经理人的成本和风险。在中国，内外有别的"差序格局"使家族与非家族成员之间的信任相对难以建立，而家族成员之间的情感联结更容易建立起隐性的契约机制。这对于目前中国第一波家族企业传承高峰来说，是非常有利于家族内交接和发展的条件。

但是，在双权集中于家族的情况下，家族成员参与经营的人数越多，越可能产生内部的竞争与利益冲突，实际上越不利于代际传承。因此，对继承人的选择格外重要。一个代表性的例子就是方太集团，其传承模式就是股权与管理权均掌控在家族名下，但创始人茅理翔通过提前准备的机制将企业的管理权逐步完整过渡给儿子茅忠群，避免了家族内部争夺管理权的内耗可能。只有当家族下一代具备充分的管理能力时，管理权在家族内的传承才是有利于企业长期持续发展的。这也是家族企业一旦发展壮大，就需要采用现代企业治理模式，聘任有能力的外部经理人来担任高管的主要原因。方太的茅忠群在接班过程中展现出了超群的创新意识和管理能力，在企业内部培养、与企业共同成长的他无论在专业技能还是管理理念上都非常出色，这是方太在战略上保持专注的重要保证。

案例7-5

方太集团的传承模式

方太集团由茅氏家族创立于1996年。创始人茅理翔担任董事长，儿子茅忠群担任总经理。在这种双权集中的状态下，父子俩在资源和学识上优势互补，共同创建出新思路、新理念、新经验、新模式。

在采取双权集中模式的同时，公司同样不排斥职业经理人的引入，在二代接班的道路上完善了规范化的治理结构。公司除了茅理翔担任董事长、茅忠群担任总经理外，总经理以下的中高层干部多数是非家族职业经理人。而且该公司的职业经理人中，有十多位来自世界500强企业，他们被称为职业经理人的“多国部队”，这在全国民营企业甚至是大型国有企业中都是很少见的。

方太集团对于职业经理人的任用和选拔促进了科学的内部管理制度的建立，满足了公司发展对于人才的需求；同时还优化了公司的产权结构，在家族股权集中的模式下，促进了企业“泛家族化”模式的建立。

资料来源：李秀娟，张燕．当传承遇到转型：中国家族企业发展路径图．北京：北京大学出版社，2017：97.

2. 公司公众化但保持家族管理

当企业进入高速发展阶段并面临转型瓶颈时，原有的资本积累方式可能无法满足企业继续发展的融资需求。在这样的情况下，引入战略投资人或通过上市等手段迅速获得发展所需的资金就成为许多家族企业的首选。企业一旦上市，原有的管理结构和发展模式都将受到一定程度的冲击。对于家族企业来说，股权与管理权的平衡，将不再以家族管控为唯一条件，而是以专业化和制度化为导向。

根据福布斯2017年《家族企业调查报告》，从A股上市家族企业来看，二代在企业中担任的职务以董事的比例最高，例如万达集团王健林之子王思聪、世茂集团董事长许荣茂之子许世坛，虽未进入管理层直接参与经营，但都在董事会有一个席位。二代担任次多的职位是总经理一职。而在二代接任的路径选择上，部分家族企业选择让二代从企业内部基层做起，全方位地熟悉企业管理的各个流程，如从车间生产主任做起的三一重工继承人梁治中，从广东分公司做起的修正药业继承人修远。也有家族倾向于让二代直接担任高管职位，从决策者的高度把握公司的整体动向，如21岁即担任万向集团副总经理的鲁伟鼎。2017年家族企业二代任职情况如图7-11所示。

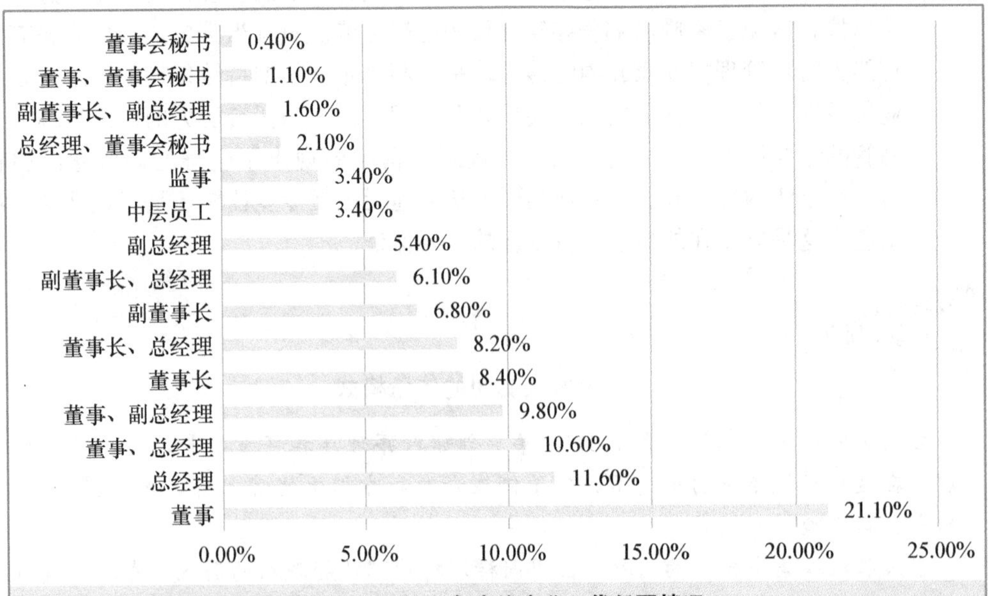

图7-11 2017年家族企业二代任职情况

资料来源：福布斯中文网．

家族企业成功上市后，需要定期披露财务报告，增强信息透明度。无论对于资本市场投资人还是银行来说，企业上市后都更容易获得来自它们的资金支持。此外，上市还提升了家族企业知名度，并使企业更容易获得客户的尊重和信任，增加与客户长期合作的可能性，从而使家族的声誉资本、家族形象和品牌资产形成良性循环。

3. 家族私有但由职业经理人管理

如果家族内部缺乏既有能力又有意愿的继任人选，或者家族企业的发展壮大需要更多外部资源，此时无论是国内还是欧美成熟的家族企业，都会首选将股权和管理权分开，引入外部职业经理人。一种可行的模式就是采用职业经理人对企业进行专业化管理，但在股权上保持家族私有化配置。这一管理模式近年来正在为越来越多的家族企业所采纳，这些家族企业在传承过程中将过去的家族治理模式转变为专业化经营模式。

家族企业一代创始人往往具有强势的管理风格，相对而言，高度集权容易导致管理上制度化不足，这也是许多二代不愿意接管企业的原因之一。在这种情况下，如果家族控股，所有权和管理权相对分离，建立更合理的决策机制，就能够相对降低个人偏好的影响，弱化家族对企业发展的制约。在这一模式中，万事利是一个典型例子。该公司目前正处于家族股权私有，管理权一半由职业经理人掌握、一半由家族掌握的情形。创始人夫妻在股权上保持了对集团的整体掌控，但具体管理权适当外放，并选择了合适的激励机制。

4. 公司公众化并由职业经理人管理

美国和欧洲的家族企业发展历史较长，股份有限公司的形式已成为家族企业转型的基石之一。例如，在美国家族企业中排名第一的沃尔玛和排名第二的福特都是上市的公众公司，但这两家公司都是由专业的职业经理人管理的。

长远来看，这一模式可能也是中国家族企业最终躲不开的选择。根据CSMAR数据库的数据，截至2019年底，A股上市家族企业中采用职业经理人担任CEO的样本量为1 115家，在2 262家上市家族企业中占比49%。

伴随上市而来的是原来集中在家族手中的股权逐渐稀释，而且随着家族的代际更迭，家族成员越来越多，他们与企业的联系也不如创业一代那么紧密。有的家族成员可能不愿再保留其股份，企业公开上市后其股份可以流通，解决了退出障碍。

此外，企业上市后降低了家族的控股影响，适度引入了其他机构与参与者，促进了合理规范的决策机制的构建，并且上市后需要受到来自外部股东、证券监管机构以及审计师的外部监督，从而提高了企业经营的透明度，有利于改善内部治理架构。

美的集团就是最早实行“去家族化”管理的企业之一。何享健早在1997年就引入了职业经理人制度，通过事业部改制和分权经营，借机劝退了部分创业元老，淡化家族对公司的影响。2009年，何享健再度放权，辞去美的电器董事长职位，由职业经理人方洪波接任。2012年，美的集团发布公告，何享健正式卸任，由方洪波接任集团董事长，并担任上市公司美的电器的董事长兼总裁。至此，何享健完成了长达15年的“去家族化”布局，也开创了职业经理人接班的新局面。

总结以上四种传承模式，在家族企业代际传承前、传承中和传承后各阶段，传承制度设计必须通盘考虑各阶段的所有关键条件，是一个动态选择和决策的过程；在此过程中应充分考虑到家族企业领导者与现有家族企业的关系、传承继任者与传承后家族企业的关系，以及家族企业领导者与传承继任者的制度安排和家族企业传承前与传承后的产权安排。

案例 7-6

娃哈哈的二代继承尝试

近年来，内地的二代企业家开始试探性地进入港股市场，为自己的事业开疆拓土，建立属于自己的资本大厦，例如在港股市场大放异彩的中国糖果（08182. HK）。

2017年3月30日，中国糖果发布停牌公告称，已与潜在买家订立意向书，潜在买家拟作出可能自愿要约，以收购公司不少于50%的投票权。

2017年5月12日，中国糖果正式公告新百利融资代表要约人Ever Maple Flavors and Fragrances Holdings Limited提出收购中国糖果全部已发行股份，作价为每股0.356 5港元，较停牌前折让31.44%，以其现有发行股份16.08亿股计算，作价约为5.73亿港元。

要约人Ever Maple Flavors and Fragrances是在英属维尔京群岛注册成立的投资控股有限公司，唯一最终实益拥有人为宗馥莉，娃哈哈创办人宗庆后的独女。宗馥莉现为宏胜饮料集团主席兼行政总裁，而宏胜为大型饮料生产商，总部位于杭州，年营业额约50亿元。

宗馥莉作为娃哈哈集团董事长宗庆后的女儿，也是娃哈哈目前唯一接班人，因此此次要约被外界普遍解读为娃哈哈买壳曲线上市，复牌后的中国糖果股价狂飙，在短短一个月内上涨数倍。

但事实上，宗庆后作为娃哈哈的掌门人已在公开场合多次表示，“企业现金流充裕，没有上市融资必要，且目前娃哈哈股东数量有15 000个，而根据国家法律规定，企业上市之前股东数量不允许超过200个。娃哈哈在2013年已实现全体员工持股，如果上市，员工将与股民共同分享企业利润，员工的回报将变少”。而中国糖果在宗馥莉介入前只有3亿港元左右的市值，且在创业板上市。

所以，综合看起来，这次宗馥莉的“买壳”，应该只是继承者二代开始介入资本市场，小试牛刀的结果，尽管后续的演变还需要时间观察，但对于在资本市场迈开步伐的二代来讲，未尝不是好事。

资料来源：搜狐号“港股那点事”．请忘记白手起家的财富童话，看看华人家族财富的传承密码．(2017-05-27) [2022-09-01]. https://www.sohu.com/a/144098224_162818.

（三）特殊资产的传承

企业家都希望在传承财富的同时，价值观、经营理念、社会影响力和人脉关系也得以传承。不得不承认的是，对于许多家族企业接班人来说，第一代创始人有很多难以复制的特质和能力，如个人权威、对产业的深入理解、眼界与创意、所承担的社会责任、对未来不确定性的判断能力、对政商关系的驾驭能力、特殊的领导模式等，这些资产通常依附于企业创始人并能给企业创造重要价值，是保持企业竞争力的重要因素，构成了重要的家族特殊资产。因此，家族特殊资产可以界定为不能轻易在市场上买卖，或者说交易成本无限大的资产（Fan et al.，2012）。

以政商关系为例，李嘉诚长期保持着两岸的政商关系，这一特殊资产实际上很难由二代完整继承，他 77 岁因病入院治疗时，长江系的股票开始大跌。股票价格当然无法全然反映企业的主观与客观价值，但其变动却能反映投资人对企业未来获利的信心。此外，Bunkanwanicha et al.（2013）研究了泰国 150 个商业家族的婚嫁选择，在这 150 个商业家族的 200 位成员中，有 17 人（8.5%）选择皇亲国戚为嫁娶对象，49 人（24.5%）选择官员政客的子女，93 人（46.5%）选择其他商业家族成员，选择嫁娶其他类对象的只有 41 人（20.5%）。换句话说，这些商业家族成员的婚嫁选择深受为家族事业建立、巩固政商网络需求的影响。这种政商联姻在房地产、电信等与政府采购有关的行业中特别普遍。更有趣的是，这些家族成员的婚姻选择甚至可以影响家族企业的股价。如果选择政商联姻，在子女完婚后不久，父母拥有的家族企业股票的超额回报率可以达到 4%。反之，若嫁娶一般人家，家族企业的股价基本没有反应。

特殊的领导与管理方式也是重要的家族特殊资产，但无法在财务报表中体现出来。例如，娃哈哈集团总经理宗庆后有着专制的管理风格，娃哈哈集团不设副总经理，由宗庆后一手统筹指挥。据称，宗庆后的办公桌上没有电脑，他喜欢亲自签署文件下达命令，有时还亲自撰写每日的销售通报，并在考察市场时直接用电话指示下属迅速行动。很难想象，娃哈哈若没有宗庆后，能否有今天的规模。但展望其未来，创业初期的英雄主义与亲力亲为，在企业与市场发展的成熟阶段，还能否保证企业的持续成功呢？

由于创始人拥有的这些特殊资产难以传给继承人或职业经理人，因此家族企业在传承过程中面临家族特殊资产的传承成本问题。例如，Fan et al.（2012）发现家族企业的声誉或社会政治联系等特殊资产往往伴随着相对非公开的不明晰契约，这些契约并不基于公开透明的会计信息，而是基于内部人的会计体系，这个会计体系依赖于私下沟通而不是公开披露，因此创业型企业的会计信息透明度更低。即使是子女继承，也难以保持这种特殊资产价值的完整性，继承人控制的公司倾向于转向正常的标准化契约，而不再依赖人脉，会偏离基于内部人的会计体系。

第四节　家族信托与公司治理

一、家族信托概述

家族信托作为家族办公室的重要组成部分，近年来受到了广泛的关注。在英美法系地区，家族信托是持有家族所有权的流行工具。例如，Villalonga and Amit（2009）在财富“500”强家族企业样本中发现，信托是最常用的管理家庭财富的机构工具。此外，在高净值人群的家族财富管理需求上，家族信托位于首位，提及率近40%。

案例7－7

“世界船王”包玉刚的家族信托基金与家族办公室

包玉刚被誉为“世界船王”，是香港商界的传奇人物。1955年，包玉刚创建环球航运公司，此后用短短20年左右的时间建立了一支世界上最庞大的船队，并成功地打造了一个金融帝国，名列香港十大财团。在家族传承方面，包氏家族也利用家族信托基金等方式顺利实现了财富和权力的交接，使家族企业蒸蒸日上。

在家族财富管理方面，包玉刚采取了家族信托基金的方式。他将家族产业均分给四个女儿，并通过成立五个家族信托基金来确保女儿们的利益得到保障。这些信托基金中，一个作为整个家族的主体，另外四个由四个女儿和女婿分别管理。特别的是，这些信托设有规定：企业管理权全权交由女婿负责，而最终控制权则留在女儿手中，女儿不干涉丈夫的管理，只负责收取权益。这种模式既保障了家族财富的传承，又充分发挥了女婿们在企业管理上的作用，同时确保了女儿们作为财富受益者的地位，避免了家族内部的财富之争。

此外，包玉刚的大女婿苏海文创立了Golden Alpha单一家族办公室，这个办公室代表家族参与部分投资活动，涵盖直接投资和通过外部基金经理进行的私募和公共投资，由董事会成员直接管理，实现集团的对外投资与收购。同时，包氏家族还设立了一系列家族基金会，作为集团旗下子公司的重要股东，在家族投资和收购中扮演重要角色。

通过这些安排，包玉刚的家族不仅成功打破了“富不过三代”的传统观念，而且至今仍然保持着家族财富的繁荣和事业的持续发展。

资料来源：搜狐网．走进包玉刚家族办公室．（2024－02－17）．

（一）家族信托的概念

家族信托，是指个人或家族委托受托人代为管理、处置家族财产的财产管理方式，目的是实现财富规划及财产传承。家族信托中的资产所有权与收益权相分离，委托人一旦把资产委托给受托人管理，该资产的所有权就不再归他本人，但是财产的收益依然根据他的意愿收取和分配。如果委托人离婚分割家产、意外死亡或被人追债，这笔财产仍将独立存在，不受影响。

家族信托通常涉及三方：委托人、受托人和受益人。三方关系如图7－12所示。委托人是信托的发起人，将其持有的公司股权转让给信托公司，并制定条款和收入分配规则。受托人（信托机构、银行等）是信托财产的管理者和支配者，由财产委托人指定，其主要职责是保护信托财产和分配收入。而受益人是信托财产、财产收益的享有者。一般而言，受益人享有利益是信托设立之目的所在。受益人通常是家族的后代，他们可以根据创始人确定的分配规则分享信托收益。当家族股份转让给信托时，创始人便失去了这些股份的法定所有权，受托人，而不是家族的后代，成为合法的所有者。受托所有权的决定权（表决权）转移给受托人或通常由创始人后代组成的委员会。因此，后代可以继续控制家族企业，行使家族股份的投票权，但他们没有权利出售所有权（Fan and Leungb，2018）。

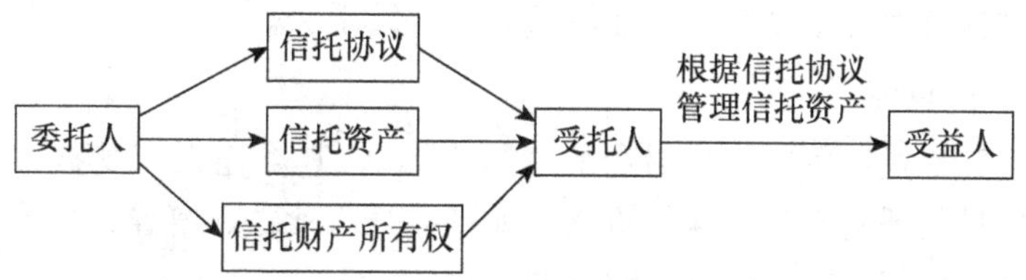

图7-12　家族信托中的三方关系

资料来源：J. P. H. Fan，W. S. C. Leungb. The impact of ownership transferability on family firm governance and performance：the case of family trusts. Journal of Corporate Finance，2018（61）.

（二）家族信托的性质

1. 他益性

信托可以分为他益信托和自益信托两种。他益信托是指委托人指定第三人作为受益人而设立的信托，利用这种形式使他人也能享受自己财产的收益。自益信托是指委托人将自己指定为受益人而设立的信托，通过这种形式，委托人可以把自己不能做、不便做的事项委托给信托机构去做，利用信托机构的专门人才和专业设施，使财产获取更大的收益。

家族信托应当是他益信托。委托人设立家族信托的目的在于维护整个家族的利益，受益人为家族成员。如果委托人将自己设定为唯一的受益人，那么就达不到设立家族信托的目的。如果委托人仅仅是通过家族信托达到避险的目的，设立了自益信托，那么这种信托有可能是无效的。只有在一种特别的情况下，即委托人将自身列为受益人之一，与其他家族成员共同作为受益人，家族信托才有可能成为部分的自益信托，并且这种信托还应当严格限定委托人作为受益人的权利。

2. 家族性

家族性是家族信托最明显、最重要的性质。家族信托与其他信托的本质区别就是家族信托是信托机构受个人或家族的委托，代为管理、处置家族财产的财产管理方式。家族信托中委托人和受益人一定是属于同一家族的成员。

受益人的范围非常广泛，这也正是家族信托的魅力所在。受益人可以是现实中已经存在的家族成员，也可以是未来出生的家族成员，只要符合委托人设定的条件，其子子孙孙都可以成为受益人。家族成员也不一定以血缘关系来界定，根据委托人的安排，无血缘关系的家族成员（如儿媳、女婿）也可以成为受益人。

3. 延续性

家族信托还有一个基本特性，即延续性。信托的目的是进行家族成员之间财产的传承，将财产延续到下一代。

家族信托的期限是由委托人设定的。委托人可以将家族信托设定成永久存续的信托，让家族企业永久地存续下去。但随着委托人的后代越来越多，他们就如何管理家族企业会产生分歧，如果采用传统的继承方式，可能会出现内部的竞争与冲突。所以在家族信托中，家族企业由受托人进行管理，受益人不得干预企业的管理，这样就保证了家族企业能够长久地存续下去。

4. 保护性

家族信托还可以充当财产的“防火墙”。其委托人和受益人不是同一人，由于信托独具信托资产破产保护机制，如果委托人死亡、离异或破产，信托财产不会受其牵连，债权人或配偶都无权拿回。

（三）家族信托的功能

1. 财富传承功能

财富传承功能是家族信托的主要功能。企业创始人的子女可能没有能力继承企业。因此，委托人往往会设立保护信托。保护信托的核心在于，委托人将财产授予受托人，并且指示受托人将收入支付给委托人的子女。另外，家族信托能够保证家族企业的股份不因多个继承人的继承而拆分，从而保证家族企业的稳定和持续。

案例 7-8

马云家族信托

2014 年 9 月 19 日，阿里巴巴在美国纽约交易所正式挂牌上市，截至 2017 年底，马云持有阿里巴巴股份占总股份的 6.4%。其中，马云通过离岸家族信托所持股份占其总持股的 64.4%。

马云的离岸家族信托，以马云为委托人，以马云和他的家人为受益人，通过两个英属维尔京群岛公司——JCP Properties Limited 和 JSP Investment Limited，最终持有阿里巴巴的股票，如图 7-13 所示。此后，无论婚变还是传承，在对阿里巴巴的控制权上，马云作为合伙人之一，按照阿里巴巴合伙人制度决策或行事；在享有的财产权上，配偶和后代将按照马云的信托契约分配或受益。这样就不存在争夺股权或争夺投票权的情况。

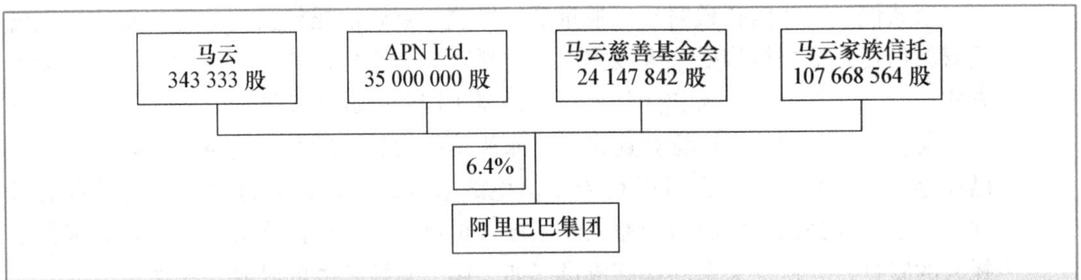

图 7-13 马云家族信托结构图

资料来源：搜狐号“凯银家族办公室”. 10 位富豪 5 000 亿装入离岸家族信托 . (2019-03-13)[2022-09-01]. https:www.sohu.com/a/301077319_99948510.

2. 财富管理和风险隔离功能

家族信托一旦成立，信托财产就既不属于信托设立人，也不属于受益人。按照相关法律规定，信托财产是独立于委托人其他财产的，由此家族信托便具有了风险隔离的特殊功能，从而维护了委托人财产所有权的完整性。同时，委托人的任何变故，都不会影响信托财产的存在。一旦出现债务纠纷，债权人也无法对信托财产进行追索，信托已成为资产保障最有效的方式之一。

家族信托使得高净值者不再将后代作为家族发展的唯一赌注，其将财富交给专业的信托公司进行管理，不仅有利于保障财富的价值，而且由于管理权和收益权的隔离，在家族成员遇到意外死亡等变故时，风险不会蔓延至家族财富。

此外，信托的隔离功能还经常被富裕家族用于规避婚姻关系不稳定带来的家族财富损失风险。一个非常著名的案例就是默多克的家族信托，使得默多克与邓文迪的离婚丝毫没有影响默多克家族对新闻集团的财产权益及控制。

3. 税收优化功能

相对于财产继承来说，家族信托可以起到很好的避税效果。以美国为例，遗产税成了富人在财产传承时应首先考虑的问题之一。例如，美国的遗产税可能高达40%。这意味着，一代之后，原始家庭财富减少了近40%，两代之后，在此基础上又减少了40%。家族信托，尤其是那些在海外低税收制度下建立的家族信托，成为减少甚至逃避遗产税的手段。

中国目前尚未开始征收遗产税，家族信托的这一优势无法发挥。而且，即使开始征收遗产税，政府是否会调整财产转移的税率以减少家族信托的避税效应等一系列问题也是未知数。但不可否认的是，家族信托的避税能力早已成为共识。

4. 隐私保密功能

家族信托的私密性、独立性也十分突出。家族信托设立之后，信托财产的管理和运用都将以受托人的名义进行。一般情况下，受托人没有义务向外界披露信托财产的相关情况。以美国的肯尼迪家族为例：肯尼迪家族财富的世代传承是以信托基金的方式运行的，因此，这个家族的财富一直充满神秘色彩，其财富总量到底有多少，无人确切知晓。直到约翰·肯尼迪成为美国第35任总统之后，他才向公众披露了其个人在家族信托中的受益份额。

5. 风险规避功能

信托是一种灵活的法律架构，通过对架构的设计，可以实现一定程度的风险规避功能。

（1）规避家族继承人能力不足的风险。家族继承人能力不足是家族财富传承过程中普遍出现的问题。过早将家族财产或家族企业交付至家族继承人，家族可能会因为其能力不足而遭受损失。信托在架构设计上可以实现控制权、收益权的巧妙配置，为规避家族继承人能力不足的风险以及培养新的家族继承人提供了一种新思路。

此外，当家族成员直接拥有所有权时，他们的收入（股息）和投票权被清楚地划定。当家族成员决定退出家族企业时，他可以简单地将自己的股份转让给其他家族成员或外人。出售股份的家族成员可以带走一笔财富，而积极购买股份的家族成员可以对家族企业有更强大的激励和控制。

案例 7-9

龙光地产创始人的家族信托设计

在 2014 年《福布斯》富豪榜中，纪凯婷通过多家公司和家族信托，持有龙光地产 85%的股份，身家达 13 亿美元，排第 1 284 位，以年仅 24 岁之龄，取代 Facebook 另一创办人莫斯科维茨，成为榜上最年轻的富豪。

在家族继承人纪凯婷尚且年轻，不具备管理一家上市企业的能力的情况下，作为家族企业的创始人与家族代表人物的纪海鹏，为保障家族企业的稳定与发展，通过家族信托的设计，将企业的控制权留给自己，将受益权给予纪凯婷。

纪海鹏在构建家族财富传承路径的同时，保证了家族企业管理的稳定性，并且可以根据纪凯婷的成长情况，在企业后续经营过程中决定纪凯婷是否参与家族企业的管控，暂时规避了继承人能力不足的风险。这一行为也使得处于公司关键位置的纪凯婷能够学习和参与公司业务，为在未来承担起公司继承人的责任做准备。

资料来源：胡润 2014 全球富豪榜：广东成“富豪之乡”，汕头榜上有名．潮商，2014（1）：39-41.

（2）规避继承程序风险。法定继承、遗嘱继承都会导致家族财产的去向产生不确定性，从而引发许多风险，这里主要讨论继承程序的风险。选择信托进行家族财产的代际流转可以规避继承程序本身带来的风险。

家族信托架构的设计可以较好地规避复杂的继承程序。一般而言，委托人设立的信托能够完全避免继承程序。整体来看，家族信托在规避继承程序风险方面，可以发挥以下功能：

1）家族信托在设立完成后，信托资产的管理与处分可以避免公证或行政管理部门的登记或认证等手续，规避许多不可控的行政性程序要求。

2）家族信托的运作与分配可以按照委托人的意愿进行，避免了委托人意愿落空的风险。

3）家族信托的存在可以避免权力悬空的情况，保证财富家族资产的稳定性。

（3）规避家族资产被挥霍的风险。信托的某些风险规避功能是法律直接赋予的，但是也可以通过信托条款进行特殊的设计，以规避特殊的风险。“挥霍者条款”就是家族信托中最常见的一种风险规避条款，用于规避继承人挥霍无度带来的风险。如果家族的继承人存在不良的消费习惯，则直接将家族财产交由其自行支配并不合适。在受益人将资金用于不良嗜好时，受托人可以停止或拒绝支付，以避免受益人不良习惯的养成或进一步恶化。

6. 其他功能

家族信托也可以与其他的家族保护、管理与传承工具进行协同与配合，综合性地解决家族面临的各种困境及障碍。

（1）协同家族企业治理。家族信托可以与家族治理、家族企业治理进行协同。信托在构建与运用的过程中，涉及家族企业的所有权、控制权、经营权、收益权、监督权等权利的重新配置与组合。而家族治理、家族企业治理在解决家族、家族企业内部利益相关者与外部利益相关者的治理问题时，也涉及前述权利的配置与组合，并且在进行治理的过程中，可以与信托进行协同（谢玲丽等，2015）。

例如，家族治理中的家族宪法、家族大会职权与议事规则、家族理事会职权与议事规则、家族监事会职权与议事规则等，均可与家族信托的管理、执行、监督相配合。又如，信托的受益人安排、保护人机制安排也属于家族成员的收益权治理与监督权治理范围，需要与家族的其他利益分配及权限安排进行综合考虑。

（2）与保险配合。保险是家族财富保护、管理与传承过程中最为常见的一种工具。投保人在投保之后成为保单持有人，保单本身具有现金价值，保单持有人可以按照保险政策要求退保而获得资金，所以保单属于一种资产。同时，投保后保险公司将资金用于投资，会使得保单的现金价值有所增加，因此保险也可以被视为一种资产管理的方式。所以，在一些家族信托的设立与管理过程中，信托委托人经常有将保单置入信托，或是通过信托资金为家族成员购买保险的情况。

（3）与其他家族财富管理工具相结合。家族信托可以被设计成一个与多种家族财富管理工具兼容的复杂架构。例如，在资产管理的基础上，通过信托创设家族的证券投资基金、风险投资基金与私募股权投资基金，进行家族多元化的资产管理与跨界跨行业的投资。

（4）慈善规划。家族信托架构也可以通过与其他工具的结合实现家族的慈善规划。在家族信托架构下可以设立专门的家族慈善基金或公益基金会，用于家族的慈善事业以及公益活动的开展。简单地将慈善基金或公益基金会列为信托的受益人，也可以达到实现家族慈善规划的目的。

案例 7-10

邵氏家族信托的财富管理与慈善规划构架

有关邵逸夫名下的基金，被广泛报道的主要有三个：邵逸夫慈善信托基金、邵氏基金（香港）有限公司、邵逸夫奖基金会有限公司。其中，邵氏基金（香港）有限公司被普遍称为“邵氏基金”，是最常见的捐赠主体。例如，我国很多大学的“逸夫楼”基本为该基金捐建。这个基金曾经持有TVB 6.23%的股权，在将2.59%捐赠给香港数家教育及慈善机构后还持有3.64%的股权。而邵逸夫奖基金会有限公司则是为了运营被誉为“东方诺贝尔奖”的邵逸夫奖而成立的。根据已有公开信息，邵氏家族信托的慈善规划框架如图7-14所示。

图7-14所示并非邵逸夫慈善信托基金全部的架构信息，但基本上可以确定：一方面，邵逸夫老先生通过信托顶层架构设计，把慈善团体作为受益人以实现慈善规划；另一方面，邵逸夫慈善信托基金下设立了邵逸夫奖基金会有限公司，负责慈善活动的开展。更

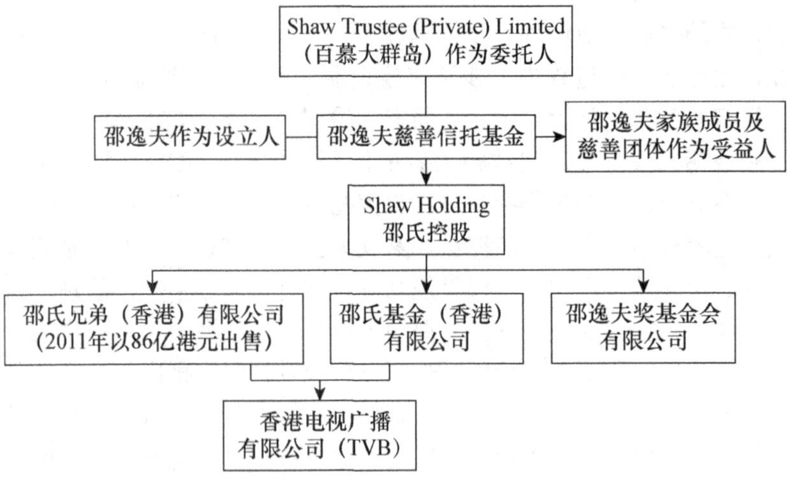

图7－14　邵氏家族信托的慈善规划框架

加值得关注的是，信托架构下的邵氏基金（香港）有限公司属于一个投资机构，为信托不断创造收益。

资料来源：谢玲丽，张钧，李海铭．家族信托：全球视野下的构建与运用．广州：广东人民出版社，2015：301.

二、家族信托的运行机制

（一）信托的基本结构

信托可以分为明示信托（express trust）和默示信托（implied trust）。明示信托是指依当事人明确表示的设立信托的意思而成立的信托。默示信托一般是指没有明示，但根据对事实、行为或当事人情况所作的衡平法解释而设立的信托。显然，家族信托是明示信托。

信托的基本结构包括参与信托活动的主体，以及各主体之间的权利义务关系。参与信托活动的主体称为信托当事人，通常包括委托人、受托人及受益人这三类，如图7－15所示。除了慈善目的的信托中可以没有受益人以外，委托人、受托人和受益人是信托中必须存在的三个主体。此外，信托中允许出现委托人同时是受益人，或受托人亦是受益人的情形。

（二）离岸信托

1．离岸信托的概念

一般所称离岸信托，是指非离岸管辖区居民的委托人在离岸管辖区（以下简称离岸地）设立的信托。离岸信托兴起于20世纪上半叶。由于具有财产保护和税务筹划等功能，离岸信托首先受到许多财富家族的青睐，这些财富家族利用离岸信托来保护、管理与传承家族企业。

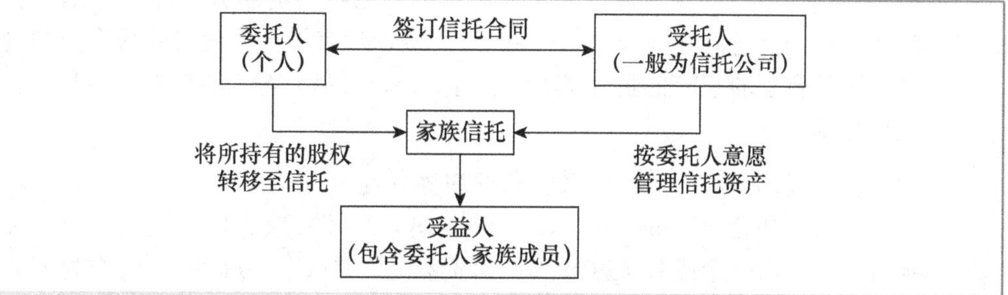

图7-15　信托基本结构

资料来源：谢玲丽，张钧，李海铭．家族信托：全球视野下的构建与运用．广州：广东人民出版社，2015：298.

世界范围内的主要离岸地包括香港、英属维尔京群岛（BVI）、开曼群岛（Cayman）、泽西岛（Jersey）、百慕大群岛（Bermuda）等。这些离岸地通常适用特别的公司法法律规则及税收优惠。许多跨国公司在这些离岸地注册设立，以享有诸如注册便利、税收免除、信息保密等好处。

2. *离岸信托的类型*

为了更好地解决家族企业的传承问题，离岸信托设立地给出了多个创新性的解决方案。归纳起来，目前有四类信托类型可以协助家族企业传承家族资产（谢玲丽等，2015）。

（1）英属维尔京群岛VISTA信托。这种信托的托管人可以为家族利益管理家族企业，却无权参与企业运营。它允许建立一个家族委员会来管理公司事务，让信托基金在家族利益分配等问题上促使家族成员决策达成一致，也可以制定规则来规范企业董事的继承及公司业务的管理。

（2）开曼群岛STAR信托。这种信托可以为家族利益而管理家族企业，且使所获利益为家族所有。公司现有董事仍可继续运营公司而免受干涉。

（3）保留权利信托。很多离岸地，包括英属维尔京群岛、开曼群岛、泽西岛、根西岛，都明确允许保留权利信托，委托人可以保留和使用他想要的某一种权利，如投资权。这也让公司创始人即便已经将公司转移给信托公司，也可以不受托管人的干涉而继续运营公司。委托人也可以把自己去世后的公司运营权传承给他人。

（4）私人信托。若委托人不希望选择专业信托公司作为托管人，他还可以选择英属维尔京群岛、开曼群岛、泽西岛和根西岛等离岸地的私人信托公司作为托管人。私人信托公司由家族建立，其董事会可以包括家族成员和一些挑选出来的顾问。因此它有利于家族及其顾问直接决策。①

三、家族信托与股权治理

由于中国（不包括港澳台）目前在股权信托的登记、股权信托的上市、股权信

① 瑞丰德永官网，https://www.rfdy.hk/Wikipedia/101793.html.

托的税收等法律环节还存在一定的不确定性，因此家族信托作为家族企业治理的载体功能远远没有发挥出来。下面以英属维尔京群岛的私人信托公司制度、VISTA法案和目的信托制度（purpose trust）为例，对家族企业股权的保全及帮助创始人建立科学合理的家族企业治理架构进行介绍。最后，对家族信托所有权结构性工具进行总结。

（一）私人信托公司（PTC）与股权独立性

私人信托公司（private trust company，PTC）兼具信托受托人资格和法人主体资格，可由一个或数个家族成员出资设立。PTC一方面可专门作为家族的信托受托人，另一方面可以以信托方式持有家族企业的股权，并可视为家族企业中的控股公司。设立PTC保持了股权独立性，而信托财产独立性原则是信托机制在各领域灵活应用的基础。家族企业创始人利用信托进行家族企业的产权设计，可以赋予家族企业股权独立性，避免强制继承、婚变分割或因债务被执行等风险，从而达到家族企业股权保护和传承的目的。

相比持牌信托公司，PTC具有如下特征：首先，PTC并不需要取得金融牌照，因此任何家族均可以在英属维尔京群岛设立家族专属的私人信托公司，而持牌信托公司则只有在取得许可后方可从事相关业务；其次，PTC通常仅能够在家族成员作为委托人设立的信托中担任受托人，而持牌信托公司则无此限制；最后，PTC由家族成员成立，更熟悉家族企业的运作，而持牌信托公司在家族企业经营方面并不具备专长。

虽然PTC与持牌信托公司有诸多区别，但PTC作为受托人与持牌信托公司作为受托人并无二致，信托财产都可获得独立性，从而为打造百年基业奠定基础。①

（二）VISTA信托与家族企业公司治理

VISTA信托作为一种广泛运用的离岸信托，最初由《英属维尔京群岛特别信托法案》（Virgin Islands Special Trusts Act，即VISTA法案）确立。VISTA信托自问世以来，在财富传承、家族治理、资产保护等方面表现出明显优势，尤其受到亚太地区高净值人群欢迎，成为境内企业家设立海外信托的优先选择。

如前所述，PTC系由家族成员设立，但如不对PTC的股权进行保全安排，在PTC股东身故、婚变或负债时，该股权仍将面临风险。通过VISTA目的信托持有PTC股权，不仅可以规避前述风险，同时也可以为家族及企业的治理搭建基础。

VISTA目的信托是英属维尔京群岛所特有的信托制度，其将VISTA信托与目的信托相结合，可以满足创始人既希望家族企业股权长期以信托方式持有，又不愿持牌信托公司受托人过多干涉家族企业具体事务的诉求。委托人通过在VISTA信托契约中设计一系列条款，即可限制持牌信托公司的受托人对信托财产（PTC股权）的管理；同时，目的信托无信托受益人，不受“受益人终止规则”（rule in Saunders v. Vautier）和“反永续规则”（the rule against perpetuities）的约束，可

① 《家族企业》杂志．家、企如何分而治之．(2018-05-08)[2022-09-01]. http://www.cfbr.com.cn/news/1451.html.

实现信托的永久存续。

VISTA信托的基本架构如图7-16所示。

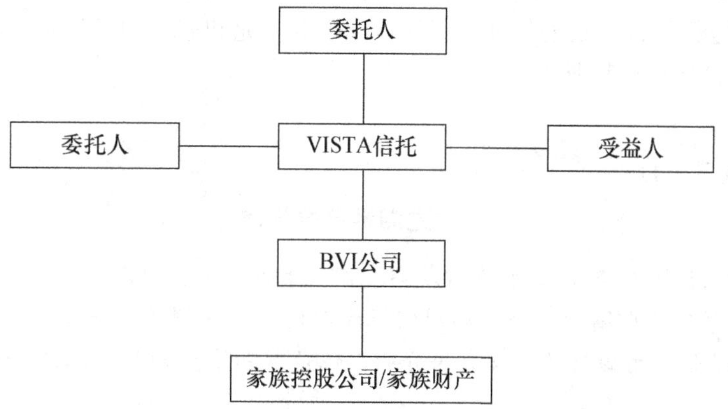

图7-16　VISTA信托的基本架构

资料来源：谢玲丽，张钧，李海铭．家族信托：全球视野下的构建与运用．广州：广东人民出版社，2015.

1．两层信托——分离信托责任

VSITA的功能是将家族企业的股权、PTC股权的所有权与决策权分离，从而避免个别家族成员对家族企业事务的不当干预。

在这种模式下，PTC股权不仅将风险隔离，而且避免了持牌信托公司的不当干预。根据VISTA法案，持牌信托公司受托持有PTC股权，但持牌信托公司通常不享有经营管理PTC的权利，也豁免了持牌信托公司受托人在信托中相应的受托义务。公司的董事可由委托人或任命人指定。如此安排，不仅可以免除受托人更高的信托责任，同时还帮助委托人保留了更多的公司管理权。而任命人可由家族成员担任，或由家族成员组成的委员会担任。因此，虽然PTC的股权在持牌受托人名下，但家族财富的控制权仍可保留。

“家族”和“企业”是遵循不同价值导向的独立系统，二者的运行规则存在差异。因此，家族和企业两个系统的适度隔离，有利于企业的长久发展。通过对家族企业股权设立信托、对PTC股权设立信托，可以避免家族成员直接拥有家族企业所有权，实现一定程度的家企隔离。

2．保留家族监督权——制衡决策、执行和监督

引入质询人可将家族事务执行置于家族监督之下。质询人制度的引入使得不担任家族企业管理职务的家族成员有渠道对担任家族企业高管的家族成员进行必要的监督。这一机制是通过质询人对任命人及PTC董事的监督实现的，因此也是对家族事务决策和执行的监督，有助于家族内部的治理，避免家族出现内部人控制。

除了家族成员，质询人还可以是家族治理中的家族监事会，其主要作用是监督家族企业管理层的各项行为，防止经营者滥用权力。一旦家族企业的管理层牟取私利或是存在损害家族利益的行为，家族监事会便可行使权力进行干预，对相关人员

进行撤换。

针对家族企业不同的利益、价值观与结构属性，信托不但能够在家族企业所有权的设计上实现股权的独立，避免家族成员个人风险波及家族企业，还可以通过PTC及VISTA目的信托的机制，为家族企业和家族的良好治理奠定基础，帮助创始人打造百年基业。①

案例 7-11

龙湖地产家族信托

2012年11月20日，上市公司龙湖地产董事会主席、中国女首富吴亚军离婚的消息传出。其离婚事件为中国家族企业利用信托处理同类事件树立了一个样本。764亿港元市值的公司、577亿港元的财产涉及离婚分割，但是龙湖地产的股价在这场离婚案中并未受到太大影响。

原来早在2008年6月龙湖地产公司上市之前，吴亚军与其丈夫蔡奎便已通过汇丰国际信托，各自设立了一个家族信托，将即将上市的公司股权分别转移其中。具体交易结构如图7-17所示。

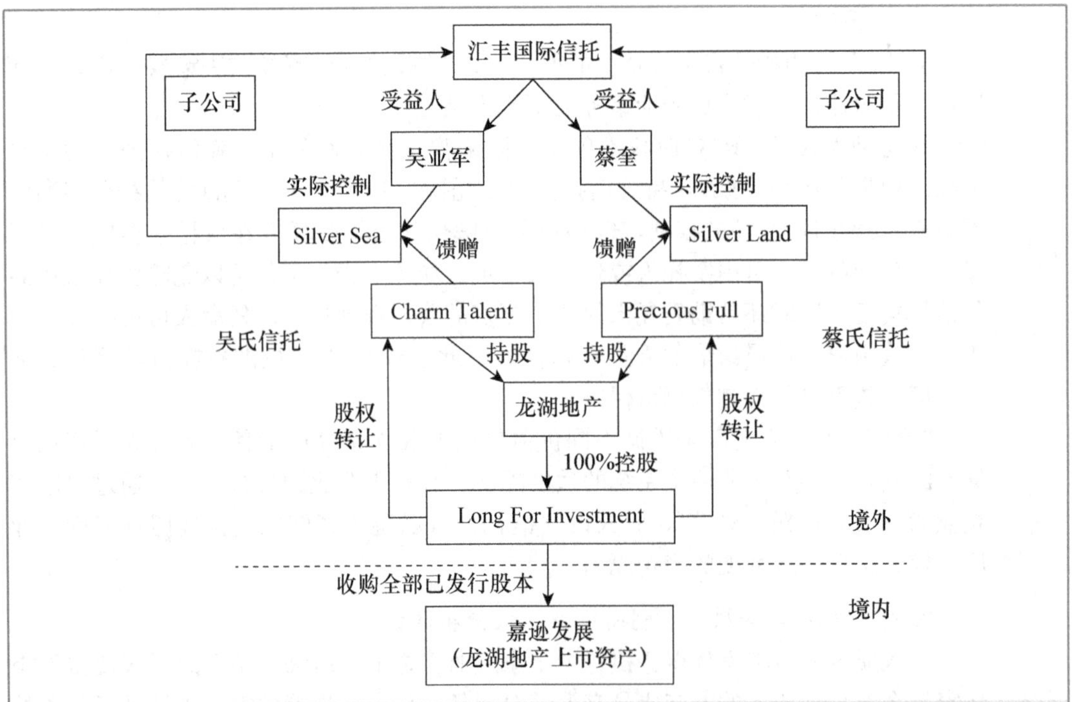

图7-17 吴亚军、蔡奎家族信托交易结构

吴亚军与蔡奎先在开曼群岛注册了龙湖地产的空壳公司，龙湖地产的股权由两家注册

① 《家族企业》杂志．家、企如何分而治之．(2018-05-08)[2022-09-01]. http://www.cfbr.com.cn/news/1451.html.

于英属维尔京群岛的公司持有，分别为Charm Talent以及Precious Full。之后，吴亚军与蔡奎在英属维尔京群岛又注册了一个名为Long For Investment的公司，该公司由龙湖地产100%控股。Long For Investment收购了嘉逊发展的全部已发行股本。这部分正是吴亚军打算用来上市的资产。Long For Investment收购了嘉逊发展之后，又将股权分别以19.2亿港元和12.8亿港元的价格转让给Charm Talent和Precious Full。至此，信托架构已经到了收尾阶段。

吴亚军和蔡奎将汇丰国际信托列为受托人之后，开始着手将各自的股权转让给汇丰国际信托的全资子公司。汇丰国际信托的分支机构几乎遍布全世界，尤其是泽西、开曼、维尔京群岛等离岸金融中心。吴亚军将Charm Talent所持有的所有嘉逊发展的股份全部转让给汇丰国际信托在英属维尔京群岛注册的全资子公司Silver Sea，而蔡奎也将Precious Full所持有的全部嘉逊发展股份转让给汇丰国际信托在英属维尔京群岛注册的全资子公司Silver Land。

这两次转让以零代价的馈赠方式进行。信托成立之后，吴亚军和蔡奎都不再直接控制龙湖集团的股权。在这一架构下，无论吴蔡两人的身份性质发生何种变化，公司股权最终都需要通过家族信托基金汇于一体产生效力，这在一定意义上保障了两大股东行动的一致性。

港交所公开资料显示，2012年离婚风波之后，吴亚军将此前共同持有的75.6%权益的龙湖股份分割为吴亚军持有45.4%权益、蔡奎持有30.2%权益。然而，这一分割并未对公司运营产生实际影响，因此公司的股价保持稳定。这得益于上市前两人就用信托分割好了财产，而分割也只是把自己从对方家族信托的受益人中除名而已。

资料来源：搜狐号“离岸金融”. 案例图解：家族离岸信托架构. (2019-07-22)[2022-09-01]. https://www.sohu.com/a/328551780_120054801.

（三）家族信托与所有权结构性工具

家族信托之所以被广泛关注与运用，是基于其特定法律结构下的所有权、控制权、经营权、收益权配置的张力与柔性，可以承载更多的财富管理功能与目标。而家族信托的所有权结构性工具主要分为顶层型、过渡型和持有型三种。

顶层型结构性工具指的是家族基金会、家族信托、家族有限合伙、家族控股公司等。家族财富的所有权、控制权、经营权及收益权的出发点与归结点都在顶层型结构性工具中实现。不同家族选择的顶层型结构性工具是不同的，同一家族在不同阶段所选择的顶层型结构性工具也是不同的。其中的原因很复杂，与公司的条件、规模及家族成员的认识、意愿都有关系。顶层型结构性工具事实上也是可以作为过渡型结构性工具使用的。最典型的顶层型结构性工具就是家族控股公司。

过渡型结构性工具通常是指出于安全隔离、交易便利、税务筹划等考虑而设立的境内外特殊目的公司。这些过渡型公司是所有权结构中的重要链条，但并不直接持有经营性资产。

持有型结构性工具同样多以公司形态出现，直接持有经营性资产，是家族的利润中心、核心财富来源。

应当说，顶层型、过渡型及持有型结构性工具的划分是颇具现实意义的，这些类型划分是直接围绕所有权结构体系展开的，我们从中可以归纳出一些具有普适性的结论：

（1）以家族基金会、家族信托为顶层型结构性工具构建所有权结构已成为趋势。

（2）境内外特殊目的公司对于过渡型工具的使用越来越复杂，具体体现为多层使用、跨领域使用。

（3）持有型工具渐趋单一化，主要体现在功能单一、持有资产单一这两个维度。

（4）各类工具结合使用的可变性越来越强，法律筹划与税务筹划水平越来越高。

四、中国家族信托的现状与发展趋势

（一）中国家族信托的现状

随着中国经济的发展，国内的高净值人群越来越多，但他们苦于没有一种有效的财富传承方式，家族信托的出现让这些富豪看到了财富传承的新希望。

从 2013 年 1 月至今，推出家族信托产品的信托机构包括中信信托、平安信托、外贸信托、北京信托、上海信托、紫金信托、山东信托、长安信托等；此外还有一些信托机构开展了子女教育信托、公益信托等业务，在家族信托方面做出了探索。

从境内主要的几类家族信托架构、业务操作流程以及主要信托结构要素的比较中，可以归纳总结出目前境内家族信托的特点有以下几个：

（1）相对局限于现金类家族信托，且呈现出资金门槛普惠化、信托期限短期化的特点；其他信托类型的运用有待突破和创新。

（2）多为标准化产品，缺乏定制产品；产品趋于同质化，差异化不明显。

（3）以资产增值为目标的资产管理依然是家族信托或类家族信托业务的重点，同时以提供财务顾问、投融资服务、行业整合、市值管理、企业上市等后续运作和管理服务来增加差异性和附加增值服务。

（4）以私人银行、信托公司和保险机构为主流的现金类信托，以信托理财产品的运作和管理方式开展业务，在此基础上附加了家族财富传承的概念。

（5）以产品为导向而不是以客户为导向。产品组合多内部消化，或者与合作机构消化，欠缺独立第三方视角和以客户为导向的立场。

（6）因信息不对称，金融机构处于主导地位，信托架构下的委托人、受托人与受益人之间潜藏着利益冲突的隐患。

概而言之，相比离岸家族信托，目前境内的家族信托设立资金门槛较低（通常是 3 000 万～5 000 万元），信托期限较短，法律风险较高，信托能实现的功能较少，而且功能实现的程度较低，信托架构相对简单，缺乏定制化产品，资产类型单一。如果未来境内家族信托能够突破以法律障碍为主的一系列障碍，那么其发展空间将非常可观。

（二）中国家族信托的发展前景

1. 中国家族信托未来的发展规模

根据中国信托登记2022年数据，截至2021年末，涉足家族信托的机构数量超过50家，家族信托存续规模约为3 494.81亿元，较2020年增长约30%。步入2022年，信托业中家族信托的表现更加抢眼，1月新增规模达128.99亿元，环比增长33.54%，创近一年新高。

2. 中国家族信托的发展需要一定的时间

家族信托的管理期一般都在30年以上，很多家族信托的期限达到了50年甚至更长，这种长期的结构决定了家族信托需要更长期的发展才能够达到成熟。原因在于，刚刚起步的家族信托合约很难充分考虑到未来的一切可能性，随着家族信托的发展，委托人婚变、去世或是后代争夺遗产等情况都可能出现，现有合约能否应对这些情况仍然需要时间的检验。此外，法律环境与金融环境都在不断变化，家族信托如何更好地适应外部环境的变化，以及信托机构如何提高自己的财富管理水平、赢得公众信任，这些问题都需要足够长的时间去探索和改善。

以美国为例，家族信托最早出现于19世纪末20世纪初，由一些富裕家庭创立。但其真正的高速发展阶段是在1982—2007年（被称为美国第二个镀金年代）。前后经过了100年左右的时间，家族信托才从萌芽走向了成熟。由于我国正经历高速发展阶段，加上国外的经验借鉴，这一过程在我国所需时间会更短，但这不代表我国可以用几年或是十几年的时间走完国外百年的发展路程，家族信托在国内的发展仍然任重而道远。

3. 中国家族信托的发展趋势

（1）境内家族信托进入定制化时代。中国境内开始有专业独立的家族律师、会计师、专业顾问、家族办公室等，相关人士针对家族信托如何定制化设计、如何有效运用、如何保护与救济进行了系统性分析和梳理，以改善境内家族信托实践“野蛮生长”的现状。他们以家族为视角，以独立、客观、冷静的立场，否定了先前各类金融机构以自家产品为视角的家族信托理念：根据中国财富家族需求和法律规则来定制家族信托条款和日常管理，聚焦家族信托受托人、受益人与保护人关系，家族信托的保护与救济等问题，将取代现在对信托财产增值的狂热追求。

大资产管理时代各种新政的集中推出，已经大大削减了信托牌照所赋予的垄断优势，这更加凸显了创新对资产管理机构未来转型升级的重要意义。机构创新的内生动力也将推动境内家族信托产品的定制化创新。

与此同时，中国财富家族对境内家族信托的定制化需求正被激发，逐步回归理性，这意味着境内家族信托在现有本土化的基础上进行定制化的深耕细作将是大势所趋，行业和市场将更加成熟，对家族律师、家族税务师、信托公司、家族办公室、独立机构、专家顾问的定制化服务能力的要求将会更高。境内家族信托的定制将包括但不限于：

1）对信托架构的定制；

2）对信托条款、配套法律文件、支持文件的定制，对信托治理的定制；

3）对信托财产管理的定制；

4）对信托专业机构服务体系的定制。

（2）家族信托服务内容将不断综合化，并向家族办公室模式演变。家族信托的主要功能为规避风险、减轻税负以及财富传承等。但家族企业在发展的过程中，其需求是在不断变化的。而且，家族成员之间的分工以及人际关系也在一定程度上影响着家族企业的发展。因此，家族信托可以进一步升级为家族办公室。对于信托机构来说，家族办公室可以更好地满足客户需求，增强客户黏性。而对于家族企业来说，家族办公室有助于维系家族的长远发展。因为其可将整个家族凝聚为一个有机的生态系统，家族成员在家族和企业中的角色和分工都可以由家族办公室进行协调。

（3）从离岸信托向境内信托转变。在我国，许多家族企业中都有离岸公司的身影，即在避税地注册，但并不在当地开展经营活动的公司。企业注册此类公司的目的主要是避免缴纳所得税、未来可能征收的遗产税等巨额税负。但随着近年来经合组织出台 CRS 全球反避税政策，传统的离岸公司和信托正面临巨大的挑战。同时，在 2018 年我国通过了《个人所得税法》修正案，其修改的部分条款会对高净值人群的财富管理产生直接影响。因此，离岸信托的税务筹划和隐私保护两大功能大打折扣。此外，随着我国法律的不断完善，财富家族向海外转移大额资产也愈加困难。而境内的资产主要受我国法律保护，因此越来越多的高净值人群会倾向于在国内设立家族信托，从而使其资产受到充分的保护。

4. 新《公司法》下股权家族信托的构建

《2023 中国私人财富报告》指出，在中国财富代际传承的方式选择上，未来预计拓展的方式主要包括创始家族信托（34%）和企业股权安排（30%）等。当前中国正迎来家族企业第一次股权传承的高潮，家族信托因其在稳定股权结构、实现资产增值保值等方面的独特的优势，在诸多传承工具中受到企业家的关注和青睐。股权家族信托，即信托资产为股权的家族信托，常见的架构有三种，分为信托直接持有股权、信托通过有限合伙持有股权以及信托通过控股公司持有股权。相较于资金家族信托，股权家族信托的设计会更为复杂，遵循的主要法律除《中华人民共和国信托法》外，还包括《合伙企业法》和新《公司法》。此次新《公司法》的修订在我国正式引入了类别股制度，若将类别股与家族信托相结合，意味着股权家族信托中所有权、受益权和管理权的分离架构设计可从协议约定走向公示登记，有利于实现家族企业的持股架构的稳定性，实现家族企业的永续经营。具体来看，新《公司法》规定股份公司可以主要发行四种类别股，即财产分配类别股、表决权类别股、限制转股类别股以及国务院规定的其他类别股。上述规定为家族企业创设“同股不同权”提供了法律保障，增强了家族信托运作的灵活性，例如不同的表决权、分红权等，可为其持股架构设置、家族企业的控制权安排以及融资架构补充增益及带来更为多元化的可能。通过类别股安排，家族企业可以在保持控制权的同时引入外部投资者，满足多样化的投资需求，而不会影响家族对企业的控制权，同时实现利益与管控的有效均衡。这有助于家族企业的传承和稳定发展。

此外，从整体上看，新《公司法》对法人、股东和公司高级管理人员的要求更为严格，更加明确和强化了股东和董监高的应尽职责，对于关联交易等关键问题的界定也更为清晰。对于家族企业而言，在经营过程中不可避免会涉及股东与公司之间的资金往来，这些内部交易无疑会大幅增加公司经营风险向股东家族传导的可能性，企业可以利用家族信托所具备的独特功能，降低关联交易带来的风险，实现对家族财产的有效保护，隔离风险，加强公司治理。

思考题

1. 相比其他企业，家族企业在公司治理方面有哪些显著特征？
2. 家族企业通常有哪些控制权增强机制？
3. 家族企业有哪几种传承模式？企业在不同传承模式下如何优化公司治理？
4. 设立家族信托将对公司治理产生哪些影响？

案例分析题

当当困境警示家族企业

2020年4月，已离职的当当公司CEO、联合创始人李国庆带人闯入公司，趁公司实际控制人俞渝不在之际，拿走公司的多枚公章，同时还宣布其已于两天前召开临时董事会，本人当选董事长和总经理，要全面接管公司。业界为之震惊。

当当由李国庆和俞渝夫妻创立于1999年，是典型的夫妻创业企业，曾是中国第一批互联网企业中的佼佼者，更是互联网图书销售领域的开拓者，在较长时间内稳居线上图书行业领先水平。2010年12月，当当在美国纳斯达克上市，是中国互联网电商上市第一股。股票上市发行价16美元，首日收盘价为29.91美元，较发行价上涨86.94%。当当的成功上市使其被誉为中国的亚马逊，一时风光无两。然而，尽管当当股价一度冲高至30多美元，但上市不久就持续阴跌，长期维持在每股七八美元，最后于2016年黯然退市。而如今，夫妻矛盾升级，如果处理不当，或者可能分拆，或者可能持续动荡，最终可能使当当步入深渊。

当当事件把家族企业治理模式再次推上前台，家族企业如何完善公司治理，才能避免类似当当的悲剧，并实现企业可持续发展，唤起了人们新的思考。

1. 股权高度集中

兄弟姐妹共同创业、夫妻共同创业，都存在类似当当的这种潜在风险，即使是父辈单独创业，在有多个子女的情况下，一旦发生继承权问题，企业同样也面临分割的风险。

以当当为例，夫妻共同创业，一旦夫妻发生利益和决策的冲突，则问题可能更加严重。当当退市后，股权结构高度集中。天眼查显示，当当的唯一股东是天津当当科文电子商务公司，后者的唯一股东是北京当当科文电子商务公司，其股权结构是：李国庆和俞渝分别持有27.51%、64.20%的股权，合计91.71%；此外，天津骞程、天津微量和上海宜修分别持有4.40%、3.61%和0.28%的股权，三家小股东合计持有8.29%。显然，其股权已经不是一般的集中，而是极端地集中在李国庆和俞渝夫妻手中。

2. 股权分割矛盾

当当是在李国庆和俞渝结婚后创立的，一旦离婚，可能产生争议的问题有两个：一是二人在注册登记部门登记的股份比例不同，离婚时是否承认这种不同？二是股份对应股权，股权含有两种权利，即收益权和投票权，收益权对应财产，相对容易分割，而投票权是无形的权利，如何分割？

二人矛盾的核心实际上也是当当控制权之争。在两人离婚案开庭的当天，李国庆曾在法院外表示，他的诉求是离婚和平分股权。如果法院判决双方均分二人在公司的股份，那么，股权中的收益权自然也均分。至于投票权，如果离婚前公司章程没有约定，那么离婚后自然随二人股份均分而均分；如果离婚前公司章程约定了二人不同的投票权，那么投票权少的一方势必要求修改公司章程，要求投票权与股份比例对应。由于离婚导致的对立，在公司章程中确定二人不同的投票权是很困难的。

3. 缺乏股权激励

在当当，李国庆和俞渝夫妻共同持股高达91.71%，此外还有外部三个小股东，没有员工股权激励措施。李国庆对此也有反思，曾提及对于创业团队计划有25%的股权激励，但夫妻股份占比过高，创业团队没有议价和表达的空间，导致能力强的创业伙伴远走高飞，能力不强的不敢提出要求，这成为当当“起五更赶晚集”、业务发展单一、被竞争对手超越的重要原因。

相对于当当，阿里巴巴、京东等互联网电商属于后来者，在美国上市的时间也比当当晚很多，但当当与它们之间的差距越来越大。其中阿里巴巴设置了合伙人制度，合伙人拥有股份，以及相应的决策权和收益权。京东创始人尽管掌握近80%的投票权，但其股份占比低，而且不是第一大股东，部分高管和员工拥有股份。员工持股更普遍的是华为，而且华为推行事业合伙人制度，员工享有收益权。对阿里巴巴、华为等公司的快速发展，股权激励及员工持股等激励措施无疑发挥了较大的促进作用，而当当的困局在一定程度上也是由于没有实现经营权的市场化并缺少这种股权激励。

资料来源：高明华．当当困境警示家族企业．董事会，2020（5）：44-46.

请根据上述材料，思考：

1. 家族企业高度集中的股权可能带来哪些潜在风险？
2. 家族内部出现股权分割的矛盾，可能的解决方案有哪些？
3. 结合本案例，家族企业应何时引入职业经理人，以及如何对职业经理人进行激励？

第 8 章

国有企业公司治理

学习要点

1. 从国有企业治理理论出发理解为什么存在国有企业；
2. 了解国有企业改革历程，掌握国有企业公司治理结构的特征；
3. 学习党组织与其他治理主体的关系；
4. 思考正式制度及非正式制度在国有企业公司治理中的作用。

引例

国务院国资委推动国有企业公司治理示范企业创建

为加快推进中国特色现代企业制度建设，国务院国资委在 2021 年首次组织中央企业和地方国资委，开展国有企业公司治理示范企业创建活动，旨在以点带面提升国有企业治理能力和治理水平，实现高质量发展。到 2022 年，建成一批符合“两个一以贯之”要求的公司治理优秀企业，推动企业治理水平显著提升、改革发展活力显著增强、中国特色现代企业制度建设取得显著成效，切实把制度优势转化为治理效能。示范企业要落实主体责任，重点围绕完善制度体系、规范行权履职、提升治理效能等方面，深入探索有效途径，率先形成权责法定、权责透明、协调运转、有效制衡的公司治理机制，充分发挥引领带动作用。

(1) 健全以公司章程为基础的内部制度体系。坚持系统观念，夯实制度基础。全面落实《国有企业公司章程制定管理办法》，规范章程内容，强化章程约束，统筹做好各治理主体议事规则等公司治理制度的立改废释。建立健全制度体系动态完善机制，提升内部制度的针对性和有效性。推动制度建设向基层企业延伸拓展，探索差异化治理，补齐短板弱项，逐步形成系统完备、横向协同、上下贯通、务实管用的制度体系。

(2) 把党的领导融入公司治理各环节。落实在完善公司治理中加强党的领导有关要求，完善“三重一大”决策制度，进一步厘清党组织与其他治理主体的权责边界，理顺决策程序。严格制度执行，制定重大事项决策的权责清单，健全“三重一大”决策运行系统，切实将加强党的领导和完善公司治理统一起来，实现制度化、规范化、程序化。

(3) 加强董事会建设落实董事会职权。完善董事会运行机制，强化支撑服务，改进考核评价，加强沟通协调，更好地发挥外部董事召集人的作用，促进董事会规范有效运行。健全外部董事选聘和管理制度，拓宽外部董事来源渠道，选好配优所出资企业外部董事。结合企业实际，有效落实董事会对经理层成员选聘、业绩考核、薪酬管理等重点职权。

(4) 增强经理层经营活力。制定完善董事会向经理层授权的管理制度，结合实际合理确定授权事项范围，健全授权事前、事中、事后管理机制。健全总经理对董事会负责、向董事会报告机制，完善权责对等的经理层行权履职规则，进一步压实经理层的经营管理责任。积极推行经理层成员任期制和契约化管理，加快建立职业经理人制度。

(5) 强化监督体系建设。进一步发挥党内监督的主导作用，推进纪检监察、巡视、审计等各类监督更加贯通联动。加强内部审计监督和内控体系建设，完善职工代表大会制度，实现信息公开全覆盖。健全责任追究制度，落实“三个区分开来”，推动责任追究更加精准有力。

2022 年 1 月 27 日，国务院国资委正式发布全国“公司治理示范企业”的名单，一共有 145 家企业入选，其中，中央企业 88 家（含集团公司 28 家、基层企业 60 家），地方国有企业 57 家（含集团公司 17 家、地方国有企业 40 家）。

资料来源：国务院国资委网站.

第一节 国有企业公司治理理论

长久以来，管理和经济领域的学者就“企业为什么会存在”“企业的本质是什么”等一系列问题进行了讨论并构建了很多相关理论，这些理论为学者进行经济管理研究提供了丰富而坚实的理论基础，其中较为核心的理论大致包括产权理论、交易成本理论、代理理论和资源基础理论。鉴于国有企业在世界经济中越来越普遍且重要，“为什么存在国有企业”“国有企业的表现如何”等问题亟须解答。为回答这些重要的理论性问题，部分学者将国有企业作为一种主要的组织形式与上述理论进行概念化整合，探索出了较为完整的国有企业公司治理理论。本节将从国有企业的角色、产权理论、交易成本理论、代理理论、资源基础理论以及公司治理效应这六个方面对国有企业公司治理理论进行回顾。

一、国有企业的角色

Aharoni (1986) 将国有企业 (state-owned enterprises，SOE) 定义为“生产私有产品的公共组织，产品售价与成本有关”。Sappington and Stiglitz (1987) 对该定义补充了重要条件：“政府在公共企业中保留可以直接干预经营安排的某些权力，并在必要时进行重大的政策更改。”Phillips (1987) 则认为，在回报期长、规模大并且投资特殊，信息不对称且获取成本很高，讨价还价的机会很少，目标不一致且矛盾这四种情况下，市场交易会产生次优结果，这种次优结果催生了国有企业。

关于建立国有企业的动机，在发达经济体中，国有企业的任务常常是为政府获取收入、克服市场缺陷、实现社会目标；在发展中经济体中，由于资本市场发展并不完善，私人企业家承担风险的能力或意愿不足以满足需求，因而除了解决市场经济下发达经济体所面临的一般性市场失灵问题，国有企业还要解决发展中经济体特有的市场失灵问题，在刺激产业活力、提供基础设施、引导外来经济援助等多方面担任重要角色。

国有企业在新中国成立初期是主要的经济组织形式，承担着建设国家、提供就业机会和社会服务等诸多经济和社会责任。当时的“国有企业”一词意味着企业完全归政府所有，政府直接管理企业的生产经营活动，企业负责完成政府制定的生产计划并按照指定价格出售产品。新中国成立初期国家百废待兴，经过社会主义改造后也无私营企业，因此国有企业在经济和社会中扮演着重要角色，为我国经济发展提供了初期积累。自 1978 年改革开放以来，随着一系列改革措施的实行，国有企业的角色逐渐发生了改变。许多国有企业积极主动借鉴和探索先进的经营理念，从计划经济时期的低效率组织逐步转型成为具备完善治理模式的现代化高效率企业。在这一过程中，越来越多的非国有经济参与到经济建设中，成为创新的源泉和促进经济增长的重要力量，国有企业比重逐渐下降，并逐渐从竞争性行业中退出。国家统计局发布的数据显示，国有控股企业的数量占比从 1998 年的 39.2%下降到 2023 年的 1.3%，2023 年末，全国共有国有控股企业约 2.66 万个。尽管如此，国有企业仍然在经济产出中占很大份额，特别是在那些具有战略意义的行业中，例如能源、电力、通信以及国防等领域，国有企业仍然占据主导地位。2023 年，规模以上工业企业中，国有控股企业实现营业收入 367 083.9 亿元、利润总额 22 623.1 亿元，分别占全部企业的 27.51%和 29.43%，仍然是国民经济发展的中坚力量。

二、国有企业是一系列产权的约束体

现代产权理论的先驱马克思认为私有制是资本主义的罪魁祸首，助长了私有制所有者（资本家）的贪婪。解决方法之一是将私有制转换为公有制，因此国有企业代表着一组不同的产权集合。为方便理解，可以将产权这一复杂概念分解为财产的收益权、控制和使用权、转让和出售权。首先，财产的收益权意味着国家有权获得国有企业的收入（Kornai，1992）；其次，财产的控制和使用权意味着政府部门享有与国有企业相关的融资，以及管理者的任命、薪酬和解雇等诸多关键事项的决定权；最后，财产的转让和出售权意味着国家享有转让或出售国有企业的权利。

产权伴随着多种结果，例如就业、社会公平、可持续发展和经济绩效等。其中，经济绩效是人们最关心的。对于国有企业相比民营企业是否改善了经营绩效，学术界持有不同的观点。支持国有产权的人认为相比民营企业，国有企业的经营绩效更好；持相反观点的人认为国有企业的经济表现不佳，并且从苏联、改革前的中国、越南以及当今的古巴和朝鲜等多个情境下为该论点寻找实际证据。随着研究的深入，现有证据表明以上两种观点并不存在绝对的正确或错误，对国有企业和民营企业经营绩效进行比较需要界定制度条件和标准。这些条件和标准可能包括创新动机强烈程度、控制成本的必要性、绩效标准侧重于短期还是长期、绩效导向侧重于经济还是社会等。具体来说，当创新动机很强、控制成本的要求较高、绩效标准更侧重于短期且以经济绩效为导向时，民营企业经营绩效可能会优于国有企业；当创新动机不强、控制成本的必要性适中、绩效标准更侧重于长期且不以经济为导向时，国有企业的表现可能会优于民营企业，例如邮政、电力以及供水等领域。因此，在比较国有企业和民营企业的经营绩效孰优孰劣时，应当有精确的研究条件和标准。

三、国有企业是交易成本最小化经济体

尽管威廉姆森（Williamson）等交易成本理论家倡导制度比较方法，但交易成本理论的实际发展却呈现出微观分析的特征。这种特征使交易成本理论可以深入洞悉那些重要的微观属性，例如资产的特殊性和不确定性，但相对缺乏对国有企业相关的更宏观的真正的制度比较方面的关注。因此，威廉姆森于1985年建议未来的研究方向应更关注经济组织的另一种形式——国有企业，并且在其1991年的著作中讨论了社会主义经济组织的某些方面。

交易成本理论的一个范式问题是：为什么企业会存在？该问题可进一步扩展为：为什么国有企业会存在？交易成本理论的答案是，企业的存在是为了以比市场更有效的方式节省交易成本（Coase，1937）。按照该逻辑进行扩展，国有企业的存在就是为了以比市场更有效的方式节省交易成本。尽管国有企业有很多不完善之处，但它们可以减少那些遭受严重市场失灵影响的经济体的交易成本。严重的市场失灵可能迫使国有企业成为唯一可行的组织形式，因为在遭受严重市场失灵困扰的经济体中，私营公司可能没有或根本不存在足够的能力促进经济发展（Rajan，2010），因此，国有企业通常出现在不发达的经济体中。

除了发展中经济体，发达经济体若出现严重的问题也会导致国有企业的崛起。2009年美国政府对困境中的通用汽车公司的帮助使得通用汽车从一家私营企业成为一家国有企业，虽然美国政府随后减持股份说明其并不情愿做出这一改变，但是该案例足以说明可从交易成本理论的角度理解国有企业存在的正确性：正是令人信服的交易成本逻辑使得政府在市场失灵时必须对通用汽车进行救助。

在注意到企业相对于市场减少的交易成本之后，研究者继续讨论了企业的边界。具体来说，由于交易成本节省效益的减少，企业不能无限扩大边界。规模和范围不断扩大的企业将不得不承担相应更高的内部管理成本。国有企业的边界问题同样可以用该理论进行解释，全球范围内的证据都证明了这一论点。一般而言，国有企业管理中涉及的国家机构和单位越多，行政管理成本越高，因此内部协调所需的过高的行政管理成本将抵消任何可能的交易成本节省。国有企业的边界取决于国家控制带来的交易成本节省与国有企业管理中涉及的国家机构和单位带来的额外行政管理成本之间的权衡。

案例 8-1

美国政府救活通用汽车

通用汽车原本是全球最大的汽车企业，有着百年历史。2007—2009 年金融危机时，通用汽车陷入破产阴影，美国政府果断为通用汽车提供了数百亿美元的贷款，目的是帮助其重组为具有市场竞争能力的新公司。尽管如此，到 2009 年 6 月 1 日，通用汽车还是向纽约联邦法庭申请了破产保护。通用汽车 2009 年重组后，美国政府提供援助并持有该公司 5 亿股，所占股比达到 26.5%，总投资 495 亿美元。通用汽车也因此被戏称为“政府汽车”。但是，美国政府接手后的通用汽车并不同于中国的国有企业，因为美国政府只是向其输入了资本金，虽然股权比较大，但是并不直接管理企业，美国的官员也不会派驻到企业里去，而是让通用汽车制定相关的振兴计划。

资料来源：郎永强．解读美国政府赔百亿美元救活通用汽车公司．(2019-12-05)[2022-09-01]. https://www.diandong.com/zixun/14693.html.

四、国有企业是一系列代理契约的纽带

代理理论的核心是委托人和代理人之间的利益冲突。由于国家是国有企业事实上的所有者，而国有企业的员工是为国家工作的代理人，因此以国家与国有企业员工之间的代理关系为中心的新契约关系取代了私人所有者与员工之间传统的契约关系。

遗憾的是，相对于传统的契约关系而言，新的契约关系并未得到充分探讨，激励不足的问题也更加严重，导致经济效率损失更为明显。为解决该问题，苏联曾呼吁国有企业员工树立“主人翁”意识，但由于委托人和代理人之间存在固有的利益冲突，缺乏有效激励的代理人不可能像委托人一样行动。使用“精神”和“道德”等意识形态的激励措施难以激发员工的高效率，因此国家转而实施实质性激励措施（例如奖金）。但在国有企业的实践中，此类激励措施的有效作用微不足道。在古巴，国有企业员工认为“国有企业属于国家，而国家属于人民，也就是国有企业属于人民”，这种逻辑助长了国有企业员工的偷盗行为。总而言之，国有企业可能因未充分激励员工而产生经营效率损失。

为数众多的国有企业还可能带来监管问题。政府部门通常因缺乏专业的商业技能和充分的资源而无法有效监督所有国有企业，进而加剧信息不对称问题。监管不到位会导致国有企业追求自身利益最大化，偏离国家目标。比如，国有企业经常存在大量的浪费、松懈以及滥用现象。

代理理论认为，恰当的激励和有效的监督是提高绩效的关键。研究表明，私有化和缩小监管范围等措施有助于提高国有企业经营绩效。有学者认为多个大股东，而不是一个控股股东和众多小股东的结构将有助于解决此问题。多个大股东可以彼此制衡，并且组成联盟对控股股东采取行动，从而提供一些内部约束措施来遏制代理冲突。

案例 8－2

1992 年前后美国企业的董事会变更

在 1992 年邓小平视察南方，中国开始轰轰烈烈的第二波改革大潮之际，大洋彼岸的美国也发生了一场静悄悄的革命，其意义不亚于中国的深度改革。

1992 年前后的一年多时间里，美国几家最著名大公司的董事会先后解雇了数名声名显赫的超级总裁，他们分别是 IBM 总裁约翰·爱克斯、通用汽车公司总裁罗伯特·斯坦波尔、捷达总裁杰姆斯·罗宾逊、西屋公司总裁保尔·莱格和康柏电脑总裁若德·凯宁等。在短短的一年多时间里，数位巨星级总裁被“炒鱿鱼”，这在美国历史上还是第一次。

究其原因，是美国公司治理结构的革命性变革。机构投资者的治理从幕后走到台前，成为推动公司治理良性发展的一股重要外部力量。在这一过程中，在所有权与经营权两权分离的基础上，机构投资者通过长期持股，积极参与公司决策，使得公司治理结构发生了新的变化，在股东、董事会和经理层之间也建立了互相制衡、互相依赖的关系，机构投资者法人股东对董事会实行有效控制，使其在公司治理过程中真正代表股东利益，并以此来制约经理层的行为，从而使经理层能够从长远的视角对公司相关问题进行决策和管理。

资料来源：李维安．公司治理学．4 版．北京：高等教育出版社，2020.

五、国有企业是资源与能力的组合体

改革前的中国国有企业往往仅关注生产活动，研发任务由企业外部的专门机构承担，财务资源由国家提供，更不具备营销和品牌推广能力。国家政府部门掌控着国有企业的生产、组织和协调。资源基础观认为，企业是生产资源和生产能力的集合。除了生产资源之外，成熟的企业还需要包含技术、财务和组织能力等要素。因此，将企业仅作为生产资源集合的狭隘观点与资源基础理论相矛盾。资源基础理论的一个重要假设是企业在竞争的、基于市场的经济环境中经营。虽然改革前的中国不具备这样的制度环境，但随着经济转型，包括中国在内的新兴市场经济体引入了基于市场的竞争，为国有企业获得基于市场的竞争优势提供了条件。

传统的资源基础理论主要基于市场的资源和能力进行研究，新近研究则将非基于市场的政治资源和能力作为研究重点。根据马克思的政治经济学相关论述，社会主义国家公有制经济的表现形式以国有经济为主体。科尔奈更是将社会主义经济体系下政府与企业的关系称为“父爱主义”，即政府会通过多种途径帮助国有企业脱困，包括提供税收优惠等政策性保护。[①] 相对于民营企业和外资进入者，国有企业具备天然的政治资源和能力，国有企业的管理者和官员联系更加密切。这些政治资源和能力有助于提高企业的讨价还价能力、合法性和声誉，强大的国有企业甚至可以影响政策的制定。因此，政治资源和能力对提高国有企业的经营绩效起着十分重

① 高炜，黄冬娅．关于中国国有企业“政治关联”的研究评述．上海行政学院学报，2018，19（03）：103-111.

要的作用。

有学者认为，企业的竞争优势可能并不来源于某些资源或能力，而是来源于多种多样的捆绑在一起的组织属性。根据这一逻辑，国有企业的竞争优势便是来源于基于市场的和非基于市场的资源和能力的结合，这些竞争优势能够帮助国有企业在竞争激烈的全球经济中维持绩效和增长。一方面，基于市场的资源和能力有助于国有企业在产品市场上展开有效竞争；另一方面，基于非市场的资源和能力有助于企业获取资源和陷入困境时的援助。因此，某些具有政治关联的国有企业的经营绩效很可能好于非国有企业和其他不具有这种关联的国有企业。

案例 8-3

吴通控股：并购与行业资源整合

吴通控股目前的发展战略为“通信智能制造＋互联网信息服务”双轮驱动模式，通过并购重组加速实施公司互联网信息服务业务战略布局，努力向控股平台型公司转型。

人力资源是公司的核心竞争力，要着眼长远、立足培养、控制总量、优化结构、降低成本、提升素质。公司自上市以来，一直非常重视人才梯队的建设以及各类管理人才的引进，对公司人力资源战略进行了重新定位。人力资源管理的基本原则是吸引核心人才、留住核心人才、用好核心人才、建设人才梯队。公司采用集团化人力资源管控模式，明确集团人资行政中心及各子公司的人力资源责权关系，采用不同的集团化人力资源管控模式，根据实际情况确定集团人资行政中心的责权体系。通过公司的人力资源整合及采用不同的激励方式，公司管理团队更加稳定，核心竞争力持续提升。

公司分别于2012年、2013年、2014年启动重大资产重组，收购了移动通信终端产品解决方案供应商——上海宽翼通信科技股份有限公司、国内领先的企业移动信息化服务提供商——北京国都互联科技有限公司、互联网广告与数字营销平台公司——互众广告（上海）有限公司、企业数据运营服务商——摩森特（北京）科技有限公司，通过四次并购重组，吸纳了宽翼通信、国都互联、互众广告和摩森特的优质人才，这些核心人才在行业、公司战略目标、业务服务体系等方面形成了较扎实的专业积累。

资料来源：吴通控股：并购吸纳行业优质人才．董事会，2019（Z1）：79.

六、国有企业的公司治理效应

现有关于国有企业治理效应方面的研究大部分集中于国有企业和其他所有制企业的技术效率和财务效率的比较。从整体上看，已有研究对国有企业治理效应存在不同观点。

（一）国有企业的技术效率

通过梳理相关文献可以发现，学者一致认为中国国有企业技术效率总体上呈上升趋势，但对于竞争性行业中国有企业与其他所有制企业之间的效率差距，学者们持不同意见。刘瑞明、吴敬琏认为，“国有企业的效率低下是一个不争的事实”。贺聪和尤瑞章于 2008 年比较了中国不同所有制工业企业的生产效率，实证结果表明相对于国有和外资企业，私营企业具有技术效率优势。牟俊霖 2012 年根据第二次经济普查数据，研究了国有与非国有工业企业效率之间的差异，实证结果表明国有工业企业技术效率低于非国有工业企业，但在 1995—2008 年之间这种差距逐渐缩小，且国有企业效率的提高主要依赖其规模和垄断优势，在竞争性行业两者差距依然较大。

企业效率是动态变化的。随着改革的深入，20 世纪八九十年代国有企业效率低下、技术落后、亏损严重，甚至资不抵债的现象已得到根本性的改变。部分学者认为，国内学者论证国有企业低效率的文献大多基于国企改革前的数据，且研究出发点是中国经济的理论一般性。因此，他们认为基于中国经济在实践上的特殊性，从中国经济现实背景和国有企业实际承担的职能出发，对国有企业效率进行重新评价是很有必要的。魏峰和荣兆梓 2012 年计算了竞争性领域 20 个工业细分行业国有企业和非国有企业 2000—2009 年的年度技术效率，结果表明，虽然在竞争性领域国有企业和非国有企业的工业行业技术效率之间存在差距，但国有企业技术效率上升态势明显，使得两者的效率总体上趋同。洪功翔 2010 年的研究对“双重效率损失”观点持有疑问，并以 2000—2008 年 29 个地区的省级面板数为样本进行测算，结果表明国有企业对经济增长具有积极效应，而非“拖累”。马荣 2011 年对 2003—2008 年行业加总的国有企业核算了其全要素生产率和各项分解指标，并将其与外资企业和行业平均水平进行比较，结果发现国有企业的全要素生产率具有绝对优势。洪功翔和董梅生 2012 年的实证研究发现，无论是财务效率还是技术效率，国有与民营上市公司均不存在差异。

（二）国有股权与企业绩效

对于国有股权与企业财务效率之间的关系，现有研究结论并未达成共识，解释也有所不同。一种观点认为，相比其他所有制企业，国有企业具有绩效劣势，即政府产权无效主张。在早期研究中，Baumol（1984）认为，虽然国有企业在保护工人权益等方面比民营企业更有效，但并没有明确表明国有企业的效率高于私营企业。政府产权无效的主张主要有三大理论基石：代理人理论、微观效率牺牲说和政治家及官员的政治行为说。

第一，相对于私人所有的企业，政府所有的企业存在复杂的委托代理关系，代理成本降低了企业绩效。一方面，国有企业仅仅关注被监督的活动从而积极降低被监督部分的成本，但其他产出的质量可能下降，阻碍技术革新；另一方面，政府有限的监督能力也会导致国有企业支出过度和管理者自利行为。因此，控制机制无效导致的无谓分配效率损失是公有制的主要福利成本。第二，相比民营企业追求利润的目标，国有企业的经营目标往往带有更多的政治色彩，即“微观效率牺牲说”。国有企业不仅要追求自身的盈利，往往还承担着税收、社会保障、就业等其他社会福利的政策性负担，这就产生了逆向选择问题和软预算约束，进而降低了国有企业的微观利润水平。第三，政治家及官员的政治权力无可避免地带来裙带关系和腐败行为，因此政治权力可能减损企业财富，是一只“攫取之手”。Zhang et al.

(2001) 对中国26个行业的研究发现，对资本结构、税收和福利负担效应进行调整后国有企业依然表现出较差的财务绩效，尽管国有企业的生产效率进步较快，但是利润增长依然落后于其他所有制结构的企业。蔡昌和田依灵以2008—2013年的上证A股和深证A股上市公司为样本进行实证研究，结果表明国有上市公司的财务绩效显著低于民营上市公司。据世界银行发布的《中国2030》报告，非国有企业的平均股权收益率比国有企业高出9.9个百分点。①

另一种观点认为，相比其他所有制企业，国有企业具有绩效优势。Baumol (1984) 指出，生产公共产品的私营企业需要公共补贴以应对供应不足。除补贴成本外，私营企业的监督成本也不容忽视。因此，如果国有企业的效率损失小于节省的监督成本，那么国有企业将更有效，而其他情况下补贴私营企业可能更为有效。该观点和 Borcherding (1983) 提出的观点有相似之处。Vickers and Yarrow (1988) 认为，国有企业和民营企业都存在委托代理问题，所以国有企业的绩效并不一定比民营企业差。另外，政府所有制可能会避免企业利润被政府攫取。Blanchard and Shleifer (2000) 指出，自1989年以来中俄经济增长迥异的重要原因之一是中俄政府发挥的作用不同，中国政府能够帮助企业发展。Sun et al. (2002) 以中国上市公司1994—1997年的所有观测值为样本的实证研究结果表明，国有股权与公司业绩呈显著正相关。田利辉2005年的研究认为，国有股东对于公司绩效的影响是复杂的，总体影响是负面的，但在特定情况下，国有产权具有一定的正面作用，即国家持股规模和公司绩效之间呈现左高右低的非对称U形关系。当国家持股比例足够大时，随着国家持股比例的上升，企业绩效也会上升。徐莉萍等人2006年的实证研究发现，因存在严重的代理问题，私有产权控股的上市公司相比国有上市公司绩效表现欠佳。张宇和张晨2010年的研究认为，中国国有企业在众多经营指标上属国内一流，遥遥领先于同行业民营企业。从国际竞争力来看，2009年中国有24家国有企业进入世界500强，不仅在国内市场称雄，在国际竞争中亦有很好的表现。

虽然学者们对国有企业的效率问题争执不下，但比较一致的观点是，经过数十年改革，我国国有企业效率得到了很大的提升。然而，该成果并不能说明国有企业就能长期保持较好的发展态势。因此，我们应该在坚持国有企业与民营企业共同发展的基础上，坚持公有制为主体、多种所有制经济共同发展的基本经济制度；在既有理论指导的基本政策指引下，对国有企业进行改革，提高经济绩效，建立公平公正的市场经济体制。

案例8-4

潍柴扭亏为盈，成国企改革典范

1998年，潍柴成为潍坊市内最困难的企业，内外债高达3.6亿元，处于破产边缘。潍

① 世界银行．中国2030．2012．

柴集团原总经理孙承平表示："6个月不发工资，交不上电费限电，自来水那个大水表后来叫人家卸走了。"临危受命，37岁的谭旭光成为潍柴历史上最年轻的厂长。没有了退路，谭旭光深知，只有彻底改革才能让潍柴活下去。

经过一系列改革，市场化机制逐渐在潍柴建立、完善。1999年，谭旭光上任第二年，潍柴销售收入突破7亿元，利润达500多万元，这个濒临倒闭的老国企终于焕发了生机。此后，谭旭光又在潍柴创造性地实施了"三三制"改革：1/3成立股份公司，1/3存续在母公司，1/3与主业无关的彻底推向市场。借此，潍柴真正实现了飞跃发展。

2013年、2017年，潍柴集团收入分别跨越千亿、两千亿元大关，创造了令人瞩目的"潍柴速度""潍柴奇迹"，成为国企改革的典范。有着红色基因的老国企潍柴在伴随新中国成长的历程当中，经过颠覆性机制改革、股份制改制以及国际化并购等举措，不到20年就从严重亏损成长为千亿级企业。

资料来源：根据搜狐网相关资料整理.

第二节 国有企业改革：从企业治理到公司治理

改革开放40余年，是中国特色社会主义市场经济形成和发展的40余年，也是中国国有企业不断探索和创新符合中国特色社会主义市场经济的运营机制和管理方式的40余年。在这40余年的改革过程中，中国国有企业从经营理念到经营机制、从产权结构到治理方式都发生了根本性的转变，取得了举世瞩目的改革成果。中国国有企业改革采取循序渐进、以点带面、不断深化的改革方式，而非照搬其他国家的经验模式，为全球贡献了"中国智慧"和"中国方案"。本节将对中国国有企业40余年的改革经验进行系统的梳理和总结，整个改革大体上可分为放权让利、转换经营机制、建立现代企业制度、股份制改革、发展混合所有制和全面进入公司治理等六个阶段。

一、放权让利

第一阶段是1978—1984年的放权让利阶段。新中国成立初期，我国照搬苏联国营企业管理方式，以高度集中的计划经济体制为主要特征，企业自身不具有自主经营权。改革初期，政府意识到传统计划经济体制最严重的弊端就是"管得过多"，这使得企业和劳动者缺乏活力和积极性。1978年，党的十一届三中全会确定了扩大国营企业经营自主权的改革目标，主要政策措施包括扩权改革试点、经济责任制、"利改税"和"拨转贷"等。随后一系列文件的发布推动了国营企业经营自主权的改革进程，因此，该时期最显著的改革特点即"放权让利"。这一阶段的改革激发了国营企业的营利意识，国营企业自我发展能力和增产增收积极性得到提高，为国营企业适应市场机制奠定了基础。但是，由于放权让利的边界并不明确，政策环境和资源配置机制不配套，受限于不健全的宏观市场机制和低效的约束监督机制，信息不对称导致的道德风险问题更加严重，“放权让利”改革过程中出现了严重的国有资产流失。

二、转换经营机制

第二阶段是1984—1993年的转换经营机制阶段。经过第一阶段的改革，国营企业经营观念和形式已发生转变，对企业所有权和经营权有了新的认识。受家庭联产承包责任制的启发，1984年党的十二届三中全会通过了改革经济体制的决定，国营企业改革开始向以两权分离为特征的转换经营机制阶段过渡。这一阶段的主要政策措施包括企业承包经营责任制、租赁经营责任制和股份制试点等。承包制的实施取得了良好进展，国营企业和劳动者积极性再次得到提高。1987年在全国推行承包经营责任制后，90%的国营企业实行了承包制，保障了国有经济的稳定发展。但是，国营企业的政策负担使得承包制仍然无法彻底解决道德风险问题，严重影响了国民经济的长期发展。另外，该阶段的股份制试点虽然范围不广，但拉开了全国股份制试点的帷幕，为后来逐步规范化发展股份制打下了重要基础。

案例8-5

国企承包第一人马胜利

马胜利是石家庄造纸厂的一名普通工人。当时的石家庄造纸厂几乎和所有的国营大厂一样，仍在“原料由国家供给，产品由国家包销”的计划思维轨道上惯性前行。然而改革到来后，石家庄造纸厂面临连续亏损、完不成指标的境况，这时，工厂的普通工人马胜利站了出来。石家庄造纸厂门前出现了一份《向领导班子表决心》的“大字报”：“我请求承包造纸厂！承包后，实现利润翻番，工人工资翻番！达不到目标，甘愿受法律制裁。”经过层层上访，召开“答辩会”，组织上终于认可了马胜利的经营策略，马胜利成功承包了石家庄造纸厂。石家庄造纸厂在马胜利的带领下，发挥出了巨大的生产潜力，顺利实现了利润翻番。这家原先的亏损企业摇身一变成了全国明星企业。人们说厂长马胜利缔造了“一包就灵”的神话。

事业巅峰期的马胜利决定继续增加承包的厂子，然而盲目的扩张让马胜利感受到了市场的无情，他所承包的浙江、贵阳、烟台的工厂此后均出现大面积亏损。退休后的马胜利这样看待“承包制”的失利：“这承包制，对市场经济还是不适应。比如说你个人承包了，你盈利了你可以得利，如果你亏损了你拿什么赔？你光能得利，你不能承担责任，也不行啊，这本身就有很大的缺陷。”

资料来源：搜狐号“第一财经”. 国企承包第一人马胜利在1984：从普通国企工人到中国最著名厂长.(2018-08-27)[2022-09-01]. https://www.sohu.com/a/250259685_114986.

三、建立现代企业制度

第三阶段是1993—2003年的建立现代企业制度阶段。第二阶段的承包制改革并没有取得预期效果，面对承包制存在的问题，我国国有企业改革进入第三阶段：

建立现代企业制度，实施战略改组。1993年，我国修改宪法，将国营企业改为国有企业。一字之差体现了所有权和经营权的区别。同年，党的十四届三中全会明确了国有企业改革的方向是建立现代企业制度，并指出现代企业制度以“产权明晰、权责明确、政企分开、管理科学”为特征，意味着该阶段的改革开始触及产权问题。1995年，党的十四届五中全会指出：“对国有企业实施战略性改组。这种改组要以市场和产业政策为导向，搞好大的，放活小的，把优化国有资产分布结构、企业组织结构同优化投资结构有机地结合起来，择优扶强，优胜劣汰。”一方面，国务院批准100家不同类型的国有大中型企业进行现代企业制度试点；另一方面，进行“抓大放小”的战略性重组。该时期的改革帮助国有企业初步建立了现代企业制度，形成了以现代企业制度为基础的新型政企关系。但由于政策负担和不健全的市场体系，政府介入现象仍然普遍存在，导致国有企业改革进程迟缓，最终改革仅停留在完善企业内部管理层面。

四、推行股份制改革，完善国资监管体制

第四阶段是2003—2013年的推行股份制改革阶段。随着对所有制、产权等认识的加深，该阶段的国有企业改革开始触及根本性问题。党的十六大正式提出并建立国有资产出资人制度，明确了中央企业的定位。2003年，国有资产监督管理委员会成立，结束了国有企业的多头管理格局，为国有企业进一步加强产权制度建设、发展混合所有制经济、深化改革提供了保障。同年，党的十六届三中全会提出要建立归属清晰、权责明确、保护严格、流转顺畅的现代产权制度；大力发展国有资本、集体资本和非公有资本等参股的混合所有制经济，实现投资主体多元化，使股份制成为公有制的主要实现形式。党的十七大延续了十六大对产权改革的重视，强调深化国有企业公司制股份制改革。因此，这一时期的改革以股份制改革为主要内容，使得国有企业所有者和管理者实现真正分离，国有企业改革进入深水区。到2013年初，全国90%以上的国有企业完成了公司制股份制改革，大多数国有企业建立了股东会、董事会、经理层和监事会等机构。但是，在此过程中，对国有企业管理者缺乏监督导致国有资产严重流失，存在进入壁垒的垄断行业国有企业效率低下，政府干预较多等问题依然存在。

案例8-6

国有商业银行股份制改革

为贯彻落实党的十六大和十六届三中全会精神，加快金融改革，促进金融业健康发展，2003年底国有商业银行股份制改革正式拉开序幕。2003年12月，为补充国有银行资本金，化解不良资产，由国务院批准设立的国有独资投资控股公司中央汇金投资有限责任公司（简称汇金公司）注册成立，12月30日国家通过汇金公司向中国银行、中国建设银行注资450亿美元。2004年，两家试点银行全面展开财务重组和公司治理改革，标志着国有银行改革进入国家控股的股份制商业银行改革阶段。除此之外，汇金公司还分别向交通

银行注资30亿元、向中国工商银行注资150亿美元；2008年11月6日，汇金公司以1 300亿元等值美元注资中国农业银行，注资完成后，汇金公司持有中国农业银行50%的股份，同时，财政部在中国农业银行的1 300亿元所有者权益将保留，双方并列成为中国农业银行第一大股东，各持有50%的股份。另外，在对中国建设银行、中国银行进行注资后不久，国家对国有商业银行进行了不良资产的剥离。

在相继完成财务重组后，2005年10月，中国建设银行在香港率先上市，2007年成功回归A股市场。2006年6月和7月，中国银行也先后在香港H股和内地A股成功上市。2006年10月，中国工商银行成为在香港和内地资本市场同时上市的第一家金融企业，当时创下全球有史以来IPO最大规模。2010年7月，中国农业银行先后在上海和香港两地上市，至此国有银行股改上市画上了圆满的句号。

资料来源：赵晓强．迈向世界一流：我国银行业在改革开放中提升竞争力．经济日报，2008-12-10（5）.

五、发展混合所有制，全面深化改革

第五阶段是2013—2017年的发展混合所有制阶段。2013年，党的十八届三中全会把混合所有制作为国有企业改革的重要方向，即“国有资本、集体资本、非公有资本等交叉持股、相互融合的混合所有制经济，是基本经济制度的重要实现形式”“允许更多国有经济和其他所有制经济发展成为混合所有制经济”。混合所有制经济成为基本经济制度的重要实现方式。2015年，《中共中央、国务院关于深化国有企业改革的指导意见》和《国务院关于国有企业发展混合所有制经济的意见》陆续印发，系统提出了深化国企改革的指导思想、基本原则、目标任务和重大举措，并明确提出分层分类推进混合所有制改革：（1）在分层方面，要求探索集团公司层面混合所有制改革，引导子公司层面有序推进混合所有制改革。（2）在分类方面，对于主业处于充分竞争行业和领域的商业类国有企业，原则上都要实行公司制股份制改革，充分运用整体上市等方式，积极引入其他国有资本或各类非国有资本，实现股权多元化，国有资本可以绝对控股、相对控股，也可以参股。对于主业处于关系国家安全、国民经济命脉的重要行业和关键领域，主要承担重大专项任务的商业类国有企业，要保持国有资本控股地位，支持非国有资本参股。[①] 对于公益类国有企业，可以采取国有独资形式，具备条件的也可以推行投资主体多元化，还可以通过购买服务、特许经营、委托代理等方式，鼓励非国有企业参与经营。

案例8-7

云南白药的混合所有制改革路径

2016年，云南白药控股有限公司（以下简称云南白药）启动混合所有制改革，先后

① 徐东，崔颖凯，张莉，等．中国石油混合所有制改革进展及后续改革建议．国际石油经济，2018，26（12）：12-17.

引入新华都实业集团股份有限公司（以下简称新华都）和江苏鱼跃科技发展有限公司（以下简称江苏鱼跃）两方股东，形成了云南省国资委和新华都并列为第一大股东的股权结构。至此，云南白药完成了控股股东层面的混合所有制改革。2018 年 9 月，云南白药集团股份有限公司宣布启动整体上市方案，深化混合所有制改革，并相继公布了“吸收合并白药控股，实现整体上市”的混改方案。2019 年 4 月，云南白药收到了证监会核准吸收合并上市方案的批复，同时，云南白药也表示将在后续的混改中逐步推进员工持股计划，吸纳优秀顶尖人才，以进一步激发企业活力。

云南白药在混改的股权分配方面，创新性地采取了一种新的“均衡”的股权模式，即既不被国有资本控股也不被民营资本控股，国有资本与民营资本均衡控股。这种模式一方面保持了国家对有优势的国有资产的掌控，另一方面又调动了民营资本的积极性，能在为企业注入非国有资本的同时提高企业决策的科学性，可以说很好地诠释了李克强总理对国企深化改革提出的“加快完善市场机制”，把“市场活力”和“社会创造力”释放出来这一思路。云南白药大胆探索出国有资本与民营资本“均衡控股”混改之路，是否实现了完善企业公司治理、提高企业决策效率、为企业注入活力等混改目标，是一个值得研究的课题。

资料来源：中国财经．云南白药混改落定：超 500 亿吸并母公司，获证监会核准批复．(2019-04-24)[2022-09-01]. https://finance.china.com.cn/roll/20190424/4962980.shtml.

该阶段改革的目的主要是结合国有企业和民营企业的优势，实现不同所有制经济的优势互补，增强企业竞争优势；明确国有经济的主导作用，促进国有资产保值增值。按照《国务院关于国有企业发展混合所有制经济的意见》的要求，国务院国资委等部门陆续出台了《企业国有资产交易监督管理办法》《上市公司国有股权监督管理办法》等一系列配套文件，主要政策内容包括明确国有企业分类、公司制改制、调整重组大型国有企业、混合所有制改革等，主要政策措施包括充分发挥资本市场平台作用开展混合所有制改革、推进中央企业混改试点为国有企业混改提供引领示范、推动重要领域混改试点带动国有企业重要领域子企业开展混改。总体上看，中央企业和全国各地地方国有企业不断健全混改工作领导机制和配套制度，混合所有制改革取得积极进展，在产权层面与社会资本实现了较大范围的混合。

2017 年各省级国资委出资企业改制比重超过 95%。这一时期国有企业改革的深度和广度大幅提升，国有企业活力进一步增强，公平公正的市场竞争环境加快形成。但是，黄茂兴 2019 年的研究指出，混合所有制企业的股权合作存在形似而实不至的问题。另外，虽然混合所有制改革取得了较大成效，但进展相对缓慢，全社会还存在对混合所有制的误解。

六、全面进入公司治理阶段

第六阶段是 2017 年至今的全面进入公司治理阶段。2017 年，国务院办公厅印发《中央企业公司制改制工作实施方案》，规定 2017 年底前，按照《全民所有制工业企业法》登记、国务院国资委监管的中央企业（不含中央金融、文化企业），要全部改制为按照《公司法》登记的有限责任公司或股份有限公司，加快形成有效制衡的公司法人治理结构和灵活高效的市场化经营机制。这意味着由国资委监管的全部央企将按《公司法》进行管理，由企业治理模式转向公司治理模式。这在中国经济发展史上具有划时代的意义。推进公司制改革，是深化国有企业改革的重要内容，是建立中国特色现代国有企业制度的必要条件，是转换国有企业经营机制的重要基础。公司制是现代企业制度的有效组织形式。全民所有制企业改制为公司制企业，实现出资人所有权和企业法人财产权的分离，有利于建立符合现代企业制度要求的产权管理体系和治理结构，明确董事会、经理层、监事会和党组织的权责边界，促进国有企业真正成为自主经营、自负盈亏、自担风险、自我发展的独立市场主体，实现做强做优。

在现代企业制度中，公司治理是核心。李维安提出深化国企改革就是要全面进入公司治理现代化发展的新阶段。由于"自下而上"渐进式改革积累了大量遗留问题，国有企业改革仍处于"进行时"，还需要进一步完善国有企业内外部公司治理机制，调整优化国有经济布局结构，实现由权力制衡向决策科学的转变，实现由政府计划管控下的行政型治理向以市场机制为主的经济型治理转型。①《国务院关于国有企业发展混合所有制经济的意见》也专门用一个部分来阐述"建立健全混合所有制企业治理机制"，明确要通过改革进一步确立和落实企业市场主体地位；要建立科学规范的公司法人治理结构，依法保护各类股东产权；要规范企业股东（大）会、董事会、经理层、监事会和党组织的权责关系，建立市场导向的选人用人和激励约束机制，严格职业经理人聘用期管理和绩效考核，加快建立退出机制。

自2015年开启新一轮国有企业改革到实施《国企改革三年行动方案（2020—2022年）》，从中可以看出股权多元化只是混改的表面问题，改革的实质在于现代企业中公司治理的市场化问题。从中央企业和各地方国有企业混合所有制改革的经验来看，现阶段国有企业发展主要以完善治理为导向，优化股权结构，充分发挥非国有战略股东的积极作用；以强化激励为突破，转换经营机制，充分激发企业发展活力和动力；以突出主业为目标，创新商业模式，切实提高发展质量和效益；以规范运作为前提，严格遵守政策规定，有效防止国有资产流失；以加强党建为统领，强"根"固"魂"，充分发挥党组织领导作用。在实践中，现阶段国有企业的改革面临以下三个方面的重要公司治理挑战。

（1）在股权结构问题上，本轮国企改革在国有股东股权比例上允许国有绝对控股（国有股≥51%）、国有相对控股（国有股为34%～50%）以及国有相对控股或参股（国有股<34%），以国有控股、社会参股为主要方向。但这带来的公司治理挑战在于，国有股东绝对控股时，如果其他股东的股权比例过小、过于分散，在董事会没有提名权，混改就只实现了资本层面的"混"而没有实现实质层面的"改"。国有相对控股时，如果第二大股东的持股接近国资股东，可能会出现过度制衡的情况，原国有股东的控股地位可能会因其他股东的一致行动而受到威胁。因此，在选择外部投资者时，需考虑股权分散产生的影响，避免造成外部投资者和国资股东因股权相当而在重大问题上相持不下的僵局就成为关键。

① 李维安．全面深化企业改革的一个治理逻辑．南开管理评论，2017（4）：1.

延伸阅读 8-1

股权结构——避免一股独大或过度制衡

以首旅酒店的混改为例，第一大股东首旅集团持股 34.25%，第二大股东携程持股 14.47%，第三大股东 Smart Master 持股 3.47%。第二到第十大股东的持股总和没有超过第一大股东。这样的股权比例设置既为国资股东设置了控股的安全线，又引入了有实力的战略投资者（携程），且新引入股东同时占据了多个董事会席位，对国资股东形成了一定的制衡作用，在股权结构上为“混”且“改”奠定了良好的基础。

资料来源：林朝雯．跳出国企混改的误区．董事会，2020（11）：40-42.

（2）在治理机制层面，要从以国资股东、管理层为核心的治理模式转变为以董事会为核心的治理模式，具体来说要做到以下三点：1）合理规划董事会人员结构，形成国资股东董事、投资人董事、独立董事、职工董事的平衡结构；2）明确董事的资历和职责，对投资人所提名的董事人选的经验、能力提出明确要求，促使其为企业及股东整体的利益服务；3）授予董事会实权，落实董事会对经理层成员等高级经营管理人员进行选聘、业绩考核和薪酬管理的职权。

延伸阅读 8-2

董事会改革——避免制衡变掣肘

中国联通混改后董事会由 7 人增加到 13 人，其中包含 5 名投资者委派的董事、5 名独立董事，外部董事占多数。中石化销售公司混改后虽然不是上市公司，但董事会设立了 3 名独立董事。东航物流规定，重大决策须至少获得 2/3 以上董事会成员表决通过；而东航集团委派董事占董事会席位的 5/9，因此，其提议的重大事项需要获得部分外部董事的同意才能通过，受到合理的制衡。

资料来源：林朝雯．跳出国企混改的误区．董事会，2020（11）：40-42.

（3）党的十八届三中全会明确提出允许混合所有制经济实行企业员工持股，2016 年国务院国资委、财政部和中国证监会联合印发《关于国有控股混合所有制企业开展员工持股试点的意见》，明确了新时期混合所有制企业员工持股试点的要求，致力于形成资本所有者和劳动者利益共同体。企业在设计以激励为目的的员工持股方案时，应着重考虑设计动态调整机制、建立融资渠道、加强信息公开。

第三节 国有企业公司治理主体及机制

改革前的国有企业是中国计划经济时代的主要组织形式，很多学者认为，非利润最大化的经营目标常使得改革前的国有企业与民营企业相比效率较低。但是，随着国有企业改革的推进，转型后的国有企业已经成为中国经济重要的战略参与者。20世纪90年代推行的现代企业制度促使国有企业吸收西方先进管理理念，在战略决策和利润分配方面获得了更大的自主权，经济全球化带来的激烈竞争也促使国有企业逐渐完善公司治理机制。与此同时，不断出台的政策和法律法规对国有企业公司治理主体和机制的要求也更为严格。2017年，《国务院办公厅关于进一步完善国有企业法人治理结构的指导意见》（以下简称《指导意见》）对国有企业公司治理的主体及机制提出了明确要求，2023年12月29日公布的《公司法》修订中更是新设了“国家出资公司组织机构的特别规定”专章，在全面改组为有限责任公司或股份有限公司的国有企业遵循一般性公司治理机制的基础上，新《公司法》对这些国家出资的国有独资公司、国有资本控股公司①（包括国家出资的有限责任公司、股份有限公司）都提出了更为明确的公司治理机制的设置要求，从法律层面为新时期国有企业公司治理现代化改革提供了支撑。此外，仅从上市公司实践来看，国有上市公司目前在许多公司治理机制的运用和执行上都显著优于民营上市公司，鉴于公司治理机制对企业经营效率的重要影响，国有企业将更具为我国经济高质量发展做出贡献的潜力。本节将对国有企业公司治理主体及机制在改革过程中的变化和现状进行分析。

一、公司章程

2017年，《指导意见》对规范公司治理主体权责的表述中明确指出，要健全以公司章程为核心的企业制度体系，充分发挥公司章程在企业治理中的基础作用，依照法律法规和公司章程，严格规范履行出资人职责的机构（以下简称出资人机构）、股东会、董事会、经理层、监事会、党组织和职工代表大会的权责，强化权利责任对等，保障有效履职，完善符合市场经济规律和我国国情的国有企业法人治理结构，进一步提升国有企业运行效率。

公司章程在国有企业治理机制中的重要作用在新《公司法》中也有所体现，提出国有企业的公司章程的制定和修改为必须由履行出资人职责的机构决定的重大事项，这表明公司章程在公司治理中的基础性、引领性地位得到强化，提示国有企业及其交易相对方要高度重视公司章程对公司决策权限的分配机制。

二、股东会

一般而言，非国有独资企业和公司的股东会职能、设置和议事程序遵循一般的公司治理要求，一个具有挑战的问题是谁来代表国家行使股东权力呢？新

① 现行法律尚无“国有资本控股公司”的明确定义，可结合《中华人民共和国企业国有资产法》《企业国有资产交易监督管理办法》的相关规定进行界定。主要包括：（1）政府部门、机构、事业单位出资设立的国有独资企业（公司），以及上述单位、企业直接或间接合计持股100%的国有全资企业；（2）上述单位、企业单独或共同出资，合计拥有产（股）权比例超过50%，且其中之一为最大股东的企业；（3）上述所列企业对外出资、拥有股权比例超过50%的各级子企业；（4）政府部门、机构、事业单位、单一国有及国有控股企业直接或间接持股比例未超过50%，但为第一大股东，并且通过股东协议、公司章程、董事会决议或者其他协议安排能够对其实际支配的企业。

《公司法》规定，国家出资公司由国务院或者地方人民政府分别代表国家依法履行出资人职责，享有出资人权益。国务院或者地方人民政府可以授权国有资产监督管理机构或者其他部门、机构代表本级人民政府对国家出资公司履行出资人职责。

此外，国有独资公司不设股东会，由履行出资人职责的机构行使股东会职权。履行出资人职责的机构可以授权公司董事会行使股东会的部分职权，但公司章程的制定和修改等关键事项应当由履行出资人职责的机构决定。国务院办公厅在《指导意见》中指出，以管资本为主改革国有资本授权经营体制，对直接出资的国有独资公司，出资人机构重点管好国有资本布局、规范资本运作、强化资本约束、提高资本回报、维护资本安全。国有资本投资、运营公司不设股东会，由政府或国有资产监管机构行使股东会职权，政府或国有资产监管机构可以授权国有资本投资、运营公司董事会行使股东会部分职权。

对国有全资公司、国有控股企业，出资人机构主要依据股权份额通过参加股东会议、审核需由股东决定的事项、与其他股东协商作出决议等方式履行职责，除法律法规或公司章程另有规定外，不得干预企业自主经营活动。

国有股东委派或推荐的董事、监事在企业董事会和监事会中要占据多数，在企业法定代表人和外派财务总监等关键岗位的人员配置方面要体现话语权，在公司章程及股东会议事规则中要体现和落实国有股东的控制权，同时要依法保障其他中小股东合法权益。

对国有参股企业，国有股东以所持股权比例及公司章程有关规定，委派或推荐董事、监事、财务总监等产权代表，并通过完善公司章程或各项制度设计，防止其他股东侵害国有股东权益。

从图 8-1 所示的中国上市公司 2009—2023 年国有企业和非国有企业召开股东大会的统计数据来看，自改革以来，国有企业在召开股东大会次数上超过了民营企业，且参会股份的比例明显更高。

国有企业改制前国务院国资委更倾向于将自己定位为国有企业董事会，对国有企业事项的管理十分具体，甚至超越出资人职责。作为国家股东的权力与政府行政权力界限不清，行政权任意干预企业经营导致政企不分、决策质量和监督效率低下、信息不对称等问题日益严重，且管理方式倾向于行政化。改制后国务院国资委的定位更多的偏向国有企业股东会而非董事会。此次改制适应了公司制改革和公司治理方式转型的背景，明确了出资人的职责和权利，有利于推动完善现代企业制度下的委托代理机制。在本轮《公司法》修订之前，国有独资公司在一些关键事项（例如国有独资公司的合并、分立、解散、申请破产）上，除了国有资产监督管理机构审核外还需要报本级人民政府批准，这一规定使得国有企业股东会这一治理主体及机制的行政监管色彩仍然浓重。然而在新《公司法》中，国有独资公司决策流程大为简化，减少了须由履行出资人职责的机构决定的重大事项，删除了重要国有独资公司的重大事项需报本级人民政府批准的相关规定，实现政企分开和公司决策的合理前移，提高国企公司治理效率和效能。

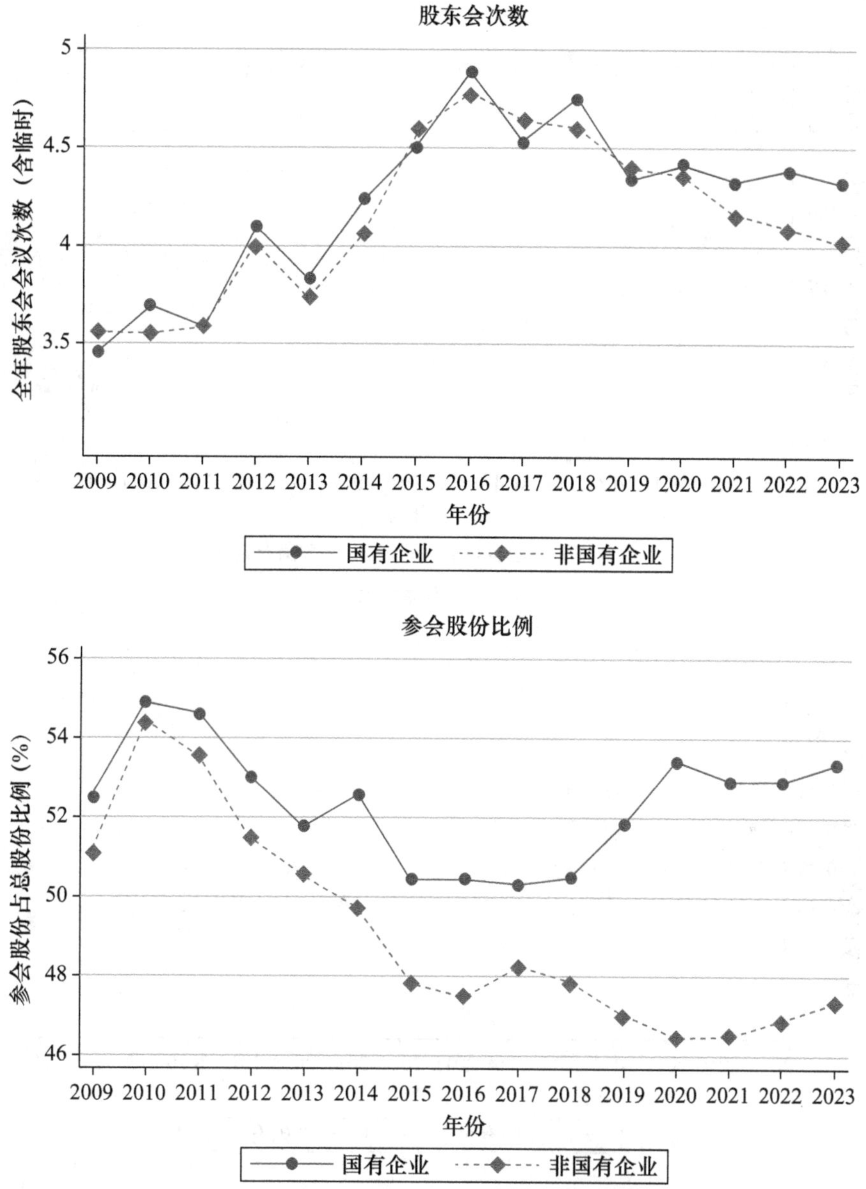

图 8-1 2009—2023 年中国上市公司股东会召开情况

资料来源：根据 CSMAR 数据统计．

从图 8-2 所示的两类企业在股东大会的投票和表决方式的统计数据可以看出，国有企业在投票过程中有更高比例采用了现场投票或者现场投票与网络投票同时开展的形式。而一个有意思的事实是，相较于民营企业而言，国有企业较少对讨论事项进行逐项表决，这一定程度上体现了国有企业中党组织嵌入对于大部分决策事项进行前置讨论后就降低了逐项表决需求。

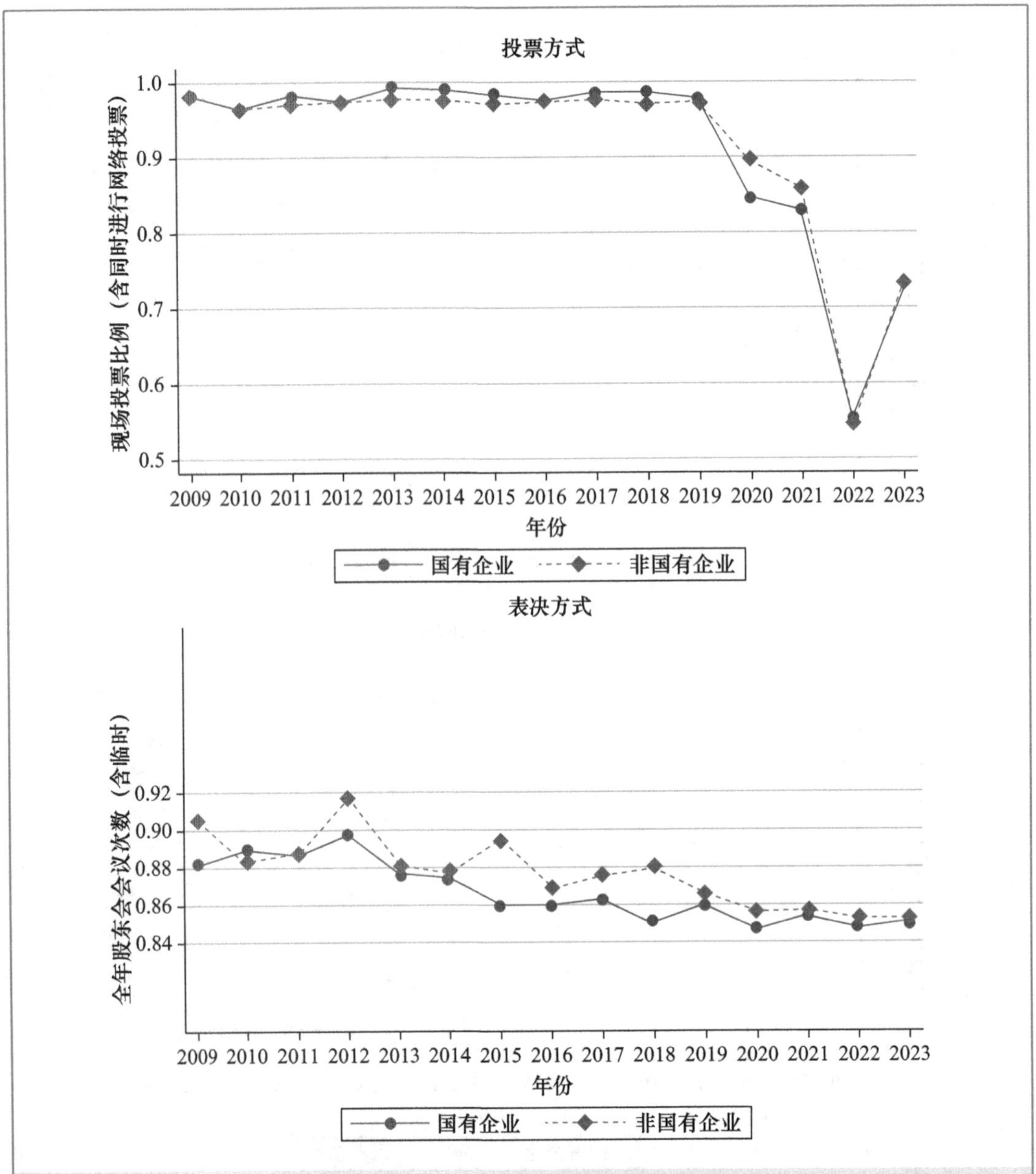

图 8-2 2009—2023 年中国上市公司股东大会投票与表决情况

资料来源：根据 CSMAR 数据统计 .

案例 8-8

中集集团混改历程多方股权制衡

中国国际海运集装箱（集团）股份有限公司（简称中集集团）由招商局集团参股管理，是全球最大的集装箱及机场设备制造商。

中集集团的混改经历了多个阶段。中集集团 1980 年由招商局与丹麦宝隆洋行合资创立，双方各占股50%，形成最初的制衡。1987年，宝隆洋行减持中集集团股份，中远集团入股，招商局和中远集团各占股45%，宝隆洋行占股10%，形成了两大股东制衡的股权结构，终结了中集集团前期的亏损。之后，由于集装箱行业不景气，中集集团想发展就只能从外部筹资。1994年，中集集团在深交所上市，两大国有企业各占股29.45%，宝隆洋行占股6.54%，社会公众占股34.56%，均衡的股权结构形成了多方制衡局面。此后，中集集团快速发展，到1996年，其集装箱产销量已位居世界第一。2001年中集集装箱的全球市场占有率已达38%，到2005年市场占有率已超过50%。

中集集团处于全球充分竞争的领域，思维方式和运作方式充分与国际接轨，作为A股和H股上市公司，公司治理完全按照国际规则运行，同时两大股东招商局集团和中远集团都具有国际视野、深谙国际规则。在此背景下，这种董事会构成使得国有股东既能对公司重大事项起决定作用，又能保证公司经营决策不被大股东干扰，还能防止内部人控制的情况出现，实现了各方权力的制衡与动态平衡。

资料来源：根据中集集团官网信息整理.

三、董事会

国有企业的董事会建设是公司治理改革中的重要环节，主要强调从结构建设、制度建设和能力建设三个维度加强董事会建设、落实董事会职权。国有企业改制前由“老三会”（党委会、工会、职代会）管理，改制后由新老“三会”有机结合进行管理，包括股东会、董事会、经理层、监事会、党组织和职工代表大会。新老“三会”的结合为建设有中国特色的现代企业制度提供了组织保证。其中，董事会是法人治理的决策机构。公司治理的核心就是“三会一层”的制度建设和平衡运转，董事会不仅是股东会的信托承载，也是经理层的权力基础，还是监事会的平行机构。董事会作为治理主体，如何通过一系列制度安排实现委托人的利益诉求和公司发展是董事会治理的主要责任。① 对于混合所有制企业来说，董事会是维护公司治理层契约关系和法律权利平等原则的关键，直接关系到企业目标的实现。

在结构建设方面，《指导意见》提出国有独资、全资公司的董事长、总经理原则上应分设，应均为内部执行董事，定期向董事会报告工作。国有独资公司的董事长作为企业法定代表人，对企业改革发展负首要责任，要及时向董事会和国有股东报告重大经营问题和经营风险。国有独资公司的董事对出资人机构负责，接受出资人机构指导，其中外部董事人选由出资人机构商有关部门提名，并按照法定程序任命。新《公司法》已经取消了董事会的人数上限要求，且明确规定国有独资公司的董事会成员中应当过半数为外部董事，并应当有职工董事，这将我国国资管理中过往已经实践的外部董事制度明确引入国有独资公司的治理架构要求中，纳入法律层面的监管。同时强调董事会成员由履行出资人职责的机构委派；但是董事会成员中的职工董事由公司职工代表大会选举产生。此外，国有全资公司、国有控股企业的

① 臧娜．国有企业董事会治理研究．企业改革与管理，2018（17）：5－6.

董事由相关股东依据股权份额推荐派出，由股东会选举或更换，国有股东派出的董事要积极维护国有资本权益；国有全资公司的外部董事人选由控股股东商其他股东推荐，由股东会选举或更换；国有控股企业应有一定比例的外部董事，由股东会选举或更换。从中国上市公司 2009—2023 年国有企业和非国有企业董事会规模的统计数据（见图 8－3）来看，国有企业的董事会规模和独立董事的占比都远远高于非国有企业。

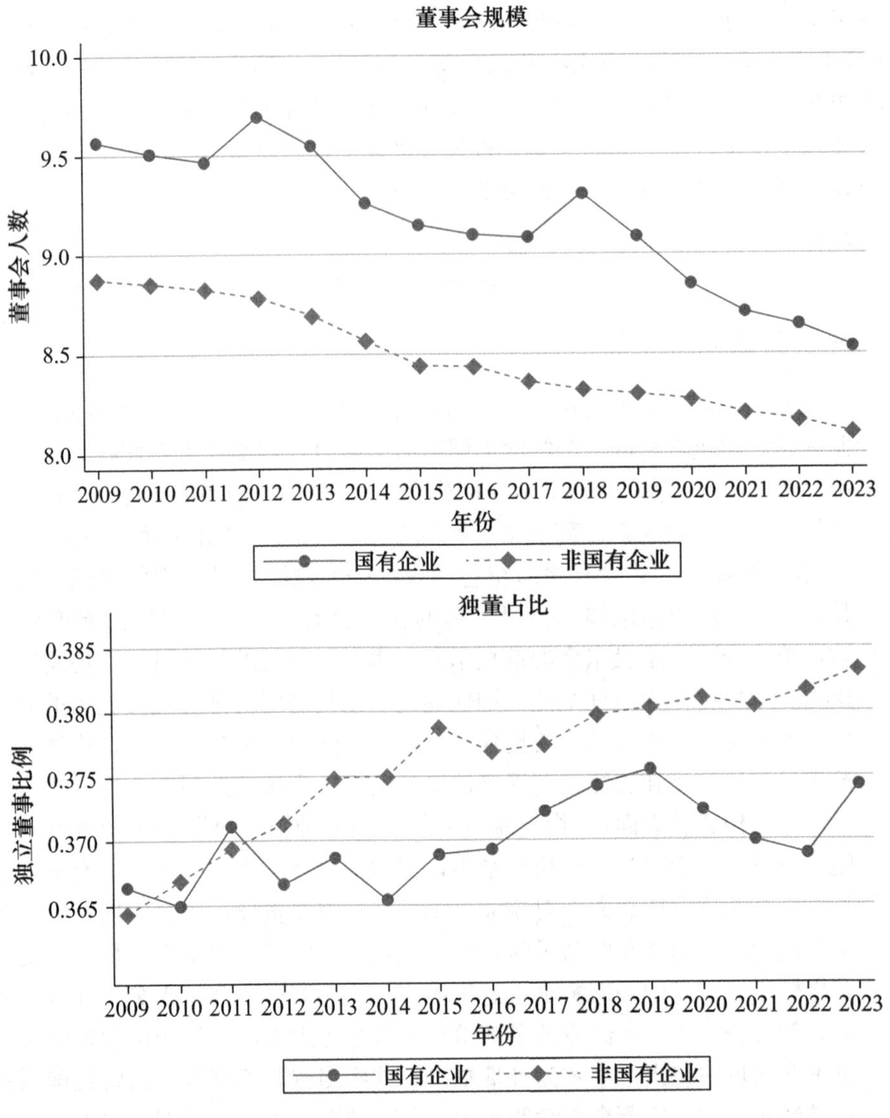

图 8－3　2009—2023 年中国上市公司董事会规模

资料来源：根据 CSMAR 数据统计.

在制度建设方面，《指导意见》提出了治理文化制度、激励约束制度、支撑保障制度、多层授权制度和规范运行制度。明确提出国有企业董事会应当设立提名委员会、薪酬与考核委员会、审计委员会等专门委员会，为董事会决策提供咨询，其中薪酬与考核委员会、审计委员会应由外部董事组成。这些制度的建立和完善，旨在规范董事会的运作，提升决策的质量和效率。2017 年国务院办公厅转发的《国务院国资委以管资本为主推进职能转变方案》对董事会职权试点企业进行了相关事项授权。国有企业董事会的设立和授权有利于界定董事会自主经营权的范围，避免国务院国资委对国有企业的过度干预，有利于解决出资人监管和国有企业自主经营之间的权力配置问题，有助于国务院国资委坚持两权分离的原则，更好地履行出资人职责。这在新《公司法》对董事会法定职权的描述中也得到了体现，新《公司法》对董事会职权进行了精简，删除了董事会“制订公司的年度财务预算方案、决算方案”的职权，并明确董事会可行使股东会授予的其他职权。新《公司法》在明确股东会法定职权的前提下，尊重公司意思自治，允许公司根据自身需求和情况，将股东会部分职权授权至董事会行使，强化董事会在经营管理中的独立地位，同样是顺应国企改革中落实董事会职权的体现。从图 8－4所示的统计数据中可以看出，近年来，国有企业的专门委员会数量不断攀升，在规模上显著大于非国有企业，这彰显了国有企业在改革进程中不断提升专业化分工的决心和切实举措。

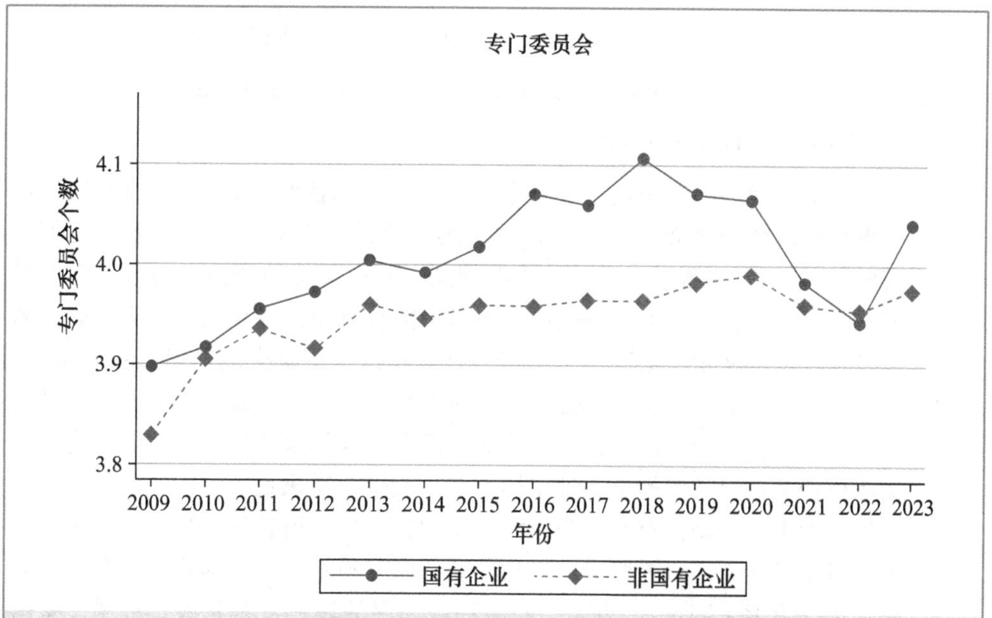

图 8－4 2009—2023 年中国上市公司专门委员会数量

资料来源：根据 CSMAR 数据统计．

在能力建设方面，《指导意见》提出了要开展董事任前和任期培训，做好董事派出和任期管理工作。建立完善外部董事选聘和管理制度，严格资格认定和考试考察程序，拓宽外部董事来源渠道，扩大专职外部董事队伍，选聘一批现职国有企业负责人转任专职外部董事，定期报告外部董事履职情况。国有独资公司要健全外部董事召集人制度，召集人由外部董事定期推选产生。外部董事要与出资人机构加强沟通。这些措施旨在加强董事会成员的专业能力，提高董事会的决策质量和执行效率。

自改革以来，国有企业在董事会组建过程中，注重提升独立董事的比例，同时大力引入具有海外工作和求学经历的董事，提升董事会质量，如图 8－5 所示。

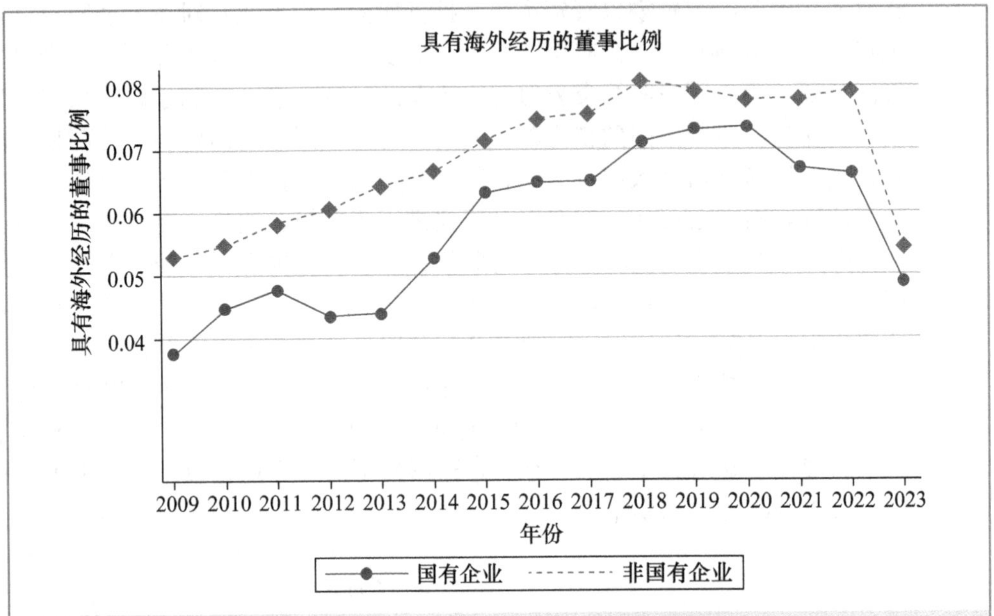

图 8－5　2009—2023 年中国上市公司董事会构成

资料来源：根据 CSMAR 数据统计．

目前，我国国有企业董事会这一治理主体及机制尚存在两方面的问题。第一，董事会行政色彩浓重。新《公司法》第一百六十九条、第一百七十三条沿用了原《公司法》中关于董事会成员的委派规则，其中国有独资公司的董事会成员由履行出资人职责的机构（即国务院或者地方人民政府及其授权部门）委派，董事长、副董事长也由其从董事会成员中指定。委派和指定董事会成员可以更好地监控公司，避免国有资产流失，但是部分董事会成员直接来自相关政府部门，难以适应新体制下的董事会这一公司治理机制，造成董事会行政作风浓厚。第二，国有企业董事会的职权仍然难以按照标准治理结构落实，董事会缺乏足够的独立决策权，部分重要职权仍然由国务院国资委作为出资人机构在行使，信息不对称加剧了内部人控制问题。对于经履行出资人职责的机构同意的国有独资公司、国家出资公司（新《公司法》第一百七十四条），董事会职能和经理层的职能常常重叠、混淆。董事会成员往往兼任高级管理人员，既是决策者，也是经营者，即决策者和经营者角色一体化，破坏了公司治理层面的契约关系。

案例 8－9

联通混改——新一轮国企改革的标杆

自 2017 年宣布将引入百度、阿里巴巴、腾讯、京东在内的多位战略投资者，中国联通成为第一家中央企业集团层面的混改试点企业，承担着为混合所有制改革探索、积累经验的历史使命。

混改过程中中国联通对董事会结构进行了优化，2018 年初中国联通发布公告宣称董事会拟提前换届，并且引入国有股东与非国有股东作为董事会、监事会成员，将董事会由 7 人扩编至 13 人。其中引入联通背景的董事 3 位，分别是董事长王晓初、总裁陆益民和副总经理李福申，引入的 5 位非国有背景董事也均为战略投资者代表。此次调整适当缓解了国有股东掌握全部话语权的情形，进行了新的形式构建。除了这 8 名非独立董事，联通新一届董事会还有 5 名独立董事候选人，他们分别是：前国投煤炭公司总经理冯士栋、中央企业专职外部董事吴晓根、前国有重点大型企业监事会正处级专职监事陈建新、IDG 资本全球董事长熊晓鸽，以及自 2016 年 5 月份起便担任中国联通独立董事的吕廷杰。

此次董事会的重大重组，有望改变中国联通以往的风格，更能体现多元化发展及增加董事会的话语权，使得中国联通更加市场化，有利于参股企业达成双向合作。

资料来源：陈奥．中国联通：央企混改“首单”开局良好．经济参考报，2020-04-20.

四、经理层

《指导意见》指出：“经理层是公司的执行机构，依法由董事会聘任或解聘，接受董事会管理和监事会监督。总经理对董事会负责，依法行使管理生产经营、组织实施董事会决议等职权，向董事会报告工作，董事会闭会期间向董事长报告工作。”一般来说，董事会负责公司的战略决策，经理层在董事会授权下负责公司战略决策的执行和日常管理，共同追求公司价值的提高。按照现代企业制度，对董事会和经理层双方权力进行界定体现着现代企业制度的权力制衡思想。

国有企业改制后，企业管理者由厂长变为总经理。工厂厂长与公司总经理之间的区别在于：第一，产生方式不同。改制前的厂长由上级任命且对上级负责；改制后的总经理由党委审查、法人股东推荐、董事长提名、董事会聘任且对董事会负责。第二，对外代表企业的身份不同。改制前的厂长是企业法人代表；改制后的董事长是法人代表，总经理在董事长授权范围内可以代表公司。第三，权力范围不同。改制前的国有企业建立的是以厂长为首的生产经营管理系统，厂长在企业生产经营中处于中心地位；改制后的总经理与董事会是委托代理关系，总经理需要贯彻执行董事会决议，根据董事会的决策对公司进行日常经营管理。从图 8－6 统计的上市公司董事长和总经理的两职兼任情况来看，国有企业两职兼任比例明显更低，实现了更为清晰的两类职位、职能剥离。

随着国有企业深化改革的推进，许多国有企业开始开展职业经理人队伍建设工作，但是国有企业经理层的治理仍存在缺乏制度化的激励机制和经营者选择机制两大方面的问题。《指导意见》进一步提出，……对经理层成员实行与选任方式相匹配、与企业功能性质相适应、与经营业绩相挂钩的差异化薪酬分配制度，国有独资

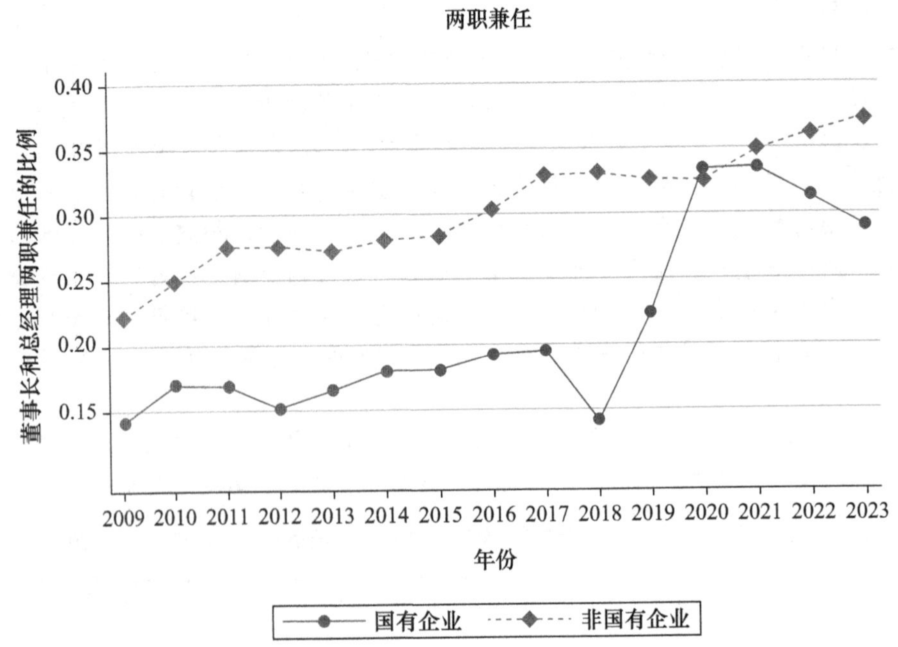

图 8-6 2009—2023 年中国上市公司两职兼任情况

资料来源：根据 CSMAR 数据统计.

公司经理层逐步实行任期制和契约化管理。根据企业产权结构、市场化程度等不同情况，有序推进职业经理人制度建设，逐步扩大职业经理人队伍，有序实行市场化薪酬，探索完善中长期激励机制……。从图 8-7 针对上市公司的统计数据来看，自改革以来，国有企业的高层管理人员薪酬虽然数额高于非国有企业，但其占企业总体收入的比例明显较低，且股权性质的激励措施不足，这表明虽然国资委对不同类型国有企业的经理层有不同的考核激励方式，但经理层激励中最大的问题还是报酬与业绩偏离。

缺乏成熟的经理人市场，忽视对经理人名誉等的精神激励，加之国有企业的行政特性和任期限制等，往往造成国有企业经理层经营的低效率和短期化。① 因此，进一步推进国有企业经理层薪酬改革，建立健全经理人市场，借助资本市场工具推广股权激励、期权激励等长效机制，改善报酬与业绩之间的脱节状况，实现薪酬分配与业绩水平同向联动，使用市场手段代替行政手段，推动优胜劣汰的竞争机制，可能是完善经理人激励制度、减少代理成本、促进国有企业经理层成员向职业经理人身份转换的有效路径。

① 闫岩．企业经理人激励机制创新思考．合作经济与科技，2008（16）：99-100.

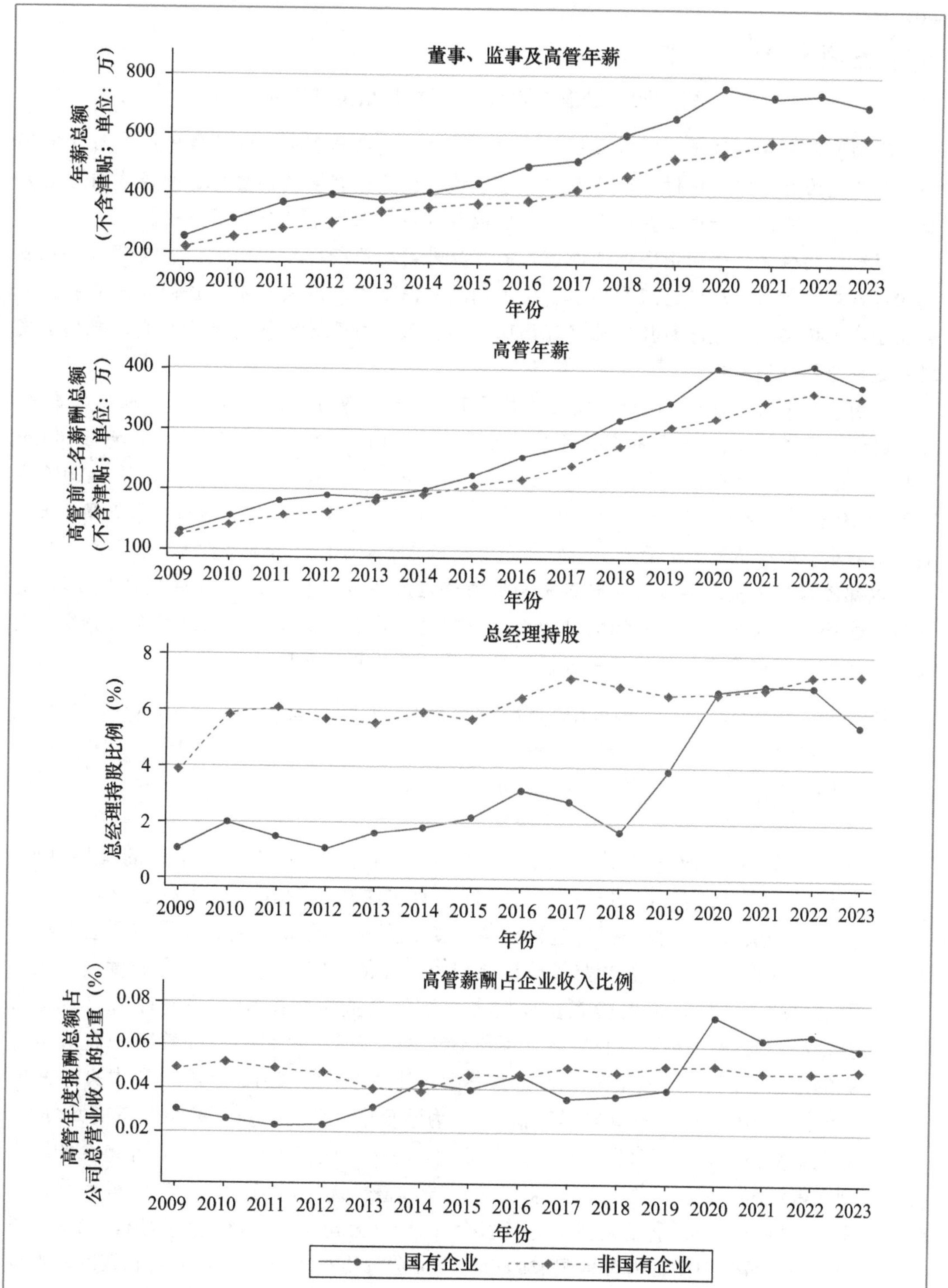

图 8-7　2009—2023 年中国上市公司高管薪酬激励

资料来源：根据 CSMAR 数据统计 .

案例 8－10

引入职业经理人团队 深科技持续良性发展

深圳长城开发科技股份有限公司（简称深科技）是隶属于中国电子集团的 A 股上市国企。深科技为全球客户提供技术研发、工艺设计、生产控制、采购管理、物流支持等全产业链服务，是中国电子核心企业之一，是中国 500 强、深圳市工业百强企业。

深科技的领导班子由很多职业经理人（包括外籍职业经理人）组成，与其现代企业制度相得益彰。深科技现任总裁郑国容、常务副总裁陈朱江，以及刚刚卸任的副总裁蔡立雄和原董事长谭文鋕都是深科技职业经理团队中的代表。打开深科技的官方主页，我们会发现是这样介绍郑国容的：

郑国容，中国（香港）国籍，现任公司董事、总裁。兼任博旭（香港）有限公司董事、开发科技（香港）有限公司董事、开发晶照明（厦门）有限公司董事、Country Lighting (BVI) Co.，Ltd. 董事局主席。1989 年 11 月起担任公司副总裁、高级副总裁，并于 2010 年 5 月起担任公司总裁，1990 年 4 月起历任第一届、第二届、第三届、第四届、第五届、第六届、第七届、第八届董事会董事，2020 年 1 月换届选举时连任公司董事会董事、公司总裁。

以郑国容为代表，丰富的任职经历为职业经理人积累了良好的市场嗅觉与管理技能。深科技在外部引入职业经理人的同时，也在内部挖掘并培养将来的职业经理人，并基于企业的发展需要，形成了一代接续一代、一代培养一代的良性发展模式。

资料来源：张子垚．国企职业经理人的团队接续新模式．现代国企研究，2020，173（6）：42-45.

五、监事会

2017 年《国务院办公厅关于进一步完善国有企业法人治理结构的指导意见》指出："监事会是公司的监督机构，依照有关法律法规和公司章程设立，对董事会、经理层成员的职务行为进行监督。要提高专职监事比例，增强监事会的独立性和权威性。对国有资产监管机构所出资企业依法实行外派监事会制度。外派监事会由政府派出，负责检查企业财务，监督企业重大决策和关键环节以及董事会、经理层履职情况，不参与、不干预企业经营管理活动。"随着新一轮改革方案的出台，国有企业监事会制度也发生了重大变化。2018 年，中共中央印发的《深化党和国家机构改革方案》指出："为整合审计监督力量，减少职责交叉分散，避免重复检查和监督盲区，增强监督效能，将……国有重点大型企业监事会的职责划入审计署，相应对派出审计监督力量进行整合优化，构建统一高效审计监督体系。不再设立国有重点大型企业监事会。"新《公司法》中进一步指出，国有独资公司在董事会中设置由董事组成的审计委员会行使本法规定的监事会职权的，不设监事会或者监事。这将国有企业对于监事会设置的实践通过法律形式进一步明确，提供了制度指引。

自 2000 年开始实行的国有企业外派监事会制度在国企改革中发挥了有中国特

色的监督制衡作用，实现了出资人与所出资企业之间的信息对称，推动了企业合规经营。但是，外派监事会中的专职监事基本上是公务员身份，行政属性强，监督成果好坏与个人利益不挂钩，专业能力不满足监督实际需求，这些都影响了监督机制应有的效果。曾任江西省出资监管企业监事会主席的王成饶指出，实际工作中如果仅在国资委以下设立监督机关，一方面存在代理链条上的监督空白，另一方面监督权威性不强，资产经营性流失无法避免，且容易被权贵势力和逐利集团觊觎和图谋形成侵占性流失。针对原有监事会机制存在的问题，将原来的监事会职能并入审计署，有助于加强国资监管的独立性，促进国有企业良性发展。对审计监督力量进行整合优化，构建统一高效审计监督体系，是国家治理现代化的重要措施。

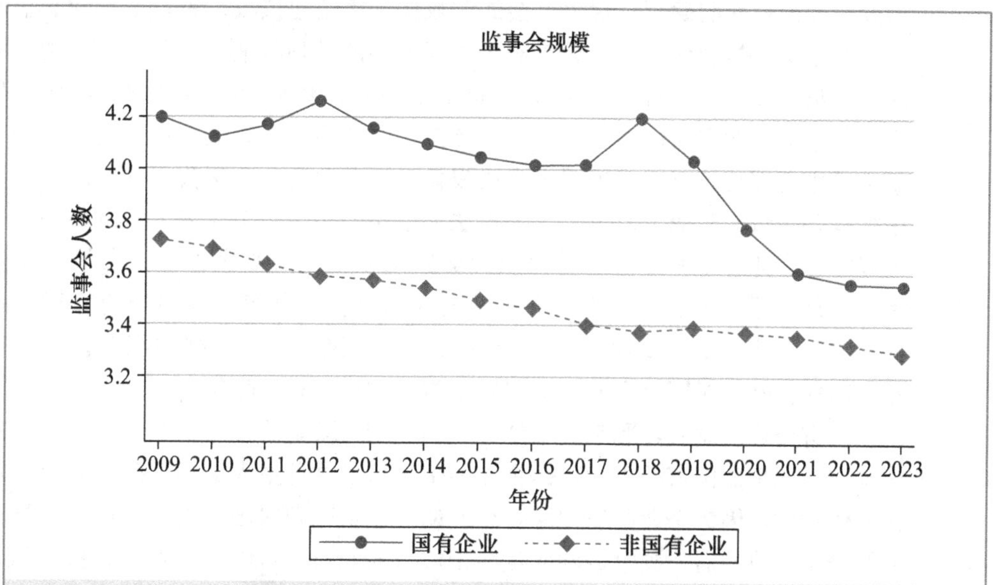

图 8-8 2009—2023 年中国上市公司监事会规模

资料来源：根据 CSMAR 数据统计.

案例 8-11

中粮集团总部专设监察部

2016 年 7 月，中粮集团总部专设监察部以取代监事会，明确党组织在公司法人治理结构中的法定地位，把加强和改进党的领导与完善公司法人治理结构有机结合起来，充分发挥党组织的领导核心和政治核心作用。此举实现了纪检监察组织建设全覆盖，改变了原来各专业化公司（平台）没有单设纪检监察机构、没有专职纪委书记、纪委书记不是班子成员、纪委书记从内部产生的情况，通过干部交流和轮换制度与任职回避原则，提升了纪检监察工作的权威性、独立性和原则性。

在经理人考核方面，中粮集团摒弃以往只关注业绩的做法，根据自身特点将理论与实践有效结合，形成了经理人 KAAPP 评价体系，将经理人的知识（knowledge）、能力（ability）、态度（attitude）、个性（personality）四个维度 20 个具体指标和业绩（performance）相结合，多维度评价经理人的业绩，评价结果与经理人的任用、晋升、薪酬、培训等方面紧密结合，不仅有利于评价者清晰了解企业对于他们的期望及努力方向，也有利于企业了解被评价人业绩背后的优势，发掘经理人潜力，培养出更优秀的经理人。

资料来源：中粮集团：在深化改革中进一步加强纪检监察组织建设.(2016-12-11)[2022-09-01]. https://www.ccdi.gov.cn/yaowen/201612/t20161206_144833.html.

六、职工代表大会

2007年，《国资委党委、国资委关于建立和完善中央企业职工代表大会制度的指导意见》首次明确职工代表大会的职权包括审议建议权、审议通过权、监督评议权、民主选举权及法律法规赋予职工代表大会的其他权利。2017年，《国务院办公厅关于进一步完善国有企业法人治理结构的指导意见》指出："健全以职工代表大会为基本形式的企业民主管理制度，支持和保证职工代表大会依法行使职权，加强职工民主管理与监督，维护职工合法权益。国有独资、全资公司的董事会、监事会中须有职工董事和职工监事。"《公司法》也对公司中职工代表大会的权力进行了相关规定。[①] 职工代表大会（简称职代会）是职工群众当家作主，参加企业经营决策、管理、监督干部、行使民主权利的权力机构，是职工参与企业管理的基本形式。国有企业职工主要通过职代会等形式实施民主监督，维护职工群体的合法权益。职代会制度对国有企业改革起到了重要的推动和保障作用。

国有企业改制后，职工由单纯的劳动者变为既是劳动者又是监督者。国有企业改制前，职工是国家的主人，是企业的主人翁，这种主人或主人翁更多是从政治意义上体现的，因为企业归属国家，企业的一切财产归属国家所有，职工主要是劳动者的身份。改制后，国家鼓励职代会依法行使职权，对国有企业进行民主监督，职工不再是单一的劳动者，更是企业的监督者，享有劳动者和监督者的权利。职代会通过激发职工的主人翁意识，将职工需求和企业实际紧密结合，有利于促进基层民主建设。

然而，原有的职代会机制建设仍面临一些挑战：一是思想认识不够深入。部分国有企业对职代会在国有企业中地位的认识存在误区，致使职代会的职权流于形式和原则，职代会的治理效果不能落实，基层职工权益得不到保障。二是民主监督机制不健全。职工不敢监督、领导干部不愿被监督等现象仍然存在。部分国有企业缺少健全的民主监督机制和畅通的监督渠道，对职工反映的现象不够重视，影响职代会民主监督作用的发挥。

新《公司法》对于保障职工权益、完善现代企业制度有着重要而深远的意义。首先，新《公司法》在总则部分特别强调了对职工合法权益的保护，体现了在保护公司、股东、职工和债权人等各方面权益的均衡性和全面性。同时规定了公司必须

① 新《公司法》第六十八条第一款规定，董事会成员中应当有公司职工代表。董事会成员中的职工代表由公司职工通过职工代表大会、职工大会或者其他形式民主选举产生。

完善职工代表大会制度，确保职工能够参与公司的决策和治理，有助于保障职工的知情权、参与权和表达权。其次，新《公司法》明确了职工代表进入董事会、审计委员会和监事会的情形。将原《公司法》中设置职工代表董事的适用范围，从国有独资公司和两个以上的国有企业或者两个以上的其他国有投资主体投资设立的有限责任公司，扩大到了300人以上的全部有限责任公司。最后，新《公司法》规定有限责任公司可以按照公司章程的规定在董事会中设置由董事组成的审计委员会，行使监事会的职权，不设监事会或者监事。公司董事会成员中的职工代表可以成为审计委员会成员，股份有限公司也有类似的规定。无论是有限责任公司，还是股份有限公司，新《公司法》都强调职工董事可以成为审计委员会委员。这进一步增强了职工董事的职能和地位，赋权职工董事进一步发挥民主监督作用。同时规定，股份有限公司监事会成员应当包括股东代表和适当比例的公司职工代表，其中职工代表的比例不得低于1/3。监事会中的职工代表由公司职工通过职工代表大会、职工大会或者其他形式民主选举产生。这些规定明确了职工进入董事会、审计委员会和监事会的情形，保障了职工的民主监督权。

案例 8-12

通钢事件——基于职代会缺失视角

通化钢铁集团股份有限公司（简称通钢）作为吉林省最大的钢铁联合企业，是国务院振兴东北老工业基地重点支持的钢铁企业。通钢始建于1958年6月，逐渐发展成集采矿、选矿、烧结、焦化、炼铁、炼钢、轧钢于一体的大型钢铁联合企业。作为老牌国有企业，通钢自2003年就计划向着“国有控股、主辅分离”方向进行改制，并于2005年10月在吉林省政府的运作帮助下，引入民企建龙的资本，由建龙持股近40%。

但重组后的通钢日子并不好过，通钢的总经理和财务主管在短时间内变成了建龙人，并在企业内制定了苛刻的奖惩制度，员工稍有不慎便会被罚款甚至被开除，同时为了减负增效，进行了大约7 000人规模的裁员，并将宣传、团委、工会组织等反映职工诉求的部门及其领导合并调到生产部门。随之而来的金融危机令通钢陷入危机，员工被迫停工，仅3个月通钢便亏损了10余亿元，此时建龙为避免亏损，向省政府申请获批后迅速撤资。而在2007年通钢集团扭亏为盈后，建龙再次向吉林省政府提交了控股通钢的申请并得到了认可。听闻此消息后，通钢的职工及家属对建龙长期积累的不满与愤怒终于爆发，最终引发了反对建龙的群体性行动，令此次改制失败。

虽然此次国有企业改制失败的原因十分复杂，但有一点是必须注意的，即职代会在其中的重要性。国有企业治理必须充分考虑职工的意见，但通钢改制过程中为了降低成本将工会、职代会与其他部门合并，这意味着党群组织彻底失效，企业及政府与职工沟通的桥梁与缓冲彻底消失，使得职工将问题与矛盾直指企业与政府，最后导致改制失败。

资料来源：王连森．国有企业改制中的社会责任缺失问题研究：以通刚事件为例．长春：吉林大学，2011.

第四节 国有企业党组织建设与公司治理

我国国有企业对公司治理的认识和应用历时多年，党组织在国有企业公司治理中的地位和作用随之不断变化，对国有企业党组织定位和功能的认识也逐步深化。与《公司法》的一般性规定不同，《宪法》规定国有企业的党组织具备参与公司治理的主体资格。国有企业党组织在公司法人治理结构中发挥着领导核心作用和政治核心作用，党组织与其他治理主体的关系体现了党在社会主义事业建设中的核心地位，党组织参与公司治理体现了具有中国特色的国有企业公司治理机制。① 本节将对我国国有企业党组织建设、党组织与其他治理结构之间的关系展开探讨。

一、国有企业党组织建设

（一）党建工作入章程

自经济体制改革以来，对国有企业公司治理的探索经历了从引入公司治理这一完全陌生的概念，到探索西方国家先进公司治理模式如何与我国接轨的新理念，再到如今建设中国特色现代国有企业制度等几个阶段。进入新阶段标志着我国对国有企业公司治理有了更深的认识，进入了现代企业制度建设的关键时期。在建立现代企业制度的试点中，曾有一种言论认为现代企业制度的建设如果坚持党组织的政治核心作用就会与国际惯例冲突，引发了对党组织是否撤离国有企业问题的讨论。佟延成在2000年的研究中指出，建立现代企业制度既要学习西方国家的先进经验，又必须结合我国国情，不能完全照搬照抄，丢掉我国的政治优势。坚持党的领导和建立现代企业制度绝不是对立的，在国有企业的制度创新中必须一以贯之地坚持党的领导。

长期以来，对于党组织是不是公司治理的主体这个问题，人们的认识十分模糊。随着对现代企业制度多年的实践和探索，人们对国有企业党组织定位和功能的认识也逐步加深。1997年《中共中央关于进一步加强和改进国有企业党的建设工作的通知》指出："坚持党对国有企业的政治领导，是一个重大原则问题，任何时候都不能动摇。"2015年《中共中央、国务院关于深化国有企业改革的指导意见》明确要求党建工作进章程，指出把加强党的领导和完善公司治理统一起来，将党建工作总体要求纳入国有企业章程，明确国有企业党组织在公司法人治理结构中的法定地位，创新国有企业党组织发挥政治核心作用的途径和方式。2017年《国务院办公厅关于进一步完善国有企业法人治理结构的指导意见》指出："坚持党的领导、加强党的建设是国有企业的独特优势。要明确党组织在国有企业法人治理结构中的法定地位，将党建工作总体要求纳入国有企业章程，明确党组织在企业决策、执行、监督各环节的权责和工作方式，使党组织成为企业法人治理结构的有机组成部

① 叶芳．深化国企改革中加强党管企业的实践模式探索．经营者，2018，32（24）：149．

分。要充分发挥党组织的领导核心和政治核心作用，领导企业思想政治工作，支持董事会、监事会、经理层依法履行职责，保证党和国家方针政策的贯彻执行。”2018 年《国务院关于推进国有资本投资、运营公司改革试点的实施意见》提出：“按照中国特色现代国有企业制度的要求，国有资本投资、运营公司设立党组织、董事会、经理层，规范公司治理结构……充分发挥党组织的领导作用……把加强党的领导和完善公司治理统一起来，充分发挥党组织把方向、管大局、保落实的作用……国务院直接授权的国有资本投资、运营公司，应当设立党组。”

全面完成“党建要求纳入公司章程”修订工作，为深入发挥党组织在国有企业中的领导核心和政治核心作用、落实全面从严治党，并将党的领导转化为竞争优势、发展优势和创新优势打下了坚实基础，有利于将党组织发挥领导核心和政治核心作用组织化、制度化、具体化。新《公司法》明确提出国有独资公司章程的制定和修改都由履行出资人职责的机构负责，这进一步保障了党组织参与公司治理的主体资格。

（二）参与重大事项决策

1997 年《中共中央关于进一步加强和改进国有企业党的建设工作的通知》指出：“为了加强党对国有企业的政治领导，充分发挥企业党组织的政治核心作用，企业党组织必须……参与企业重大问题的决策，支持厂长（经理）、股东会、董事会、监事会依法行使职权。”2004 年，中共中央组织部、国务院国资委党委联合发布的《关于加强和改进中央企业党建工作的意见》提出：“党组织参与企业重大问题决策……党组织对重大问题要集体研究，由进入董事会、监事会、经理班子的党委成员通过多种方式分别反映党组织的意见和建议，使党组织的主张在企业决策中得到重视和体现。”该文件实质上要求党组织通过董事会中的党委成员发挥参与企业重大问题决策的作用。2010 年，中共中央办公厅、国务院办公厅印发了《关于进一步推进国有企业贯彻落实“三重一大”决策制度的意见》，要求所有国有和国有控股企业（含国有和国有控股金融机构）实施“三重一大”决策制度，凡属重大决策、重要人事任免、重大项目安排和大额度资金运作（简称“三重一大”）事项必须由领导班子集体作出决定，领导班子包括党委（党组）、董事会、未设董事会的经理班子。实际上，该文件要求集体讨论决定“三重一大”事项的目的在于防止个人或少数人专断，以书记个人参与决策代替党组织集体研究讨论。2018 年，《国务院关于推进国有资本投资、运营公司改革试点的实施意见》指出：“把加强党的领导和完善公司治理统一起来，充分发挥党组织把方向、管大局、保落实的作用……对于重大经营管理事项，党组织研究讨论是董事会、经理层决策的前置程序。”强调国有企业党组织发挥“把方向、管大局、保落实”的作用，是党组织的领导核心和政治核心作用在实践中的具体体现，是基于有效划分权责边界的考量。新《公司法》正式在法律层面明确了中国共产党对国有企业的领导，并明确规定了党“研究讨论公司重大经营管理事项”的法定权利。

马连福在 2017 年的研究中将党组织参与治理分为“内嵌于”和“内嵌到”两种模式，后者涉及治理结构调整，即党组织以组织形式参与治理。国有企业党组织参与公司治理可以有效抑制内部人控制问题和国有资产流失问题，这一效用可通过多种途径发挥作用。首先，参与公司重大事项决策是党组织的职责；其次，党组织参与公司重大事项决策扩大了国有企业党组织的作用；最后，国有企业党组织坚持的党管干部原则是制衡内部人控制的强有力途径。

案例 8-13

中国医药作为中国通用技术集团旗下唯一医药产业平台，是国资委直属的三家以医药行业为经营主业的中央企业之一。中国医药主要通过以下几个方面确保党组织决策前置程序的有效履行：

一是公司严格执行集团党组关于建立健全“三重一大”决策制度的有关规定，进一步理顺党组织、董事会和经理层的决策权限、决策内容和决策程序。

二是落实党组织研究讨论是董事会、经理层决策重大事项前置程序的要求，重大经营管理事项必须经党组织研究讨论后，再由董事会或经理层作出决定。

三是讨论和决定企业重大事项，要谋全局、议大事、抓重点，重点研究是否符合中央精神和上级有关要求、标准和程序是否合规、是否符合企业发展战略和定位、是否有重大隐患和风险，不直接作为企业生产经营的决策和指挥中心。

四是各级企业党（总支）支部要健全并严格执行党（总支）支部议事规则和决策程序，坚持“三重一大”事项集体研究决策。

资料来源：中国医药：有效确保党组织决策程序前置．董事会，2018（12）：86.

（三）双向进入、交叉任职的领导体制

党的十四届三中全会确立了现代企业制度的改革方向。随着股东会、董事会、监事会以及经理层的设置，出现了国有企业由“新三会”和“老三会”有机结合进行管理的管理方式。[①] 但是新老“三会”之间滋生了一系列矛盾，包括“老三会”不肯放权、“新三会”监督机制薄弱等问题。为了解决“新三会”和“老三会”之间的矛盾，上海市委组织部在实践中摸索形成了“双向进入、交叉任职”的办法，从组织结构上解决了党组织与法人治理结构的关系，明确了企业党组织的定位。实践表明，这种领导机制有利于企业党组织参与决策，把握企业的发展方向；有利于企业党组织管大事、顾全局；有利于企业党组织加强对国有资产的监督，形成强有力的监控体系。2004 年 10 月 31 日中共中央组织部、国务院国资委党委在联合发布的《关于加强和改进中央企业党建工作的意见》中要求党组织参与企业重大问题决策，要坚持和完善“双向进入、交叉任职”的企业领导体制。2017 年《国务院办公厅关于进一步完善国有企业法人治理结构的指导意见》提出：“积极探索党管干部原则与董事会选聘经营管理人员有机结合的途径和方法。坚持和完善双向进入、

① 吴志洁．从公司治理看国企党建．党政论坛，2017（11）：20-21.

交叉任职的领导体制，符合条件的国有企业党组（党委）领导班子成员可以通过法定程序进入董事会、监事会、经理层，董事会、监事会、经理层成员中符合条件的党员可以依照有关规定和程序进入党组（党委）；党组（党委）书记、董事长一般由一人担任，推进中央企业党组（党委）专职副书记进入董事会。在董事会选聘经理层成员工作中，上级党组织及其组织部门、国有资产监管机构党委应当发挥确定标准、规范程序、参与考察、推荐人选等作用。积极探索董事会通过差额方式选聘经理层成员。”2018年《国务院关于推进国有资本投资、运营公司改革试点的实施意见》指出，按照“双向进入、交叉任职”的原则，符合条件的党组织领导班子成员可以通过法定程序进入董事会、经理层，董事会、经理层成员中符合条件的党员可以依照有关规定和程序进入党组织领导班子。

如前所述，马连福在2017年的研究中将党组织参与治理分为“内嵌于”和“内嵌到”两种模式。其中，前者不改变治理结构，主要体现个人发挥作用的“双向进入、交叉任职”。双向进入、交叉任职的领导体制从组织上明确了党组织参与公司治理的具体途径和方式。马连福等2012年研究发现，党委会在不同的“双向进入”程度下发挥的治理效应不尽相同，较高或较低的“双向进入”程度均不利于公司治理水平的提高。也就是说，理论上存在一个最优的“双向进入”程度，可以使得公司治理效应最大化。因此，完善“双向进入、交叉任职”的领导体制，有助于保障党的要求有效传递到公司治理层面，有助于抓好党对国有企业的领导这一国企改革的“根”和“魂”，有助于完善我国国有企业法人治理机制。

二、国有企业党组织与其他治理结构之间的关系

我国从20世纪90年代便开始进行国有企业公司制改革，一方面学习借鉴西方国家先进的公司治理经验，另一方面结合中国实际进行适当的中国化改造，逐步建立具有中国特色的现代企业制度。习近平总书记明确提出，要建设“中国特色现代国有企业制度”。其中，“特”就特在要坚持和明确党组织在公司治理结构中的法定地位，把党的领导融入公司治理各环节，把企业党组织内嵌到公司治理结构之中。① 深化国有企业改革的首要目标是完善国有企业法人治理结构。党组织和其他治理结构之间既不能彼此分离，也不能过分强调任何一方。因此，厘清党组织与其他治理结构之间的关系，明确党组织与其他公司治理结构之间的职责边界，是建设中国特色现代国有企业制度的关键问题。

（一）党委会前置与公司治理

2020年12月30日召开的中央全面深化改革委员会第十七次会议上，通过了《关于中央企业党的领导融入公司治理的若干意见（试行）》，其中要求正确处理党委（党组）和董事会、经理层等治理主体的关系，坚持“权责法定、权责透明、协调运转、有效制衡”的公司治理机制，推动制度优势更好转化为治理效能。2020年发布的《国企改革三年行动方案（2020—2022年）》对如何更好地界定各治理主

① 周小平，赵刚．构建党组织重大事项前置研究讨论的工作机制．国有资产管理，2019（1）：67-70.

体的权责边界给出了方向性指引，即党委（党组）负责把方向、管大局、保落实；董事会负责定战略、作决策、防风险，经理层负责谋经营、抓落实、强管理。在决策程序上，要明确党组织研究讨论是董事会、经理层决策重大问题的前置程序。重大经营管理事项必须经党组织研究讨论后，再由董事会或经理层作出决定。绝大多数国企尤其是中央企业陆续通过党建内嵌公司章程完成了党委会前置程序的制度安排。

为了进一步贯彻和落实行动方案中相关要求，实现各治理主体的权责法定，细化党组织在国有企业治理中的职责权限，各地纷纷出台了“国有企业党委前置研究讨论重大事项清单及示范文本”，各省级政府均进一步对国有企业党委前置研究讨论事项作了明确规定和列举，涵盖了企业战略规划、发展改革、规章制度、经营管理、社会责任以及职工权益等对企业经营产生重大影响的多个维度，是对“三重一大”的细化和落实。同时，各省级政府也强调各国有企业需根据示范文本，制定符合自己企业的前置讨论清单，对某些重大事项明确量化标准和讨论程序。

延伸阅读 8-3

为了进一步贯彻和落实《国企改革三年行动方案（2020—2022 年）》中的相关要求，实现各治理主体的权责法定，细化党组织在国有企业治理中的职责权限，各地纷纷出台了“国有企业党委前置研究讨论重大事项清单示范文本”。

北京市国有企业党委前置研究讨论事项共计 20 项，包含：(1) 战略规划类，3 项；(2) 规则制度及管理类，6 项；(3) 生产经营类，6 项；(4) 职工权益及社会责任类，3 项；(5) 其他类，2 项。

江苏省国有企业党委前置研究讨论事项共计 23 项，包含：(1) 重大战略规划类，3 项；(2) 重大发展改革类，5 项；(3) 重大经营管理类，10 项；(4) 重大社会责任类，3 项；(5) 其他类，2 项。

浙江省国有企业党委前置研究讨论事项共计 19 项，包含：(1) 贯彻落实党中央和省委省政府重大决策部署和重要发展战略的具体举措，3 项；(2) 企业发展战略、中长期发展规划、重要改革方案，3 项；(3) 企业资产重组、产权转让、资本运作及大额投资中的原则性、方向性问题，4 项；(4) 企业组织架构设置和调整，重要规章制度的制定和修改，3 项；(5) 涉及企业安全生产、维护稳定、职工权益、社会责任等方面的重大事项，3 项；(6) 其他应当由党委会前置研究讨论的事项，3 项。

辽宁省国有企业党委前置研究讨论事项共计 37 项，包含：(1) 贯彻党中央决策部署和落实国家发展战略的重大举措，4 项；(2) 企业发展战略、中长期发展规划、重要改革方案，8 项；(3) 企业资产重组、产权转让、资本运作及大额投资中的原则性、方向性问题，13 项；(4) 企业组织架构设置和调整，重要规章制度的制定和修改，4 项；(5) 涉及企业安全生产、维护稳定、职工权益、社会责任等方面的重大事项，4 项；(6) 重要人事工作，4 项；(7) 其他应当由党委会前置研究讨论的事项。

资料来源：根据相关资料整理.

（二）党组织与董事会、经理层

从整体上看，党组织与董事会、经理层之间的关系体现在组织、决策和人事等方面。

第一，党组织与董事会、经理层的组织关联。党组织是国有企业公司治理的法定主体，在公司治理结构中具有特殊地位，是公司治理的领导核心和政治核心。① 这一核心地位有助于使党的主张通过法定程序成为企业的经营策略、政策、制度，使党组织推荐的人选通过法定程序成为企业的领导和管理人员。坚持党的领导是国有企业的政治优势，董事会和经理层要自觉维护党组织在法人治理主体中的核心地位。同时，党组织要尊重其他治理主体，既支持其依法经营管理企业，又保证党组织的意图得到尊重和体现。

第二，党组织与董事会、经理层的决策关联。党组织研究讨论是董事会、经理层决策重大问题的前置程序。公司党委（党组）召开党委（党组）会（或常委会）对董事会、经理层拟决策的重大问题进行研究讨论，提出意见和建议。党委（党组）认为另有需要董事会、经理层决策的重大问题，可向董事会、经理层提出。国务院国资委党委曾在党的理论刊物《求是》中指出：企业重大决策必须先由党委（党组）研究提出意见建议，涉及国家宏观调控、国家战略、国家安全等重大经营管理事项，必须经党委（党组）研究讨论后，再由董事会、经理班子作出决定。但是，党组织应当把握好定位，而不是代替董事会、经理层决策。党组织“把方向、管大局、保落实”，从运行机制上保障党组织意图在重大决策中得到充分体现，有助于保障国有企业经营决策的科学性和合规性。

第三，党组织与董事会、经理层的人事关联。按照“双向进入、交叉任职”的原则，符合条件的党组织领导班子成员可以通过法定程序进入董事会、经理层，董事会、经理层成员中符合条件的党员可以依照有关规定和程序进入党组织领导班子。双向进入并不是要党组织凌驾于董事会之上，也不是要强化党委书记个人权力，而是要有机融合党组织和董事会、经理层的决策和管理工作，避免“两层皮”现象。

案例 8-14

中国国航：建设高效公司治理结构

中国国际航空股份有限公司（简称中国国航）公司治理中的首要问题和核心举措是巩固党组织在公司治理中的法定地位。经过与投资人的密集有效沟通，在中国国航股东大会上高票通过党建进章程。新的公司章程明确了党组（党委）发挥领导核心和政治核心作用，把方向、管大局、保落实；明确了党组织的机构设置和基础保障；明确了董事会决定公司重大问题应当事先听取公司党组（党委）的意见。为进一步明确各治理主体职责权

① 国务院办公厅关于进一步完善国有企业法人治理结构的指导意见．中华人民共和国国务院公报，2017（14）：29-33.

限，公司梳理了公司治理主体的权责和议事清单，厘清了股东大会、董事会、党组（委）会、总经理（总裁）办公会等各治理主体的权责边界，把握党委发挥领导作用、董事会发挥决策作用、经理层发挥经营管理作用的功能定位，合理界定各方职权；组织落实“双向进入、交叉任职”的领导体制，党委书记、董事长“一肩挑”，总经理兼任副书记，专职副书记进入董事会，维护党的领导核心地位；落实党组织议事前置程序。公司对“三重一大”决策实施办法进行修订，明确“三重一大”事项中，关系公司改革发展稳定、重大经营管理事项和涉及职工切身利益的重大问题须事先经过党组会、党委常委会讨论，将前置程序作为制度安排固化，实现全面加强党的领导和公司治理有机统一和有机结合。在明确党组织在公司治理中的法定地位后，中国国航在董事会和经理层面的责任边界上也进行了重新梳理和调整。

资料来源：周峰，戈锐，贾广宁．中国国航：建设战略型董事会．董事会，2020（12）：42-44.

（三）党组织与监事会

国有企业党组织与监事会的关系主要体现在对国有企业经营事项的共同监督上。

根据2000年颁布的《国有企业监事会暂行条例》，国有企业监事会每年对企业定期检查一至两次，并可以根据实际需要不定期地对企业进行专项检查。另外，监事会每年提交所联系央企的监督检查报告，一般包括经营管理和改革发展情况总体评价、存在的主要问题及处理建议、企业领导班子和主要负责人履职情况及奖惩任免建议三个部分。在履职近20年内，监事会在防止国有资产流失、实现国有资产保值增值、推动企业改革发展中起到了不可替代的作用。① 针对国企监事会存在越位、错位、不到位等问题，结合当下国资监管体系向管资本转变的改革背景，新一轮的改革方案将国有重点大型企业监事会的职责列入审计署。一方面，不能再把监督和管理合在一起，“又当队员又当裁判”不合适；另一方面，将监事会职能列入审计署，对审计署而言能更好地实现动态的全流程监督，有利于强化对国资的监督。

国有企业党组织的职责之一便是要统筹协调好各类监督资源，健全企业内外部监督体系，充分发挥监事会的作用，做到把好方向、用好人、监督有效、保障有力；通过监督国有企业其他治理结构的行为，并对其经营管理业绩进行评价，提出奖惩、任免建议，保证国有企业责任人的政治素质。

需要指出的是，监事会在发挥监督作用时无法完全替代党组织的监督。首先，二者的性质不同。党组织在国有企业法人治理结构中具有领导核心和政治核心的地位，因此党组织的监督具有政治意义。其次，二者监督的职能不同。党组织的监督目的是保障党的方针政策能够得到贯彻执行，而监事会依照《公司法》等法律法规和企业章程，为保障股东利益对企业的经营进行监督。另外，研究表明，中央企业

① 顾志娟．国务院：国有重点大型企业监事会不再设立、进行撤并．新京报，2018-11-13.

上市公司监事会自身对企业的代理成本并无抑制作用，只有在党组织参与监事会的工作时，监事会才具有显著的监督作用。从代理成本这一角度看，党组织对监事会的监督作用还起到了显著的补充作用。

案例 8-15

吉煤集团监事会

吉林省是煤炭短缺省份，加上生产企业规模小，布局分散，供需矛盾很大。于是，吉林组建煤业集团，意在通过推进煤炭体制转换和机制创新，做大做强企业规模，扩大煤炭供给总量，为吉林经济社会发展提高一次能源保障能力。吉林省煤业集团 2009 年初组建以来，公司监事会（5 名监事，其中由省国资委委派 3 名，职工监事 2 名）严格按法定职能的界定，按照“成体系、建制度、定方向、带队伍、干实事、尽职责”的工作思路，坚持“以服务为主、以监督为辅”的工作方针，做到了“依法定位不越位，准确站位不出位，确保进位不落位”。

资料来源：尹玉柯．吉煤监事会：山高岂碍白云飞．董事会，2010（12）：88-89.

（四）党组织与职工代表大会

国有企业党组织与职工代表大会的关系可以从两方面来看：

首先，党组织有助于维护职工合法权益。作为国有企业政治核心的党组织对企业实行思想政治领导，增强企业行政领导干部的民主意识，坚持相信和依靠群众的原则，尊重职工的企业主人翁地位，保障职工代表大会行使规定的职权。党组织有利于监督劳动合同制度的执行，推行平等协商和集体合同制度，建立协调稳定的劳动关系和劳动关系预警协调机制，维护好、实现好、发展好职工群众的劳动经济权益。另外，企业职工代表大会接受党组织的思想政治领导，有利于职工代表大会在行使职权时更好地贯彻党和国家的路线方针政策，通过职工代表大会的各项决议把党和国家的路线方针政策变为广大群众的自觉行动，从而保证职工代表大会的正确方向。

其次，职工代表大会有助于对党组织进行民主监督。职工代表大会是职工行使民主管理权利的机构，是企业民主管理的基本形式。2011 年中纪委等六部委在《关于进一步做好职工代表大会民主评议国有企业领导人员工作的意见》中指出：“职工群众是深化国有企业改革、推进国有企业改制重组、建立现代企业制度的主力军。推进国有企业改革发展，必须充分发挥职工群众的民主决策、民主参与、民主管理、民主监督作用，全心全意依靠广大职工群众办企业……职工代表大会民主评议的对象主要是国有独资企业、国有控股企业（含国有独资金融企业和国有控股金融企业）及其分支机构的领导班子及成员。”可见，引导职工代表积极、正确地行使对国有企业领导人员的监督和约束权，有助于形成企业内部监督合力，有助于规范企业内部监督和约束机制，促进党风廉洁建设和领导班子建设，推进企业科学健康发展。

案例 8-16

中国网通职工代表大会

职工代表大会，一个看似窠臼却在中国企业中有着广泛影响和旺盛生命力的企业民主管理模式，如今已成为网通建立公司治理结构的重要组成因素。“我们的企业民主管理还在探索阶段，而且这种探索很初步，既不能完全模仿国外做法，又无法在境外找到有关企业党组织、纪检监察组织、工会组织和职工代表大会等制度的法律依据和经验借鉴，最终还是要立足于企业的实际。”集团党组书记、总经理张春江心中有“两条底线”：一要确保党对企业的政治领导；二是确保职工参与企业民主管理。

在一个境外上市的集团性公司建立职代会制度，真的适合吗？职工参与企业民主管理真的能够从形式走向落实吗？如何建立一个为境外体系所接受认可的公司治理结构，如何既遵守国际资本市场规则，又发挥党的政治核心作用，保障职工参与企业民主管理，进而结合国情建立和完善现代企业制度，成为这个有着特殊身份的国有大型企业无法回避的挑战。为做到保持中国特色与遵守国际规则的有效融合，网通在建立良好公司治理方面进行了一系列实践：董事长与首席执行官分设；企业外部董事多于内部董事，独立董事超过董事会成员 1/3。其中，工会主席以董事身份介入董事会及其所属薪酬委员会和监督委员会内，代表职工发表意见，从体制上保证职工参与企业民主管理。

为此，网通公司创立了“五个平台”，确立了职工在公司治理中的角色和参与机制：工会主席加入董事会和薪酬、监督委员会；职工代表列席董事会及相关委员会会议；职代会主席团代表与董事会联席会议；职工代表列席管理层年度工作会议或其他重要会议；职工代表对管理层质询会议。

资料来源：郑莉．中国网通，职工参与治理的新版本．董事会，2007（7）：62-65.

第五节　国有企业公司治理能力现代化

完善现代企业制度，健全公司法人治理结构，是国有企业改革的重要任务。党的十八大以来，在习近平新时代中国特色社会主义思想指引下，国有企业改革取得了重大进展，多数国有企业初步建立了现代企业制度。但从现实情况看，国有企业现代企业制度仍需要进一步完善，部分企业的法人治理结构还需要加快健全。2019年10月28日至31日，党的十九届四中全会在北京召开，全会审议通过了《中共中央关于坚持和完善中国特色社会主义制度、推进国家治理体系和治理能力现代化若干重大问题的决定》，提出加快推进国家治理体系和治理能力现代化，努力形成更加成熟、更加定型的中国特色社会主义制度。国有企业作为我国国民经济的重要支柱，事关国家安全和国民经济命脉，加强和完善国有企业公司治理是国家治理体系和治理能力现代化的重要组成部分。推进国家治理体系和治理能力现代化，必须把完善国有企业公司治理作为重要环节，国有企业必须走在前、做表率。①

一、更新公司治理理念

全民所有制企业是计划经济下的企业形态，企业受到政府的直接管理，行政型治理是其典型的治理模式（企业治理）。该模式的内涵可概括为三个方面：资源配置行政化、经营目标行政化和高管任免行政化。行政型治理下公司治理行为的行政化问题严重，突出表现为“内部治理外部化、外部治理内部化”。2017 年，国务院办公厅印发的《中央企业公司制改制工作实施方案》对改制提出的要求意味着，我国深化国企改革的目标在于建立现代企业制度，实现由企业治理向公司治理的转型。建立现代企业制度，必然要求由政府计划管控下的行政型治理向以市场机制为主的经济型治理转型。企业治理和公司治理是两种不同性质的治理，企业治理到公司治理的改革是长期渐进的。鉴于此，李维安认为目前我国国有企业处于两种治理并存的“胶着期”，即行政经济型治理模式时期。结合当下时代背景，厘清行政型治理与经济型治理之间的关系，更新公司治理理念，弱化行政型治理的色彩，强化经济型治理逻辑，有助于推进国有企业公司治理能力现代化。

二、完善董事会建设

深化国有企业改革的关键在于完善董事会建设，从而进一步推进国有企业公司治理能力现代化。在多年的董事会实践中，存在“新老三会”关系处理等新旧体制转换、分权制衡与传统集权管理等新旧治理理念冲突、董事人才不足及考评追责机制不明确等问题。从 2011—2017 年中国公司治理评价结果来看，民营控股上市公司的董事会治理质量已连续 7 年超过国有控股上市公司。国有企业董事会治理虽然在董事会运作效率、组织结构等方面优于民营企业，但在董事权利与义务、董事薪酬等方面却不如民营企业。因此，完善公司法人治理结构，需以董事会建设为重点，加快健全各司其职、各负其责、协调运转、有效制衡的公司治理机制。针对一些董事会形同虚设、未能发挥应有作用的问题，建议加快简政放权，进一步落实和维护董事会依法行使重大决策、选人用人、薪酬分配等权利，充分发挥董事会的决策作用；加强董事会和董事队伍建设，成立外部董事占多数的规范董事会，健全董事会内设机构，完善运行机制，确保权力放得下、接得住、运行好。

案例 8 - 17

中国诚通的市场化改革

中国诚通控股集团（简称中国诚通）作为国资委首批建设规范董事会试点、首家国有资产经营公司试点企业，2016 年被确定为中央企业国有资本运营公司试点，它的改革经验因其多样性和探索性而具有较高的分析价值。

① 王缓．关于国家治理的研究综述．中共云南省委党校学报，2015，16（3）：117-120.

早在2004年，中国诚通就作为国资委首批7家董事会试点央企，探索了国企如何以董事会为核心建立现代企业制度。十几年来，中国诚通作为服务国有资本战略结构调整、布局优化的国有资本市场化运营平台，通过股权运作、价值管理、有序进退，促进国有资本合理流动，提高国有资本整体运营效率，实现国有资本保值增值的目标。2016年，中国诚通作为主发起人，携手9家央企、地方国企和金融机构，共同发起设立了总规模3 500亿元的国内最大私募股权投资基金——中国国有企业结构调整基金股份有限公司。中国诚通在服务“以管资本为主”的国有资产监管体制改革、国有经济布局结构调整以及国资治理体系和治理能力的现代化三个方面都做出了积极努力，探索出了一种在国有经济领域“使市场在资源配置中起决定性作用”的方式和途径。

要实现上述目标，国有资本投资、运营公司自身的优秀公司治理机制是关键因素，是其健康发展的前提。中国诚通从“管企业”到“管资产”，再从“管资产”到“管资本”，不断创新体制、机制与模式。经过多年的蜕变，中国诚通从公司职能定位、战略转换到组织架构都发生了较大改变：通过资本运作和直接、间接融资，服务发展实体经济，推动国有资本向重要行业、关键领域、重点基础设施集中，特别是通过结构调整基金等基金运作方式投资，努力探索形成资本、管控资本和运营资本的新模式。

近年来，中国诚通的内部市场化改革也取得了积极进展。在选人用人方面，公司建立了分级的经理人市场化选聘制度，形成了一支适应资本运营新战略要求的人才队伍。此外，中国诚通主动通过提高公司运营的透明度接受公众、社会的监督。中国诚通建立了与公司战略目标、盈利目标和国有资本运营公司定位相匹配的内控监督检查系统，实现了运营过程监督全覆盖，有效防范了国有资产流失。以关键业务、重要环节及权力集中、资金密集、资源富集、资产聚集部门和岗位为重点，实行分事行权、分岗设权、分级授权，规范权力运行，防止权力滥用，推进依法经营、合规管理。公司还建立了对所出资企业监事会外派监事制度，强化监事会与其他监督机构的协作，加强当期和事中监督等，并建立信息共享机制，形成监督合力。这一做法符合世界主要国家国企改革的最新趋势，值得在我国大力提倡和推广。

中国诚通的改革发展，可谓我国深化国资国企改革的一个缩影。其探索实践表明，国企市场化改革是服务国家产业结构调整、防止国有资产流失、实现国有资产保值增值、提高国企经营效率的有效途径。

资料来源：鲁桐．中国诚通启示：国企市场化改革是有效途径．董事会，2020（7）：34-36.

三、推进经理层市场化选拔与激励

国有企业的委托代理链长且复杂，政府是最终的委托人，从而导致企业“所有者缺位”。剩余索取权和剩余控制权的失衡配置造成经理层个人利益与国有企业价值相关性弱，弱化了产权制约的功效。经理层可以通过寻租、在职消费、转移资产等自利行为攫取个人利益，这加剧了信息不对称，削弱了监督机制的效用。完善经理层激励制度，有助于提高其自利行为的机会成本，抑制委托代理问题。因此，国有企业应该建立规范的经理层授权管理制度，维护经理层经营自主权，强化激励约束，激发经理层活力；以内部培养和外部引进相结合，推行职业经理人制度，一方面畅通现有经营管理者与职业经理人身份转换通道，另一方面合理增加市场化选聘比例；加快多层次人力资源市场建设，打造企业家、专职董事与监事队伍；实行企业领导人员差异化薪酬分配办法，建立健全与劳动力市场基本适应、与企业经济效益和劳动生产率挂钩的工资决定和正常增长机制，把对经理人的外部激励与约束变为自我激励与自我约束，实现经理人和企业的“双赢”。

延伸阅读 8-4

国企经理层从体制内到契约化管理，无疑是巨大的利益触动。2015 年出台的《中共中央、国务院关于深化国有企业改革的指导意见》指出：“推行职业经理人制度，实行内部培养和外部引进相结合，畅通现有经营管理者与职业经理人身份转换通道，董事会按市场化方式选聘和管理职业经理人，合理增加市场化选聘比例，加快建立退出机制。推行企业经理层成员任期制和契约化管理，明确责任、权利、义务，严格任期管理和目标考核。”

2015 年 6 月，山东启动以“市场化选聘、契约化管理”为核心的国企经理层管理改革。山东省委组织部副部长时培伟称，按照新规，山东省管国有资本投资运营公司经理层人员由董事会按程序聘任，实行契约化管理，不再纳入省委管理。原则上要求未满 57 周岁的企业经理层人员应选择契约化管理；如果不选择契约化，将退出企业经理层。对省管企业任职的经理层人员，山东省委组织部逐一听取了他们的选择意见。首批 27 名经理层人员中，未满 57 周岁的有 21 人，全部选择契约化管理。

2015 年 12 月 11 日，山东省属国企山东能源集团有限公司召开会议，董事长、党委书记李位民为新聘任的经理层颁发聘书，与总经理、副总经理签订聘用协议。山东省国资委主任张新文表示：“这标志着山东能源集团高级管理人员契约化管理工作迈出了实质步伐，必将对企业改革发展产生巨大的推动作用。”

至 2016 年 1 月，山东契约化管理试点企业已达 19 户。山东省国资委主任张新文称：“正在推进的 11 户企业中涉及的 51 名高管人员，有 47 名选择了契约化，在企业干部职工中引起较大思想冲击，为下一步转变传统干部管理理念、深化企业人事制度改革打下了思想基础。”

资料来源：严学锋．契约化管理：经理层的革命．董事会，2016 (6)：47-49.

四、提升企业党组织参与公司治理有效性

提升企业党组织参与公司治理有效性，就要牢牢守住党对国有企业的绝对领导这一生命线。习近平总书记在全国国有企业党的建设工作会议上指出，坚持党对国有企业的领导是重大政治原则，必须一以贯之；建立现代企业制度是国有企业改革的方向，也必须一以贯之。坚持党的领导、加强党的建设，是国有企业的“根”和“魂”，是我国国有企业的独特优势。因此，国有企业必须增强对全面从严治党重要性的认识，坚决筑牢企业党建根基，必须坚持党对国有企业的绝对领导，全面贯彻落实中央的决策部署，明确党组织在国有企业法人治理结构中的法定地位，明确党

组织在企业决策、执行、监督各环节的权责和工作方式，使党组织成为企业法人治理结构的有机组成部分。[①] 国有企业党的领导主要体现在“把方向、管大局、保落实”上，党的领导在科学决策、选人用人、监督反腐以及履行社会责任等多个方面具有不可替代的作用，有利于把我国宏观政治体制落实到微观公司治理层面，促进国有企业微观制度创新。

延伸阅读 8-5

发挥国有企业党组织的作用，是中国特色国有企业治理的独特优势，但是这一独特优势并非自然天成的，需要有一系列的制度安排和科学合理的组织、流程作保证，而制度、组织、流程设计的出发点，是要把国有企业的政治优势转化为企业核心竞争力，使政治优势与运用市场机制有机结合起来。

首先要选择适当的公司治理模式。公司治理没有放之四海而皆准的模式，国情不同、社会性质不同，公司治理的模式也不相同；不同的企业和企业发展的不同阶段，公司治理模式、治理机制也有很大的差别。设计中国国有企业治理模式，需要把握好以下四个方面：第一方面是要明确把党组织和职工民主管理摆进去，坚持和完善党委领导与董事会、监事会和经理层成员“双向进入、交叉任职”的领导体制，发挥党组织的政治核心作用；第二方面是公司治理各主体权、责、利明确且对等，既要形成制衡又要有机协调；第三方面是模式设计不能把制衡和监督当作目的，目的还是企业的发展以及企业为社会做更多的贡献；第四方面是企业管理体制安排，不能一个人说了算，也不能没有“领军人物”或埋没“领军人物”的作用。

资料来源：秦永法．国企党组织如何发挥好作用？．董事会，2017（4）：71-73.

五、做优做强企业主业

公司治理现代化必须以企业健康发展为根基，关键在于做优做强企业主业。结构、竞争力、质量、绿色和可持续是国有企业做优的指标，利润、风险、品牌、责任是国有企业做强的指标。历史经验表明，仅做大规模的企业反而会在“大而空”中不断衰退。放弃主业，一方面容易忽视质量和效益的同步提升，另一方面不易培养核心竞争力和品牌影响力。因此，国有企业要实现公司治理现代化，必须把主业放在突出位置，进一步明确企业的发展目标和战略定位，严控非主业投资，推动各类要素向主业集中，不断提升核心竞争力和盈利能力，提升质量和品牌价值，为实现我国经济高质量发展作出更大贡献。[②] 此外，具有国际竞争力的核心产品、核心技术还有助于提升国有企业在国际竞争中的影响力和话语权，有利于推进国有企业的国际化发展。

中央经济工作会议在布置 2019 年重点工作任务时明确提出，加快实现从管企

① 陈进行．建设中国特色现代国有企业制度，推进国有企业公司治理现代化．人民政协报，2018-03-09.

② 秦海霞．强化实业主业．国企管理，2019（7）：28-31.

业向管资本转变，改组成立一批国有资本投资公司，组建一批国有资本运营公司（即“两类公司”）。从战略定位和产业布局来看，投资公司重组整合了产业板块（聚焦主业、扩展新产业、退出非核心产业），实现了产业聚集和产权流转。从管控模式上看，均以“小总部、大产业”为原则，两类公司与所持股企业以股权管理为主，构建三级管控模式。集团总部定位资本配置和资本运作中心、以“管资本”为主，进行战略或财务管控。通过公司治理机制，对所出资企业履行出资人职责，行使股东权利；把控和批准重大问题、重要事项和重点环节，对年度预算实行刚性考核的同时管投资来源、管业务界限、管投资底线；确定投资企业的战略规划，通过预算、决算等财务手段，对战略推进和资本运营效果进行管控；建立健全监督与追责并重的监督评价体系，完善考核评价、审计、监察、巡视等监督职能。专业化公司（子公司或平台）定位经营管理和利润实现中心、以“管项目”为主。对立项有规划和运营权，从事具体生产经营活动，关注收益。如中粮集团建立定位清晰且职责明确的“集团总部资本层—专业化公司资产层—生产单位执行层”三级架构。总部通过落实“管资本”职能，部门从13个压缩到7个，人员从610人压缩到240人。精简后的总部职能下放，具体的运营职能由平台公司来做，然后再下级的专业化公司来实现生产运营功能。“充分授权”与“严格监督”并举，实现“投资运营权利上移、产业经营职能下沉”，例如国投公司将子公司划分为充分授权、部分授权、优化管理三类。其中，在国投电力、国投高新开展充分授权试点，选人用人、自主经营、薪酬分配等70多个原来由总部决策的事项“应放全放”。宝武集团总部对投资项目实行“战略管控”，侧重“管方向和后评价”，重点做好建章立制、资源配置、项目审查和投后评价环节。宝武重组重钢、马钢和太钢，并先后托管中钢、昆钢，实现“亿吨宝武”目标；中国远洋海运完成收购东方海外国际和狮胜货柜，集装箱运输和制造能力均进入全球前三；航空工业集团加大非主业非优势业务处置力度，所涉及国民经济大类由75个减少至45个，累计回收资金548亿元，有力支撑主业发展。中国通用技术集团因历史原因，过去企业25个二级公司行业领域各异、业务少有交叉，主业不够突出，在国务院国资委指导下，他们明确了先进制造与技术服务、医药医疗健康、贸易与工程服务3个核心主业。主业中最重要的是对产业转型升级意义重大的高端数控机床。

案例8-18

潍柴动力剥离非核心业务做强主业

潍柴动力主要业务为大功率高速柴油机和柴油机部件的研发、生产及销售，并通过其子公司，生产和销售重型货车和重型货车的零部件。

2007年，潍柴动力就其持有的7家迈艾特公司75%的股权及大连鸿源49%的股权进行出售并签署8份有条件股权转让协议。2009年，潍柴动力再次出售MAT Automotive, Inc.的全资子公司Meneta Holding ApS（主要业务为投资控股）100%股权。非核心业务的剥离使潍柴动力专注于核心业务，对其长期发展是有利的。2005年，潍柴动力并购重组湘火炬，使潍柴动力拥有了一条国内最完整的重卡产业链，从发动机、变速箱、车桥到整车，几乎在每个领域都做到了数一数二。

2009—2017 年，潍柴动力并购法国博杜安动力公司，战略重组世界最大的豪华游艇制造企业——意大利法拉帝集团、德国凯傲集团和林德液压公司，收购美国德马泰克，战略控股可替代动力提供商美国压力系统国际公司（PSI），每一步都是为了补齐核心技术短板，围绕战略结构性调整进行的。与此同时，潍柴动力加强基础研究，坚持创新驱动发展，每年研发投入占比超过 5%，研发团队日益壮大，科技专利已达到 3 150 项。潍柴动力在 20 年内，从濒临破产成长为价值 2 200 亿元的跨国集团。

资料来源：新浪财经．潍柴动力：剥离非核心业务，发动机销售强劲．(2007-06-14).[2022-09-01]. https://finance.sina.com.cn/stock/companyresearch/20070614/13583692284.shtml.

思考题

1. 如何理解党组织在国有企业公司治理中的地位和作用？
2. 企业治理和公司治理有什么不同？国有企业改革经历了哪些阶段和步骤？
3. 现阶段，我国国有企业公司治理的特点和面临的挑战是什么？

案例分析题

中国国航：建设高效董事会制度、提升决策科学性

中国国际航空股份有限公司（简称中国国航）成立于 2004 年 9 月，是我国唯一飞机喷绘国旗图案飞行的民用航空运输企业。2004—2019 年，公司总资产由 678.5 亿元上升到 2 942.5 亿元，年均增长 10.3%；净资产由 196.7 亿元增长到 1 013.8 亿元，年均增长 11.6%；利润总额从 32.2 亿元上升到 91 亿元，累计实现利润总额超过千亿元。中国国航坚持党的领导和中国特色现代国有企业制度，建立健全了各司其职、各负其责、协调运转、有效制衡的国有企业法人治理结构，公司运行效率和经营业绩稳步提升。该公司在落实党组织地位、发挥公司各治理主体作用上的做法值得其他国有企业借鉴和学习。

第一，落实董事会职权。董事会严格按照公司章程和股东大会授权决定公司重大事项，认真履行决策把关、内部管理、防范风险、深化改革等职责。为有效落实董事会职权，一是和党组办、总经理办公室等部门一起对党组会、总经理办公会、董事会的职责进行了梳理，对各权利主体的职责进行了细化，对边界进行了界定，形成了各司其职、各负其责的公司治理程序。二是对董事会职责进行了梳理，建立董事会议案征集制度。细化议案的提出、审核、征集、提交的标准和时间要求，起草制定工作流程，做到议案的规范化和标准化，从而提高决策事项的预见性和科学性。三是完善科

学决策机制，落实纪检组长（纪委书记）、总法律顾问列席董事会，强化监督。四是建立董事会缓议工作机制。对于独立董事提出的董事会资料或决策事项需要补充、完善的要求，公司将延期召开董事会和暂缓审议事项。经过补充完善、专项汇报或调研全面了解和掌握信息和情况后，公司再择机审议，确保决策事项的科学性和充分性。五是建立董事会决议和授权事项跟踪反馈机制。每年分两次对董事会决议或董事会授权事项进行跟踪，督办经理层执行进展，并整理成报告，向董事会报告。截至 2020 年 7 月，第五届董事会共召开 21 次会议，审议批准 90 项议案：决策把关方面，主要是公司发展战略、投资计划、年度财务预决算等；内部管理方面，包括机构设置、人事任免、薪酬管理等；防范风险方面，包括内部控制建设、评价和审计，风险防控体系建设和对外担保等；董事会与公司党组（党委）充分沟通方面，就修改公司章程、选举董事和聘任高管人员等重大事项，公司党组（党委）履行前置程序，董事会充分听取党组（党委）意见后决策。

第二，加强董事与管理层的沟通。为让董事充分了解和掌握公司生产经营情况，科学决策，一是董事列席每年度公司年度、半年度工作会议，听取经理层汇报生产经营、财务效益情况。二是董事长定期召开董事座谈会，充分利用董事会前和会后时间，与独立董事交流，听取他们的意见和建议。三是组织董秘汇报会，特别是在董事会和各专业委员会召开前，先由相关部门对议案进行详细汇报，以保证董事尤其是独立董事有充分的时间发表意见和决策。对于独立董事提出的需要补充资料或缓议的事项，公司经理层及时补充完善决策事项资料，并做专题汇报，由董事开展调研，在全面掌握相关信息后，再提交董事会审议。自第五届董事会以来，除董事会会前议题外，董事会听取了 30 多次专题汇报，包括年报（季报）对比、内部控制评价、股东结构分析、市值管理、安全管理、薪酬政策等内容。四是建立了日报、周报、月报、专题报告的信息报告机制，创办了《董事会通讯》，汇总涉及行业、资本市场、公司经营方面的信息和内容，全方位、多渠道与董事加强沟通，保证信息沟通的及时性、全面性、对称性和有效性。

中国国航董事会认真贯彻落实习近平总书记“两个一以贯之”和《国务院办公厅关于进一步完善国有企业法人治理结构的指导意见》的要求，重点抓好党组织在公司治理中的法定地位、公司章程在公司治理中的基础作用、优化董事会结构、落实董事会职权、发挥专业委员会作用等重点工作。董事会是公司的“方向盘”，作为公司的最高决策机构，在公司治理中发挥了关键作用。中国国航将继续探索和创新适合本企业的公司治理实践，努力建设战略型董事会，努力建设世界一流航空公司。

资料来源：周峰，戈锐，贾广宁．中国国航：建设战略型董事会．董事会，2020（12）：42-44.

通过本章学习和案例材料的阅读，请你综合思考以中国国航为代表的国有企业在建设规范高效的董事会制度、提升决策科学性方面有什么值得借鉴的做法，以及它们为什么能取得较好的业绩。

主要参考文献

[1] 爱德华·弗里曼．战略管理：利益相关者方法．上海，上海译文出版社，2006.

[2] 蔡聪．创业公司的动态股权分配机制．北京：机械工业出版社，2017.

[3] 蔡宁，董艳华，刘峰．董事会之谜：基于尚德电力的案例研究．管理世界，2015 (4)：155-165，169.

[4] 陈涛．创业企业控制权模式选择及配置研究．西安：西安理工大学，2018.

[5] 费孝通．乡土中国．北京：人民出版社，2020.

[6] 苟旭杰．股权资本整体解决方案．北京：中国经济出版社，2017.

[7] 郭勤贵，耿小武．股权设计：互联网+时代创业公司股份架构．北京：机械工业出版社，2017.

[8] 贺小刚，李新春，连燕玲．家族成员的权力集中度与企业绩效：对家族上市公司的研究．管理科学学报，2011，14 (5)：86-96.

[9] 华锦阳．行为与过程：董事会研究的新视角．经济体制改革，2009 (3)：56-59.

[10] 黄群慧，杨淑君．企业经营者年薪制的模式比较．中国工业经济，1999 (12)：66-70.

[11] 姜付秀，Kim，王运通．公司治理：西方理论与中国实践．北京：北京大学出版社，2016.

[12] 况学文，陈俊．董事会性别多元化、管理者权力与审计需求．南开管理评论，2011，14 (6)：48-56.

[13] 李桂平．初创企业股权结构设计研究．潍坊学院学报，2019，19 (4)：32-34.

[14] 李骏．国企高管薪酬需“根部”治理．董事会，2016 (8)：43-45.

[15] 李秀娟，张燕．当传承遇到转型：中国家族企业发展路径图．北京：北京大学出版社，2017.

[16] 李维安．公司治理学（第四版）．北京：高等教育出版社，2020.

[17] 李维安，牛建波．CEO 公司治理（第 2 版）．北京：北京大学出版社，2014.

[18] 卢庆华．公司控制权：用小股权控制公司的九种模式．北京：机械工业出版社，2020.

[19] 马连福．股权结构设计与公司治理创新研究．会计之友，2020 (17)：2-7.

[20] 苏墨，毕蕾．股权博弈六连环．经理人，2015 (2)：54-57.

[21] 王会娟，张然．私募股权投资与被投资企业高管薪酬契约：基于公司治理视角

的研究．管理世界，2012（9）：156－167.

［22］王美江．合伙人裂变与股权密码．北京：人民邮电出版社，2019.

［23］王永红．股权控制与运营解决方案．北京：中国经济出版社，2017.

［24］魏刚，肖泽忠，Nick Travlos，邹宏．独立董事背景与公司经营绩效．经济研究，2007（3）：92－105.

［25］谢玲丽，张钧，李海铭．家族信托：全球视野下的构建与运用．广州：广东人民出版社，2015.

［26］谢志华，张庆龙，袁蓉丽．董事会结构与决策效率．会计研究，2011（1）：31－37.

［27］熊剑，王金．债权人能够影响高管薪酬契约的制定吗：基于我国上市公司债务成本约束的视角．南开管理评论，2016，19（2）：42－51.

［28］叶敏，周俊鹏．从股东会中心主义到董事会中心主义：现代公司法人治理结构的发展与变化．商业经济与管理，2008（1）：74－79.

［29］张学勇，廖理．风险投资背景与公司 IPO：市场表现与内在机理．经济研究，2011，46（6）：118－132.

［30］郑指梁，吕永丰．合伙人制度：有效激励而不失控制权是怎样实现的．北京：清华大学出版社，2017.

［31］郑志刚，李邈，李倩，郭杰．一致行动协议的控制权安排逻辑．世界经济，2021，44（4）：201－224.

［32］郑志刚．一致行动协议：资本市场的“专利制度”．董事会，2021（Z2）：71－73.

［33］邹颖，汪平，张丽敏．股权激励、控股股东与股权资本成本．经济管理，2015（6）：98－109.

［34］A. Ali，T. Y. Chen，S. Radhakrishnan. Corporate disclosures by family firms. Journal of Accounting and Economics，2007，44（1－2）：238－286.

［35］A. Demb，F. F. Neubauer. The corporate board：confronting the paradoxes. Long Range Planning，1992，25（3）：9－20.

［36］A. Shleifer，R. Vishny. A survey of corporate governance. The Journal of Finance，1997，（52）：737－783.

［37］A. Shleifer，R. Vishny. Large shareholders and corporate control. Journal of Political Economy，1986，（94）：61－88.

［38］A. Zavyalova，M. D. Pfarrer，R. K. Reger，D. L. Shapiro. Managing the message：The effects of firm actions and industry spillovers on media coverage following wrongdoing. Academy of Management Journal，2012，（55）：1079－1101.

［39］B. E. Hermalin，M. S. Weisbach. Boards of directors as an endogenously determined institution：a survey of the economic literature. FRBNY Economic Policy Review，2003（4）：7－26.

［40］B. Holmstrom. Design of incentive schemes and the new Soviet incentive model. European Economic Review，1982，17（2）：127－148.

[41] B. Holmstrom. Moral hazard and observability. The Bell Journal of Economics, 1979, 10 (1): 74-91.

[42] B. Villalonga, R. Amit. How are U. S. family firms controlled? . Review of Financial Studies, 2009 (22): 3047-3091.

[43] C. Andres. Large shareholders and firm performance: an empirical examination of founding-family ownership. Journal of Corporate Finance, 2008, 14 (1): 431-445.

[44] C. Karuna. Industry product market competition and managerial incentives. Journal of Accounting and Economics, 2007 (43): 275-297.

[45] C. M. Schmidt. The heterogeneity and cyclical sensitivity of unemployment: an exploration of German labor market flows. IZA Discussion Papers , 1999 (84) .

[46] D. A. Basuil, D. K. Datta. Value creation in cross-border acquisitions: the role of outside directors' human and social capital. Journal of Business Research, 2017 (80): 35-44.

[47] D. C. Hambrick, T. S. Cho, M. J. Chen. The influence of top management team heterogeneity on firms' competitive moves. Administrative Science Quarterly, 1996 (41): 659-684.

[48] D. Hirshleifer, A. V. Thakor. Corporate control through board dismissals and takeovers. Journal of Economics and Management Strategy, 1998, 7 (4): 489-520.

[49] D. J. Denis, A. Sarin. Ownership and board structures in publicly traded corporations. Journal of Financial Economics, 1999, 52 (2): 187-223.

[50] D. Miller, I. Le Breton-Miller. Deconstructing socioemotional wealth. Entrepreneurship Theory and Practice, 2014, 38 (4): 713-720.

[51] D. Yermack. Remuneration, retention, and reputation incentives for outside directors. The Journal of Finance, 2004, 59 (5): 2281-2308.

[52] E. F. Fama, M. C. Jensen. Separation of ownership and control. The Journal of Law & Economics, 1983, 26 (2): 301-325.

[53] E. F. Fama. Agency problems and the theory of the firm. Journal of Political Economy, 1980, 88 (2): 288-307.

[54] E. Goldman, J. Rocholl, J. So. Do politically connected boards affect firm value. Review of Financial Studies, 2009, 22 (6): 2331-2360.

[55] F. A. Gul, B. Srinidhi, J. S. Tsui. Board diversity and the demand for higher audit effort. Available at SSRN 1359450, 2008.

[56] F. Allen, D. Gale. Corporate governance and competition, presented in a conference on corporate governance in Barcelona, Spain. //X. Vives. Corporate governance: theoretical and empirical perspectives. Cambridge: Cambridge University Press, 2000.

[57] F. Allen, D. Gale. Financial contagion. Journal of Political Economy, 2000 (108): 1-33.

[58] F. Machlup. Theories of the firm: marginalist, behavioral, managerial.

American Economic Review , 1967 (57): 1-33.

[59] G. C. Kiel, G. J. Nicholson. Board composition and corporate performance: how the australian experience informs contrasting theories of corporate governance. Corporate Governance: An International Review, 2003, 11 (3): 189-205.

[60] G. Corbetta, C. A. Salvato. The board of directors in family firms: one size fits all? . Family Business Review, 2004 (17): 119-134.

[61] G. Jiang, C. M. C. Lee, H. Yue. Tunneling through intercorporate loans: the China experience. Journal of Financial Economics, 2010, 98 (1): 1-20.

[62] Heidrick & Struggles. Corporate governance in Europe: *2007* report. Paris, 2007.

[63] H. G. Manne. Mergers and the market for corporate control . Journal of Political Economy, 1965, 73 (2): 110-120.

[64] J. A. Alexander, M. L. Fennell, M. T. Halpern. Leadership instability in hospitals: the influence of board-CEO relations and organizational growth and decline. Administrative Science Quarterly, 1993, 38 (1): 74-99.

[65] J. A. Pearce, S. A. Zahra. The relative power of CEOs and boards of directors: associations with corporate performance. Strategic Management Journal, 1991, 12 (2): 135-153.

[66] J. Bacon, J. Brown. Corporate directorship practices: role, selection and legal issues of the board. The Conference Board and the American Society of Corporate Secretaries. New York, 1973.

[67] J. Bacon. Corporate directorship practices: membership and committees of the board. The Conference Board and American Society of Corporate Secretaries. New York, 1973.

[68] J. F. Mutchler, W. Hopwood, J. M. McKeown. The influence of contrary information and mitigating factors on audit opinion decisions on bankrupt companies. Journal of Accounting Research, 1997, 35 (2): 295-310.

[69] J. Goodstein, K. Gautam, W. Boeker. The effects of board size and diversity on strategic change. Strategic Management Journal, 1994, 15 (3): 241-250.

[70] J. H. Chua, J. J. Chrisman, P. Sharma. Defining the family business by behavior. Entrepreneurship: Theory and Practice, 1999 (23): 19-39.

[71] J. Huang, D. J. Kisgen. Gender and corporate finance: are male executives overconfident relative to female executives? . Journal of Financial Economics, 2013, 108 (3): 822-839.

[72] J. Koke. The market for corporate control in a bank-based economy: a governance device? . Journal of Corporate Finance, 2004, 10 (1): 53-80.

[73] J. L. Coles, N. D. Daniel, L. Naveen. Boards: does one size fit all? . Journal of Financial Economics, 2008, 87 (2): 329-356.

[74] J. Ma, T. Khanna. Independent directors' dissent on boards: evidence from listed companies in China. Strategic Management Journal, 2016, 37 (8): 1547–1557.

[75] J. P. H. Fan, T. J. Wong, T. Zhang. Founder succession and accounting properties. Contemporary Accounting Research, 2012, 29 (1): 283–311.

[76] J. Pfeffer, G. R. Salancik. The external control of organizations: a resource dependence approach. New York: Harper and Row Publishers, 1978.

[77] J. Pfeffer. Size and composition of corporate boards of directors: the organization and its environment. Administrative Science Quarterly, 1972 (17): 218–228.

[78] J. Tirole. Corporate Governance. Econometrica, 2001, 69 (1): 1–35.

[79] K. G. Provan. Board power and organizational effectiveness among human service agencies. Academy of Management Journal, 1980, 23 (2): 221–236.

[80] L. A. Bebchuk, J. M. Fried. Executive compensation as an agency problem. Journal of Economic Perspectives, 2003, 17 (3): 71–92.

[81] L. A. Bebchuk. A rent-protection theory of corporate ownership and control. National Bureau of Economic Research Cambridge, Mass, USA, 1999.

[82] L. Field, M. Lowry, A. Mkrtchyan. Are busy boards detrimental? . Journal of Financial Economics, 2013, 109 (1): 63–82.

[83] L. H. Pelled, K. M. Eisenhardt, K. R. Xin. Exploring the black box: an analysis of work group diversity, conflict and performance. Administrative Science Quarterly, 1999, 44 (1): 1–28.

[84] L. Oxelheim, T. Randoy. The impact of foreign board membership on firm value. Journal of Banking & Finance, 2003, 27 (2): 2369–2392.

[85] L. R. Gómez-Mejía, K. Haynes, M. Nuñez-Nickel, K. Jacobson, J. Moyano-Fuentes. Socioemotional wealth and business risks in family-controlled firms: evidence from Spanish olive oil mills. Administrative Science Quarterly, 2007, 52 (1): 106–137.

[86] L. R. Hoffman, N. R. Maier. Quality and acceptance of problem solutions by members of homogeneous and heterogeneous groups. The Journal of Abnormal and Social Psychology, 1961, 62 (2): 401–407.

[87] M. A. Carpenter, J. D. Westphal. The strategic context of external network ties: examining the impact of director appointments on board involvement in strategic decision making. Academy of Management Journal, 2001 (44): 639–660.

[88] M. Baker, P. A. Gompers. The determinants of board structure at the initial public offering. Journal of Law and Economics, 2003, 46 (2): 569–598.

[89] M. Bertrand, S. Mullainathan. Are CEOs rewarded for luck?: the ones without principals are. The Quarterly Journal of Economics, 2001, 116 (3): 901–932.

[90] M. Bertrand, S. Mullainathan. Enjoying the quiet life?: corporate governance and managerial preferences. Journal of Political Economy, 2003, 111 (5): 1043–1075.

[91] M. Blair. Ownership and control: rethinking corporate governance for the twenty

first century. Washington: Brookings Institution, 1995.

[92] M. C. Jensen, R. S. Ruback. The market for corporate control: the scientific evidence. Journal of Financial Economics, 1983 (11): 5-50.

[93] M. C. Jensen, W. H. Meckling. Theory of the firm: managerial behavior, agency costs and ownership structure. Journal of Financial Economics, 1976, 3 (4): 305-360.

[94] M. C. Jensen. The modern industrial revolution, exit, and the failure of internal control systems. The Journal of Finance, 1993, 48 (3): 831-880.

[95] M. D. Levi, K. Li, F. Zhang. Mergers and acquisitions: the role of gender. Available at SSRN 1123735, 2008.

[96] M. Faccio, L. H. Lang. The ultimate ownership of western European corporations. Journal of Financial Economics, 2003, 65 (3): 365-395.

[97] M. Faccio. Politically connected firms. American Economic Review, 2006, 96 (1): 369-386.

[98] M. Fuduric, A. Mandelli. Communicating social media policies: evaluation of current practices. Journal of Communication Management, 2014, 18 (2): 158-175.

[99] M. Giannetti, G. M. Liao, X. Y. Yu. The brain gain of corporate boards: evidence from China. The Journal of Finance, 2015, 70 (4): 1629-1682.

[100] M. L. Mace. Directors: myth and reality. Cambridge: Harvard University Press, 1971.

[101] M. Lipton, J. W. Lorsch. A modest proposal for improved corporate governance. The Business Lawyer, 1992, 48 (1): 59-77.

[102] M. Niederle, L. Vesterlund. Do women shy away from competition? Do men compete too much? . The Quarterly Journal of Economics, 2007, 122 (3): 1067-1101.

[103] M. W. Peng, S. L. Sun, L. Markoczy. Human capital and CEO compensation during institutional transitions. Journal of Management Studies, 2015, 52 (1): 117-147.

[104] N. Bloom, J. Van Reenen. Measuring and explaining management practices across firms and countries. The Quarterly Journal of Economics, 2007 (122): 1351-1408.

[105] N. J. Mohan, C. R. Chen. Are IPOs priced differently based upon gender? . The Journal of Behavioral Finance, 2004, 5 (1): 57-65.

[106] O. Faleye, R. Hoitash, U. Hoitash. The costs of intense board monitoring. Journal of Financial Economics, 2011, 101 (1): 160-181.

[107] O. Hart, J. Moore. Default and renegotiation: a dynamic model of debt. The Quarterly Journal of Economics, 1998 (113): 1-41.

[108] O. Hart. Corporate governance: some theory and implications. Economic Journal, 1995, 105 (430): 678-689.

[109] P. Berrone, C. Cruz, L. R. Gómez-Mejía, M. Larraza-Kintana. Socioemotional wealth and corporate responses to institutional pressures. Administrative Science Quarter-

ly, 2010, 55 (1): 82-113.

[110] P. Berrone, C. Cruz, L. R. Gómez-Mejía. Socioemotional wealth in family firms theoretical dimensions, assessment approaches, and agenda for future research. Family Business Review, 2012, 25 (3): 258-279.

[111] P. Bunkanwanicha , J. P. H. Fan, Y. Wiwattanakantang. The value of marriage to family firms. Journal of Financial and Quantitative Analysis, 2013, 48 (2): 611-636.

[112] P. De Andres, V. Azofra, F. Lopez. Corporate boards in OECD countries: size, composition, functioning and effectiveness. Corporate Governance: An International Review, 2005, 13 (2): 197-210.

[113] P. Gompers, J. Ishii, A. Metrick. Corporate governance and equity prices. The Quarterly Journal of Economics, 2003, 118 (1): 107-156.

[114] P. P. Cochran, S. L. Wartick. Corporate governance: a literature review. USA: Financial Executives Research Foundation, 1988.

[115] R. Anderson, D. Reeb. Founding-family ownership and firm performance: evidence from the S&P 500. The Journal of Finance, 2003, 58 (3): 1301-1327.

[116] R. B. Adams, D. Ferreira. Women in the boardroom and their impact on governance and performance. Journal of Financial Economics, 2009, 94 (2): 291-309.

[117] R. B. Adams, D. Ferreira. A theory of friendly boards. The Journal of Finance, 2007, 62 (1): 217-250.

[118] R. F. Vancil. Passing the baton: managing the process of CEO succession. Cambridge: Harvard Business School Press, 1987.

[119] R. La Porta, F. Lopez-de-Silanes, A. Shleifer. Corporate ownership around the world. The Journal of Finance, 1999, 54 (2): 471-517.

[120] R. La Porta, F. Lopez-de-Silanes, A. Shleifer, R. W. Vishny. Legal determinants of external finance. The Journal of Finance, 1997, 52 (3): 1131-1150.

[121] R. H. Coase. The nature of the firm. Economica, 1937 (4): 386-405.

[122] S. Cheng. Board size and the variability of corporate performance. Journal of Financial Economics, 2008, 87 (1): 157-176.

[123] S. Claessens, S. Djankov, L. H. Lang. The separation of ownership and control in East Asian corporations. Journal of Financial Economics, 2000, 58 (1-2): 81-112.

[124] S. Claessens, S. Djankov, P. H. Fan, H. P. Lang. Disentangling the incentive and entrenchment effects of large shareholdings. The Journal of Finance, 2002, 57 (6): 2741-2771.

[125] S. Grossman, O. Hart. Takeover bids, the free-rider problem, and the theory of the corporation. The Bell Journal of Economics, 1980, 11 (1): 42-64.

[126] S. Grossman, O. Hart. The costs and benefits of ownership: a theory of vertical and lateral integration. Journal of Political Economy, 1986 (94): 691-719.

［127］ S. H. Bryan，A. Klein. Non-management director options，board characteristics，and future firm investments and performance. NYU Law and Economics Research Paper，2004.

［128］ T. Eisenberg，S. Sundgren，M. T. Wells. Larger board size and decreasing firm value in small firms. Journal of Financial Economics，1998，48（1)：35－54.

［129］ T. Miller，M. del C. Triana. Demographic diversity in the boardroom：mediators of the board diversity—firm performance relationship. Journal of Management Studies，2009，46（5)：755－786.

［130］ W. A. Reese，M. S. Weisbach. Protection of minority shareholder interests，cross-listings in the United States，and subsequent equity offerings. Journal of Financial Economics，2002，66（1)：5－104.

［131］ W. Ocasio. Political dynamics and the circulation of power：CEO succession in US industrial corporations，1960—1990. Administrative Science Quarterly，1994（39)：285－312.

［132］ W. S. Schulze，M. H. Lubatkin，R. N. Dino，A. K. Buchholtz. Agency relationships in family firms：theory and evidence. Organization Science，2001，12（2)：99－116.

［133］ W. Mikkelson，M. Partch. The decline of takeovers and disciplinary managerial turnover. Journal of Financial Economics，1997（44)：205－239.

［134］ X. Giroud，H. M. Mueller. Corporate governance，product market competition，and equity prices. The Journal of Finance，2011（66)：563－600.

［135］ Y. Kim. Board network characteristics and firm performance in Korea. Corporate Governance：An International Review，2005，13（6)：800－808.

图书在版编目（CIP）数据

公司治理 / 陈德球主编. -- 北京 ：中国人民大学出版社，2023.3
新编21世纪研究生系列教材. 工商管理硕士（MBA）
ISBN 978-7-300-31011-4

Ⅰ. ①公… Ⅱ. ①陈… Ⅲ. ①公司-企业管理-研究生-教材 Ⅳ. ①F276.6

中国版本图书馆CIP数据核字（2022）第176346号

新编21世纪研究生系列教材·工商管理硕士（MBA）
公司治理
主编　陈德球
Gongsi Zhili

出版发行	中国人民大学出版社		
社　　址	北京中关村大街31号	**邮政编码**	100080
电　　话	010－62511242（总编室）		010－62511770（质管部）
	010－82501766（邮购部）		010－62514148（门市部）
	010－62515195（发行公司）		010－62515275（盗版举报）
网　　址	http://www.crup.com.cn		
经　　销	新华书店		
印　　刷	固安县铭成印刷有限公司		
开　　本	787 mm×1092 mm　1/16	**版　　次**	2023年3月第1版
印　　张	21.25　插页1	**印　　次**	2024年12月第3次印刷
字　　数	461 000	**定　　价**	68.00元

中国人民大学出版社　管理分社

教师教学服务说明

中国人民大学出版社管理分社以出版工商管理和公共管理类精品图书为宗旨。为更好地服务一线教师，我们着力建设了一批数字化、立体化的网络教学资源。教师可以通过以下方式获得免费下载教学资源的权限：

★ 在中国人民大学出版社网站 www.crup.com.cn 进行注册，注册后进入“会员中心”，在左侧点击“我的教师认证”，填写相关信息，提交后等待审核。我们将在一个工作日内为您开通相关资源的下载权限。

★ 如您急需教学资源或需要其他帮助，请加入教师 QQ 群或在工作时间与我们联络。

中国人民大学出版社　管理分社

教师 QQ 群： 648333426（工商管理）　114970332（财会）　648117133（公共管理）
教师群仅限教师加入，入群请备注（学校 + 姓名）

联系电话： 010-62515735，62515987，62515782，82501048，62514760

电子邮箱： glcbfs@crup.com.cn

通讯地址： 北京市海淀区中关村大街甲 59 号文化大厦 1501 室（100872）

管理书社　　人大社财会　　公共管理与政治学悦读坊